中华人民共和国地方志

福建省志

档案志(1993—2005)

中共福建省委党史研究和地方志编纂办公室 编

图书在版编目(CIP)数据

福建省志.档案志:1993—2005/中共福建省委党史研究和地方志编纂办公室编.—武汉:武汉大学出版社,2022.12
ISBN 978-7-307-22934-1

Ⅰ.福… Ⅱ.中… Ⅲ.①福建—地方志 ②档案工作—概况—福建—1993-2005 Ⅳ.①K295.7 ②G279.275.7

中国版本图书馆 CIP 数据核字(2022)第 033736 号

出版发行:**武汉大学出版社** (430072 武昌 珞珈山)
(电子邮箱:whu_publish@163.com 网址:www.stmpress.cn)
印刷:福州华彩印务有限公司
开本:880×1230 1/16 印张:20.5 字数:480 千字 插页:12
版次:2022 年 12 月第 1 版 2022 年 12 月第 1 次印刷
ISBN 978-7-307-22934-1 定价:196.00 元

一、领导关怀

1993年2月11日，副省长王良溥（左二）到省档案局调研（吴苏闽 摄）

1996年3月，国家档案局副局长冯鹤旺（左二）调研省档案馆档案修裱工作（邢立新 摄）

1997年2月14日，省委书记陈明义（右）看望省档案局干部职工（邢立新 摄）

1997年12月，国家档案局副局长郭树银（中）检查省档案馆档案修复工作（邢立新 摄）

1998年8月20日，省委常委、秘书长黄瑞霖（左二）查看省档案馆修裱工作（邢立新 摄）

2000年1月，国家档案局局长毛福民（左二）在厦门参加国际档案理事会东亚地区分会，图为毛福民与省档案局（馆）长陈永成（右二）交谈（李在益 摄）

2003年1月23日，副省长汪毅夫（右）到省档案馆调研（邢立新 摄）

2003年2月1日，省人大常委会副主任黄贤模（后左一）到省档案馆调研（邢立新 摄）

2003年3月，省委常委、组织部部长李宏（前左）陪同谷文昌夫人史英萍（前右）参观省档案馆参与承办的“谷文昌精神永恒”展览（李室云 摄）

2003年11月8日，国家档案局副局长杨公之（右二）检查省档案馆微机室（邢立新 摄）

二、业务工作

1995年4月，省档案局（馆）长金莹谛（右二）接受福建电视台记者采访，介绍福建省宣传贯彻《中华人民共和国档案法》情况（吴苏闽 摄）

1995年5月17日，省京剧团离休干部高永祥（中）向省档案馆捐赠艺术档案1万余件，图为省档案馆举办的“高永祥收藏艺术档案捐赠仪式”（吴苏闽 摄）

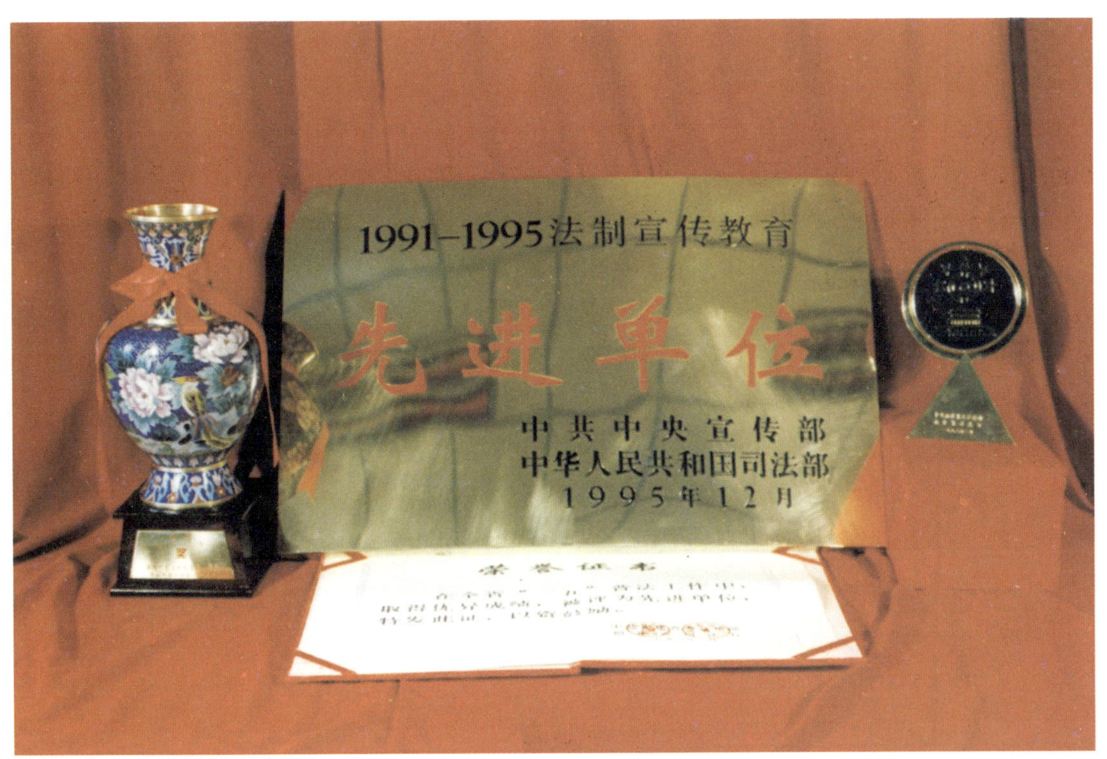

1995年12月，省档案局被评为“1991—1995法制宣传教育先进单位”（邢立新 摄）

1996年3月25日，全省档案工作暨表彰先进会议在福州召开（邢立新 摄）

1997年12月16日，省档案馆通过国家档案局考评组的评审，晋升为国家一级档案馆。图为评审会现场（邢立新 摄）

1999年8月18日，省档案局（馆）长陈永成（右）在石狮召开的华东地区档案工作研讨会上讲话（朱文 摄）

2000年10月，省档案局在清流县开展档案科技下乡宣传咨询活动（邢立新 摄）

2000年10月29日—11月4日，国际档案理事会东亚地区分会电子档案管理对策研讨会在厦门召开（李在益 摄）

2001年2月22日，全省档案工作会议在福建会堂召开（邢立新 摄）

2003年11 月9日，福建省分布式档案基础数据库建设项目（一期）验收会召开（邢立新 摄）

2003年11月，省档案馆在福建师范大学举办“福建省革命斗争史”档案展览（李室云 摄）

省档案馆阅档厅一角（吴苏闽 摄于1996年）

省档案馆部分编研成果（郑宗伟 摄）

省档案馆微机室（邢立新 摄于2001年）

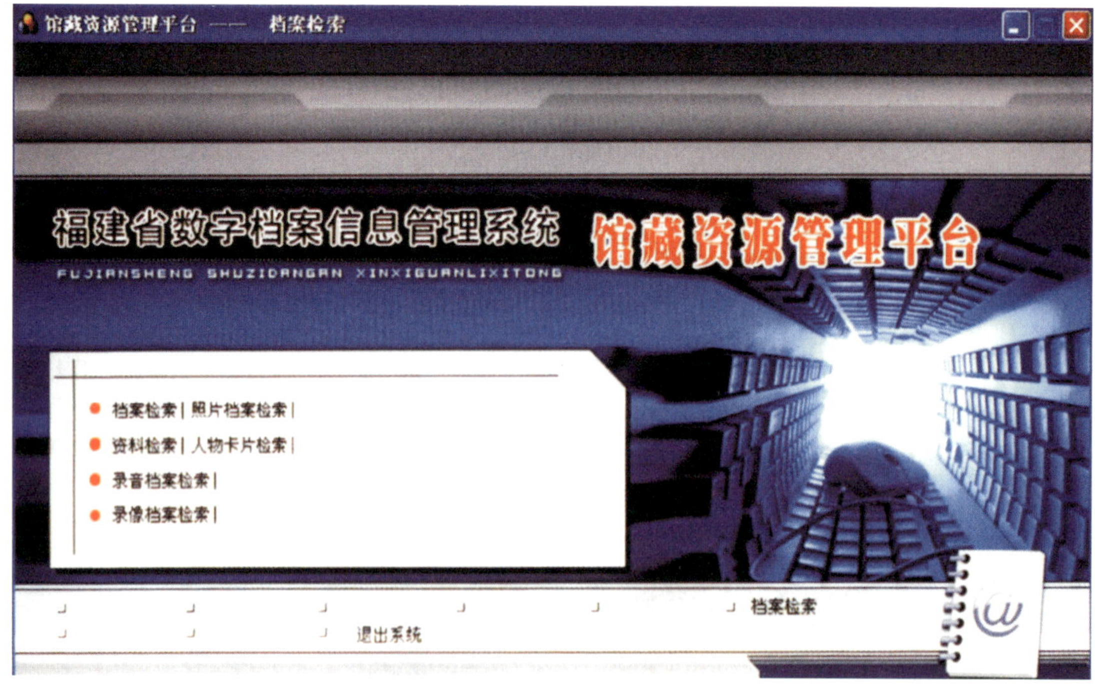

2003年省档案馆研发的福建省数字档案信息管理系统（邢立新 摄）

三、省档案馆馆藏档案

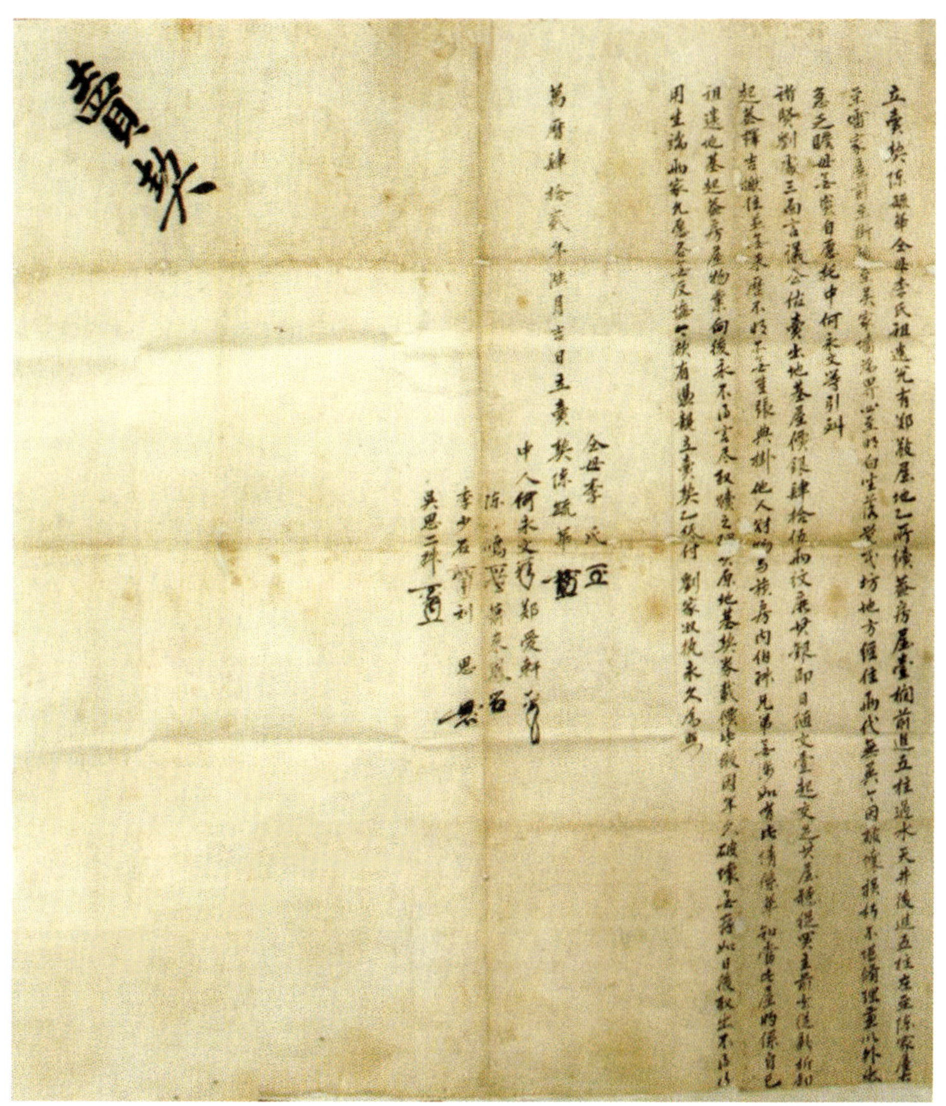

明万历四十二年（1614年）卖房契

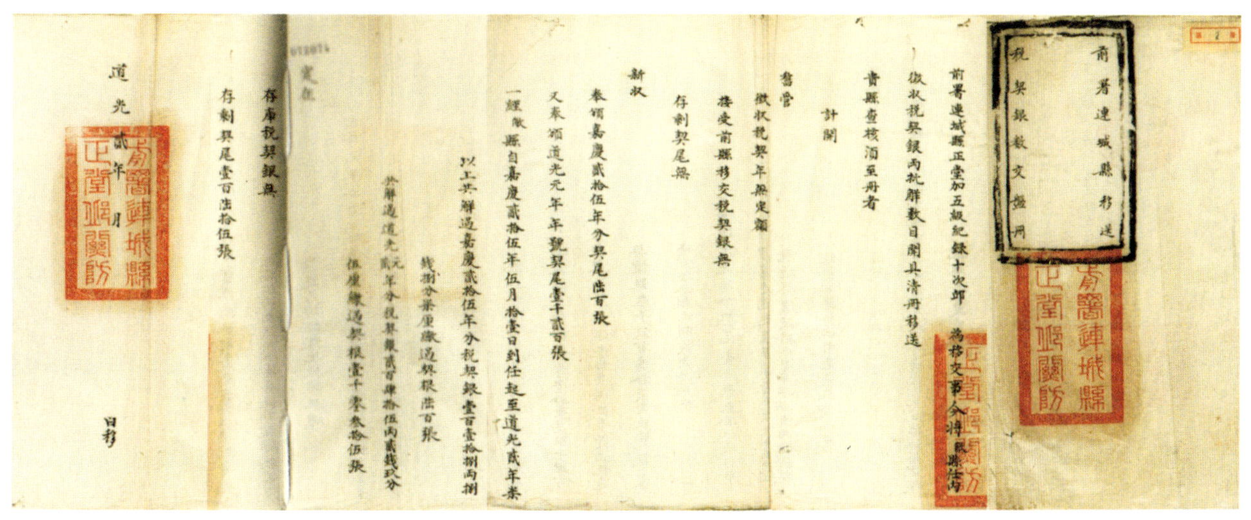

清道光二年（1822年）税契银数交盘册

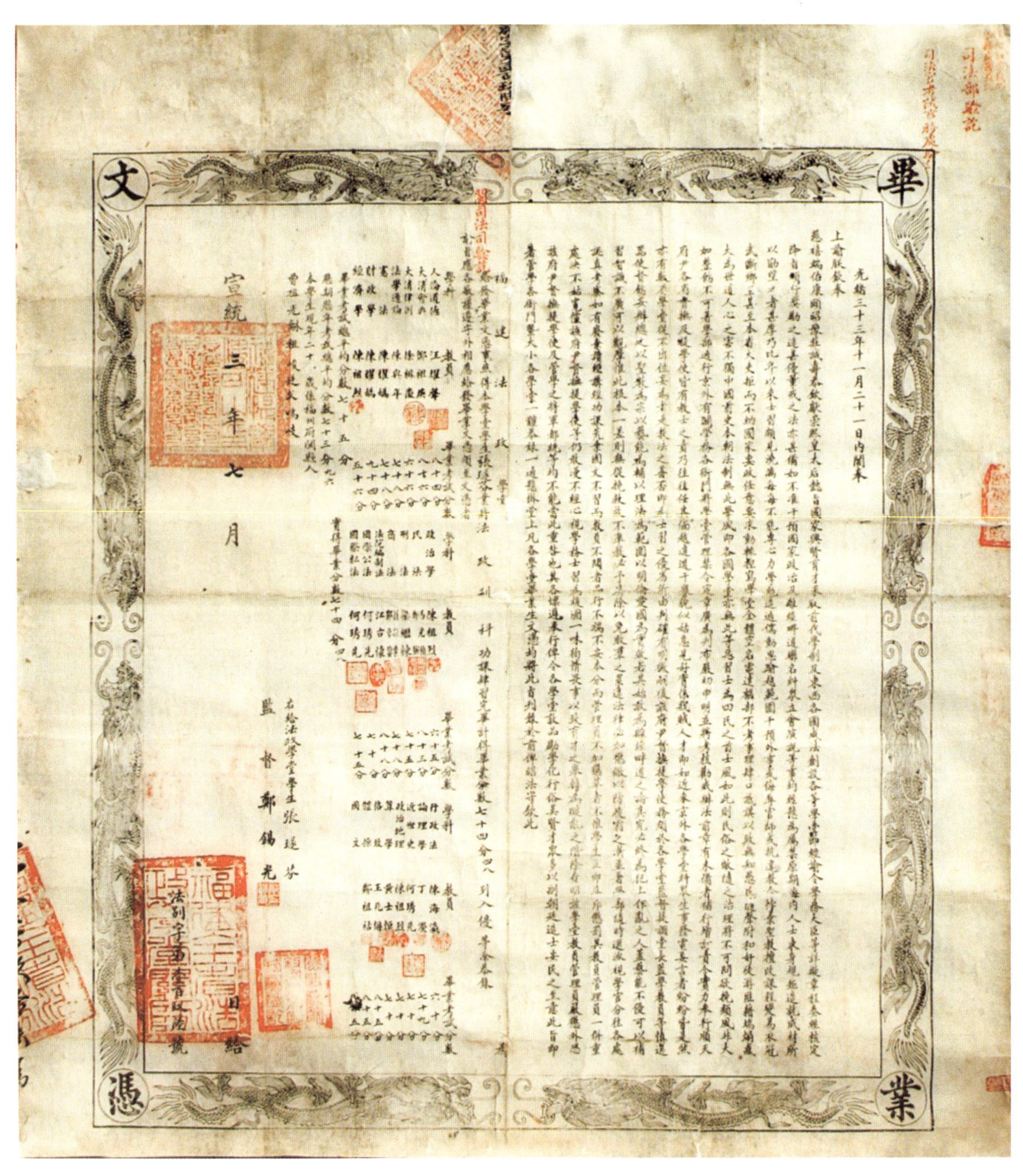

清宣统三年（1911年）福建法政学堂毕业文凭

1912年，孙中山（前左九）与福建咨议局全体人员合影

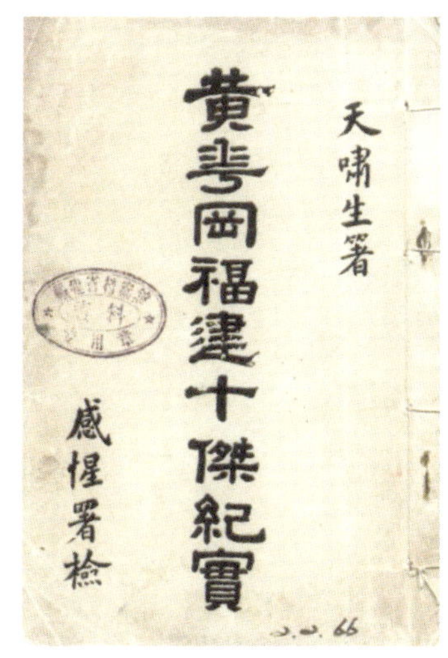

《黄花岗福建十杰纪实》（1912年）

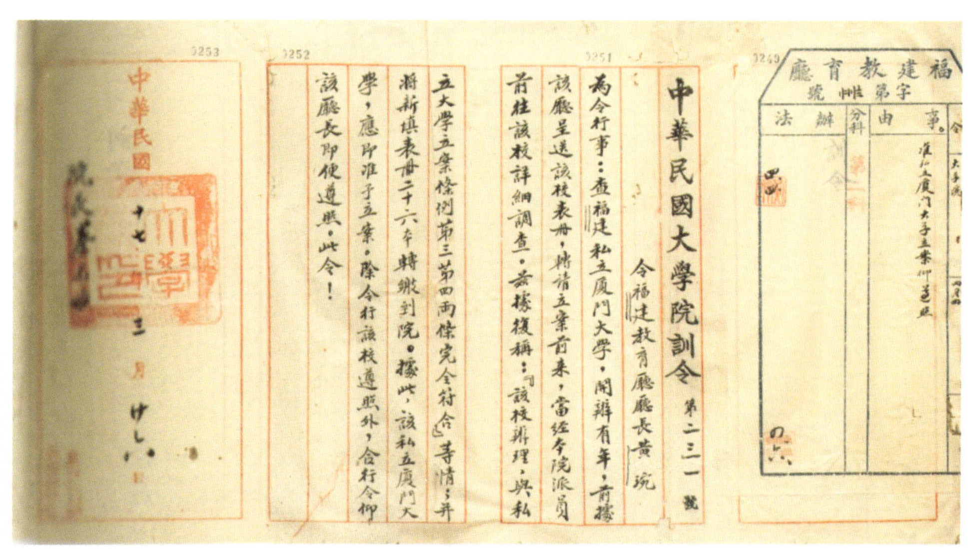

福建教育廳

中華民國大學院訓令 第二三一號

令福建教育廳廳長黃琬

為令行事：查福建私立廈門大學，開辦有年，前據該廳呈送該校表冊，轉請立案前來，當經本院派員前往該校詳細調查，並據復稱："該校辦理，與私立大學立案條例第三第四兩條完全符合"等情；并將新填表冊二十六本轉繳到院。據此，該私立廈門大學，應即准予立案。除令行該校遵照外，合行令仰該廳長即便遵照。此令！

中華民國 十七 三月 廿八

1928年，中华民国大学院批准厦门大学立案的训令

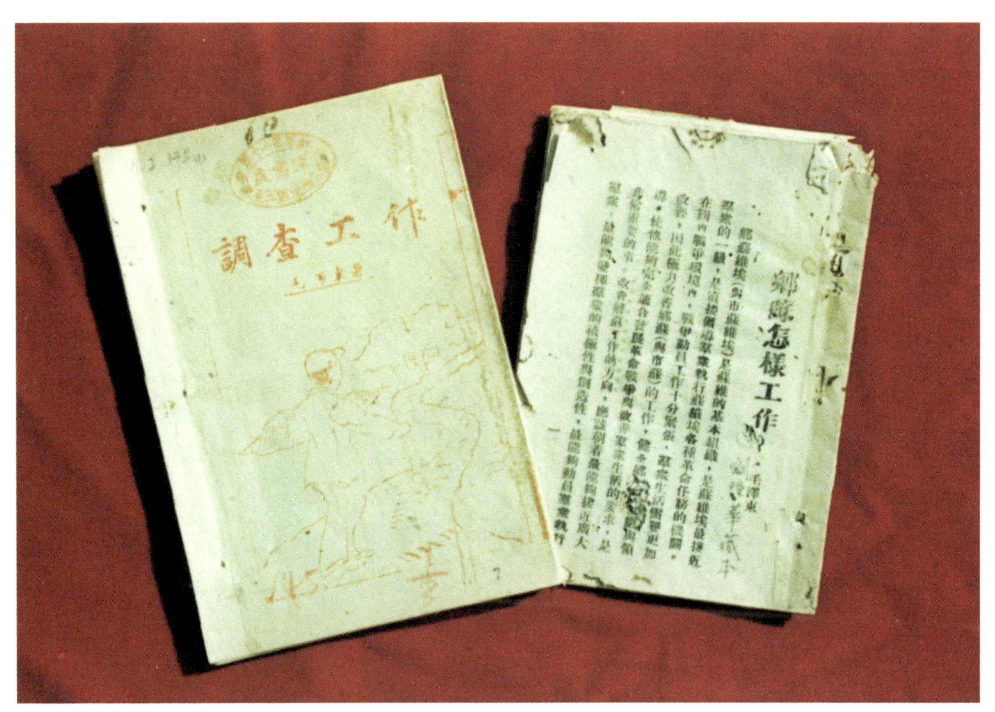

毛泽东1930年著作《调查工作》

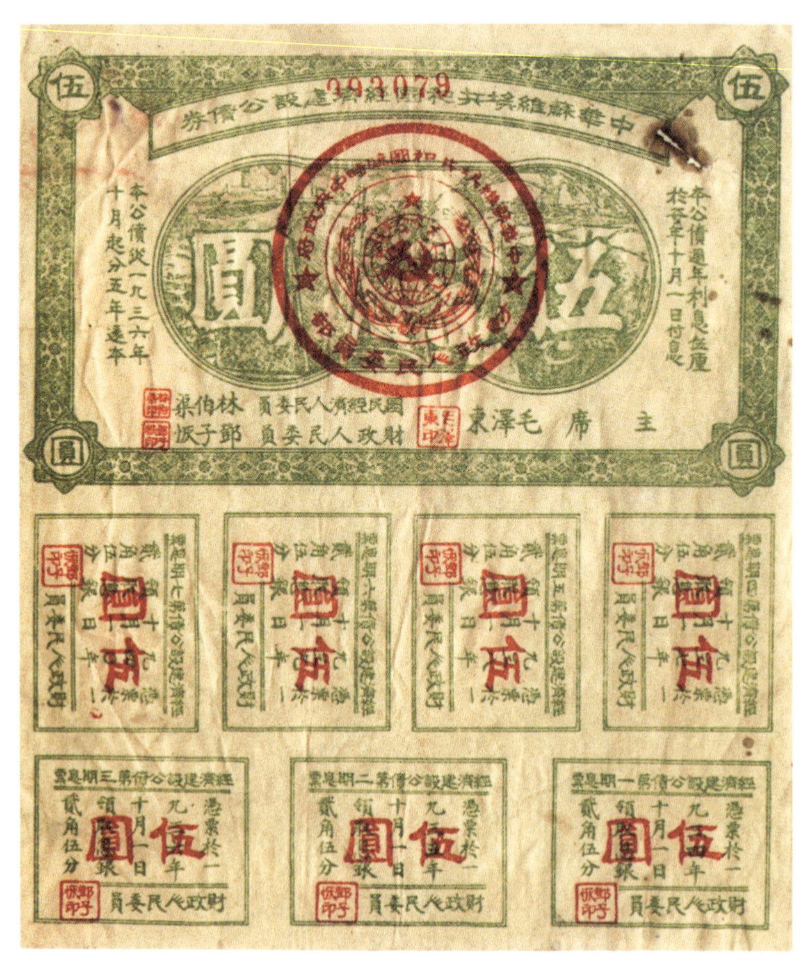

1933年中华苏维埃共和国经济建设公债券五元版

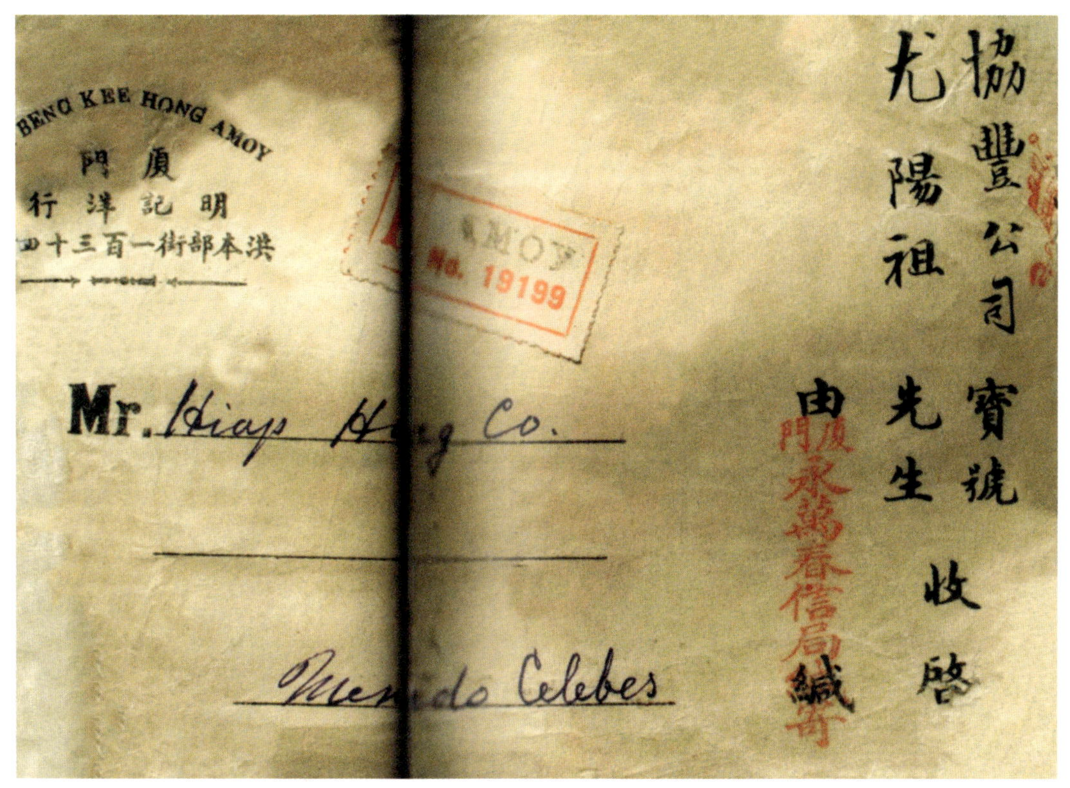

民国时期厦门永万春信局侨批

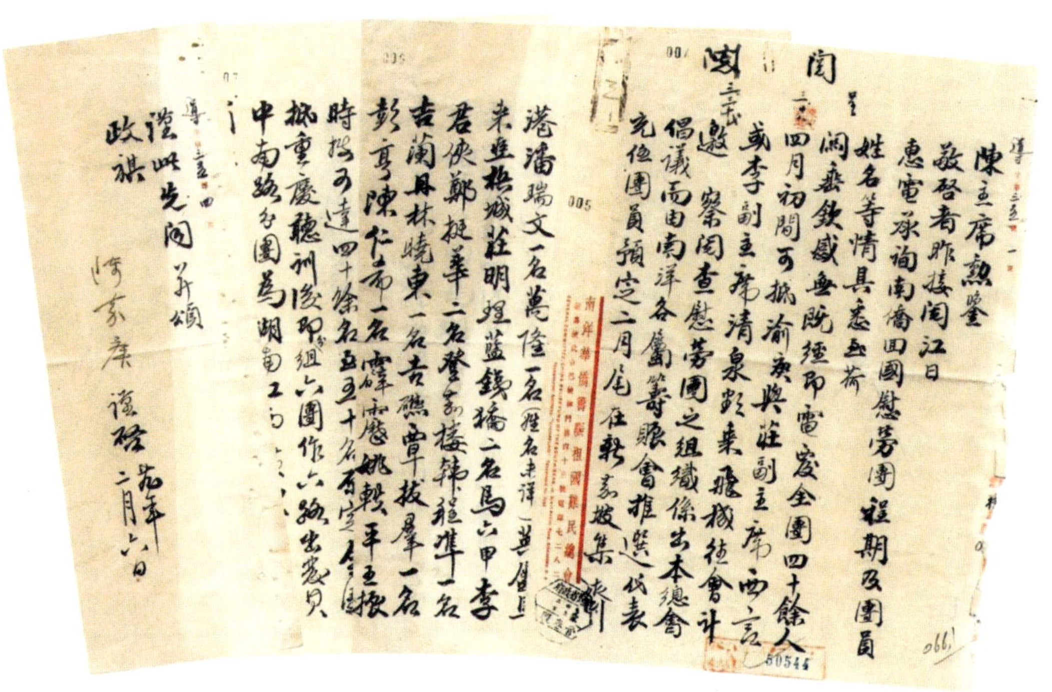

1940年爱国华侨领袖陈嘉庚致福建省政府主席陈仪的信函

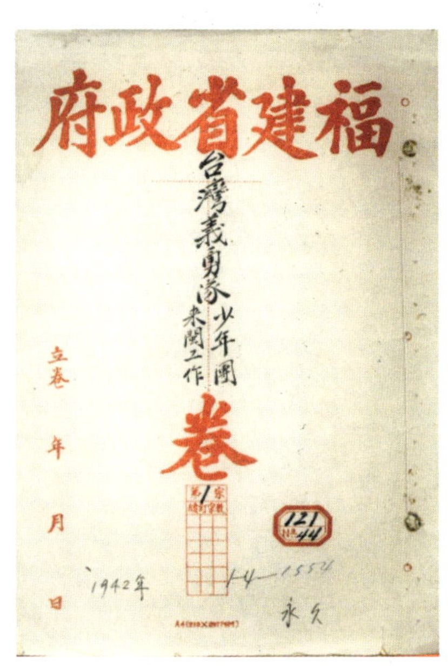

1942年福建省政府有关台湾义勇队的卷宗

1945年《台湾研究季刊》（创刊号）

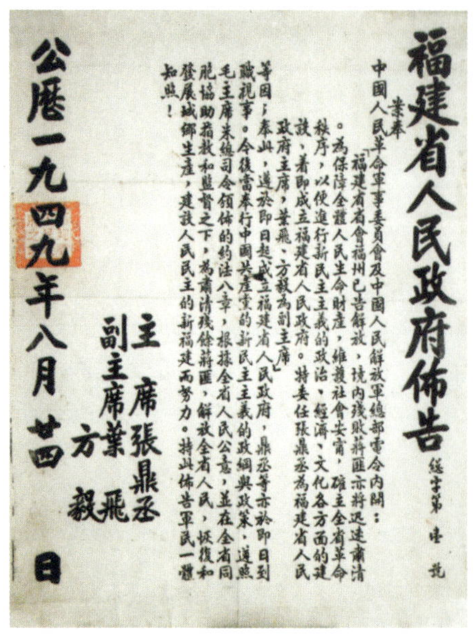

福建省人民政府佈告 綏字第壹號

業奉

中國人民革命軍事委員會及中國人民解放軍總部電令內開：

「福建省省會福州已告解放，境內殘敗蔣匪亦將迅速肅清。為保障全體人民生命財產，維護社會安寧，確立全省革命秩序，以便進行新民主主義的政治、經濟、文化各方面的建設，着即成立福建省人民政府。特委任張鼎丞為福建省人民政府主席，葉飛、方毅為副主席」

等因；奉此，遵於即日起成立福建省人民政府，鼎丞等亦於即日到職視事。今後當奉行中國共產黨的新民主主義的政綱與政策，遵照毛主席朱總司令頒佈的約法八章，根據全省人民公意，並在全省同胞協助擁護和監督之下，為肅清殘餘蔣匪，解放全省人民，恢復和發展城鄉生產，建設人民民主的新福建而努力。特此佈告軍民一體知照！

主席 張鼎丞

副主席 葉飛 方毅

公歷一九四九年八月廿四日

1949年福建省人民政府成立布告

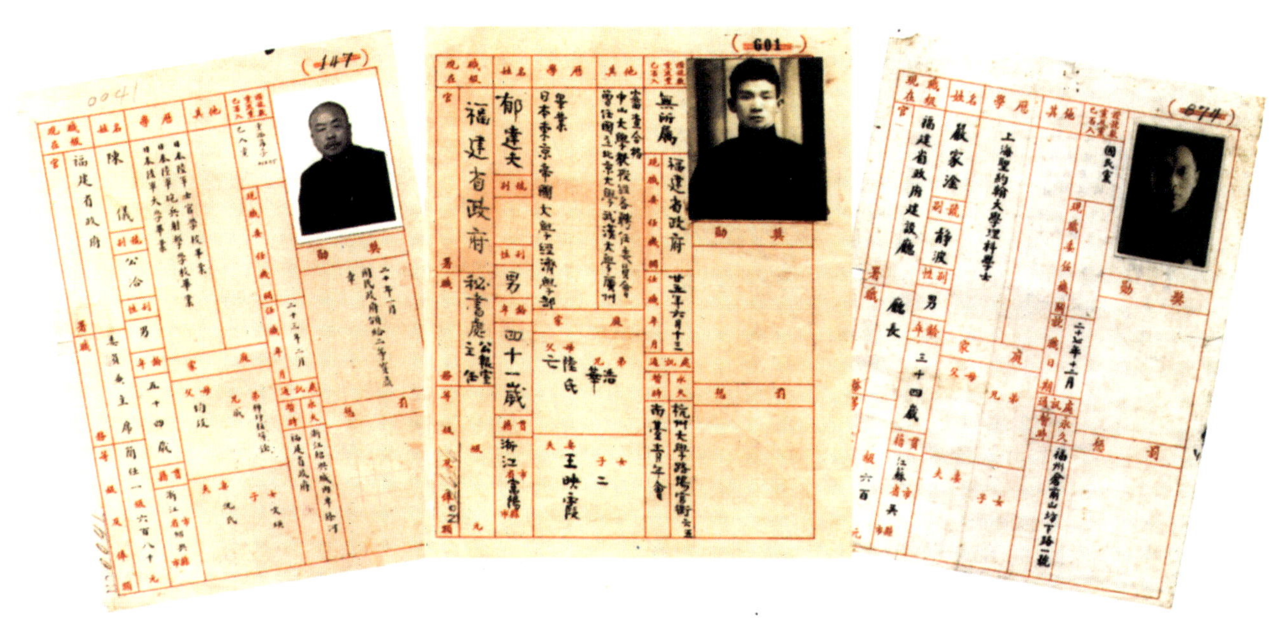

民国公务员履历表

福建省地方志书编纂委员会

中共福建省委
福建省人民政府

省委办公厅
省人大常委会办公厅
省政府办公厅
省政协办公厅
省纪委、省监委办公厅

省委组织部
省委宣传部
省委统战部
省委政法委
省委政策研究室
省委改革办
省委国安办
省委网信办
省委编办
省委军民融合办
省委台港澳办
省委省直机关工委
省委巡视办
省委老干局
省委非公企业和社会组织工委
省委党校
省委党史研究和地方志编纂办公室

省档案局(馆)
福建日报社
省社会主义学院
省委保密办
省委机要局
省委文明办

省高级人民法院
省人民检察院
省军区政治工作局

省发展和改革委员会
省教育厅(省委教育工委)
省科学技术厅
省工业和信息化厅
省民族与宗教事务厅
省公安厅
省民政厅
省司法厅
省财政厅
省人力资源和社会保障厅
省自然资源厅
省生态环境厅
省住房和城乡建设厅
省交通运输厅
省水利厅
省农业农村厅
省商务厅
省文化和旅游厅
省卫生健康委员会
省退役军人事务厅
省应急管理厅

省审计厅
省政府外事办公室
省国资委
省林业局
省海洋与渔业局
省市场监督管理局
省广播电视局
省体育局
省统计局
省人防办
省医疗保障局
省金融监管局
省信访局
省政府新闻办
省机关事务管理局
省数字办
省粮食和物资储备局
省监狱管理局
省文物局
省药品监督管理局
省政府发展研究中心
省社会科学院
省农业科学院
省供销合作社联合社
省总工会
共青团福建省委
省妇联
省科协
省侨联
省台联

省社科联
省文联
省残联
省贸促会
省中华职教社
省国家安全厅
中国人民银行福州中心支行
省税务局
省通信管理局
中国银保监会福建监管局
中国证监会福建监管局
福州市人民政府
厦门市人民政府
漳州市人民政府
泉州市人民政府
三明市人民政府
莆田市人民政府
南平市人民政府
龙岩市人民政府
宁德市人民政府
平潭综合实验区管委会

福建省地方志书编纂委员会办公室

主　　任：黄　誌　省委党史方志办主任
副 主 任：黄　玲　省委党史方志办原副主任、省中华职教社党组书记
　　　　　王盛泽　省委党史方志办副主任

曹宛红　省委党史方志办副主任

钟兆云　省委党史方志办副主任

林　浩　省委党史方志办一级巡视员

戴振华　省委党史方志办二级巡视员

钟健英　省委党史方志办二级巡视员

俞　杰　省委党史方志办原一级巡视员

汪一朝　省委党史方志办原一级巡视员

《福建省志·档案志》编委会

主　任：卓兆水

副主任：黄建峰　马俊凡　游富明

委　员：（以姓氏笔画为序）

方　彦　叶建强　邢立新　纪　峰　张枫旻　陈忠德

周　琴　谢　云　谢　滨　雷乃明　蔡敏生　颜梓森

《福建省志·档案志》编辑室

主　编：马俊凡

副主编：谢　滨　吴永宁

总　纂：魏定榔　卢美松

《福建省志·档案志》编纂领导小组
（2006 年 2 月）

组　长：陈永成

副组长：陈爱群　叶仲霖　林　真

委　员：（以姓氏笔画为序）

马俊凡　许惠敏　吴苏闽　张名团　张声浩　徐桂玉
黄建峰　雷乃明　蔡敏生

《福建省志·档案志》编纂领导小组
（2006 年 12 月）

组　长：丁志隆

副组长：陈爱群　叶仲霖　林　真

委　员：（以姓氏笔画为序）

马俊凡　许惠敏　吴苏闽　张名团　张声浩　张晓宁
徐桂玉　黄建峰　雷乃明

《福建省志·档案志》编纂领导小组
（2017 年 11 月）

主　任：卓兆水

副主任：黄建峰　马俊凡　游富明

委　员：（以姓氏笔画为序）

方　彦　邢立新　纪　峰　周　琴　谢　云　谢　滨
雷乃明　蔡敏生　颜梓森

《福建省志·档案志》审稿人员

俞　杰　曹　斌　李升荣　李连秀　张　俊

《福建省志·档案志》审定验收组

组　长：黄　誌

副组长：汪一朝　俞　杰（执行）　黄　玲　林　浩　王盛泽

　　　　戴振华　钟健英

成　员：曹　斌　李升荣　杨占城　温雪勇　张朝阳　张维义

　　　　欧长生　钟兆云　郑香福　李连秀　张　俊

致知力行　继往开来

（代序）

习近平总书记曾在宁德地方志工作会议上提道："要马上了解一个地方的重要情况，就要了解它的历史。了解历史的可靠的方法就是看志。"了解一个地方如此，了解一项工作亦然。2020年，《福建省志·档案志（1993—2005）》历经十五载，终告成篇。志书内容既有生动的文字记录、丰富的图片展示，又有具体的统计资料，运用数据和档案说话，实事求是、客观准确。在编排上，根据档案工作特点，分门别类记述，既多方位反映全省档案工作整体概况，又着眼于细节，翔实叙述相关重大事件、重要任务，要点突出、脉络清晰，全面真实地展现了1993—2005年福建省档案事业发展的历史面貌。这部志书对于福建档案同人和关心关注福建档案工作的读者朋友们来说，不仅是一段历史的呈现，更是一种精神传承！

以史为鉴，可知兴替。1993—2005年是福建省档案事业发展的一个重要阶段。随着改革开放的深入推进、社会主义市场经济体制的不断完善，福建省政治、经济、社会、文化等领域发生了重大变化，对档案工作产生了深远影响。十多年间，福建省档案管理体制日益健全，资源体系逐步完善，开发利用范围有效扩大，信息化水平大幅提升，服务社会程度不断深化，对外开放步伐持续加快……这些都凝聚了福建省档案部门历任领导和全体档案工作者的智慧与汗水。成效记于志书，付出留存人心，全省档案人为之自豪！

近年来，全省各级档案部门和广大档案工作者牢记"为党管档、为国守史、为民服务"的神圣职责，砥砺奋进，推动福建省档案事业迈上新台阶，如省档案馆业务建设评价在全国省级馆中名列三甲，世界记忆项目福建学术中心应势而立，市县综合档案馆建为崭新地标，"村档乡（镇）管"模式和"乡村记忆档案"项目扎根拓展，数字档案共建共享开辟新径，疫情防控档案工作获得肯定，"激情、和谐、规范、快捷"蔚然成风，"档案专家""档案工匠"两支队伍建设独树一帜。我相信，全省档案工作者将以此为激励，在已有成绩基础上，认真贯彻习近平总书记关于档案工作等重要论述和党的十九届五中全会精神，落实新修订的《中华人民共和国档案法》，继续奋发有为、锐意进取，促进档案工作走向依法治理、走向开放、走向现代化，为助力福建省高质量发展超越贡献档案力量。

愿吾辈档案人继往圣、开来学，有功于斯世！

是为序。

福建省委办公厅厅务会议成员、省档案局局长，

省档案馆党组书记、馆长　卓兆水

2020年11月17日

凡　例

一、本志以马克思列宁主义、毛泽东思想、邓小平理论、“三个代表”重要思想、科学发展观、习近平新时代中国特色社会主义思想为指导，坚持辩证唯物主义和历史唯物主义的立场、观点和方法，按《地方志工作条例》《福建省实施〈地方志工作条例〉办法》《地方志书质量规定》要求进行编纂。

二、以福建省现行行政区划为记述的区域范围(未含金门、马祖)。

三、使用规范的现代语体文记述，行文除引文外，用第三人称记述。

四、1949 年 10 月 1 日以前的纪年，标示朝代、年号、年份，括注公元纪年；1949 年 10 月 1 日起，用公元纪年。

五、各个时期的政权机构、职务、党派、地名，均以当时名称或通用简称记述。古地名均括注今地名，乡(镇)、村(居)地名前冠以市、县(市、区)名。

六、除引文外的人名，直书姓名，不在姓名后加身份词；必须说明身份的，在其姓名前说明。

七、各种机构、会议、文件等专有名称使用全称，如多次出现需用简称的，在第一次出现时括注简称。

八、凡外国的国名、地名、人名、党派、政府机构、报刊等译名，均以新华社译名为准。新华社没有译名的，首次使用译名时括注外文全称，全书保持中文译名一致。

九、数字、量和单位、标点符号的使用，执行国家有关部门颁布的标准规定。书中同一名称、事实、数据、时间、度量衡、术语的表述，前后一致。

十、图、表突出存史价值，样式统一。

十一、采用国家统计部门公布的统计数据和业务主管部门的统计数据；如使用其他数据，则需说明其来源。

十二、采用资料一般不注明出处。引文、辅文和需要注释的专用名词、特定事物加页末注释，注释形式全书统一。

编辑说明

一、本志为1997年版《福建省志·档案志》(以下简称"前志")的续志。上限为1993年，下限为2005年。为反映事物的完整性，时限适当上溯或下延；对前志未设的篇章，从事物发端写起；对前志漏载、误载的事项进行补载、更正；对前志记载前后变化不大的事项，必要时进行简要复述；对具有地方特色的事项进行升格详载。

二、本志资料主要来源于1993—2005年福建省档案馆藏及全省各级档案部门存档的工作总结、情况汇报、领导讲话、统计年报、会议纪要、文件汇编、信息简报、期刊图书等。

目　录

Contents

概　　述

1993—2005年，在中共福建省委、省政府的领导下，全省各级档案部门和档案工作者与时俱进、开拓创新，加快档案工作改革开放步伐，逐步形成由档案行政管理部门统一管理指导，以档案室为基础、国家综合档案馆为主体、档案利用服务为目的、档案法制为保障、档案信息化为手段、档案教育和档案科技为先导、档案宣传和对外交流为纽带的，具有福建特色的社会主义档案事业体系。

一

1993—1995年处于“八五”计划（1991—1995年）的关键阶段，全省档案工作者按照“协调、完善、发展、提高”的方针，巩固基础，提升服务，推动档案工作在经济和社会发展中发挥更重要作用，一个以各级机关、团体、企事业单位档案室为基础，各级国家综合档案馆为主体的福建省档案事业体系已粗具规模。

加强档案馆业务建设，巩固档案事业发展基础。各级国家综合档案馆通过指导检查、签订“移交档案进馆责任书”等形式，加大档案接收力度；把档案处置工作列为撤并单位工作的重要内容，集中力量做好机构改革中撤并单位的档案工作，开展破产国有企业档案接收试点和其他企业档案的寄存工作；采取多种形式征集名人和地方特色档案资料，进一步丰富馆藏；开展整理编目工作，建立全宗卷，健全档案检索体系，完成全省历史档案目录的整理上报工作。

档案信息资源开发取得成效。省档案局设立档案信息开发中心，建构档案信息开发网络，创办《市场特别报道》周报和《档案信息开发》简报，开展档案信息进入市场试点工作。全省档案系统开展以“开发档案信息资源，争创最佳服务质量和利用效益，为改革开放和经济建设作贡献”为主题的“创优增效”活动，组织开展“福建省档案信息资源开发利用成果奖”评奖活动。1993—1995年，全省累计申报“档案信息资源开发利用成果”500项，其中179项获奖，产生经济效益4.34亿元；编纂出版《闽台关系档案资料》《日本帝国主义在闽罪行录》等书籍，编印《档案资料摘编》36期，公布“福建事变”和华侨胡文虎等史料，受到社会关注和学术界欢迎。

档案普法宣传成绩显著。“八五”期间，全省档案部门共印发《中华人民共和国档案法》（简称《档案法》）宣传材料160多万份，举办讲座、培训班120多期，召开座谈会、宣传会380多场次，举办专栏 3000 多期，利用电影、电视、幻灯片宣传《档案法》1000 多次；制作并播放《档案与社会》《资源宝地——福建档案事业一瞥》《兰台金桥》《艺海拾贝》《“女儿”嫁到档案馆》《档案室里谱春秋》《侨乡档苑》等 7 部档案专题电视片，其中《兰台金桥》《艺海拾贝》在 1995 年全国档案系统录像片评比中分获“飞世兰杯”一等奖和优秀奖。1995 年，省档案局被中央宣传部、司法部评为“1991—1995 法制宣传教育先进单位”。

规范重点建设项目档案管理，服务党和政府中心工作。省档案局与省建委联合印发《福建省建设项目(工程)竣工档案验收细则》，完善重点建设项目档案管理制度；深入福建漳平发电厂、厦门嵩屿电厂、福建炼油厂、福厦泉高速公路等项目进行业务指导，参加南平水泥厂、沙溪口水电站、福建炼油厂、武夷山机场等重点工程的竣工验收，为福建省经济建设服务。各级档案部门着重抓先行工程、重点工程和城市建设、土地成片开发等项目的档案工作，为项目施工、设备安装调试、竣工验收等工作服务。

健全继续教育和岗位培训制度，提高档案人员专业化水平。省档案局先后制定《关于开展全省档案专业岗位培训的实施意见》《关于加强档案专业教育培训管理意见》《关于开展福建省档案专业教师考聘意见》，编写“档案法规概论”“档案管理学”“档案编研概论”等6 门档案专业基础课的教学大纲，逐步建立岗位培训、在职教育与学历教育相结合的多层次的档案教育机制。1994 年，省档案局开办档案专业自学考试大专班，并于当年 10 月举行第一次考试，全省共有 1332 人参加。

二

“九五”期间(1996—2000 年)，改革开放的全面深入与经济社会的快速发展，对档案工作提出更高的要求。1996 年，省档案局制定《福建省档案事业发展“九五”计划》。同年，档案工作被纳入《福建省国民经济和社会发展“九五”计划和 2010 年远景纲要》。1999 年 5 月 6 日，省委常委会专题研究加强新形势下的档案工作，省委办公厅、省政府办公厅联合印发《关于加强档案工作的意见》，促进全省档案工作进一步发展。

档案事业机构和管理体制逐步健全。1996 年机构改革，省档案局、馆合并，为省委、省政府直属机构，由省委直接管理，实行一个机构两块牌子，履行档案事业行政管理和档案保管、利用两种职能。随后，各地(市)、县(市、区)档案部门也相继改革，实行局馆合一的管理体制。2000 年新一轮机构改革，各地仍实行局馆合一的管理体制，全省共有档案局 92 个、国家综合档案馆 81 个、国家专门档案馆 17 个。

加强档案法制建设，档案事业发展步入依法管理的轨道。省档案局通过开展“法制建设年”等活动，加强地方档案标准和规范建设，先后制定出台《福建省乡镇档案管理办法》《福建省行政村档案管理办法》《福建省档案人员持证上岗暂行规定》等 60 多项规范性文件，逐步完善档案法规体系。健全监督机制，加大执法力度，制定《档案执法监督员工作守则》，在全省范围内建立档案执法队伍，把执法监督检查的内容纳入档案工作年度考核指标，配合各级人大和政府法制部门开展常态化档案执法检查，进一步落实依法管理档案职责。1999年，全省各级党委、政府和有关部门对档案局的行政执法主体资格进行依法认定，从而理顺档案管理体制，保证《档案法》的贯彻与实施。

以档案工作目标管理考评为抓手，加强监督指导，提升档案事业的整体水平。1996年，省档案局制定《福建省国家综合档案馆定级工作管理办法》《福建省地市档案工作年度考核办法》，对国家综合档案馆和地市档案工作实行达标定级和年度考核。1999年，全省有50个国家综合档案馆通过等级认定，其中省一级档案馆24个。1996年，省档案局制定《福建省省直单位档案工作年度考核办法》，对省直单位档案工作实行年度考核。省直机关通过开展档案工作协作组活动，开展立卷改革、文档一体化管理试点工作，加快档案管理现代化步伐。2000年，全省有110多家机关档案室达到省级先进标准。经过年度考核和目标管理，全省档案管理制度不断建立健全，管理机构、人员、设备基本得到保证，档案基础业务建设得到加强，综合管理、科学管理水平得到提升。

加强企业档案工作管理，研究探索开发区、保税区、外商投资区、台商投资区、工业小区以及"三资"企业（中外合资经营企业、中外合作经营企业、外商独资经营企业）等新经济领域和新经济组织的档案工作，为改革开放和经济建设服务。省档案局先后制定《福建省企业档案管理考核办法》《福建省开发区档案管理实施细则》《关于加强乡镇企业档案工作的通知》等文件，召开全省企业档案工作研讨会，对企业档案管理定级的单位进行复检认定，部署国有资产和产权变动档案处置工作，开展企业档案等级目标管理活动。2000年，全省共有588家企业的档案工作通过考评验收，其中达国家一级标准28家、国家二级标准125家、省级先进标准435家。

开展农业和农村档案工作，推动档案工作向基层延伸。1996年，省档案局把农村建档列入全省档案事业发展"九五"计划，下达了"九五"期间完成90%村（居）建档的目标任务；争取省农委等部门支持，把农村建档列入全省"小康"村建设和验收的内容；制定《福建省乡镇档案管理暂行办法》《福建省行政村档案管理暂行办法》等规范性文件，加强对农业和农村档案工作的监督指导。1997年，全省1079个乡镇（街道）全部开展建档工作。2000年，全省16581个村（居）委会，有16414个完成建档任务，建档率达98.99%。

档案馆基础业务建设进一步加强。1996年，省档案馆修订《库房管理岗位职责》《档案室岗位职责》《库房"十防"工作制度》等规章制度，落实"十防"（防火、防盗、防水、防潮、防尘、防虫、防高温、防强光、防鼠、防有害微生物）措施。加大经费投入力度，加快重点档案抢救速度。"九五"期间，国家档案局拨给福建省全国重点档案抢救补助费200多万元，全省各级财政安排配套资金约300万元，共抢救重点档案近16万卷。2000年，全省应抢救档案共37.09万卷，其中已完成抢救26.49万卷。

开展档案宣传和交流活动，扩大档案工作的社会影响。1996年，省档案局印发《关于加强

“九五”期间档案宣传工作的意见》,与省委宣传部、省司法厅联合制发《福建省“三五”档案系统普法教育规划》,加强档案宣传工作的组织领导,在全省开展以宣传第十三届国际档案大会和《档案法》为核心内容的“宣传周”和“宣传日”活动,介绍全省档案事业发展成就。开设《生活离不开档案》专栏,制作《翻开历史的卷页——走进省档案馆》专题电视片,分别在福建人民广播电台、福建电视台等媒体上播出。组织档案工作者到南平、古田、清流、宁化等地开展“档案科技下乡宣传咨询”活动,在机关、团体、企事业单位组织档案普法知识测验、知识竞赛、有奖征答等活动,进一步增强社会各界的档案意识和档案法制观念,为档案事业发展创造良好环境。福建档案工作者先后赴新加坡、法国、意大利、美国等国访问考察,学习和交流境外档案工作的先进技术和经验;发挥福建与台湾血缘相亲、习俗相近、语言相通的优势,加强与台湾档案界的学术交流与合作。

三

“十五”期间(2001—2005年),福建省档案工作贯彻落实中央和省委提出的新世纪发展战略,增强加快发展的紧迫感和责任感,认真实施《福建省档案事业发展“十五”计划》,大力推动档案工作法制化、规范化、现代化、信息化,促进档案事业与经济建设和社会进步协调发展,更好地为改革开放和社会主义现代化建设服务。

地方档案法规体系进一步完善。2003年,随着福建省第一部地方性档案法规《福建省档案条例》正式施行,《福建省档案馆工作规范》(DB35/T 507—2003)、《福建省档案行政处罚暂行办法》、《福建省档案行政处分暂行规定》、《福建省档案行政复议工作暂行规定》等配套文件和省政府规范性文件《福建省档案登记暂行办法》出台,一个与《档案法》相衔接的、具有福建地方特点的档案法规体系逐步建立完善。

开展信息化建设,提高档案工作现代化水平。2001年,省档案局制定《福建省档案管理现代化“十五”计划》。2002年,“数字档案”被纳入“数字福建”工作计划,全省档案信息化建设进入快速发展阶段。省档案局相继实施“福建省分布式档案基础数据库建设项目”一期、二期工程,建设信息网络中心1个,建设基础网络平台和应用系统平台2个,建设档案目录数据库、重要档案内容数据库和多媒体档案数据库3个,建成一个遍布全省、拥有94个网站的档案网络体系。组织力量开发“福建省数字档案信息管理系统”等应用软件,建立健全信息安全制度,为实现档案信息的资源共享和安全保管提供技术支撑。

强化档案馆“两个基地、一个中心”(档案资料保管基地、爱国主义教育基地和档案信息服务中心)建设,建设现代档案馆。为适应档案馆从传统型向现代型、从保管型向服务型、从单一型向复合型转变,树立一流设施、管理、服务的档案馆新形象,全省各级国家综合档案馆根据《福建省档案馆工作规范》(DB35/T 507—2003),围绕“两个基地、一个中心”建设要求,探索档案服务新模式,强化档案馆在先进文化建设中的教育功能、文化功能、信息功能和服务功能。

进入 21 世纪以后，随着经济社会的发展，全省馆库建设进程明显加快，一批市、县档案馆库相继建成，为档案工作开展创造良好条件。2005 年，全省各级各类档案馆总建筑面积达 17.09 万平方米，其中库房面积 8.01 万平方米，共配备各种设施、设备 2865 台，分别相当于 1993 年的 1.94 倍、1.51 倍和 8.12 倍。

拓展档案接收渠道，进一步优化馆藏结构。印发《福建省重大活动档案管理办法》，开展重大活动（事件、会议）档案收集工作。接收“讲学习，讲政治，讲正气”教育、防治非典型肺炎、“保持共产党员先进性教育活动”等重大事件档案，收集第四届世界福建同乡恳亲大会、首届世界闽商大会、世界客属恳亲大会、“5·18”海峡两岸经贸交易会（简称海交会）等重大活动档案，主动征集谷文昌、皮定均等名人档案及族谱、地契、名优特产等地方特色材料，进一步丰富馆藏。省档案局相继制定《福建省归档文件整理细则（试行）》《福建省档案整理质量合格证制度》《福建省档案安全管理规范（暂行）》等档案工作标准和规章制度，持续开展全省性档案安全大检查，不断提升档案管理工作的科学化、规范化水平。

建设爱国主义教育基地，拓展档案馆的教育功能。省档案局于 2002 年制定《福建省国家档案馆“十五”期间爱国主义教育基地建设实施意见》，2004 年在厦门召开全省爱国主义教育基地工作会议，指导和推动各级档案馆开展爱国主义教育基地建设。2005 年，全省有 32 个档案馆建立了爱国主义教育基地。各级档案馆大力发掘馆藏资源，采取“多参与、多协作，走出去、请进来”等方式，举办“党旗飘扬”“红色记忆”“八闽之光”“闽籍将军”“院士风采”“情系台湾”等主题展览，面向社会，特别是面向广大青少年开展爱国主义教育，产生较大社会反响。

推动档案信息开放利用，提升服务水平。2002 年，泉州市档案馆创建全省首家现行文件资料服务中心，收集市直部门制发的、与人民群众生产和生活息息相关的“红头文件”，为社会公众提供服务。至 2005 年，全省已有 64 个档案馆建立现行文件利用中心，大部分档案馆在网站上建立现行文件服务中心，围绕“广泛收集、依法开放、简捷便民、免费利用”原则开展现行文件利用服务，受到广大群众欢迎。各级档案馆还加大档案开放力度，加强档案信息资源开发，推出《新福建——八闽档案摭拾》《福建畲族档案资料选编（1937～1990 年）》等一批档案编研成果，取得良好的社会效果。

开展社区档案工作。2002 年 1 月，福州市档案局在全省率先启动社区档案工作。2004 年 4 月，省档案局与省民政厅联合印发《福建省关于加强社区档案管理工作的意见》《福建省社区居民委员会档案管理暂行办法》《福建省社区居委会文件材料归档范围及保管期限表》《福建省社区居民委员会档案管理合格标准》等规范性文件，在厦门召开全省社区档案工作会议，推动社区档案工作深入开展。2005 年，全省共有社区居委会 1601 个，其中 1421 个完成建档工作，占 88.76％；915 个社区的档案管理通过合格认定，合格率达 64.39％。

加强学术研究，推进“科教兴档”战略。省档案局印发《福建省档案科研工作“十五”计划大纲》《福建省档案优秀科技成果评审办法》《福建省档案学优秀论文评选办法》等文件，加强档案科技工作的组织领导。省档案学会召开会员大会，选举产生新一届理事会，进一步健全学会组织,有效推进学会开展工作。先后举办以“21 世纪福建档案——档案信息数字化网络化”“国家档案资源建设”为主题的档案学术年会、闽南地区档案学术研讨会、福建省青年档案学术论坛等学术会议;组织开展档案科研项目成果鉴定和“福建省档案科技进步奖”“福建省档案学优秀成果”评奖活动;“福建数字档案信息管理系统”“福建省档案信息资源库发展战略研究”“福建省科研档案计算机多媒体管理系统”等课题获得国家级、省级优秀成果奖项,取得福建省档案科技立项和获奖的重大突破。

加强教育培训,建设专业化人才队伍。省档案局坚持“统一管理、分级培训”的原则,完善岗位培训报批制度,建立继续教育登记备案和培训巡视制度,加强全省档案教育培训的宏观管理,促进教育培训工作的健康发展。对培训教师进行资格考核,聘用兼职教师 50 余名;编写《档案信息化知识读本》《专门档案管理》《档案人员岗位培训教学大纲》等教材;实施“优秀档案青年人才建设工程”,培养档案研究开发人才 35 名;围绕档案现代化、信息化等建设目标,举办培训班 43 期,培训 10875 人次,颁发岗位证书 6870 本。2005 年,全省档案事业机构在岗人员中,具有大专以上学历的占 71.37%,是 1993 年的 1.63 倍;具有副高级以上专业技术职务的共 72 人,是 1993 年的 4.24 倍。

至 2005 年,福建档案事业取得了长足进步。在新形势下,全省各级档案部门和档案工作者在省委、省政府的领导下,认真践行“为党管档、为国守史、为民服务”的光荣使命,坚定不移推进档案工作改革创新,促进档案事业与经济社会协调发展,努力为推进新时代新福建建设作出新贡献。

第一章 资源建设

1993—2005年，福建省采取多种形式加大档案资源建设力度，依法开展省级单位档案移交进馆工作，重点开展撤并单位、重大活动、名人和地方特色的档案接收和征集工作，先后征集高永祥收藏艺术档案(1万多卷)及谷文昌、皮定均等名人档案。各级档案馆的馆藏资源不断丰富，馆藏结构逐渐优化。省档案局制定《福建省归档文件整理细则(试行)》等规章制度，在全省推广档案整理质量合格证制度，实行文书档案整理改革，开展积存档案清理工作，建立完善以各种目录、索引、指南为主的检索体系；成立鉴定委员会及鉴定工作小组，修订档案鉴定工作制度，将鉴定工作纳入规范化、常态化轨道。2005年，全省档案馆馆藏档案共计10185个全宗675.35万卷，分别为1993年的1.55倍和2.71倍，档案馆的各项基础业务都得到巩固和提升。

第一节 接收与征集

一、立卷归档

20世纪90年代，全省开展机关档案工作达标升级活动，立卷归档工作被列入“达标升级标准”和“业务建设规范”，并得到重视和加强。

1994年，同安县档案馆对县自来水公司、房地产公司、电力公司等单位的城建档案进行清理抢救，共立卷归档1150卷。三明市档案馆深入52项重点工程，收集材料1.73万件，归档2002卷。漳州市、宁德地区档案馆派专人下乡帮助做好村级档案立卷归档工作，确定村会计兼管档案工作。

1996年，省档案局与省科委联合印发《科学技术研究档案管理暂行办法》，对科研档案的归档范围、分类编号、移交归档等进行规范。

1997年，福建省开展第五次村委会换届选举工作，各地按照省民政厅的要求，把换届选举活动中形成的材料，包括选民登记表、候选人名单、选举证、选票、会议记录、选举结果等，及时进行收集归档。

1998年12月，省档案局、省交通厅联合印发《福建省交通各类文件材料立卷归档办法》，对立卷单位、立卷人员职责、归档范围、保管期限、立卷程序、案卷质量标准、归档方式等进行规范。省邮电管理局档案室对归档文件开始实行以“件”为单位的整理方法，做到“随办随归”。

1999 年,省档案局在省直机关档案室进行文书档案立卷改革试点工作。试点单位为省委办公厅和省政府办公厅,逐步延伸到省检察院、省电力局等单位。

2000 年,国家档案局发布档案行业标准《归档文件整理规则》(DA/T 22—2000),将以“卷”为单位进行立卷归档,改为以“件”为单位进行分类、排列、编号、编目、装盒,极大提高了立卷归档的效率。4 月,为进一步提高省直机关文书档案质量,省档案局在福州召开文书档案立卷改革座谈会,交流立卷改革试点经验,探讨进行立卷改革的必要性,研究立卷改革中遇到的难点问题及其解决的办法与措施。

2001 年 9 月 24 日,为适应档案管理现代化的需要,规范归档文件的整理方法,省档案局根据国家档案行业标准《归档文件整理规则》(DA/T 22—2000),结合福建省实际情况,印发《福建省归档文件整理细则(试行)》,对归档文件的整理原则、质量要求、整理方法作出统一规范。该细则明确了归档文件采用以“件”为单位的整理方法,兼顾了计算机与手工两种管理方式,是机关档案工作的一次重要改革。

2002 年,全省各地档案部门开展社区档案立卷归档工作。龙岩市档案馆对全市事业单位积存文件进行清理,共清理归档文件材料 5119 件、会计档案 729 盒、基建档案 25 盒、设备档案 25 盒、声像档案 10 盒。

2004 年,省档案局在全省全面推行文书档案整理改革,普遍提高档案文书归档整理的水平。厦门市档案局制定《厦门市归档文件整理规则实施细则》,从适用范围、整理原则、质量要求、整理单位、整理方法等方面对归档文件整理作出详细规定,具有较强的可操作性。

二、接收

(一)机关单位档案接收

1993 年,省档案馆通过加强省级单位档案移交工作的指导、检查和验收,共接收档案 1.63 万卷。厦门市档案馆新馆建成后,为丰富馆藏,制定《关于接收档案进馆的意见》,当年接收档案资料 5029 卷。浦城县档案馆接收清房、违纪等专门档案 2219 卷。

1994 年,省档案馆发出《关于清理接收省直机关 1966 年前未进馆档案的通知》,对 32 个省级单位进行档案验收,共接收档案 1190 卷、资料 400 余册。

1995 年,省档案馆共接收省高级人民法院、省农科院等 21 个省级单位档案 2.34 万卷、照片 6000 多张、资料 1.02 万册。晋安区档案馆与 59 个进馆单位签订“移交档案进馆责任书”,共接收 6735 卷档案进馆。

1996 年,省档案馆修订完善档案接收计划和接收名册,接收省级单位档案 7641 卷。厦门市档案馆、龙岩地区档案馆将市直、地直机关 1970 年以后的到期档案全部接收进馆。

1997 年 2 月 20 日,为规范省级单位档案移交进馆工作,省档案局制定《福建省省级各单位档案移交工作暂行规定》,对省级单位档案移交的范围、期限、要求、手续等进行规范,并将移交工作列入档案室定级达标、年度考核、评先表彰与执法检查的工作内容。

1998年，省档案馆接收8个省级单位档案4440卷；首次开展代管档案业务，代管档案3749卷。泉州市县两级档案馆加大到期档案接收力度，全市到期档案接收率达96.99%。龙岩市档案馆接收到期档案5.17万卷。

1999年，省档案馆对省级单位待移交进馆的档案情况进行调查摸底，共接收10个省级单位的档案5773卷。厦门市档案馆开展“档案质量年”活动，要求案卷保证质量才能移交进馆。

2000年，省档案馆接收11个省级单位1.90万卷档案进馆。

2001年，省档案馆接收96个省级单位1.72万卷档案进馆。根据中央要求，全省共清理党政领导干部保存的公务活动文件材料1.31万件（张），确保重要文件材料及时归档。

2002年，省档案馆接收22个省级单位1.29万卷档案进馆。福州市将2001年度涉外婚姻档案2201卷接收进馆，累计接收涉外婚姻档案7026卷。

2003年6月1日，福建省地方标准《福建省档案馆工作规范》（DB35/T 507—2003）正式实施，对接收档案的质量要求和手续作出明确规定。

2004年，全省各乡镇到期档案陆续被移交至当地综合档案馆，泉州、龙岩等市乡镇到期档案接收率达100%。沙县档案馆接收三峡移民档案803卷。

2005年，将乐县档案馆将各乡镇保管的2003年以前的486卷婚姻档案全部接收进馆。龙海市档案馆接收85个单位的基建档案72卷。

1993—2005年，全省各级国家综合档案馆累计接收档案227.60万卷，录音、录像、影片档案5648盘，照片档案9.18万张，底图档案7963张，电子档案22.35万盘。

表1-1　**1993—2005年福建省各级国家综合档案馆接收档案统计表**

年份	案卷（卷）	录音、录像、影片（盘）	照片（张）	底图（张）	电子档案（盘）
1993	90410	84	6965	706	—
1994	88280	130	5077	—	—
1995	228515	565	8589	5031	—
1996	123798	91	14588	146	—
1997	80943	581	5780	309	—
1998	256057	233	6490	410	—
1999	130615	49	5845	6	70123
2000	280444	163	8547	108	70143
2001	99993	166	5465	—	71194
2002	224237	78	7777	296	162

续表 1-1

年份	案卷(卷)	录音、录像、影片(盘)	照片(张)	底图(张)	电子档案(盘)
2003	251172	63	3086	—	68
2004	281640	3379	5337	421	98
2005	139856	66	8208	530	11666
总计	2275960	5648	91754	7963	223454

(二)撤并单位和转制企业档案接收

1993 年,为加强机构改革中撤并单位的档案接收、管理工作,省委办公厅、省政府办公厅联合转发国家档案局《关于在机构改革中加强档案管理的若干意见》,明确规定:机构变动部门和单位的档案,应向同级国家综合档案馆移交;机构变动部门和单位要加强组织领导,把档案的处置工作列入本单位机构改革工作的总体计划,列为撤并单位分管负责人移交工作的一项重要内容。各级档案馆加强调查摸底,做好相关档案接收准备工作。

1994 年,省档案局派出调研小组,走访省级单位近百个,对机构改革中撤销、合并、改制单位的档案状况进行调查摸底。12 月 3 日,为保证机构改革涉及单位档案的完整、齐全,维护历史原貌,省档案局印发《关于做好省级党政机构改革中档案整理移交工作的通知》,对机构改革中撤销、合并、改制单位档案的整理、移交工作进行指导、安排。莆田市档案馆提前做好机构改革档案交接准备工作,发文对档案移交的对象、年限、范围作出明确规定,组织人员深入市直各单位进行摸底、指导。

1995 年,省档案局对福州、南平、泉州、三明等地 14 家转制企业的档案状况进行调研,开展破产国有企业档案接收试点工作。福州市晋安区档案馆接收区划调整后各乡镇、机关单位文书档案 8012 卷、会计档案 445 卷、旧印章 1029 枚。

1996 年,三明市档案馆接收破产企业和撤销、合并单位档案 4377 卷、资料 448 册。

1997 年,全省各级综合档案馆共接收 266 个在机构改革中被撤销、合并、改制单位(占撤并单位数的 91.4%)的档案共 65.68 万卷。

1998 年,福州市档案馆接收市化纤厂、市罐头厂、市微机厂等破产企业档案 9754 卷。龙岩市档案馆接收到期档案 5.17 万卷。

1999 年 3 月 16 日,为合理处置机构变动部门和单位档案的归属与流向,省委办公厅、省政府办公厅印发省档案局提出的《关于在机构改革中加强档案管理工作的几点意见》。

2000 年,省档案局对 30 多个机构改革撤并变动单位的档案管理情况进行调查摸底。5 月 8 日,为确保省直机关机构改革中档案不受损失,维护档案的完整性与安全性,省委办公厅、省政府办公厅印发省档案局提出的《省直机关机构变动档案处置意见》,明确了机构改革涉及部门档案的归属和流向、处置内容和要求等。省档案馆接收省医药管理局、省机械厅、省石化厅、中天银会计师事务所等撤销单位档案1万余卷。

2001年，福州市档案馆对福州柴油机厂、福州保温瓶厂、福州橡胶厂等破产企业的档案工作进行指导并按期接收档案进馆。根据中共中央、国务院关于党政机关与所办经济实体和中介机构彻底脱钩的要求，福州市晋安区档案馆接收注销的区律师事务所专业档案3164卷。福清市档案局帮助福清市合成氨厂、福清市啤酒厂等企业整理档案并接收进馆。宁德市档案馆接收撤地建市相关照片500余张、资料500册。

2002年，福州市晋安区档案馆接收福州榕信会计师事务所寄存的文书档案1780卷、专业档案1267卷、会计档案187卷。厦门市档案局制定《关于认真做好机构改革中档案整理移交工作的意见》，明确规定机构变动单位档案的归属和处置办法，全市共接收撤销、合并机构档案621卷。莆田市城厢区档案馆接收区划调整中撤销的城郊乡、城南乡、荔城街道办事处各类档案近7000卷。三明市档案馆接收三明缝纫机台板厂寄存的档案1463卷。将乐县档案馆接收破产企业档案1061卷、照片124张。

2003年，厦门市档案馆根据区划调整工作的总体部署，接收原杏林区档案2.08万卷。莆田市档案馆接收兴化宾馆、部队造纸厂等破产改制单位档案共1万卷，涵江区、仙游县档案馆接收破产企业和机构改革单位档案共6.75万卷。三明市档案局接收三明标准件厂寄存的档案2317卷。

2004年，为防止国有企业档案资源流失，各地档案馆为破产改制企业提供档案归档指导和寄存服务，接收一批破产企业档案。省档案馆接收福州试验机械厂、福州化工机械厂等7个单位寄存的档案1.54万卷。泉州市档案馆接收泉州市海运公司寄存的档案1022卷。三明市档案局接收三明化工设备厂档案808卷。永春县档案馆接收破产企业永春电机厂寄存的档案1000余卷。长汀县档案馆接收县印刷厂、化肥厂、纺织厂、火柴厂、外贸公司等改制企业档案5554卷，同时接收档案柜、灭火器、温湿度记录仪等一批档案装具。

2005年，福清市档案馆配合行政区划调整工作，做好社区档案的移交、接收工作。泉州各市县档案馆及时做好撤销、合并单位和破产企业的档案移交和寄存工作，仅泉州市档案馆就接收8家破产企业寄存的档案1.03万卷。古田县调整乡镇行政区划，要求做好档案资料的移交工作，做到“档案未移交，干部走不了”。

（三）重大活动档案收集

1993年，省档案馆收集中央领导视察福建、菲律宾总统科拉松·阿基诺(Corazon Aquino)访问福建等珍贵照片728张。建宁县档案馆收集党和国家领导人接见建宁种粮大户王克明的照片4张，以及陈丕显、方毅等名人为首届“中国建莲节”的题词87幅。武夷山市档案馆收集党和国家领导人视察武夷山的照片及题词。

1994年，厦门市档案馆参与“9·8”中国投资贸易洽谈会和“11·28”中国(厦门)品牌国际采购交易会(简称厦交会)等重大活动，拍摄、收集照片300余张、录像带5盒。宁德地区档案馆收集党和国家领导人、省领导纪念闽东苏维埃政权成立60周年的题词。

1995年,福清市档案馆收集党和国家领导人视察福清的照片15张和题词4幅。

1996年,三明市档案馆收集"6·16"经贸洽谈会档案。龙岩地区档案馆收集党和国家领导人在闽西活动照片3600张,接收一批反映龙岩地区遭受百年不遇的"8·8"特大洪涝灾害情况、闽西人民抗洪救灾事迹和各级领导支持慰问灾区情况的档案资料、声像材料。

1998年,省档案馆收集党和国家领导人在闽活动照片15张和省领导工作照片345张。

1999年,泉州市档案馆收集一批党和国家领导人到泉州视察的照片资料。泉州市档案馆还派人参加第二届泉州旅游节和第三届中国泉州国际南音大会唱活动,跟踪收集图片、影像材料。

2000年,龙岩市档案馆收集中央电视台"心连心"艺术团赴闽西慰问演出实况录像带和世界客属第十六届恳亲大会纪实片。

2001年,全省各级档案馆做好"讲学习,讲政治,讲正气"(简称"三讲")教育材料接收工作。省档案馆收集重大活动照片200余张。福州市档案馆收集马祖乡亲首次直航马尾探亲活动照片24张。泉州市档案馆收集党和国家领导人、省领导视察泉州工作照片278张。龙岩市档案馆收集党和国家领导人与闽西籍老同志、知名人士在龙岩活动照片2000余张,以及世界客属恳亲大会《客家世纪情》、中央电视台《同一首歌》在龙岩演出的声像资料。

2002年,全省继续做好"三讲"教育材料接收进馆工作,省档案馆接收94个单位"三讲"教育档案407卷。

同年,省档案馆还收集党和国家领导人赴闽考察以及重大活动、重大事件和闽籍名人照片302张、光盘57张、资料408册。武夷山市档案馆接收"武夷山大红袍"注册商标档案进馆。

2003年2月,《福建省档案条例》正式实施,该条例规定:福建省行政区域内举行的重大政治、经贸、科技、教育、文化、体育等活动以及跨地区、跨行业和全国性、国际性的重要会议,主办或者承办单位应当按照规定建立档案,并在活动、会议结束后60日内,向所在地县级以上地方人民政府档案行政管理机构办理档案登记。

同年,全省各级档案馆联合有关部门做好防治非典型肺炎(简称"非典")和防治高致病性禽流感工作文件的收集和归档。5月29日,省档案局转发国家档案局《关于做好防治非典型肺炎工作文件材料收集归档工作的通知》,制定《防治传染性非典型肺炎工作档案管理办法》,各级档案行政管理部门指派专人帮助有关单位收集整理防治"非典"文件材料,并提前接收进馆。泉州市档案馆多次派人到中国人民解放军第180医院收集该院33名医护人员赴北京小汤山抗击"非典"的相关资料,共收集书籍4本、文字材料63篇、照片38张、光盘2张。漳州市档案局协助市直机关做好防治"非典"、保持共产党员先进性教育活动和创建"中国优秀旅游城市"活动所形成文件的收集和归档工作。

同年,厦门市档案馆派人拍摄第七届中国投资贸易洽谈会、第七届对台商品交易会、国际马拉松赛、国际旅游节等重大活动照片。泉州市档案馆收集党和国家领导人视察泉州珍贵照片近千张;派人到第五届泉州旅游节和中国民系(闽南)文化节暨第二届中国泉州"海上丝绸之路”文化节活动现场拍摄和收集图文资料。石狮市档案馆收集第六届海峡两岸纺织服装博览会(简称海博会)和首届科技招商暨科技成果推介会专项活动资料 28 卷。泉州市丰泽区档案馆收集特产文化节各种资料和声像档案 42 卷。晋江市档案馆收集纪念施琅将军暨清廷统一台湾 320 周年大会系列活动的资料和光盘 2 套。南安市档案馆收集首届世界南安青年联谊恳亲大会系列活动的全部资料和照片。建宁县档案馆收集国务院总理温家宝 2002 年视察该县“6·16”洪灾讲话录音光盘。

2004 年 7 月 12 日,省档案局印发《福建省重大活动档案管理办法》,对重大活动档案的定义、归档范围、保管期限、处置程序等进行规定。福建省重大活动档案,是指由省委、省政府主办或与中央有关部门合办,以及省委、省政府成立专门机构或指派某一部门代表省委、省政府举办的政治、经济、商贸、科技、文化、体育、卫生以及恳亲联谊、庆典、外事等方面的重大活动全过程所形成的各种不同类型载体的档案资料。该管理办法要求,各级国家综合档案馆根据需要委派专业人员指导和协助举办、承办单位做好重大活动材料的收集、整理、归档工作。

同年,省档案馆接收省防治非典型肺炎指挥部办公室纸质档案 703 件、照片 43 张、光盘 8 张;收集第四届世界福建同乡恳亲大会、首届世界闽商大会、首届中国福建商品交易会暨第六届中国(福州)海峡两岸经贸交易会、福建省首届名优特产品展销会的照片、资料;收集党和国家领导人视察福建的照片 1349 张、录音录像带 50 盒,以及邓小平、彭真、叶飞等的亲笔题词 4 幅。福州市档案馆制定《福州市重大活动、重要会议档案管理办法》,接收“5·18”海交会和“纪念福州建城 2200 周年”等重大活动档案进馆。平潭县档案馆收集中国福州(海坛)国际沙雕节的档案资料。漳州市芗城区档案馆收集福建省第六届灯谜艺术节暨海峡两岸谜艺研讨会的图像资料。永春县档案馆收集第一至四届芦柑节和该县承办的第四届泉州旅游节等地方重大活动档案资料。三明市档案馆征集中央军委主席江泽民视察永安部队时与三明市党政领导的合影照片。

2005 年,省档案局印发《关于做好保持共产党员先进性教育活动文件材料归档工作的通知》,组织各级档案部门做好“保持共产党员先进性教育活动”文件材料的收集、归档工作。福州市档案馆收集“全国双拥模范城”“全国卫生城市”“海军福州舰命名纪念牌”等牌匾和“纪念福州解放 50 周年”“解放福州之路”等音像制品;派员参加“5·18”海交会组委会工作,收集文件 186 份。泉州市档案局组织实施“泉州城市记忆工程”,做好重大会议、重大活动档案资料的现场收集与照片拍摄工作。三明市档案馆接收该市创建“全国文明城市”工作汇报会的现场照片。武夷山市档案馆接收“中国优秀旅游城市”标志等实物档案 9 件。

(四)专门、部门及企事业单位档案馆档案接收

1993 年,各设区市城市建设档案馆确定档案接收方式:工程档案由建设单位牵头,施工单位配合,竣工验收后 3 个月移交进馆;定期接收规划管理、建筑管理、用地管理、地下管线探测等档案。厦门市城市建设档案馆跟踪厦禾路旧城改造工程,收集城市变化档案资料。福州市

房地产档案馆接收房屋产权档案1.80万卷进馆。省科技档案馆接收全省重要的科技档案及省科委的机关文书,馆藏计7000余卷。全省各类专门档案馆共接收档案3.53万卷。

1994年,福州市城市建设档案馆接收马尾开发区首批城市建设档案108项212卷。全省13个专业档案馆共接收档案3.20万卷,录音、录像、影片档案188盘,照片档案5088张,底图档案391张。

1995年,泉州市城市建设档案馆30多次派人深入重点工程指导建档工作,共审核工程项目57个,接收专门档案1400卷(册)进馆。

1997年8月,省档案局转发国家档案局《城市建设档案归属与流向暂行办法》,明确了城市建设档案的报送时间:新建项目(工程)应在竣工验收后6个月内向城市建设档案馆报送;地下管网普查、补测应在工作结束后及时向城市建设档案馆报送,其他城市建设档案应自形成之日起5至10年向城市建设档案馆报送。12月,建设部印发《城市建设档案管理规定》,要求建设单位在工程竣工验收后三个月内,向城市建设档案馆报送一套符合规定的建设工程档案。

1998年,福州市城市建设档案馆派人到施工现场跟踪拍摄,共收集三县洲大桥、大腹山引水冲污工程等照片2170张。

1999年,龙岩市城市建设档案馆加强档案资源建设,共有馆藏档案9758卷、底图档案1.44万张、照片档案169张、资料档案3887册、模型档案16个。

2001年,省档案局要求全省所有建设工程项目档案必须经过各地城市建设档案馆验收才能进馆,验收内容包括档案是否齐全完整、整理是否符合规范等。

2002年,省电信公司档案馆把合同、重要活动、声像等档案纳入接收范畴。省科技档案馆接收科技成果档案192项、文书档案269卷、录音和录像档案60盒、照片档案233张以及会计档案427卷。福州市房地产档案馆接收产权档案6.19万卷、地产测绘图纸2523幅、仲裁档案2000多卷。厦门市城市建设档案馆派人跟踪拍摄、收集厦门创建"国际花园城市"活动的图文资料。

2003年,厦门市城市建设档案馆接收海沧大桥竣工档案1514卷;收集厦门市开展地下管线普查形成的管线图和地形图1.03万幅,为该市地下管线建设工作积累档案资料。

2004年,福州市城市建设档案馆对浦上工业区、浦上大桥、金山污水厂、二环三期道路通车典礼、闽江公园旧貌等进行拍摄,收集照片档案802张。福州市房地产档案馆严格档案登记制度,对新接收的档案"随入库,随登记",共接收声像档案30卷、清房档案2320卷。三明市城市建设档案馆接收地下管线、审图中心档案355卷,并对未归档的工程档案进行催办,把归档率提升到100%。

2005年,省气象档案馆根据"全省气象记录档案保管体制调整试点工作会议"的要求,将原来由市、县管理的各类记录档案移交进馆保存,并选定福州所属台站作为全省气象记录档案移交工作的试点单位。全省专门档案馆共接收档案28.19万卷、音像档案291盘、照片档案7093张、电子档案1942张;大型企业档案馆共接收档案2386卷、照片档案977张;科技事业单位档案馆共接收档案732卷和电子档案磁盘550张、光盘120张。

三、征集

1993 年，各级档案馆做好名人和地方特色档案征集工作。福州市档案馆向社会征集“榕树风采”照片和国宝熊猫明星巴斯档案，组织人员上门收集名优特产品档案资料。漳浦县档案馆征集《陇西李氏族谱》。三明市各级档案馆征集族谱 24 本、照片 222 张。武夷山市档案馆征集武夷山风景区、武夷山自然保护区、武夷蛇博园等闽北地方特色档案资料。

1994 年，新加坡国家档案馆向省档案馆捐赠《闽人创业史——亚洲太平洋》一书和薛有福家谱。平和县档案馆征集《漳州氏族源流汇编》等族谱材料 4 册。三明市档案馆征集食用菌专家黄年来个人档案和林业改革试验区档案 1200 多卷、声像档案 54 册(盒)。寿宁县档案馆征集 8 家企业名、特、优、新产品材料 71 份、照片 311 张。

1995 年，省档案馆征集省京剧团离休干部、收藏家高永祥的艺术档案资料 1 万余件，并为其举行档案捐赠仪式。省档案馆还接受省立医院小儿科主任叶孝礼捐赠的医学专业档案。福清市档案馆征集清代民间房产契约档案 5 卷 57 件。诏安县档案馆征集官陂镇传统民间艺术彩楼的相关资料。漳浦县档案馆征集族谱 25 卷和《赵家堡》《漳浦与台湾关系》等文史资料 27 册。晋江市档案馆接受旅菲侨胞郑永丰捐赠的菲律宾华侨参加抗日活动等资料。石狮市档案馆接受旅居香港篆刻家许晴野捐赠的书画作品，其中包括泉州画家蔡展龙的作品 30 幅。宁德地区档案馆征集原中共闽东特委主要领导人范式人的历史档案。柘荣县档案馆征集清代、民国时期家谱 8 册。全省各级国家综合档案馆共接受捐赠档案 1.03 万件。

图 1-1 1995 年 12 月 27 日，省立医院小儿科主任叶孝礼(左二)向省档案馆捐赠档案(邢立新 摄)

1996年,泉州市档案馆召开首批泉州名人建档座谈会,建立名人档案17个全宗。浦城县档案馆征集《长滩张氏宗谱》10册。漳浦县档案馆征集《蓝鼎元研究》等地方特色资料7册。

1997年,省档案馆到霞浦县征集畲族档案资料300份(件),约30万字。厦门大学印发《厦门大学字画与文博资料管理暂行办法》,明确规定学校征集、收藏的名人字画与文博资料由校档案馆集中统一管理。

1998年,省档案馆首次开展口述档案征集工作,派工作人员到永泰县下际寺,采访省政协委员、永泰县佛教协会会长杨道明。省档案馆还征集省广播电台原台长吴徕个人档案423件、《福州老照片》主编唐希个人档案151件。

图1-2 1998年12月11日,省档案馆工作人员到永泰县下际寺采访省政协委员杨道明(中)(李室云 摄)

1999年,省档案馆派工作人员到9地市征集档案1702件。仙游县档案馆征集美国卡特中心考察仙游县村委会民主建设的照片58张。

2000年,省档案馆征集档案1324卷(册)、照片123张、音像档案126盘,其中包括中国人民志愿军赴朝作战照片86张、福州军区原司令员皮定均档案935卷和省京剧团离休干部高永祥再次捐赠的艺术档案资料。

2001年,厦门市档案馆在《厦门晚报》上发布公告,向社会征集档案资料,共征集到明清以来的墓志铭、地契、图书、族谱等100余件。龙岩市档案馆征集连城县马氏、李氏、邹氏族谱84本。

2002年,泉州市档案馆接受石井延平郡王祠管委会捐赠的郑成功画册、塑像等书籍和实物资料。浦城县档案馆征集《廉溪江氏宗谱》1套4册。宁化县档案馆征集明清之际著名学者李世熊的《寒支诗钞》等资料。

图 1-3　2000 年 5 月 30 日，省档案馆工作人员到皮定均夫人张烽(右)家中征集档案(邢立新 摄)

2003 年，省档案馆征集反映谷文昌事迹的照片 74 张、电子档案 2 张、档案资料 87 份(册)，反映抗美援朝的照片 56 张、电子档案 2 张、实物 15 件，有关福建船政的照片 72 张、电子档案 1 张、资料 67 册，以及闽籍院士和福建地方特色的照片 357 张、电子档案 81 张、资料 172 册。厦门市档案馆联合市美术馆征集书画作品 67 件。晋江市档案馆做好地方特色档案征集工作，建立晋江人物档案、名胜古迹档案和族谱档案。长汀县档案馆征集一批长汀籍名人档案，筹备建立名人档案陈列室。

2004 年，省档案馆向社会发布《关于征集档案资料的通告》和《关于征集书画家档案资料的函》，征集清代、民国时期地契 5 件，闽籍书画家作品和资料 390 件，以及福建省风景名胜古迹、名优特产、民俗风情等档案资料 63 件。泉州市档案馆与《东南早报》联合开展“让我们一起见证历史，征集往日泉州老照片旧资料”活动，共征集民国时期《辞源》、南安市《林氏族谱》、1853 年华工卖身契、援越抗美老兵战地日记及名人手迹、实物 73 件，照片 108 张。大田、诏安、漳浦、德化等县档案馆征集族谱 10 余册。云霄县档案馆以档案综合楼落成为契机举办书画展，征集市级以上书法家协会、美术家协会会员作品 60 多幅。将乐县档案馆征集为抢救群众英勇献身的消防战士郑忠华的档案、音像、实物资料，建立“英雄郑忠华”个人全宗。宁德市档案馆开展畲族档案征集工作。古田县档案馆向社会发出通告，广泛征集食用菌等地方特色档案资料。

2005 年，省档案馆征集照片 478 张、光盘 103 张、书画作品集 10 册、书法作品 1 幅、档案

图1-4　2003 年 3 月,省档案馆工作人员到东山县向谷文昌夫人史英萍(中)征集档案(李室云 摄)

76 件、资料 458 件(册)。省档案馆信息中心开展知青档案征集工作,建立全省知青档案专题数据库,实现全省知青档案资源共享。泉州市档案馆与市文学艺术界联合会联合开展泉州籍作家作品征集活动,开设“泉州籍作家作品”专藏;开展市级文物保护单位现场拍摄和档案、资料收集工作,建立市级文物保护单位特色档案。建宁县档案馆征集被洪水冲毁重建的万安大桥、悬索桥等地方特色档案资料 659 卷(册)。莆田市档案馆接受南京军区原副司令员詹大南捐赠的 1958 年绘制的《东圳水库坝区工程施工进度图》和 1960 年拍摄的莆田东圳水库建设老照片 124 张。顺昌县档案馆接受县文化体育局干部黄水英捐赠的文化艺术类照片 908 幅。温州市民张勇向宁德市档案馆无偿捐赠清代、民国时期屏南、寿宁、福安等县田赋、粮产、地契执照等珍贵档案 27 件。

表 1-2　福建省各级国家综合档案馆征集和接受捐赠档案统计表

单位:件

年份	省档案馆		地(市)档案馆		县(市、区)档案馆		合计	
	征集	接受捐赠	征集	接受捐赠	征集	接受捐赠	征集	接受捐赠
1993	59	—	259	—	158	13	476	13
1994	150	150	—	—	129	129	279	279
1995	17	10000	29	100	92	235	138	10335
1996	—	305	—	—	584	266	584	571
1997	—	—	9	1	1	20	10	21

续表 1-2

年份	省档案馆		地(市)档案馆		县(市、区)档案馆		合计	
	征集	接受捐赠	征集	接受捐赠	征集	接受捐赠	征集	接受捐赠
1998	574	—	6	1	1	31	581	32
1999	—	—	3	—	282	556	285	556
2000	935	—	29	—	28	92	992	92
2001	222	—	2200	370	651	400	3073	770
2002	—	—	621	17	299	10	920	27
2003	572	—	510	81	70	8	1152	89
2004	285	2132	51	1	1632	9	1968	2142
2005	76	—	—	20	1815	7	1891	27
合计	2890	12587	3717	591	5742	1776	12349	14954

四、馆藏情况

(一)省档案馆

2005 年,省档案馆馆藏档案共有 285 个全宗,60.79 万卷,录音、录像、影片档案 705 盘,照片档案 3.51 万张,资料 4.46 万册。主要包括:(1)明清档案 15 个全宗,56 卷,主要有明末及清代的房地契据,清末福建省各邮柜(站)邮政代办人及信托经理人详情表,邮政总局和北京、上海税务总署与福州、厦门邮政处及闽海关的往来文电、公函、报表等,福建法政学堂毕业文凭,福建私立政法专门学校影集等。(2)民国档案 92 个全宗,17.76 万卷,主要有国民党福建省党部、三青团福建支团部、民社党和福建农、工、商、渔等社会组织档案,省政府及各级行政机关的政务档案,公务员履历表,辛亥黄花岗起义闽籍烈士、辛亥革命福建光复、1922 年福建自治军、1928 年北伐军入闽、1933 年"福建事变"及福建抗日等档案,1934 年以后历届省政府主席的照片、手迹等档案,全省土地、人口、财政、田粮、农林、工矿、交通、文教、卫生、宗教、礼俗等档案,各级政府救侨、护侨及华侨汇款、捐资办学和从事文化、慈善活动等侨务档案,闽台各界交流和台湾各时期调查资料等闽台关系档案。(3)革命历史档案 3 个全宗,1483 卷,主要有 1927—1949 年中共福建临时省委、闽粤赣(苏区)省委、闽赣省委、闽粤边特委、闽西南特委、闽西南军政委员会、闽浙边临时省委、闽浙赣边区党委以及福建省苏维埃政府等组织在福建进行土地革命、发展武装、开展游击斗争所形成的档案,其中包括毛泽东 1929 年撰写的《古田会议决议》、1930 年撰写的《调查工作》等重要历史文献,还有《红色中华》《苏维埃》等革命报刊 200 余种。(4)中华人民共和国成立后档案 175 个全宗,42.88 万卷,内容涉及中华人民共和国成立后福建省政治、经济、文化各方面的情况,主要有中共福建省委历次代表大会、省委委员会议、书记处会议等各种会议文件,省委贯彻执行党和国家各个历史时期路线、方针、政策的部署、指示,省人大常委会、省政府、省政协历次会议文件,各专、市、县的工作汇报、请示和来往函件,以及民政、司法、工矿、交通、财贸、农林、教育、卫生等方面的档案。

(二)设区市档案馆

福州市档案馆馆藏档案共165个全宗,15.78万卷,资料2.89万册。主要包括:(1)清代房产契证和族谱,1860年前后福州老照片48张。(2)民国档案和革命历史档案10个全宗,2.08万卷,主要来源于中华民国福州市政府及所属机关、社会团体、学校及国民党福州市党部、三青团福建支团福州干事会和军队、警察、宪兵、特务、司法等机构,其中包括中华民国大总统黎元洪于1923年签署的委任状1卷、国民政府主席林森的亲笔书信1卷(2件)、"五四"时期福州女作家黄英(庐隐)档案1卷等珍贵档案。(3)中华人民共和国成立后档案主要有福州市委、市政府及各机关事业单位和撤销单位的档案;福州市副处级以上已故干部的档案;土地改革时期部分土地、房产所有证存根;反映新旧城区面貌、经济建设、中央领导到福州视察的照片、录音带、录像带;福州市所获国际性、国家级、省级荣誉的奖牌、奖杯及证书;世界各国和地区领导人、社会团体、友人赠送福州市的公务礼品;反映福州重大事件和重要活动的档案,如"福州建城2200周年"纪念活动、"5·18"海交会、福州"十大名片"评选活动等档案;体现地方特色文化和名人的档案,如船政文化、申报中华老字号、申报非物质文化遗产、闽剧、族谱等档案;福州城市建设、内河整治等电子影像资料;福州市直属单位的内部出版物,包括报纸、杂志、汇编等。

厦门市档案馆馆藏档案共230个全宗,13.85万卷,资料1.21万册。主要包括:(1)清乾隆五十五年(1790年)、清光绪十一年(1885年)地契及厦门地方政府与英国太古洋行商建飞桥的合同等。(2)民国档案主要是国民党厦门市党部、市政府及其各部门和各社团组织的档案,还有部分反映国民政府抗日活动的材料;日伪厦门市政府及其各部门形成的档案材料,主要反映厦门沦陷时期地方政治、经济、文化、教育、卫生等内容。(3)革命历史档案主要是在国内革命战争、抗日战争、解放战争中形成的反映厦门市地下党活动、工人运动、学生运动、抗日救亡运动等的档案材料。(4)中华人民共和国成立后档案主要有厦门市委、市政府及其所属各部门制定的有关政策、规章、决定;党代会、人代会、政府工作、选举工作、统战工作等档案材料;工青妇工作会议材料;表彰先进、评选劳模的材料;工商、财贸、劳动、民政方面,有企业商业基本情况表、经济情况简报和企业开业、歇业、合并、撤销、变更等情况材料,复转军人优抚安置、劳动力调配、劳动工资、招工、知识青年上山下乡等工作的通知、规定;侨务、宗教、文化、教育、卫生等方面的管理规定、计划、总结、通知、表册,以及会计、人口普查、婚姻登记、工业普查、城市规划、海堤建设等专门档案材料。

漳州市档案馆馆藏档案共145个全宗,5.80万卷,资料2.23万册。主要包括:(1)清光绪三十一年(1905年)《漳泉日报》。(2)民国档案主要来源于国民政府福建省第五区行政督察专员公署和国民党龙溪县党部,涉及党务、政务、水利、交通、邮电、金融税收、文教卫生等。

(3)中华人民共和国成立后档案主要为漳州市直党政机关、人民团体、企事业单位、撤销机构的档案,其中包括东山保卫战、鹰厦铁路建设、党和国家领导人视察漳州、中国女排在漳州集训、漳州"六·九"特大洪灾、红军攻克漳州60周年纪念大会、中国(漳州)水仙花节、首届中华灯谜艺术节、漳州花博会、芗剧团赴新演出,以及东山"寡妇村"(铜钵村)、华安高山族同胞等重大事件、重大活动及地方特色档案资料。

泉州市档案馆馆藏档案共143个全宗,8.71万卷,资料3.31万册。主要包括:(1)民国档案主要有1949年以前国立海疆学校、晋江私立培元中学、泉州医院、惠世医院等档案,还有国民党地方各级人员名录及有关人员任免材料,保安训练所学员学籍表,国民政府刑事案卷等。(2)革命历史档案主要有1928—1949年闽南中共地下党组织发展情况、经费来源及管理文件、党员登记表、来往书信等。(3)中华人民共和国成立后档案主要有泉州市委、市政府及其所属工作部门制定的政策、规章、决定;党代会、人代会和政府工作、选举工作、统战工作的报告、决议、计划、总结、情况汇报,干部任免、党纪处分、机构设置、体制调整的档案材料;工青妇工作会议材料;表彰先进、评选劳模材料;企业商业基本情况表、经济情况简报、对资改造等材料;复转军人优抚安置、劳动力调配、劳动工资、招工等工作的通知、规定;侨务、宗教、文化、教育、卫生等方面的管理规定、计划、总结、通知、表册;会计、人口普查、婚姻登记、工业普查、城市规划、水利建设、环保调查等专门档案材料;"文化大革命"等历次运动档案材料;还有艺术节、旅游节等重大活动特色档案共175盒883件,泉州名人档案共23人94盒,印模档案325枚,名人题词、字画54幅(大多为原件),如1920年孙中山给培元中学题词"共进大同",1980年宋庆龄给培元中学题词"为国树人"等。

三明市档案馆馆藏档案共207个全宗,6.26万卷,资料近2万册。主要包括:(1)民国档案主要有福建省第六、第七、第九行政督察专员公署和国民党三元县党部、县政府、参议会、司法处、警察局、自卫总团、邮政局的各种会议记录、训令、工作计划、视察巡视报告,政府公务人员任免、考核、奖惩、训练,各种税收、司法的法规、法令、条例、规定及案件、表册等。(2)革命历史档案共23卷219件,主要反映1931—1934年中国工农红军在中央苏区以及泰宁、建宁、宁化、清流、明溪等苏区开展革命与反"围剿"斗争的情况。(3)中华人民共和国成立后档案主要包括由三元县、三明重工业建设委员会、三明人民公社、三明市(省辖)、三明专区(含三明地区革命委员会)发展至三明地区、三明市所形成的档案资料,还有中央、省级领导到三明检查指导工作,港澳台同胞、海外华侨访问三明,三明创建文明城市、卫生城市等重大事件、重大活动及特色档案资料。

莆田市档案馆馆藏档案共289个全宗,12.49万卷,资料2.78万册。主要内容有:(1)清代档案6卷,主要是乾隆、道光、同治、宣统年间的地契、田契。(2)民国档案共16个全宗,4396卷,包括国民党莆田县党部、三青团、县政府、警察局、法院、医院、学校等关于组织机构设置、人事任免、奖惩、施政、案件审理、区域划分、保甲制度、田赋壮丁、教职员工花名册、学生花名册、学籍卡片、学生毕业证存根、毕业生留念照、统计数字等各种文件材料。(3)中华人民共和国成立后档案主要有省委、省政府关于闽侯专区、莆田地区、莆田市、莆田县机构设置或撤销、干部任免、行政区域变更等的决定、通知;莆田市、县党政机关、群团组织召开重要会议的文件材料;莆田市、县机关,团体和部分企事业单位的机构设置、印章启用、干部任免奖惩、年度工作计划和总结、干部职工花名册、统计表、征用土地、婚姻登记、调查报告、工作简报、财务决算、基建、土地房产及破产企业等文书、会计和科技档案;党和国家领导人到莆田视察的照片等声像档案。

南平市档案馆馆藏档案共110个全宗,5.09万卷,资料1.89万册。主要包括:(1)清代档案14件,有清嘉庆八年(1803年)至宣统二年(1910年)南平县个人房屋买卖契约等。(2)民国档案有民国时期南平县个人土地所有权和房屋买卖契约等。(3)中华人民共和国成立后的档案主要有南平市(含原南平专署、建阳专署)直属机关和撤销单位的文书、基建、会计、诉讼、学籍、森林普查、人口普查、工业普查等档案,部分破产改制企业所寄存的档案;党和国家领导人到南平视察活动情况照片;中华人民共和国成立初期南平地委、行署和建阳地委、行署重大活动情况以及1982年南平市、建瓯县、政和县遭受洪灾情况等照片。

龙岩市档案馆馆藏档案共172个全宗,6.71万卷,资料7000多册。主要包括:(1)民国档案有1931—1949年福建省第六(七)行政督察专员公署、福建省第六区保安司令部、龙岩国税稽征局的施政计划纲要,专员、县长巡视报告,机构设置、人事任免、奖惩、行政区划变更、禁烟、禁毒、税收、教育培训等档案。(2)革命历史档案有1930年8月中共闽西特委翻印的毛泽东《调查工作》原件和1960年3月毛泽东批示的复印件等。(3)中华人民共和国成立后的档案主要有龙岩市和各县(市、区)的档案资料,包括中央领导及闽西籍老红军、老同志、海外侨胞、知名人士等在闽西视察、调研,“香港快车”献医治疗,中央电视台“心连心”艺术团到龙岩慰问演出,世界客属恳亲大会在龙岩召开等重大事件、重大活动档案资料;还有连城李氏、江氏、马氏等族谱,自创刊起的完整无缺的《闽西日报》等特色资料。

宁德市档案馆馆藏档案共210个全宗,6.27万卷,资料1.89万册。主要内容有:(1)清代屏南、寿宁、福安等县的田赋、粮产、地契执照。(2)民国档案主要包括福建省高等法院第五分院、福建省银行福安分行、福安国税稽征局,国民党福安、霞浦、福鼎、宁德、寿宁、周宁、柘荣等县的党部、县政府、警察局、司法处、军法处、田粮处、税捐处、保安队、三青团、妇女会、商会、三都中学、省立福安师范等在1929—1949年形成的档案。(3)革命历史档案包括1928—1949年闽东苏维埃政府、中共闽东特委、中共浙南特委、中共闽浙特委、闽浙赣抗日游击队司令部、福建人民军闽东第一支队的档案材料,《闽东红旗报》以及革命烈士笔记、照片等。(4)中华人民共和国成立后档案由原福安地委、福安专员公署、福安地区革命委员会、宁德地委、宁德地区行政公署以及撤地设市后的宁德市委、市政府等党政领导机关和所属机构的档案和撤销机构的档案构成,其中有中共闽东特委主要领导人范式人的信件、照片以及中华人民共和国成立后地委、行署部分领导的照片,中央领导的题词等。

(三)县(市、区)档案馆

2005年,全省县(市、区)国家综合档案馆共有馆藏档案8178个全宗,313.78万卷,录音、录像、影片档案3174盘，照片档案13.12万张，底图档案7706张，资料61.18万册。其中，明清档案223卷，民国档案22.95万卷，革命历史档案517卷，中华人民共和国成立后档案290.75万卷。

（四）专门、部门及企事业档案馆

2005年，全省国家专门档案馆共有馆藏档案205.08万卷，录音、录像、影片档案6299盘，照片档案41.21万张，底图档案20.86万张。大型企业档案馆共有馆藏档案6.05万卷，录音、录像、影片档案89盘，照片档案6778张，底图档案4.19万张。科技事业单位档案馆共有馆藏档案6.02万卷，照片档案6196张。

表1-3 **2005年福建省馆藏档案情况表**

馆藏单位		国家综合档案馆			专门、部门和企事业档案馆
		省级	市级	县级	
全宗数量（个）		285	1708	8178	14
案卷数量（卷）	小计	607932	836354	3137750	2171512
	明清档案	56	149	223	13
	民国档案	177606	90125	229535	16033
	革命历史档案	1483	69	517	6369
	中华人民共和国成立后档案	428787	746011	2907475	2149097
案卷排架长度（米）		6204	11137	46985	38688
以件为保管单位档案（件）		3979	9684	72805	3362800
录音、录像、影片档案（盘）		705	1114	3174	6388
照片档案（张）		35140	47424	131177	425041
底图档案（张）		—	1921	7706	250443
电子档案	磁带（盒）	—	—	87	894
	磁盘（盘）	—	239	226	1897
	光盘（张）	389	35	254	6640
缩微胶片	平片（张）	7448	—	—	—
	开窗卡（张）	—	—	—	749
	卷片（米）	96791	41282	1199	—
馆藏资料（册）		44558	190607	611841	34838

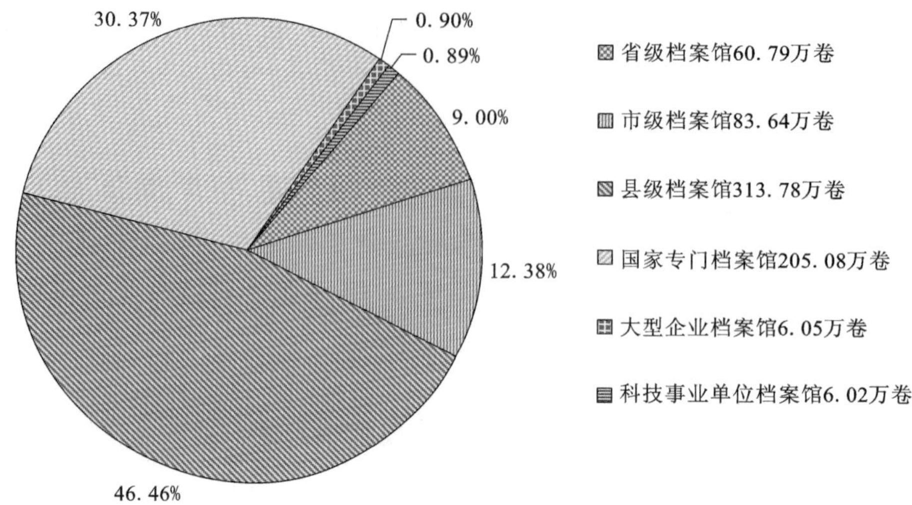

图 1-5　2005 年福建省馆藏档案案卷分布情况图

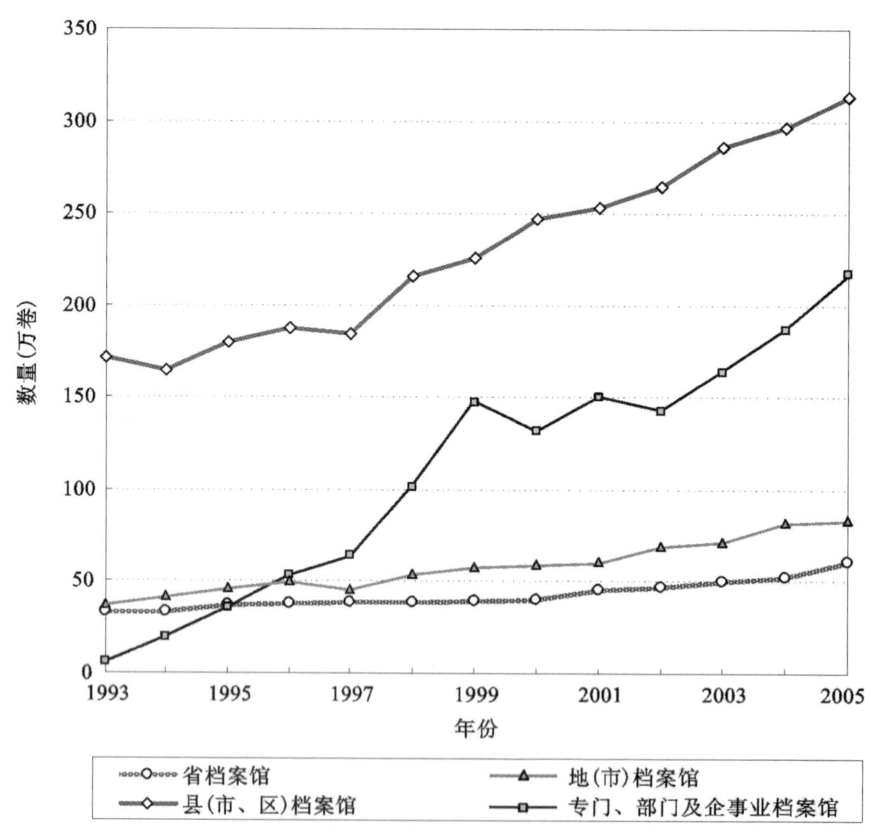

图 1-6　福建省馆藏档案案卷变化趋势图

第二节　整理与鉴定

一、整理编目

1993年11月，福建省完成历史档案目录卡片编制工作。据目录资料信息，全省各级国家综合档案馆共有历史档案783个全宗，46.60万卷，其中省档案馆革命历史档案9个全宗，1497卷，民国档案89个全宗，16.54万卷；地县档案馆革命历史档案6个全宗，151卷，民国档案679个全宗，29.90万卷。厦门市档案馆整理爱国华侨领袖陈嘉庚、集美学校董事会、集美校委会等3个全宗档案2000多卷，于集美大学80周年校庆期间向海内外嘉宾发布。泉州、南安、晋江、惠安等市县档案馆重点帮助利用率高的档案保管单位清理积存档案，共整理房地产、婚姻等方面的档案1.37万卷。南平市、三明市、漳平市、上杭县等档案馆集中力量对馆藏档案进行规范整理，建立全宗卷。龙岩地区档案馆清理馆藏档案1000多卷，编写全宗介绍30个。宁德地区档案馆集中整理民国档案，重新划分全宗54个。福安市、周宁县档案馆更换年代久远、材料低劣的旧档案卷皮。全省各级国家综合档案馆共整理档案13554卷，编制档案目录161册、条目49393个，编制分类卡片99332张，编写全宗介绍76个。

同年，福州市房地产档案馆将接收进馆的1.8万卷房屋产权档案分类整理入库。各级城市建设档案馆按照建设部颁发的《城建档案分类大纲》，对馆藏档案进行分类整理，使其更趋规范、科学。全省各专门档案馆共编制档案目录159本、分类目录63本、全引目录43本、专题目录198本、卡片5578张。

1994年，全省各级国家综合档案馆按照中华人民共和国档案行业标准《全宗卷规范》(DA/T 12—1994)的要求，以馆藏全宗为单位，相继建立全宗卷，健全档案检索体系，以满足社会各界开发利用档案的需要。省档案目录中心对档案目录进行分类标引，当年共完成分类标引1.50万卷10.48万条，编写省档案馆馆藏档案全宗介绍25个，审定全宗介绍85个，完成全省历史档案目录的整理上报工作。

同年，省地名档案馆集中清理地名补查和资料更新成果，按地区编码重新排列组卷。福州市土地管理局档案馆作为全国土地档案管理分类试点单位，主动与省、市档案部门对接，共同研究土地档案编号规范问题，得到国家土地管理局的肯定。

1995年，省档案目录中心通过调研，摸清全省历史档案的基本情况，建立民国档案全宗卷，编制专题目录16种，编写馆藏档案全宗名册。全省各级国家综合档案馆共编制案卷目录1.19万本，全引目录2.19万本，分类目录76.15本，专题目录簿式1694本、卡片式396.69万张，重要文件255本、卡片107.01张。

1996年，省档案馆对馆藏档案进行全面清点，调整部分档案库房，使档案存放更加科学；组织编写馆藏档案全宗介绍和《福建省档案馆指南》；全年录入文件级目录5.32万条、案卷级目录 10.83 万条，修改案卷标题 2.64 万条，拟写、补抄卷内目录 16 万多条，补编页码 320 多万页，分类标引案卷级档案 17.18 万卷。

图 1-7　档案编目(邢立新 摄于 1996 年)

1997 年，省档案局相继制定《福建省档案馆档案加工整理实施细则》《福建省档案馆档案编目工作暂行规定》，对档案整理工作提出规范化要求。省档案馆建立馆藏档案全宗卷 242 个，进一步完善全宗卷的内容，整理档案 3.04 万卷、卷内文件目录 6.53 万条、案卷标题 7428 卷。

1998 年，省档案馆整理中华人民共和国成立后档案 5.38 万卷，建立文件级目录 3.44 万条、案卷级目录 3.99 万条。

1999 年，为巩固晋升国家一级馆考评成果，省档案馆和厦门市档案馆以抓案卷质量为重点，加大档案整理工作力度。省档案馆共整理档案 64 个全宗 151 个目录 4.97 万卷，录入文件级目录 5.10 万条；另编写中共闽西南特委、福州城工部等人物卡片 5.39 万张，著录标引革命历史档案 4428 件。厦门、泉州、南平等市档案馆对积存的零散文件进行规范整理。

2000 年，省档案馆完成进馆档案编目 9936 卷，资料编目 389 卷(册)，照片档案编目 109 张，录音、录像档案编目 7 盘，光盘编目 10 盘。

2001 年 9 月 24 日，省档案局印发《福建省归档文件整理细则(试行)》，该细则要求：归档文件整理应遵循文件的形成规律，保持文件之间的有机联系；归档文件应齐全、完整、准确；归档文件的整理以“件”为单位；归档文件应依分类方案和排列顺序逐件编号；等等。

2002 年 10 月 9 日，为进一步提高档案整理质量，省档案局印发《档案整理质量合格证管理办法》，在省级单位推行档案整理质量合格证制度，规定：每年分期分批对省级单位档案整理情况进行检查；经检查合格的单位，由省档案局核发档案整理质量合格证。全省各级档案

图 1-8 省档案馆档案案卷目录(邢立新 摄于 1996 年)

部门开展积存档案清理工作。省档案馆整理馆藏档案 2186 卷,录入目录数据 13.90 万条。厦门市土地房产测绘档案馆根据国家土地管理局《县级土地管理档案分类方案》,完成馆藏文书档案整理工作。

2003 年 4 月 25 日,省质量技术监督局颁布《福建省档案馆工作规范》(DB35/T 507—2003),对全宗划分、全宗内档案的分类排列、档案目录编制、资料分类等档案整理事项进行规范。该规范于 2003 年 6 月 1 日正式实施。福州市房地产档案馆整理装订产权档案 2 万余卷。福州市国土资源档案馆邀请省档案局、福州市档案局指导专业档案分类、编目工作。福清市档案馆组织清档专业队到全市机关、团体、企事业单位开展档案规范化整理工作,共协助 65 个单位整理档案 2.20 万卷。三明市档案馆审查、整理工程档案 1260 卷(册)。龙岩市档案馆在全市 134 个乡镇(街道)开展档案工作规范化管理专项行动,共整理积存档案 1.71 万卷。厦门大学档案馆编制历史档案目录、中华人民共和国成立后文书档案目录、文件资料专题目录、人员处分档案目录、干部任免档案目录、学生毕业名册目录等多种档案检索工具。

2004 年,省档案局在全省推行文书档案整理改革。省基础地理信息中心按照《福建省国家专业档案馆定级工作管理办法》开展档案资料整理工作,共清洗航空底片 12.81 万张,校对、整理调绘片、控制片、加密片 19.22 万张,整理原图、底图、印刷图 4.53 万张,整理图历簿、测图手簿等文字材料 1.24 万本。三明市档案馆加快编制手工和机器检索工具,提高档案的查全率和查准率。

2005 年,福清市档案馆对馆藏 1834 卷房地产契约档案进行整理编目,共编制专题目录 47 本,计 11 万条。厦门市城市建设档案馆对城市地下管线档案进行整理编目,共装订调查表、探测手册、管线点成果表 4000 余册,整理档案 1.93 万卷。厦门大学档案馆完成档案库房调整和科技、文书档案的清点工作,做到档案实体与档案目录相一致。

至2005年底,省、市档案馆全面完成馆藏积存档案的整理工作。全省各级档案馆编制的案卷目录和全引目录分别达2.14万本和3.97万本,相当于1993年的1.88倍和2.13倍;案卷级和文件级机读目录分别达172.91万条和2241.98万条,相当于1999年的1.83倍和3.62倍。

图1-9　省档案馆档案专题目录(邢立新 摄于1996年)

二、价值鉴定

1995年,省档案局将到期档案的价值鉴定工作列入全省各级国家综合档案馆达标升级标准。

1996年,省档案局增设鉴定整理处,负责档案鉴定工作。

1997年1月,省档案局调整省档案馆鉴定委员会鉴定工作领导和组织,局长陈永成为主任,委员会下设鉴定工作小组,由鉴定整理处负责日常工作;修订《福建省档案馆档案鉴定工作制度》,明确规定鉴定工作的原则、内容、标准、程序和方法。省档案馆完成省委办公厅、省妇联等10个全宗14个目录6424卷到期档案的鉴定工作。经鉴定委员会会议复核,省档案局批准销毁到期档案2657卷。

1998年,福州市档案馆对截至1983年到期的33卷档案进行鉴定,销毁其中31卷。

1999年,省档案馆对馆藏档案价值进行一次全面鉴定,为文件级目录数据库建设做好前期准备。

2000年,随着档案馆定级升级工作的全面开展,全省各级国家综合档案馆立足馆藏实际,根据不同时期档案的特点,普遍开展馆藏档案鉴定工作。南平、三明、宁德、莆田、漳州等市的档案馆相继成立档案鉴定领导小组,制订鉴定工作计划,编制档案存毁划分表,按照档案的内容、价值调整保管期限表,逐卷、逐件、逐页开展审查,鉴定率达98%。

表 1-4 **1993—2005 年福建省全省档案馆档案编目情况表**

年份	手工目录							机读目录	
	案卷目录（本）	全引目录（本）	分类目录（条）	专题目录		重要文件目录		案卷级（万条）	文件级（万条）
				簿式（本）	卡片式（张）	簿式（本）	卡片式（张）		
1993	11373	18632	56555	1538	3882138	355	110578	—	—
1994	11112	20005	314436	1530	3568041	420	997607	—	—
1995	12253	31679	789664	1696	4044450	255	1070319	—	—
1996	13447	24291	822487	1626	1071277	388	1072364	—	—
1997	12827	22288	1240600	1738	2048793	352	1049819	—	—
1998	16898	29762	1051440	2117	2172056	391	1065142	—	—
1999	16390	31452	—	2790	2099559	349	247630	94.28	618.57
2000	16892	32312	—	2439	2180123	13395	210255	116.48	863.66
2001	18486	33600	—	2462	2113790	221	210154	115.53	1076.56
2002	18796	33855	—	2839	210856	223	210109	141.57	1464.41
2003	20234	36375	—	2366	2280467	216	210109	155.52	1711.47
2004	21186	37567	—	96982	2099911	220	210109	163.65	2414.85
2005	21418	39704	—	97362	2083005	220	210229	172.91	2241.98

注：全省档案馆，含各级国家综合档案馆，专门、部门档案馆及企业、文化和科技事业档案馆，下同。

2001年,省气象局对到期档案开展鉴定,销毁部分保管期满的气象档案资料。

2003年6月1日实施的《福建省档案馆工作规范》(DB35/T 507—2003)规定:档案馆应建立档案鉴定组织,对接收、征集进馆档案进行价值鉴定,确定档案保管期限;应开展重要档案的鉴定与划分工作,确定重要档案的范围;应根据有关规定对馆藏到期档案开展鉴定工作,提出鉴定意见;馆藏到期档案经鉴定有保存价值的应按规定重新整理,确无保存价值的可予以销毁。

2004年,省档案局向省质量技术监督局申报“档案价值鉴定评估标准”研究课题,开展档案价值和档案开放鉴定的研究论证工作。

2005年,厦门市城市建设档案馆鉴定档案5.03万卷。

第二章　库房建设与安全保管

1993—2005 年，全省加大投入力度，共新建、改建、扩建档案馆 23 个，总竣工面积 4.81 万平方米，其中库房面积 2.26 万平方米，为档案事业发展提供了较好的条件。各级档案部门积极争取资金配备各种设施设备，努力改善档案保管条件。省档案局制定《福建省档案馆工作规范》，与省财政厅联合印发《福建省档案馆库建设与重点档案抢救专项补助经费管理办法》，建立健全库房管理岗位职责等档案安全管理各项规章制度，修订档案缩微、复制、修裱操作规范等有关技术标准，推动全省档案安全管理工作规范化、科学化。1993—2005 年，全省共争取各级财政专项补助经费 1000 多万元，抢救、保护重点档案 25.49 万卷。

第一节　馆库与设备

一、馆库建设

1993 年，全省共有国家综合档案馆 85 个，其中 75 个建有单独馆库。大多数档案馆库是砖木结构，面积较小，保管条件较差。连江、明溪等县的档案馆新馆建成并投入使用，长汀县档案馆扩建工程竣工，莆田、龙岩、柘荣、屏南、惠安等地（市）县的档案馆正在建设。

1994 年，泉州市档案综合大楼和福州市台江区档案馆竣工并投入使用。永春县档案馆新楼完成搬迁并正式启用。龙岩地区档案馆建设被列为地委、行署办的 15 件实事之一。

1995 年 5 月，龙岩地区档案馆竣工，建筑总面积 3864 平方米，其中库房面积 1800 平方米，各种档案保管、利用专业设施基本齐全。惠安县档案馆竣工。泉州市鲤城区、德化县和莆田市城厢区的档案库房相继开工。南平市档案馆新馆建设被列入南平市“九五”计划。

1996 年 6 月，省计委批准省档案馆库房改造经费 350 万元，其中省级预算投入 60％。

1997 年，省档案馆档案技术楼落成，建筑面积 1100 平方米。邵武市档案馆建成并投入使用。古田县档案馆新馆竣工，建筑面积 1600 平方米，总投资 100 多万元。

1998 年 10 月 22 日，省委常委、秘书长黄瑞霖在省档案局《关于加强地市县区档案馆建设的报告》批示：“加强地市县档案馆建设应纳入明年省委、省政府办实事范围。”

同年，省档案馆对一楼库房进行改造，安装密集架，增加库容。各地馆库建设进展较好，除鲤城、德化、云霄、新罗、清流、福安、柘荣、寿宁、屏南等县区的档案馆在建外，还有 10 余个市县的档案馆的建设被列入当地政府为民办实事项目。

1999 年,省财政拨款支持经济欠发达县建设档案馆,全省档案馆库建设有了较快发展。泉州市鲤城区档案馆竣工。

2000 年 3 月 27 日,省财政厅、省档案局联合制定《福建省档案馆库建设与重点档案抢救专项补助经费管理办法》,明确档案馆库建设补助范围:经济欠发达和财政困难县及有关地市在建的档案馆库建设(含新建、扩建、改建)工程的部分设备、设施购置和馆库修缮。德化县、仙游县、龙岩市新罗区、柘荣县等档案馆相继建成并投入使用。

2001 年 2 月 27 日,省档案局发布《福建省档案事业发展"十五"计划》,提出"十五"期间(2001—2005 年)新建的档案馆要符合《档案馆建筑设计规范》(JGJ 25—2000)的要求,设区市档案馆面积要达到 3000 平方米以上,县级国家综合档案馆和专业档案馆面积要达到 1500 平方米以上。省财政拨出专款,重点支持屏南、周宁、仙游、政和、永泰等县的档案馆馆库建设。南安市档案馆新馆竣工,永安、政和等市县的档案馆动工兴建。

2002 年,清流、永泰、屏南等县(市)的档案馆大楼先后竣工;长乐、政和、周宁、松溪等县(市)的档案馆新馆正在建设;福州、漳平、大田等市县将档案馆新馆建设列入计划。

同年,厦门大学将校档案馆面积扩充至 1500 平方米。中国海峡人才市场在福州市东大路建立毕业生人事档案库,负责接收各大中专院校未就业毕业生的档案,面积为 254 平方米,可容纳档案 20 多万份。

2003 年 2 月 1 日施行的《福建省档案条例》要求:地方各级人民政府应当将档案基础设施建设列入本级国民经济和社会发展计划以及本级财政预算;地方国家综合档案馆馆库应当符合国家规范要求,未达到要求的,本级人民政府应当制定建设规划,限期达到要求。同年 6 月 1 日实施的《福建省档案馆工作规范》(DB35/T 507—2003)进一步提出:档案馆库房建筑应符合国家档案局和建设部制定的《档案馆建筑设计规范》(JGJ 25—2000)的要求。

同年,莆田、永安等市县的档案馆新馆投入使用,云霄县档案综合楼首期工程完成,尤溪县档案馆改建库房,福州市档案馆新楼动工建设,仙游县、尤溪县的档案馆完成馆库改造。

2004 年,省档案局对市县档案馆库房建筑改造工作加强指导。12 月,福州市档案馆新楼竣工,共 10 层,高 40.9 米,建筑总面积 11165 平方米,其中库房面积 4816 平方米,网络中心、机房、裱褙室等技术用房面积 600 平方米,总投资 3200 万元。长乐、松溪、政和等市县的档案馆竣工并投入使用,石狮市、三明市梅列区的档案馆开工建设。

2005 年,石狮市档案馆新馆竣工,建筑总面积 12675 平方米,总投资 2000 万元。厦门市海沧区档案馆迁入新馆,馆库总面积 580 平方米。福鼎市档案馆迁入档案综合楼,建筑面积 1500 平方米。龙岩市档案馆扩建为 4300 平方米。

表 2-1　　**2005 年福建省各级国家综合档案馆馆库情况表**

序号	档案馆	竣工时间	建筑面积(平方米)		总投资(万元)	附注
			库房面积	总面积		
1	福建省档案馆	1988 年	2828	7010	196	
2	福州市档案馆	2004 年	4816	11165	3200	
3	鼓楼区档案馆	—	50	100	—	使用区委办公用房
4	台江区档案馆	1994 年	—	788	—	
5	仓山区档案馆	—	85	130	—	使用区委办公用房
6	马尾区档案馆	1990 年前	125	300	—	
7	晋安区档案馆	1992 年	338	1256	90	
8	福清市档案馆	1985 年	700	1518	31	
9	长乐市档案馆	2004 年	2800	5020	1200	
10	闽侯县档案馆	1980 年	479	910	10	
11	平潭县档案馆	1982 年	740	1790	20	
12	永泰县档案馆	2002 年	680	1346	105	
13	闽清县档案馆	1987 年	940.8	1701	40	
14	连江县档案馆	1993 年	570	2000	135	
15	罗源县档案馆	1985 年	259	1006	13.5	
16	厦门市档案馆	1992 年	1200	3352	400	
17	思明区档案馆	1990 年前	—	—	—	
18	湖里区档案馆	—	33.6	—	—	使用区委办公用房
19	集美区档案馆	2002 年	182.7	624	94	
20	海沧区档案馆	2005 年	—	580	—	
21	同安区档案馆	1991 年	360	1100	60	
22	翔安区档案馆	—	—	—	—	2003 年新设区
23	漳州市档案馆	1982 年	1285	1800	—	
24	芗城区档案馆	2001 年	306	1137	—	
25	龙文区档案馆	—	—	—	—	无档案机构
26	龙海市档案馆	20 世纪 50 年代	240	420	—	
27	平和县档案馆	1990 年	800	1149	52	
28	东山县档案馆	1990 年前	—	70	—	
29	长泰县档案馆	1979 年	—	860	10	
30	华安县档案馆	1966 年	200	260	17	

续表 2-1

序号	档案馆	竣工时间	建筑面积(平方米)		总投资(万元)	附注
			库房面积	总面积		
31	南靖县档案馆	1990 年前	496	631	—	
32	云霄县档案馆	2003 年	500	1524	100 多	
33	漳浦县档案馆	1949 年	—	580	—	
34	诏安县档案馆	1990 年前	360	414	—	
35	泉州市档案馆	1994 年	2648	5241	2919	
36	鲤城区档案馆	1999 年	1058	2428	—	
37	洛江区档案馆	—	50	150	—	使用区委办公用房
38	丰泽区档案馆	—	100	268	—	使用区委办公用房
39	泉港区档案馆	—	60	90	—	使用区委办公用房
40	石狮市档案馆	2005 年	2800	12675	2000	
41	晋江市档案馆	1989 年	300	1586	44	
42	南安市档案馆	2001 年	1800	6200	500	
43	安溪县档案馆	1988 年	700	1496.5	—	
44	永春县档案馆	1994 年	586	1243.5	39	
45	惠安县档案馆	1995 年	—	1902	—	
46	德化县档案馆	2000 年	1200	2730	240	
47	三明市档案馆	1992 年	500	1200	100	
48	梅列区档案馆	—	—	—	—	2004 年开工
49	三元区档案馆	—	122	300	—	使用区委办公用房
50	永安市档案馆	2003 年	520	1354	100 多	
51	明溪县档案馆	1993 年	705	1518	45	
52	清流县档案馆	2002 年	800	2100	137.8	
53	沙县档案馆	1992 年	360	1356	57	
54	宁化县档案馆	1990 年	1250	2218	70	
55	泰宁县档案馆	1978 年	382	525	—	
56	尤溪县档案馆	1986 年	400	2023	43.1	2003 年改建库房
57	将乐县档案馆	1989 年	632	1321	58	
58	建宁县档案馆	1976 年	540	—	—	
59	大田县档案馆	1979 年	—	640	—	
60	莆田市档案馆	2003 年	1231	3314	350	

续表 2-1

序号	档案馆	竣工时间	建筑面积（平方米）		总投资（万元）	附注
			库房面积	总面积		
61	荔城区档案馆	1992 年	1164	1508	40	
62	城厢区档案馆	—	600	1442	120	2003 年开工，2005 年在建
63	涵江区档案馆	1988 年	—	600	—	
64	秀屿区档案馆	—	80	170	21	2005 年在建
65	仙游县档案馆	2000 年	680	1315	150	2003 年库房改造
66	南平市档案馆	1977 年	535	985	6	
67	延平区档案馆	1980 年	—	781.6	—	
68	建瓯市档案馆	1984 年	420	1036	36	
69	邵武市档案馆	1997 年	616	1246	33	
70	武夷山市档案馆	1985 年	678	1183	17.5	
71	建阳市档案馆	1985 年	598	1296	16	
72	松溪县档案馆	2004 年	700	1278	110	
73	政和县档案馆	2004 年	1140	2540	97	
74	浦城县档案馆	1958 年	389.9	678.4	—	
75	光泽县档案馆	1973 年	257	—	—	
76	顺昌县档案馆	1983 年	540	1094	9.4	
77	龙岩市档案馆	1995 年	1800	3864	295	2005 年扩建为 4300 平方米
78	新罗区档案馆	2000 年	1309	3665	382	
79	漳平市档案馆	1974 年	525	908	—	
80	永定县档案馆	1990 年前	—	—	—	
81	长汀县档案馆	1993 年	254	354	18	
82	武平县档案馆	1992 年	270	700	21	
83	连城县档案馆	1984 年	—	1505	13	
84	上杭县档案馆	1982 年	—	1192	12	
85	宁德市档案馆	1984 年	681	2024	71	
86	蕉城区档案馆	1986 年	585	725	8.7	
87	福安市档案馆	1990 年前	847	1270	50	
88	福鼎市档案馆	2005 年	—	1500	150	
89	古田县档案馆	1997 年	—	1600	100 多	

续表 2-1

序号	档案馆	竣工时间	建筑面积(平方米)		总投资(万元)	附注
			库房面积	总面积		
90	寿宁县档案馆	1990 年后	193	277	93	
91	周宁县档案馆	1990 年前	—	—	—	
92	柘荣县档案馆	2000 年	365	1370	110	
93	霞浦县档案馆	1970 年	275	1100	7.5	
94	屏南县档案馆	2002 年	480	1200	—	

二、设备设施

1994 年,福清市档案馆投入 11.7 万元对档案馆大楼进行维修,并购置红外报警探测器等设备。

1995 年,省档案馆为每间库房配置 1 台除湿机。

1996 年,省档案馆为馆区添置防盗、消防、报警等设施。根据省委常委、秘书长黄瑞霖批示精神,省信息办给省档案局安排 2 台 586 型微机。

1997 年,省档案馆安装保安监控系统,在库房安装烟感预警系统,购置一批除湿机、温湿度记录仪、虫霉情化验仪等设备。福州市档案馆安装一套美国进口的防火、防盗自动报警器,把库房的日光灯换成防爆灯。

1999 年,福清市拨款 10 万元为市档案馆改善基础设备。晋江市拨款 40 万元为市档案馆添置设备。龙岩市拨款 6 万元为市档案馆购置档案箱 35 组。

2000 年,省档案馆安装库房温湿度控制系统。永定县拨款 12 万元为县档案馆购置设备。

图 2-1　省档案馆库房密集架(邢立新 摄于 2000 年)

2001 年，厦门市拨款 53 万元，对市档案馆的消防、防盗、温湿度控制等系统进行改造。三明市档案馆投入 23 万元，安装密集架 297 立方米，更换所有木质档案箱，重新安装自动防火、防盗报警系统。漳州市拨款 5 万元对市档案馆供电线路进行全面改造。上杭县档案馆投入 1 万元改造库房地面，解决困扰多年的地面自尘问题。

2002 年，省档案馆投入 22 万元，在库房、机房等处安装探头，实行 24 小时监控录像。厦门大学档案馆拨款 60 多万元装修档案馆楼房，添置档案装具。三明市拨款 28 万元为市档案馆更新档案装具。泉州市拨款 25 万元为市档案馆库房安装自动灭火系统。三明海关投入 15 万元为档案库房配备先进设备。

2003 年 6 月 1 日实施的《福建省档案馆工作规范》(DB35/T 507—2003)强调：档案装具应符合国家标准的要求；档案馆应配置防盗、防火、防潮、防高温、防光、防磁、防尘、防有害生物等设施设备，并定期进行检查、维护。连江县档案馆投入 9 万元购置设备，改善档案保管条件。泉州市档案馆投入 13 万元，安装馆库智能型温湿度监控巡检系统、数码监控系统以及空调机、去湿机等设备。

2004 年，省档案馆投入 98 万元，对库房电力管线、设备进行改造，安装自动灭火系统。福清市档案馆投入 22 万元，购置档案设备和消防器材。泉州市鲤城区拨款 20 万元为区档案馆添设密集架 92 立方米，安装温湿度控制系统、数字监控系统，购置空调、电脑等设备。漳州、连江、古田、邵武、延平等市县区的档案馆更新库房消防器材。莆田、宁德、永安等市的档案馆安装防盗报警系统。

2005 年，宁德市档案局多方筹资，为全市 9 县(市、区)档案局(馆)配备传真机，方便全市档案系统信息传递报送。

图 2-2　省档案馆声像库房(邢立新 摄于 2000 年)

表 2-2

1993—2005 年福建省全省档案馆馆库设备情况表

年份	档案馆面积(平方米)		馆内设备													
	总面积	库房面积	缩微设备(台)					电子计算机			复印机(台)	空调机(台)		去湿机(台)	消毒设备(台)	
			缩微摄影机	冲洗机	拷贝机	阅读器	阅读复印机	局域网		微机(台)		集中式	分散式		物理	化学
								服务器(台)	站点(个)							
1993	87885	53000	9	2	3	12	6	—	—	19	63	41	70	128	—	—
1994	90206	50325	8	3	7	12	7	—	—	31	72	50	84	143	—	—
1995	111715	60301	9	2	4	10	6	—	—	63	88	59	227	198	—	—
1996	103710	57409	9	3	3	14	5	—	—	75	87	79	192	184	—	—
1997	86603	47829	9	3	3	12	5	—	—	134	83	124	193	207	—	—
1998	130842	63998	14	4	5	16	7	—	—	227	107	133	337	230	—	—
1999	134222	64858	11	4	3	13	4	14	16	322	117	24	529	257	19	16
2000	132969	62430	8	4	3	13	5	16	59	333	111	18	551	254	27	15
2001	144851	68001	8	4	3	12	5	17	122	400	121	7	633	271	24	16
2002	145240	71056	13	5	4	13	6	19	143	441	121	11	654	302	39	18
2003	154589	77553	13	5	3	13	7	21	232	527	140	16	732	305	42	20
2004	155620	76531	11	5	3	12	6	29	435	818	111	14	819	307	49	21
2005	170874	80082	11	5	4	13	6	42	458	888	128	19	920	310	42	19

第二节　保管、统计与保护

一、保管与统计

（一）保管

1994 年，省档案馆制定档案及时清退规定，坚持档案库房温湿度监控管理登记和库房查虫制度，建立定期消防检查制度，及时整改消防隐患，健全安全防火组织，重新调整安全防火领导小组及义务消防队员，加强馆库安全保卫工作。

1996 年，省档案馆修订《库房管理岗位职责》《档案室岗位职责》《库房“十防”工作制度》等规章制度，进一步落实“十防”措施。

1997 年，省档案馆编制“档案库房去湿机登记簿”“档案消毒情况登记簿”“微波消毒机消毒档案登记簿”，落实档案安全保管各项措施。

1998 年“6・22”洪灾期间，南平市受灾严重，部分档案库房被淹，1.60 万卷档案被水浸。全市档案干部职工努力抗洪救灾，把档案损失程度降到最低。

2000 年 5 月，根据国家档案局通知要求，省档案局对全省档案安全保管工作进行全面检查。检查结果表明，各级档案部门档案安全意识普遍较强，多数档案馆配备了档案安全保管设备，档案安全保管工作情况较好，全省没有出现档案被烧、被盗、流失等重大安全事故。

2001 年 3 月 26 日，为实现档案安全管理制度化、规范化、科学化，确保档案的安全性，省档案局印发《福建省档案安全管理规范（暂行）》，对全省档案安全保管工作提出规范化要求。其中“安全管理要求”共 15 条，主要包括库房清洁卫生、消防器材检查、防盗报警装置 24 小时工作、温湿度记录、虫霉检查、破损档案抢救、人员出入库登记、保密规定执行、值班制度建立等。

同年，省档案局在全省开展档案安全管理专项执法检查，共检查市县国家综合档案馆 39 个、专业档案馆 15 个、机关和企事业单位 98 个。通过检查，向当地党政分管档案工作的领导反馈检查情况，对存在安全隐患的单位提出整改的意见和要求，各地档案安全工作得到加强。

2002 年 5 月，省档案局发出《关于进一步做好档案安全大检查的通知》，部署全省档案安全大检查，主要内容包括：档案安全保管、保密工作规章制度建立健全和执行情况，档案安全保管、保密隐患排查和整改情况，档案安全保管和保密工作监督管理人员职责履行情况等。重点检查档案库房，利用、阅览场所，计算机房，网络系统，防火、灭火系统，防盗报警系统，消毒室，馆区主要电路等。永安市档案局与市经贸局联合检查全市破产企业档案安全保管情况。明溪县档案馆对馆藏档案虫害情况进行全面检查。尤溪县档案局在检查过程中，被发现存在安全隐患，县委、县政府高度重视，立即拨款 8.5 万元用于档案馆库房改造。

同年6月,闽西北普降特大暴雨,各县(市、区)档案馆干部职工积极投入抗洪救灾第一线,确保档案安全。省档案局拨出紧急救灾款2万元支援灾区。

2003年,省档案局成立以分管副局(馆)长为组长的“创建平安工作”领导小组,对档案安全保管进行全面检查,采取有力措施杜绝隐患。

同年6月1日,《福建省档案馆工作规范》(DB35/T 507—2003)正式实施,对档案库房管理、保护规范、安全检查、管理台账、值班制度等提出具体要求。主要有:档案馆应编制馆藏档案、资料存放索引图和库内档案位置图;档案馆应有完整、准确的库房内外温湿度记录,并定期进行分析;接收进馆的档案应经除尘、去污、杀虫、灭菌处理才能入库,入库后定期进行虫霉检查;定期对馆藏档案进行清点检查和库房环境安全检查,建立档案安全管理台账;遇灾害性天气和突发事故,及时进行安全检查并采取相应措施。

2004年,省档案局在全省开展档案安全大检查。省档案馆进行全面自查,重点检查档案库房、网管中心、档案利用接待室等部门,以及消防、防盗、电器、电力线路等设施。市县区档案部门普遍组织自查自纠,并对属地机关、企事业单位的档案安全工作进行抽查。为强化对档案安全工作的领导,各地成立以局(馆)长为组长的档案安全保管领导小组,做到档案安全保管有制度、有责任人,定时定岗检查有记录、有反馈处理措施,确保有案可查、责任到人。福州市房地产档案馆建立档案安全管理台账,重新对馆藏档案的数量、类型、存放位置进行核实登记,及时掌握档案异动情况。泉州市档案局组织全市档案安全大检查,重点检查45个市直单位的档案安全保管情况。

2005年,省档案馆坚持库房清洁卫生制度,每月对库房进行一次全面清洁,保持库房及档案架柜卫生、整洁。福清市档案局开展全市“档案安全周”活动,连续11年被评为市“安全达标先进单位”。莆田市档案局对全市档案馆开展安全检查。漳浦县档案馆完善档案安全管理目标责任体系,把安全管理目标落实到岗位、到人。宁德市档案局成立档案安全管理应急小组。泉州、永安、古田、宁化等市县的档案馆邀请消防警官讲解消防知识,演示灭火器及防毒面具的使用方法。

(二)统计

20世纪80年代,随着档案事业的发展,档案统计工作不断得到完善,并正式实行《全国档案事业统计综合年报》(以下简称《年报》)填报制度,将省、地、县三级档案局(馆)的机构、编制、人员,馆藏档案、资料,当年接收、利用、编研以及档案馆基建、面积、经费等情况,统一纳入国家统计指标体系。省档案局每年发出通知,明确填报、汇总时间,对各项指标、内容及填报要求作出具体解释和说明,通过采取现场培训和面对面指导等办法,保证《年报》填报质量。

1992年,根据国家档案局要求,福建省实行新的档案事业统计年报制度,其内容和形式有了较大变化:由原来一套综合统计表改为基层表和综合表两种,由手工统计改为电子计算机统计。

1993年，省档案局先后召开省直机关档案室和地（市）档案局档案统计工作会议，开展档案统计人员计算机应用培训，推广国家档案局开发的“全国档案事业统计年报计算机管理系统”软件。

1994年，全省开始对《年报》实行计算机统计。

1995年，省档案局制定《福建省档案馆统计制度》，对档案统计工作提出规范化要求。全省各级各类档案馆（室）坚持做好工作台账以及各项原始数据的日常收集和年度汇总工作，为《年报》积累第一手资料。

1999年，随着档案事业的发展，根据国家档案局要求，统计报表增设“电子档案”“局域网”“消毒设备”等统计指标。

2003年6月1日实施的《福建省档案馆工作规范》（DB35/T 507—2003）规定：档案馆应按照档案行政管理机构要求填报各种统计报表，建立档案馆人员，档案收进、移出、整理、编目、保管、利用、编研、缩微、修复和档案信息数据库建设等统计台账，定期进行专门的定性、定量统计分析。

2004—2005年，国家档案局连续两年通报表扬省档案局按时报送《年报》和报表质量。

2005年，全省档案统计工作仍然执行《年报》的指标体系，主要内容包括：机构、人员情况，保存档案情况，利用档案情况，设备情况，专业教育情况，档案科技情况，经费和基本建设情况等。

二、保护

（一）保护与技术应用

1993年，省档案馆库房于2月16日、5月12日、5月27日、8月31日发现虫情，均及时进行消毒杀虫处理。省档案馆还对新接收进馆的1.63万卷档案进行消毒杀虫处理。

1994年，省档案馆定期开展库房虫霉检查，对虫情较严重的5个全宗进行消毒杀虫处理；采用新的修裱方法，加大档案修复力度，共修裱档案206卷1.30万张；拍摄民国时期省政府秘书处档案16毫米缩微胶片60轴、族谱35毫米缩微胶片1.91万幅。晋江市档案馆对馆藏300册族谱进行修裱，并在省档案馆帮助下拍摄成缩微胶片。

1995年，省档案馆部分库房发现虫情，及时消毒杀虫，共处理档案7.66万卷、资料1.20万册；修裱破损档案170卷4626张，装裱字画66幅。福清市委、市政府召开档案消毒工作会议，拨出专款7.9万余元，对市档案馆12.11万卷（册）馆藏档案资料进行异地密闭熏蒸消毒。

1996年，省档案馆拍摄16毫米缩微胶片374轴、35毫米缩微胶片17轴，冲洗16毫米缩微胶片374轴、35毫米缩微胶片67轴，重氮拷贝16毫米缩微胶片785轴、35毫米缩微胶片32轴。

1997年，省档案馆进行5次库房查虫霉，发现个别虫情，对14个全宗5928卷（册）档案资料进行消毒杀虫。

1998年上半年雨季期间,省档案馆对库房进行全面的查虫霉工作,未发现虫霉情况;全年拍摄缩微胶片224盘51.24万画幅,修裱破损档案1295卷3.33万张。

1999年,省档案馆加大破损档案抢救工作力度,对民国档案90个全宗15.02万卷进行清点,修裱破损档案5862卷47.74万页,拍摄缩微胶片571盘152.70万画幅。

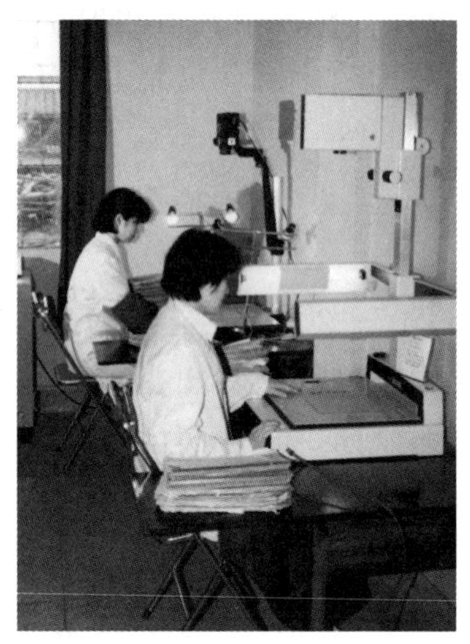

图2-3　省档案馆缩微机读器（邢立新 摄于1996年）

图2-4　档案消毒(邢立新 摄于1996年)

2000年,省档案馆对民国档案18256卷进行消毒,修裱破损档案5798卷41.86万页,拍摄缩微胶片641盘205.31万画幅。

2001年,省档案局印发《福建省档案馆档案缩微复制操作规程》《福建省档案馆缩微品质量检验标准》《福建省纸质档案修裱操作规范》等有关技术标准。省档案馆对80多个全宗20.30万卷档案进行消毒,拍摄缩微胶片3696卷53万画幅,修裱破损档案1600多卷11万多页。

2002年,省档案局印发"档案虫害调查登记表",在全省开展虫害调查。省档案馆修裱档案4594卷33.38万页,修裱字画9幅,装订族谱14本,拍摄缩微胶片613盘。

2003年6月1日实施的《福建省档案馆工作规范》(DB35/T 507—2003)强调,档案馆应加强对馆藏重要档案的保护和抢救,开展对馆藏重要档案的修复、缩微、扫描等工作。省档案馆拍摄16毫米缩微胶片7120卷49.34万画幅,修裱馆藏档案5251卷44.97万页,修裱字画15幅,抢救海图506页。

2004年,省档案馆组织熏蒸消毒8次,共消毒档案资料30个全宗5.57万卷(册);修复破损民国档案155卷3.17万页。

2005年,省档案馆修复破损民国档案41卷7689页,帮助福安市档案馆修复清代档案300页。10月,台风"龙王"给福州市带来严重灾害,鼓山涌泉寺5000册珍贵藏经遭受暴雨侵蚀,国家档案局、省档案馆和福州市档案馆专家赶赴涌泉寺指导抢救工作;中国银行福建省分行的档案库房进水,6 万多卷(册)档案被泥水浸泡,在省档案馆的帮助下,大多数档案得以抢救。

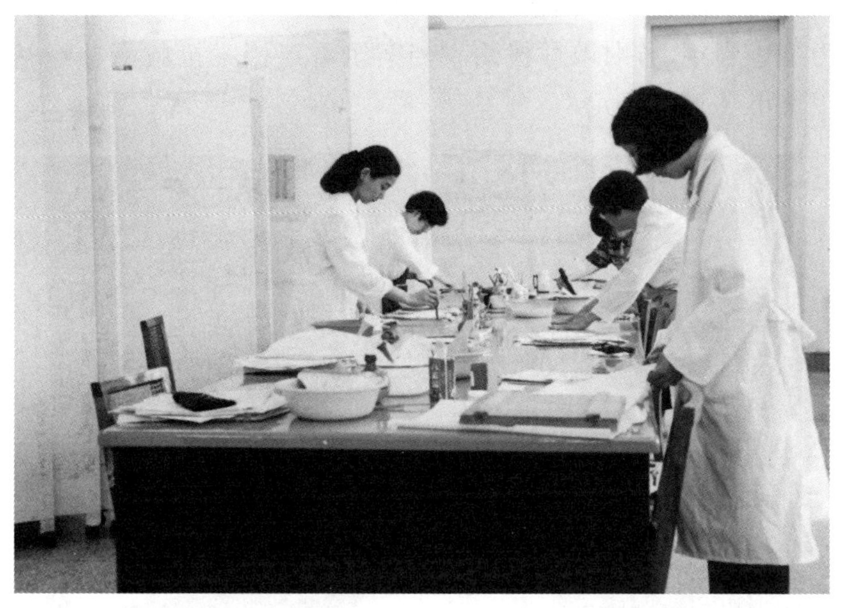

图 2-5 修裱破损档案(邢立新 摄于 2000 年)

(二)重点档案抢救

福建省重点档案抢救工作始于 1985 年,当时需抢救的重点档案共约 25 万卷,主要有明清档案、革命历史档案、民国档案、海关档案、金融档案、外国驻华机构档案、历史名人档案及族谱、地方志等。

1989 年,省档案局召开全省重点档案抢救工作会议,部署抢救工作。各地主要采用手工修裱方式进行抢救,部分档案由省档案馆进行缩微处理。全省各级档案馆在国家档案局和各级党委、政府的支持下,根据省档案局的统一部署,对档案修复、裱糊人员进行培训,对虫蛀、霉烂、破损和字迹褪变的历史档案开展抢救、保护工作,以最大限度地延长重点档案的寿命。

1985—1994 年,国家档案局拨给福建省全国重点档案抢救补助经费共计 110 万元,全省各级财政安排配套资金 190 万元,共抢救重点档案 9 万多卷。

1995—2000 年,国家档案局拨给福建省全国重点档案抢救补助经费共计 292 万元,全省各级财政安排配套资金 312 万元,共抢救重点档案 6.6 万多卷。

2000 年 3 月 27 日,为规范和加强全省重点档案抢救和保护经费的管理,提高资金使用效益,省财政厅、省档案局联合印发《福建省档案馆库建设与重点档案抢救专项补助经费管理办法》,对重点档案抢救专项经费的补助范围及分配原则、经费的申请和审批、财务的管理与监督等进行规范。补助范围是:各级档案馆对馆藏的全国重点档案和破损、霉变档案进行抢救所必需的修复整理费、档案征集费及用于整理修复所必需的专用设备购置费。重点档案主要指明清及以前的档案,革命历史档案,民国时期国民党各级党部、政府及主要人物的档案。补助经费坚持"抢救为主、重点保证、择优支持和讲求效益"的分配原则,并实行"专项申报、逐项核定、专款专用"的管理办法。各级档案馆争取当地党委和政府支持,进一步加大对重点档案抢救工作的投入力度。当年,省财政厅拨给省档案馆重点档案抢救专项经费80万元,补助经济欠发达和财政困难市县120万元。

图2-6 档案修复(邢立新 摄于1996年)

2001年4月,财政部、国家档案局印发《全国重点档案抢救补助费管理办法》,进一步明确实施抢救的全国重点档案范围:1949年以前各个历史时期政权机构、社会组织和著名人物的档案,1949年以前反映中国共产党及其领导的革命组织、革命根据地、革命政权、革命活动家的档案,反映中华人民共和国成立以后党和国家领导人活动的档案,经过国家档案部门鉴定和确认的其他重点档案。同时,明确了抢救补助费的使用范围、使用原则、申请程序、监督管理等。

2001—2004年,中央财政给福建省下拨国家重点档案抢救补助经费共计190万元(2001年60万元、2002年50万元、2003年40万元、2004年40万元),省级财政配套拨款480万元(每年120万元),市、县级财政配套拨款23.1万元。

1993—2005年,全省各级国家综合档案馆累计抢救全国重点档案25.49万卷。截至2005年,全省各级国家综合档案馆应抢救全国重点档案共计43.78万卷,其中已完成抢救的有29.94万卷,占总数的68.39%。

表 2-3

1993—2005 年福建省各级国家综合档案馆全国重点档案抢救情况表

单位：卷

年份	省档案馆			地(市)档案馆			县(市、区)档案馆			合计		
	应抢救档案总数	已抢救档案数	本年度抢救档案数	应抢救档案总数	已抢救档案数	本年度抢救档案数	应抢救档案总数	已抢救档案数	本年度抢救档案数	应抢救档案总数	已抢救档案数	本年度抢救档案数
1993	126000	113416	241	43292	20525	2118	259970	108613	9343	429262	242554	11702
1994	166000	71344	206	40367	31883	8433	209572	93310	4756	415939	196537	13395
1995	166000	71384	40	61760	62503	4708	141746	86151	7175	369506	220038	11923
1996	130168	75046	3662	74102	57560	3635	198313	121475	27014	402583	254081	34311
1997	130168	74610	6744	35718	28158	—	161385	89582	8247	327271	192350	14991
1998	130168	81146	6536	34191	27773	2980	220466	156190	32718	384825	265109	42234
1999	130168	87008	5862	40925	32853	6684	228781	163263	36324	399874	283124	48870
2000	130168	92562	5554	39267	22661	1650	201436	149674	12047	370871	264897	19251
2001	130168	97875	5313	39386	24679	899	221274	156307	16328	390828	278861	22540
2002	130168	102469	4594	36490	21908	988	227389	149887	9245	394047	274264	14827
2003	130168	107720	5251	36490	22130	650	235955	150672	3309	402613	280522	9210
2004	130168	107875	155	43900	27793	1137	261697	160468	3711	435765	296136	5003
2005	130168	107916	41	46032	29383	1479	261670	162119	5146	437870	299418	6666
合计	1759680	1190371	44199	571920	409809	35361	2829654	1747711	175363	5161254	3347891	254923

第三章　开发利用

1993—2005 年，省档案馆相继制定《利用开放档案实施细则》《福建省档案馆开放档案利用办法(试行)》；全省先后开放档案共计 6434 个全宗，190.39 万卷，积极推动档案开放工作的开展。各级综合档案馆努力改善查档利用环境，通过创建“青年文明号”，深入开展“保持共产党员先进性教育活动”等，抓好作风建设，不断提升服务水平。建立现行文件利用中心 64 个，向社会提供现行文件利用服务。深入开展“创优增效”活动，设立“福建省档案信息资源开发利用成果奖”，积极开发档案信息资源，为改革开放和福建省经济建设服务。围绕国民经济和社会发展的需要，开展档案史料编研，公开出版档案资料共 109 种，内部印刷资料共 925 种。建设爱国主义教育基地 32 个，大力发掘馆藏资源，举办“党旗飘扬”“八闽之光”等主题展览，产生较大社会反响。

第一节　开放与公布

一、档案开放

1993 年，福州市档案馆颁布《开放档案实施细则》，向社会开放第二批民国档案。全省各级档案馆共解密划控档案 13.46 万卷向社会开放。

1994 年，全省各级档案馆向社会开放的档案总数达 1428 个全宗，87.06 万卷。

1995 年，省档案馆制定《利用开放档案实施细则》，对开放的期限和范围、利用的手续和阅览要求、档案的公布与出版等进行规范。该细则规定，馆藏档案自形成之日起满 30 年的，“除少数内容涉及党和国家机密不宜公开应予控制利用外，均按国家有关规定，分期分批地向社会开放”。福州、厦门、泉州、龙岩等市(地)的档案馆全部完成馆藏满 30 年档案的解密划控任务，编制开放档案目录向社会开放。莆田市档案馆开放原闽侯地委、专署 1949—1956 年的部分档案。

1996 年，省档案馆对 19.14 万卷档案进行解密划控，于 11 月第二次向社会开放历史档案 128 个全宗，17.19 万卷(1989 年 10 月，省档案馆首次向社会开放历史档案 69 个全宗，13 万卷)，其中革命历史档案 3 个全宗，1491 卷；民国档案 20 个全宗，4.05 万卷；中华人民共和国成立后档案 105 个全宗，12.99 万卷。福州市档案馆对馆藏档案 71 个全宗，1.85 万卷和 16.90 万份文件进行解密划控，先后两批向社会开放中华人民共和国成立后档案 93 个全宗，2.07 万卷。南平市12个档案馆(包括南平市城市建设档案馆)向社会开放档案589个全宗,11.67万卷。宁德地区档案馆开放第四批民国档案4524卷。

1997年,省档案局修订《福建省档案馆馆藏档案控制使用范围实施细则》。省档案馆开展档案解密划控工作,先后两批向社会开放档案29.23万卷。福州市档案馆向社会开放1967年以前档案31个全宗,286卷。

1998年,省档案局将档案开放工作列入《福建省地县综合档案馆目标管理考评办法》,要求:“应开放档案均已向社会开放。档案经过逐卷审核,明确划分开放或控制范围;应开放档案均由同级档案局或人民政府签署审批意见;通过各种媒体向社会公告开放档案的信息;开放档案均编制开放目录供利用者自行检索,中华人民共和国成立后的开放档案其开放目录须编制至文件级。”

2001年,省档案馆制发《福建省档案馆开放档案利用办法(试行)》,对馆藏档案的开放范围、已开放档案的利用方式及相关事项等作出详细规定,进一步推动档案开放工作的开展。

2002年,随着档案数字化工作的开展,各级档案部门开始利用网络开放档案资料。

2003年6月1日实施的《福建省档案馆工作规范》(DB35/T 507—2003)规定:档案馆应根据《各级国家档案馆馆藏档案解密和划分控制使用范围的暂行规定》要求,开展档案解密划控工作并按规范要求编制开放档案目录。省档案馆第一批98万条档案目录在福建省政务信息网开放。泉州市档案馆向社会开放档案1万卷,引起社会各界关注,《泉州晚报》、泉州电视台、中央电视台《早间新闻》等媒体都对此作了专门报道。

2004年,省档案信息中心整合全省的民国档案信息资源,在网上开放侨务、闽台关系、禁毒、盐务等民国档案目录信息6个专题共1.8万条,同时发布福建省历届人代会、十个五年计划、劳模、华侨等档案文件1610份。晋江市档案馆向社会开放1971—1975年历史档案共2700卷,还通过网络开放民国档案目录等档案史料。

2005年,省档案馆完成26万条中华人民共和国成立初期数据的解密划控工作。全省各级各类档案馆开放档案共计6434个全宗,190.39万卷,其中历史档案706个全宗,44.87万卷;编制案卷级开放档案目录149.07万条,文件级开放档案目录558.46万条。

表3-1 **1993—2005年全省各级档案馆开放档案情况表**

年份	中华人民共和国成立前档案		中华人民共和国成立后档案		开放档案目录	
	全宗(个)	案卷(卷)	全宗(个)	案卷(卷)	案卷级(万条)	文件级(万条)
1993	506	302003	417	103106	—	139.55
1994	581	355459	847	515125	—	150.73
1995	674	341592	2290	430721	—	318.01

续表 3-1

年份	中华人民共和国成立前档案		中华人民共和国成立后档案		开放档案目录	
	全宗（个）	案卷（卷）	全宗（个）	案卷（卷）	案卷级（万条）	文件级（万条）
1996	688	425820	3510	629431	—	419.85
1997	642	398092	3886	1072008	—	406.37
1998	719	441343	21128	900716	—	379.57
1999	769	449653	5603	1331889	213.61	337.13
2000	698	457585	5129	1129520	140.67	341.69
2001	776	455382	5230	1219057	138.26	368.19
2002	716	437937	5099	1234861	139.99	560.02
2003	715	449468	5478	1309777	155.79	462.28
2004	744	451828	5579	1301798	144.29	435.51
2005	706	448667	5728	1455203	149.07	558.46

二、史料公布

1993 年，为纪念中共闽赣省委、福建省苏维埃政府成立和“福建事变”60 周年，省档案馆在《福建档案》的《史料公布》专栏公布两组史料；此外，还公布胡文虎筹建“福建经济建设股份有限公司”档案。

1997 年，为迎接香港回归，省档案馆在《福建档案》公布民国时期闽港交往档案史料；为纪念“七七事变”60 周年，公布抗战时期福州第二次沦陷档案史料。

1998 年，“纪念福州建城 2200 周年”活动期间，省档案馆在《福建档案》公布“福州文物古迹档案史料选”。

1999 年，为迎接澳门回归，省档案馆在《福建档案》公布闽澳关系档案史料。

2000 年，省档案馆在《福建档案》公布民国时期闽台经济合作档案史料、1948 年福建省“六·一八”水灾档案。

2001 年，为纪念中国共产党成立 80 周年，省档案馆在《福建档案》公布“建国前后福建纪念‘七一’档案史料”一组。为纪念辛亥革命 90 周年，福州市档案馆通过《福州晚报》首次向社会公布馆藏辛亥革命档案，其中包括 13 位福州籍黄花岗起义烈士名单。

2002 年，随着省档案局(馆)网站的开通，利用网络公布编纂成果逐渐成为档案公布的主要方式。省档案馆在局(馆)网站“档案公布”等栏目公布《黄埔军校闽籍同学录》《馆藏印花税票与田赋税票》《福建省各级档案馆馆藏族谱指南》《民国金门档案史料》等编研成果。

2003 年，为配合“学习谷文昌”活动，省档案馆在《福建档案》公布谷文昌事迹档案史料一组；为纪念抗美援朝胜利 50 周年，公布福建省档案馆馆藏抗美援朝档案史料选编。省档案馆还在局(馆)网站“史料出版”栏目介绍档案编研成果 12 个专题，并陆续公布历年编写的档案史料文章。

2004 年，全省各地档案管理部门加快档案全文数据库建设进度，为档案史料的网络公布创造便利条件。为纪念邓小平 100 周年诞辰，省档案馆从馆藏照片档案中精选邓小平在福建的珍贵照片 40 多张和邓小平在闽西革命根据地主编的报刊，在省档案局(馆)网站公布。

2005 年，省档案馆整合开发红军长征、抗战、劳模、华侨、闽台关系等 26 个专题的全文档案数据库，并在网站上公布其中 7 个专题。

第二节　查 阅 利 用

一、接待查阅

20 世纪 90 年代，全省各级综合档案馆通过改善查档利用环境，提高工作人员素质，强化服务意识，创新服务机制，不断提高服务水平。查档接待场所一般配备案卷目录、文件目录、专题文件目录等检索工具，以及本单位编写的《大事记》《组织沿革》《全宗指南》《档案馆指南》等工具书，供读者使用；有的还配备电子触摸屏、饮水机、老花镜等设备和物品，提供便民服务。

1996 年 11 月，省档案馆召开利用者座谈会，向社会各界征求意见，以改进服务方式，提高服务水平和服务质量。

图 3-1　1996 年 11 月 12 日，省档案馆召开利用者座谈会(邢立新 摄)

1997 年 10 月,省档案馆利用接待室被省直团工委授予“青年文明号”。全馆团员积极参加创建活动,坚持开展“三个一”(露一个微笑,道一声欢迎,泡一杯热茶)服务,实行挂牌上岗,接受群众监督。

1999 年,漳州市档案馆推行服务承诺制度,为社会各界查阅、利用档案提供便利、快捷的服务。承诺内容有:树立良好职业形象,热情接待查档者;简化手续,提供快捷服务,每次到库房调档时间不超过 6 分钟;公开收费项目。

进入 21 世纪以后,各地相继建立档案目录数据库,实现了计算机检索和网络查档,为读者查询、利用档案提供极大便利。各级档案馆还通过创建“青年文明号”,深入开展“创优增效”活动、“保持共产党员先进性教育活动”等,不断提高服务质量,打造档案服务社会的窗口。

图 3-2　省档案馆工作人员接待查档(吴苏闽 摄于 1996 年)

2002 年,福州市档案馆接待市保温瓶厂数百名职工查档,加班加点提供服务,减免查档费用,让利用者满意而归。德化县档案馆以问卷调查方式,征求群众对档案利用的意见和建议。南平市延平区档案馆开展“一声问候、一个让座、一杯茶水”文明接待活动,促进工作人员转变作风,做到党群、干群关系“零距离”。龙岩市新罗区档案馆开展“实践‘三个代表’、拓展三个服务”活动,开辟查档服务绿色通道,建立联系卡,公布服务内容,为国企下岗职工、残疾人查档提供方便。

2005 年,各地结合“保持共产党员先进性教育活动”,抓好作风建设,提升服务实效。省档案馆设计制作“服务联系卡”,列出服务项目,明确服务职责,承诺以“热情、高效、求真、务实”的精神,做好服务工作。福清市档案馆开展“岗位当先锋,行业树新风”主题实践活动,提出“为民、务实、清廉”和“内强素质、外树形象、服务社会、发展档案”等具体要求。南靖县档案馆围绕“立足岗位争先进，强化服务促发展”开展主题实践活动。泉州市档案馆在查阅中心设立“党员先锋岗”。宁化、明溪、建宁等县的档案馆发放“查档利用意见簿”“服务工作测评表”，开设专门电子邮箱，广泛征求意见和建议。

1993—2005年，全省各级各类档案馆累计接待查档者87.40万人次，其中港澳台同胞5012人次、外国人398人次；提供档案249.26万卷次、59.86万件次，利用资料18.40万人次、36.77万册次。

二、现行文件服务

从2002年起，为提高政务信息的透明度，满足社会各界、人民群众对已公开的现行文件、政策法规和相关资料的知情需求，全省各级国家综合档案馆相继建立“现行文件服务中心”或“现行文件阅览中心”，让市民免费查阅现行文件资料。

2002年7月，泉州市档案馆在全省率先创建的现行文件资料服务中心正式向社会开放。泉州市民只需携带有效证件，在办理阅读登记手续后，即可免费查阅现行文件资料。凡属于无密级、公开执行的文件，均可查阅。该中心首批开放的现行文件资料有：国家颁布的法律、法规单行本和汇编137册；1996年以来国务院、省人大、省政府、市人大、市政府的公告、公报、政报143册；2001年以来泉州市党政机关、社会团体、事业单位制发的各种现行无涉密的政策性、法规性、公益性、服务性文件722份，文件汇编39册；泉州市及各县(市、区)史志、年鉴123册。每季度末，各部门会把新文件送到现行文件资料服务中心；修改或补充的文件印发两周后，市民就可以看到。

2003年6月1日实施的《福建省档案馆工作规范》(DB35/T 507—2003)提出：“综合档案馆可建立现行文件阅览中心，提供现行文件阅览服务。”晋江市档案局参与创办的晋江市文件资料服务中心进驻晋江市行政审批中心，作为窗口单位，为利用者提供免费服务。

2004年6月12日，中共中央政治局候补委员、中央书记处书记、中央办公厅主任王刚对档案部门已公开现行文件利用工作作出重要批示，把开展已公开现行文件利用工作，作为档案部门践行“三个代表”重要思想，服务社会、服务人民群众的重要举措，进行探索和尝试。6月22日，国家档案局在北京召开已公开现行文件利用工作座谈会，国家档案局局长毛福民就深入学习贯彻王刚批示精神发表讲话，并向全国各级档案部门提出具体工作要求：“争取在今年年底之前在全国绝大多数档案馆普遍建立现行文件利用中心，普遍开展这项工作。”

同年8月18日和8月31日，省档案局两次向省委、省政府作专题请示，要求在全省国家综合档案馆建立已公开现行文件利用中心和开展集中向社会公众提供已公开现行文件查阅利用工作。全省各级档案部门也及时向当地党委、政府汇报这项工作，争取得到党委、政府的重视和支持。泉州市档案局召开已公开现行文件利用工作座谈会，全面总结、推广市档案馆开展现行文件利用工作的经验和做法，研究、探讨工作中存在的问题及解决的办法和措施。当年，泉州市11个县(市、区)以及尤溪、建阳等县(市)档案馆建立了现行文件利用中心。

同年,各地档案馆利用全省县级以上档案网站全部开通、系统功能比较完备的有利条件,普遍开展网上现行文件利用工作。省档案局(馆)网站开辟“现行文件利用中心”栏目,采集社保、土地、城建等47类计710份关系国计民生的现行文件,供社会公众利用。福州、鼓楼、长乐、平潭、泉州、鲤城、丰泽、洛江、德化、南靖、三明、尤溪、宁化、顺昌、龙岩等市、县(区)都在本级档案网站开辟“现行文件利用中心”栏目,开展网上现行文件查阅利用服务。

2005年3月14日,省委办公厅、省政府办公厅印发《关于开展集中向社会公众提供已公开现行文件查阅利用工作的通知》,要求全省各级国家综合档案馆于2005年5月起对外开展已公开现行文件查阅利用工作;2005年底前,各级党政机关单位要将1996年以来制发的仍在执行的已公开现行文件原件或复制件一式两份和目录送交同级国家综合档案馆。3月25日,省档案局印发贯彻意见,就进一步深入开展已公开现行文件利用工作提出具体要求。4月10日,省档案局印发《福建省直单位已公开现行文件送交办法》,就省直单位向省档案馆送交已公开现行文件工作做出规定。省档案馆相继制定《现行文件利用中心工作方案》《现行文件利用须知》《接待利用岗位职责》等规章制度;接收26个单位2174件(册)文件资料,及时登记、整理、编目、上架排列,做好“福建省现行文件利用中心”筹备工作。8月,省委办公厅、省政府办公厅印发《关于进一步深化政务公开工作的意见》,提出要丰富和创新政务公开的形式,其中包括要“通过各级国家综合档案馆,向公众提供现行非密级文件的查阅利用”。

截至2005年底,全省已有64个档案馆建立现行文件利用中心,大部分档案馆都在网站上开辟“现行文件利用中心”栏目。各现行文件利用中心围绕“广泛收集、依法开放、简捷便民、免费利用”的服务原则,收集各级党委、人大、政府及有关部门制发的,与人民群众生产、生活息息相关的,为广大人民群众迫切需要了解的,有关经济建设、科教文卫、计划生育、企业改制、环境保护、城市管理、房屋拆迁、土地征用、劳动保护、就业安置、社会保障、扶贫帮困等方面的法律法规、现行文件、内部刊物、资料汇编等,并对已公开发行的公报、政报、志书、期刊等资料实行开架阅览,开展来函、来电、手机短信、网上查询、节假日预约查询等服务,方便广大读者查阅利用。

三、利用效果

1993年,全省档案系统开展以“开发档案信息资源,争创最佳服务质量和利用效益,为改革开放和经济建设作贡献”为主题的“创优增效”活动,组织开展“福建省档案信息资源开发利用成果奖”评奖活动。1月18日,省档案局举办档案信息创效益成果发布会,宣布1992年度“福建省档案信息资源开发利用成果奖”获奖项目,全省共申报成果108项,其中78项获奖(一等奖1项,二等奖5项,三等奖17项,四等奖55项),产生经济效益2.47亿元。省档案局设立档案信息开发中心,组织开发档案信息资源;建构档案信息开发网络;创办《市场特别报道》周报和《档案信息开发》简报,编印《在大潮面前——福建省档案信息开发工作概览》,加强档案信息开发的交流。省档案局印发《关于在社会主义市场经济条件下做好开发企业档案信息资源工作的通知》，召开全省“经济技术档案信息加工产品进入市场”工作会议，以福建化纤化工厂和省测绘资料中心为试点单位，开展档案信息进入市场试点工作。

图 3-3　1993 年 1 月 18 日，省档案局(馆)长金莹谛(右)在档案信息创效益成果发布会讲话(吴苏闽 摄)

同年，省档案馆向 192 个单位发放征用土地档案目录，有 9 个单位到省档案馆利用档案，涉及土地约 53 公顷，为有关单位进行产权登记、解决房地产纠纷提供可靠凭证。省水利水电勘测设计研究院利用鳌江干流流域规划档案材料，完成《山仔水利枢纽工程可行性研究报告》，提前四年完成勘测任务，节省经费 125 万元。厦门市档案馆为厦门跨海大桥建设提供地质档案资料，节约建设资金 29 万元，缩短工期几个月。

1994 年 11 月 24 日，省档案局发布 1993 年度“福建省档案信息资源开发利用成果奖”获奖名单，全省有 141 家单位申报 171 项成果，其中 96 项获奖(一等奖空缺，二等奖 5 项，三等奖 19 项，四等奖 72 项)，共产生经济效益 2.20 亿元。福州市城市建设档案馆为闽江大桥拓宽工程设计提供全套档案材料，缩短工期 5 个月，节省资金 80 万元。诏安县档案馆提供“八仙茶”栽培加工技术的档案资料，使这一传统产品恢复生产。三明市档案部门为全市经济建设提供档案利用服务 4.88 万人次，提供档案资料 9.02 万卷(册)，产生直接经济效益 2270.29 万元。

同年，为探索科技档案信息进入技术市场的路子，省档案局在全省推广档案信息进入市场试点工作经验，对 50 余家企事业单位进行调研指导。据对省内 139 家单位抽样调查统计，有 53 家单位开展科技档案复制件的开发与转让工作，25 家单位利用库藏档案编辑各类参考资料并向外转让，36 家单位对外开展科技咨询服务。如省测绘资料中心通过开发档案信息资源创收近 10 万元；三明市真菌研究所利用档案资料，编写产品目录和介绍 5 种、技术资料 37

种,与11个省(区、市)的70多个单位建立业务联系,获得经济效益40多万元。在调查研究的基础上,省档案局撰写《关于我省科技档案信息开发与转让问题的抽样调研分析报告》等调查材料,制定《福建省档案信息开发管理暂行规定》,对档案信息开发的现状、管理办法等一系列问题进行探索。省档案信息中心与省科技档案馆联合编写《档案信息开发概论》,完成"科技档案进入市场的研究"课题,编印《市场特别报道》周报28期,编辑《文秘档案信息工作常用文件选编》,为各级档案部门开发档案信息资源提供参考。

1995年,福日公司利用档案资料,设计新机型15种,产生经济效益7301万元。省渔轮修造厂利用档案资料建造仿古船出口,为国家创汇350多万美元。南平电缆股份有限公司档案室对拖欠公司货款情况进行详细统计,依靠大量凭证材料,为公司追回货款987万元。

1996年11月,为加强利用信息反馈工作,省档案局召开利用者座谈会,收集反馈单203张,填写利用档案实例591例,编写《档案利用效果选编》一册。11月21日,省档案局发布1994—1995年度"福建省档案信息资源开发利用成果奖"获奖名单,全省有329项成果申报,其中83项获奖(一等奖1项,二等奖5项,三等奖18项,四等奖59项),共产生经济效益2.14亿元。在爱国华侨胡文虎之女胡仙来闽考察期间,省档案馆向省政府提供胡文虎筹建福建经济建设股份有限公司档案。福清市档案馆向福清市政协、市少林寺研究会提供馆藏南少林寺史志和地图。福清市瑞亭村档案室建立后,通过提供档案服务,为发展农村经济、解决矛盾纠纷发挥重要作用。如村里利用村档案室收藏的1951年土地清册,解决一些土地纠纷问题,避免经济损失数十万元。

1997年5月,省档案局修订完善《福建省档案信息资源开发利用成果奖励办法》,加强档案信息资源开发利用工作的制度建设。省档案馆通过提供档案资料,帮助建瓯市医药公司等单位解决产权纠纷问题。省农业厅通过历史档案,落实了福州市农业系统4位老劳模的工资

图3-4 1997年3月,福建电视台记者拍摄省档案馆馆藏陈景润档案(邢立新 摄)

待遇。漳州片仔癀集团公司利用公司档案室提供的商标注册证书、中药保护品种证书和片仔癀蝉联1984年、1989年两届国家金质奖证书等大量完整、齐全的原始档案材料，维护了片仔癀的商标使用权。

1998年，全省各级档案机构为纪念党的十一届三中全会召开20周年活动提供大量历史照片档案。在“纪念福州建城2200周年”活动中，省档案馆和福州市档案馆提供大量史料和照片，特别是福州市档案馆提供的美国友人西奥多·琼斯捐赠的48张百年福州老照片展出后，产生较大反响，市电信局还将这些老照片制作成电话卡。厦门市档案馆为“特区建设成就展”提供大量党和国家领导人、国际友人、境外企业家到厦门视察、参观、考察、投资等活动的珍贵照片档案。晋江市档案馆利用该馆编写的《晋江历代行政区域演变概述》，为一名印度尼西亚侨胞找到祖籍地。长汀县土地管理局利用档案对403宗非法用地案件进行调查处理，推动长汀县非农业建设用地清查工作顺利开展。

1999年2月25日，省档案局发布1995—1996年度“福建省档案信息资源开发利用成果奖”获奖名单，全省有163项成果申报，其中36项获奖（一等奖空缺，二等奖4项，三等奖10项，四等奖22项）。为庆祝中华人民共和国成立50周年和迎接澳门回归祖国，全省各级档案部门主动为庆祝活动提供档案利用服务。省电子进出口公司利用业务档案，在一起借款合同纠纷案中为公司挽回直接经济损失373万美元。福州大通机电股份有限公司利用本部门科技档案，在引进设备、技术改造工作中增创产值近4000万元、利润近800万元。连江县利用档案查出未批先用建房事件1369宗，为国家补收土地税费210万元。泉州市鲤城区档案馆提供馆藏档案，促进“菜篮子”工程顺利实施。宁德地区档案馆为拓宽仿古街出具房地产证明88份，迅速平息房产纠纷，推动拆迁工作顺利进行。周宁县档案馆利用馆藏档案处理山场纠纷，为水电站库区淹没土地的补偿工作提供依据。

2000年，省气象档案馆提供大量气象观测档案资料，为全省41项工程和科研项目服务。福州市城市建设档案馆利用馆藏档案资料，举办反映福州市建设面貌的“福州市城市建设成就图片展”和“福州市城区模型展”。福州市房地产档案馆、厦门市土地房产测绘档案馆、泉州市城市建设档案馆、龙岩市土地档案馆等利用馆藏档案信息，为城市改造、落实土地房屋权属提供法律依据，为经济建设和社会稳定作出贡献。

2001年，全省各级档案部门挖掘馆藏档案资源，为庆祝中国共产党成立80周年提供服务。《海峡都市报》刊登全省各级档案馆提供的福建省支援西藏经济建设的历史档案资料，反映福建省几代人对西藏经济建设的重要贡献，让社会了解福建省援藏情况。漳浦县档案馆利用馆藏相关档案资料，向农民宣传农村电网改造有关政策，推动农村电网改造工作顺利进行。莆田县档案馆为法院提供人口普查档案材料，为惩治犯罪、维护法律尊严提供重要依据。福建石化集团三明化工有限责任公司在与外方谈判时，利用有关档案资料，为企业节约资金9.5万美元。福建纺织化纤集团有限公司利用项目档案资料办理免税证明，节省资金702.4万元。

2002年,三钢集团利用档案进行技术改造,产生直接经济效益133.2万元。宁德市档案馆提供星仔岛属于原福鼎市管辖的档案材料,成功平息了福鼎市与浙江省苍南县有关该岛归属问题的争议。

2003年6月13日,为调动档案工作者的积极性和创造性,提高全省档案信息资源的开发利用水平,省档案局制定《福建省档案信息开发利用成果评审办法》,对申报范围和条件、申报程序与要求、评审标准与程序等作出详细规定。省档案馆为省轻工业公司、省汽车运输总公司、省监狱管理局龙岩监狱、省农业科学院果树研究所、泉州市双阳华侨农场等5家单位提供档案资料利用服务,避免国有资产流失约2.1亿元。三明市各级档案部门为重点项目建设提供档案服务,产生经济效益1021万元。

2004年,全省档案部门贯彻中共中央、国务院办公厅《关于加强信息资源开发利用工作的若干意见》,加大档案信息资源开发利用工作力度。省档案馆制定《福建省档案馆利用档案资料的规定》,为社会各界提供档案资料1.13万卷次,取得良好的经济效益和社会效益,包括:为福州国家森林公园提供建园有关文件图册,解决865公顷林地权证的界线争议问题;为龙海市海域办、福鼎市海洋渔业局、尤溪县林权办、福建公安干校等单位提供档案资料,解决有关海域界线、岛屿归属、林权地界不清等历史遗留问题;为惠安县公安局提供档案文件,帮助400余名员工解决工龄、职位等问题。中央电视台《福州三坊七巷》制片组到省档案馆查阅三坊七巷、福州电话股份公司股票和公司章程、脱胎漆器创始人照片等档案资料,写下“我们踏破铁鞋寻找的宝贝,终于在这里找到”的留言。《海峡都市报》《福州晚报》和福建电视台记者多次到省档案馆查阅有关日本帝国主义侵华罪行的史料。漳州市档案馆从馆藏“三农”(农业、农村和农民)文件中挑选出对农业农村工作有借鉴与参考价值的95条文件目录,呈送有关领导和部门参阅。

2005年,全省档案利用工作呈现“四多”现象:一是学术研究利用多,主要是高校学生、各单位学者为撰写论文、回忆录、课题研究到馆查阅第一手资料;二是举办展览利用多,如省档案馆为莆田一中、福建医科大学等单位举办展览提供大量原始档案材料;三是宣传教育利用多,如厦门市档案馆为《厦门晚报》纪念中国人民抗日战争暨世界反法西斯战争胜利60周年系列报道活动,提供日军侵华罪行及厦门死难者名单等馆藏资料;四是公民个人利用档案多,为公民落实政策、办理社保、确认工龄等问题,提供原始的招工登记表、职工名册等档案资料,维护群众的切身利益。各级档案部门挖掘档案资源,为“保持共产党员先进性教育活动”提供档案服务。省档案馆为福建电视台拍摄“纪念红军长征胜利70周年”电视系列片《档案里的长征故事》《永不沉没的记忆》《红色档案的回响》提供档案资料和图片。漳浦县档案馆为杭州协和陶瓷有限公司副董事长林光清提供族谱等档案资料,帮助其确定祖籍地为漳浦县石榴镇盘龙村。屏南县利用省档案馆提供的屏南宜洋鸳鸯猕猴省级自然保护区相关档案,解决了总面积1035公顷自然保护区的界线问题。

表 3-2 **1993—2005 年福建省全省档案馆档案资料利用情况表**

年份	利用档案人次	利用档案卷次	利用档案件次	利用目的(卷次)						利用资料人次	利用资料册次	复制档案、资料页次
				编史修志	工作查考	学术研究	经济建设	宣传教育	其他			
1993	55412	167071	6494	104181	38006	2165	13947	—	8772	5169	12738	225052
1994	50152	130693	3449	64325	45598	2823	9476	—	8471	8731	10909	334393
1995	45958	185274	27507	81655	67282	4940	13233	—	18164	21472	22483	205249
1996	38480	163160	4488	101641	44354	1051	4485	—	11629	6443	23874	162050
1997	66230	173778	111756	52018	43089	3515	21417	—	53739	10104	17292	126217
1998	62178	155575	11777	50529	69474	6809	13028	—	15735	4126	17956	152925
1999	66006	143927	31401	27881	74543	4444	21588	1087	14512	6955	23042	193817
2000	65733	149085	163080	23005	77378	3321	21407	920	23054	4954	46239	216125
2001	69262	187530	22983	29241	87925	5023	33536	1947	29858	7264	117897	312754
2002	80756	320177	18664	47074	141263	55914	39232	3136	33558	3800	10178	334996
2003	76393	206812	34931	12247	89592	7260	26848	4027	66838	9095	14452	306259
2004	97834	256186	70794	24171	111020	6923	34838	3762	75472	85924	27254	414725
2005	99604	253333	86859	30174	98985	15767	22715	6319	79373	9996	23360	348497
合计	873998	2492601	594183	648142	988509	119955	275750	21198	439175	184033	367674	3333059

表 3-3

1993—2005 年福建省全省档案室档案资料利用情况表

年份	利用档案人次	利用档案卷次	利用档案件次	利用目的(卷次)						利用资料人次	利用资料册次	复制档案、资料页次
				编史修志	工作查考	学术研究	经济建设	宣传教育	其他			
1993	8732	31492	—	2346	29146	—	—	—	—	906	3332	18668
1994	16002	47363	—	5100	42263	—	—	—	—	—	—	83143
1995	46563	147718	—	4895	97882	810	6022	—	38109	9629	12641	228909
1996	20646	38618	6345	5207	28422	497	2608	—	1884	9144	13669	146929
1997	36285	71492	22240	12005	43370	2451	10046	—	3620	44809	58946	265211
1998	50730	80579	7585	8358	55197	1696	8444	—	6884	22669	67512	212430
1999	78856	142419	5411	5991	70711	1920	26166	1438	36193	48880	83040	722714
2000	77526	131480	50801	5294	78380	5064	21460	4711	16571	43267	63427	1105387
2001	78698	159725	23094	10942	101133	3440	30672	1483	12055	38151	70932	1124123
2002	59132	103360	34200	7207	57158	2207	16479	1234	19075	30060	46097	996603
2003	63167	223595	47921	5251	65385	2526	16106	1781	132546	37279	57745	599882
2004	78984	122399	74037	8933	80897	3590	14564	2280	12135	47249	54274	835857
2005	73929	93629	82229	12474	45101	2811	17405	2764	13074	36656	45467	466586
合计	689250	1393869	353863	94003	795045	27012	169972	15691	292146	368699	577082	6806442

第三节 档案编研

一、编纂出版

1993年6月，省档案馆和厦门市档案馆合编的《闽台关系档案资料》由鹭江出版社出版。该书材料主要来源于中国第二历史档案馆、省档案馆、厦门市档案馆和有关市县档案馆的档案、报刊及文史资料。该书共60万字，辑录闽台关系档案资料500余份，分为人口、政治、经济、科技文教、军事与警政等5个部分。该书出版后，受到海峡两岸学术界的欢迎和赞誉，并获1991—1995年度“中国档案学会第三次档案学优秀成果奖”三等奖。同年，省档案馆还内部编印《福建事变档案资料补遗》。

同年，福州市档案馆编印《福州市法规规章汇编(1961年—1978年)》《福州市法规规章汇编(1979年—1985年)》《福州市大事年表(公元前221年—公元1992年)》《福州市名优特产品获奖项目汇编(1979年—1990年)》《福州市资本主义商业社会主义改造资料汇编》《福州市档案馆指南》等资料。厦门市档案局(馆)与市总商会合编《厦门商会档案史料选编》，与市政协文史资料委员会合编《陈嘉庚与福建抗战》，与市委组织部、市委党史研究室合编《中国共产党福建省厦门市辖区组织史资料(1949年10月—1991年4月)》，均由鹭江出版社出版。漳州市档案局(馆)编印《漳州市档案志》。诏安县档案局(馆)参与编撰《诏安县组织史》。泉州市档案局与市委组织部、市委党史工作委员会合编《中国共产党福建省泉州市组织史资料(1926年12月—1987年12月)》，由福建人民出版社出版；与市委统战部、市委党史研究室合编《历史性的变革——泉州市资本主义工商业社会主义改造资料汇编》，由鹭江出版社出版。南平地区档案局编印《福建省南平地区档案志》。建瓯市档案馆编印《建瓯市房道镇璜溪雷氏简史》。龙岩地区档案馆编印《龙岩地区1949—1987年人口情况统计资料汇编》。

1994年，罗源县档案局(馆)编印《罗源新闻选》。惠安县档案馆编印《中共惠安县委大事年表》《惠安县华侨捐赠档案资料汇编》《惠安县人口的历史与现状》。龙岩地区档案馆编印《龙岩地区1949—1988年林业生产情况统计汇编》。

1995年7月，为纪念抗日战争胜利50周年，省档案馆编纂《日本帝国主义在闽罪行录(1931—1945年)》，由福建人民出版社出版。该书约54万字，全面反映了日本帝国主义对福建人民犯下的罪行。该书的出版，不仅为爱国主义教育提供生动的教材，而且为学术研究提供翔实可靠的依据。省委办公厅《八闽快讯》和《福建日报》先后刊发书讯介绍，评论该书。福建人民广播电台《星空夜话·灯下听书》栏目邀请省档案局领导和有关编辑到场，向听众直播介绍该书的出版经过、内容及意义，并开通热线电话，现场回答听众问题。福建经济广播电台《经广访谈录》播出采访省档案局领导和编辑的录音报道。《中国档案报》也刊登介绍该书的文章。10月，在中央档案馆召开的《日本帝国主义侵华档案资料选编》编辑工作会议上,该书受到中央档案馆原馆长王明哲的赞扬。该书被中宣部、国家新闻出版署列为“纪念抗战胜利50周年重点推荐的18种图书”之一,并获1991—1995年度“中国档案学会第三次档案学优秀成果奖”三等奖和1994—1995年度“福建省档案信息资源开发利用成果奖”二等奖。

同年,福州市档案局与市委组织部、市委党史研究室合编《中国共产党福建省福州市组织史资料(1926年4月—1987年12月)》,由福建人民出版社出版。厦门市档案局(馆)编《紫燕金鱼室笔记》,由北京广播学院出版社出版;厦门市档案局与市委政研室、市工商行政管理局等单位联合编印《厦门经济特区内联企业概览》;厦门市档案馆编印《厦门市档案馆指南》。漳州市档案馆编印《漳州市档案馆指南》。南平市档案馆编印《南平市档案馆指南》。龙岩地区档案馆编印《龙岩地区1949—1988年粮食作物播种面积与产量情况统计汇编》。

图3-5 编纂档案史料(邢立新 摄于1996年)

1996年5月,在黄埔军校创办72周年之际,《黄埔军校闽籍同学录》以《福建档案》增刊的形式出版。该书共22万余字,主要内容选自省档案馆馆藏有关黄埔军校档案资料、湖南省档案馆编《黄埔军校同学录》以及福建省黄埔军校同学会提供的部分资料。省档案馆还内部印刷《民国时期福建省公务员制度》《胡文虎档案资料选编》《民国时期福建省实施健康教育档案选辑》等民国时期有关福建省政治、经济、文化教育等专题档案资料汇编20余种。

同年,厦门市档案局主持编写的《厦门新貌》由鹭江出版社出版,共收录照片400多张,比较全面地反映了厦门经济特区的建设成就。华安县档案局与县委组织部、党史委合编《华安县组织史资料》。泉州市档案馆编印《泉州文物保护大事记(1951年—2001年)》。晋江市档案局与市委党史研究室合编《中共晋江县地方史大事记(1919年5月—1992年4月)》,由福建

图 3-6 《黄埔军校闽籍同学录》(1996 年《福建档案》增刊)(郑宗伟 摄)

人民出版社出版。莆田市档案馆编印《莆田市档案志》。莆田市城厢区档案局(馆)编印《中国抗日“空军诗人”陈禅心文集》。宁德地区档案局(馆)编印《宁德地区档案志》。

1997 年 8 月,《福建省志・档案志》由方志出版社出版。该志书共 27 万字,分 9 章,主要记述 1993 年以前福建省档案事业发展情况,包括全省档案室、档案馆的建设,档案的管理、利用、开放、编研,档案库房建筑及技术应用,教育、宣传与科研,以及机构与人员等内容,并附录大事年表、省级档案机构领导人名录、获省级以上表彰的先进个人和先进组织名录和重要文献等。9 月,省档案馆编的《福建省档案馆指南》由中国档案出版社出版。该书共 50 万字,分 6 章,分别介绍省档案馆概况,馆藏民国档案、革命历史档案、中华人民共和国成立后档案和资料介绍,附录有全宗名册、档案史料汇编一览表及查阅、开放、征集档案有关规章制度等,是一部全面介绍福建省档案馆基本情况及馆藏档案资料内容,指导利用者查阅利用的工具书。省档案馆还参与编纂《福建省志・社会科学志》(档案学部分)等志书。

同年,厦门市档案局(馆)编“厦门档案资料丛书(近代部分)”,由厦门大学出版社出版。该丛书共 4 册,分别是《近代厦门涉外档案史料》《厦门抗日战争档案资料》《近代厦门教育档案资料》和《近代厦门经济档案资料》。漳州市档案局(馆)编印《漳州现代名人简介》。泉州市档案馆编印《泉州市对台经贸工作档案资料选编(1950 年—1996 年)》《泉州市社会经济主要指标汇编(1949 年—1996 年)》和《外经外贸文件汇编(1980 年—1995 年)》。龙岩市档案馆编印《兰台新曲——龙岩市档案馆简介》。

1998 年,省档案馆编印《福建省档案利用成果实例选编》《福建省情——爱国主义教育基地档案馆档案史料珍藏》等书,并对馆藏档案进行调查摸底,撰写编研选题报告 6 份。

同年,漳州市档案局(馆)与市委党史研究室合编《漳州拨乱反正》《漳州农业合作化运动》,均由光明日报出版社出版;还内部印刷《漳台关系档案资料选萃》《漳州名胜古迹简介》《漳州名优特产简介》等。泉州市档案馆编印《泉州市华侨捐资办学功德录(1949 年—1997 年)》《泉州市历届党代会文件汇编》。莆田市档案局(馆)编印《来鸿集萃(续集)》,与市科委合编《建市十五周年以来莆田市获奖科技成果汇编续集(1989—1998)》。

1999 年 9 月,为庆祝中华人民共和国成立 50 周年和省档案馆建馆 40 周年,省档案馆编撰,省委常委、秘书长黄瑞霖作序的《老福建——岁月的回眸》由海峡文艺出版社正式出版。该书共 10 万字,以 370 多张不同历史时期的照片档案为核心,配以相关文字说明,从不同角度展示 1949 年以前"老福建"的社会生活场景。该书图文并茂,具有较高的可读性和趣味性,而且契合 20 世纪末的怀旧情绪和老照片出版热潮,出版后在社会上产生较大反响,《福建日报》《海峡都市报》《福建侨报》《福州晚报》《泉州晚报》等纷纷予以报道介绍。该书获 1999—2000 年度"福建省档案信息资源开发利用成果奖"一等奖、2000 年度华东地区图书二等奖。

图 3-7　1999 年 9 月 22 日,省档案馆举行《老福建——岁月的回眸》出版座谈会(邢立新 摄)

同年,漳州市芗城区档案馆编写《芗城在前进》等资料 5 种。漳浦县档案馆汇编《漳浦县高级知识分子名册录》《漳浦县委、县政府历届工作报告》等资料 10 余种。平和县档案馆编写《平和暴动资料选集》《平和农业合作化运动》《六十年代平和国民经济调整状况》等资料 5 种。南靖县档案馆与有关单位合编参考资料 4 种。龙岩市档案馆编辑《反腐倡廉文件汇编》等资料 3 种。沙县档案馆编印《沙县历史上的今天》。

2000年，省档案馆编印《民国时期福建高等院校档案史料》《福建民国史料纪要》等书。厦门市档案局(馆)编《近代厦门社会掠影》，由厦门大学出版社出版。漳州市档案局(馆)与市委党史研究室合编《漳州“大跃进”运动》，由中央文献出版社出版。漳浦县档案局编印《漳浦县高级知识分子》。晋江市档案局与市委党史研究室合编《晋江重要文献选编第一辑(1949—1952)》和《晋江重要文献选编第二辑(1953—1956)》。莆田市城厢区档案局(馆)编印《陈禅心诗词书法文集》。南平市档案局与市委党史研究室合编《中共闽北党史大事记(1921—2000)》。

2001年，为纪念中国共产党成立80周年，省档案馆编印《福建党建档案资料选辑》。该书28万字，共辑录档案资料60多件，分为党组织建设、思想政治工作等8个专题，展示了中共福建地方党组织在不同时期的历史。

同年，漳州市档案馆编印《中共漳州历次党代会简介》。漳浦县档案馆编印《漳浦县党建工作文件汇编》《漳浦县高级知识分子名册》。南靖县档案馆与县党史委编印《老红军回忆录》。泉州市档案馆编印《泉州市历届人代会(1986年—2000年)》《泉州的旅游文化资源(1995年—1999年)》《历届中国泉州国际木偶节材料汇编(1986年—2000年)》《泉州人口状况与对策》。龙岩市档案馆编印《龙岩市第一、二次党代会及历次全委会简介》。

2002年，省档案馆编写《福建省各级档案馆馆藏族谱指南》，参与编纂《中国大型档案画册》和《福建百科全书》，撰写相关条目并提供部分照片。厦门市档案局(馆)编《厦门解放》，由厦门大学出版社出版。诏安县档案局(馆)与县委党史研究室合编《中共诏安地方史大事记(1949.10—1976.10)》。泉州市档案馆编印《泉籍华侨兴学材料辑要》。宁德市档案局(馆)与市民宗局合编《闽东畲族图片档案——温暖篇》。

2003年11月，省档案馆、省民族与宗教事务厅合编《福建畲族档案资料选编(1937～1990年)》，由海峡文艺出版社出版。该书以全省各级档案馆馆藏档案资料为主，并收录部分畲族社区及个人手中保存的珍贵史料，资料翔实，内容丰富，对研究福建畲族的历史和现状，研究党的民族理论和政策，以及抢救少数民族文献，弘扬畲族优秀传统文化，具有重要意义。该书出版后得到民族研究专家的好评，《中国档案报》等刊物相继发布书讯，此书获2001—2004年度“福建省档案信息开发成果奖”二等奖。

同年，泉州市档案馆编印《泉州市档案馆指南》。惠安县档案馆编印《惠安企业档案录》。宁德市档案局(馆)与市文化局合编《闽东革命历史图片档案——英烈篇》。

2004年9月，省档案馆编印《新福建——八闽档案摭拾》。该书是继《老福建——岁月的回眸》之后又一部以历史照片为主、配以相关文字说明的档案史料书，比较全面地反映中华人民共和国成立后福建社会的发展概况和展示具有地方特色的自然与人文景观。该书获2001—2004年度“福建省档案信息开发成果奖”二等奖，在社会上产生较大反响，不少单位和个人来函来电索要。

同年，晋江市档案局与市委党史研究室合编《晋江重要文献选编第三辑(1957—1960

年)》。莆田市档案馆编印《莆田市外商投资管理优惠政策汇编(1986—2003)》《莆田市土地管理文件汇编(1995—2003)》等。龙岩市档案馆编《历史上的龙岩》,由海风出版社出版。

2005 年,福州市档案馆编《福州解放》,由海风出版社出版。福清市档案馆编写《玉融名胜古迹》《福清市现代人物简表》。罗源县委统战部、党史研究室联合编印《罗川畲族颂(上集)》。漳州市档案局(馆)编印《海滨邹鲁　人杰地灵——漫谈漳州文化》《龙江代有英才出》。泉州市档案馆与市委党史研究室联合编印《泉州重要文献选编第一辑(1949—1952)》。莆田市档案馆编印《莆田市环境保护文件汇编》。长汀县档案局(馆)编印《历史的记忆》。宁德市档案局(馆)与市建设局联合编印《宁德城市建设图片档案——今昔篇》

图 3-8　地市县档案馆部分编研成果

1993—2005 年,全省各级国家综合档案馆公开出版编纂成果共 109 种,内部印刷共 925 种。省档案馆共编纂各种档案史料汇编、选编 68 种 696 万字,其中公开出版 5 种 212 万字。

表 3-4　**1993—2005 年福建省各级国家综合档案馆编纂成果统计表**

单位:种

年份	省档案馆		地(市)档案馆		县(市、区)档案馆		合计	
	公开出版	内部印刷	公开出版	内部印刷	公开出版	内部印刷	公开出版	内部印刷
1993	1	1	1	9	1	32	3	42
1994	—	5	3	7	7	39	10	51
1995	1	23	—	11	18	143	19	177
1996	—	1	12	49	1	19	13	69

续表 3-4

年份	省档案馆		地(市)档案馆		县(市、区)档案馆		合计	
	公开出版	内部印刷	公开出版	内部印刷	公开出版	内部印刷	公开出版	内部印刷
1997	—	2	1	3	—	16	1	21
1998	—	—	4	33	18	212	22	245
1999	1	—	1	8	16	137	18	145
2000	—	6	3	5	6	31	9	42
2001	1	—	—	4	1	16	2	20
2002	—	6	4	11	—	14	4	31
2003	1	1	—	5	4	13	5	19
2004	—	18	—	10	—	7	0	35
2005	—	—	1	5	2	23	3	28
合计	5	63	30	160	74	702	109	925

表 3-5　　**1993—2005 年福建省各级国家综合档案馆主要编纂成果表**

成果	编纂单位	出版单位	出版时间
《中国共产党福建省厦门市辖区组织史资料(1949 年 10 月—1991 年 4 月)》	厦门市档案馆、厦门市委组织部、厦门市委党史研究室	鹭江出版社	1993 年 1 月
《中国共产党福建省泉州市组织史资料(1926 年 12 月—1987 年 12 月)》	泉州市档案局、泉州市委组织部、泉州市委党史工作委员会	福建人民出版社	1993 年 2 月
《历史性的变革——泉州市资本主义工商业社会主义改造资料汇编》	泉州市档案局、泉州市委统战部、泉州市委党史研究室	鹭江出版社	1993 年 3 月
《闽台关系档案资料》	福建省档案馆、厦门市档案馆	鹭江出版社	1993 年 6 月
《厦门商会档案史料选编》	厦门市档案馆、厦门市总商会	鹭江出版社	1993 年 7 月
《陈嘉庚与福建抗战》	厦门市档案局、厦门市政协文史资料委员会	鹭江出版社	1993 年 9 月
《日本帝国主义在闽罪行录(1931—1945 年)》	福建省档案馆	福建人民出版社	1995 年 7 月
《紫燕金鱼室笔记》	厦门市档案局(馆)	北京广播学院出版社	1995 年 12 月
《黄埔军校闽籍同学录》	福建省档案馆	《福建档案》增刊	1996 年 5 月
《厦门新貌》	厦门市档案局等	鹭江出版社	1996 年 10 月

续表 3-5

成果	编纂单位	出版单位	出版时间
《中国共产党福建省福州市组织史资料(1926 年 4 月—1987 年 12 月)》	福州市档案局、福州市委组织部、福州市委党史研究室	福建人民出版社	1995 年 7 月
《中共晋江县地方史大事记(1919 年 5 月—1992 年 4 月)》	晋江市档案局、晋江市委党史研究室	福建人民出版社	1996 年 3 月
《福建省志·档案志》	福建省地方志编纂委员会	方志出版社	1997 年 8 月
《福建省档案馆指南》	福建省档案馆	中国档案出版社	1997 年 9 月
《近代厦门涉外档案史料》	厦门市档案局(馆)	厦门大学出版社	1997 年 5 月
《厦门抗日战争档案资料》	厦门市档案局(馆)	厦门大学出版社	1997 年 5 月
《近代厦门教育档案资料》	厦门市档案局(馆)	厦门大学出版社	1997 年 5 月
《近代厦门经济档案资料》	厦门市档案局(馆)	厦门大学出版社	1997 年 5 月
《漳州拨乱反正》	漳州市档案局(馆)、漳州市委党史研究室	光明日报出版社	1998 年 7 月
《漳州农业合作化运动》	漳州市档案局(馆)、漳州市委党史研究室	光明日报出版社	1998 年 7 月
《老福建——岁月的回眸》	福建省档案馆	海峡文艺出版社	1999 年 9 月
《近代厦门社会掠影》	厦门市档案局(馆)	厦门大学出版社	2000 年 8 月
《厦门解放》	厦门市档案局(馆)	厦门大学出版社	2002 年 3 月
《福建畲族档案资料选编(1937～1990 年)》	福建省档案馆、福建省民族与宗教事务厅	海峡文艺出版社	2003 年 11 月
《新福建——八闽档案摭拾》	福建省档案馆	内部印刷	2004 年 9 月
《历史上的龙岩》	龙岩市档案馆	海风出版社	2004 年
《福州解放》	福州市档案馆	海风出版社	2005 年 8 月

二、史料研究

1992 年,省档案馆创办《档案资料摘编》。该刊物是介绍、研究、评价福建档案史料,集资料性和学术性于一体的内部刊物。每年编印 12 期,每期收录一篇文章,约 5000 字,介绍一类馆藏珍贵档案,为领导决策部门提供参考。1993—1995 年,《档案资料摘编》共编印 36 期,发表文章 36 篇,主要有《馆藏地方志书谱牒概况》(1993 年第 8 期)、《"福建事变"与馆藏珍贵档案资料》(1993 年第 10 期)、《馆藏毛主席早期重要著作版本》(1993 年第 11 期)、《馆藏民国福建高等院校档案资料概况》(1994 年第 3 期)、《福建省苏维埃政府时期邮政概况》(1994 年第 7

期)、《闽西苏维埃政府廉政建设简介》(1994 第 10 期)、《私立福建学院概况》(1995 年第 1 期)、《教会在闽办学简介》(1995 年第 2 期)、《抗战期间福州两次沦陷概况》(1995 年第 8 期)、《民国时期福建新生活运动概况》(1995 年第 10 期),等等。

1994 年,省档案馆在《台湾研究集刊》发表《抗战期间福建的台湾籍民问题》《台湾义勇队的筹组及在福建的活动》;在闽台文化学术研讨会上交流《历史的见证——闽台人民为光复台湾并肩战斗》;在台湾举办的“李友邦将军追思暨学术研讨会”上交流《台湾义勇队的筹组及在福建的活动》。

1995 年,省档案馆在《台湾史研究》发表《福建省各级档案馆馆藏闽台关系档案评析》,在《档案与史学》发表《胡文虎与抗日救亡运动》,在《抗日战争研究》发表《试论福建在台湾光复中的作用》;在“海峡两岸档案管理暨缩影技术交流会”(中国档案学会与台湾档案缩微技术基金会主办)上交流《福建省档案馆藏民国时期华侨档案史料及其价值》。

1996 年,省档案馆在《历史档案》发表《抗战时期福建侨务工作及其特点》。

1998 年,省档案馆发表《闽省早期体育运动剪影》等文章。

1999 年,省档案馆在《中国档案报》发表《冰心的战友们》《1934 年福建省组织实业团考察台湾》,还在其他刊物上发表《福建省档案馆发现顾毓琇手札真迹》等文章。

2000 年,省档案馆在《中国档案报》《档案与建设》《福建日报》等报刊上发表文章 16 篇。

2001 年,省档案馆在《中国档案报》《档案学研究》《福建日报》《福建党史月刊》等报刊上发表文章 15 篇。

2002 年,省档案馆在新加坡国家档案馆举办的“海外华侨与新加坡历史”学术研讨会上交流《福建省档案馆馆藏新加坡华侨历史档案述略》《陈嘉庚档案的现状及对策》。

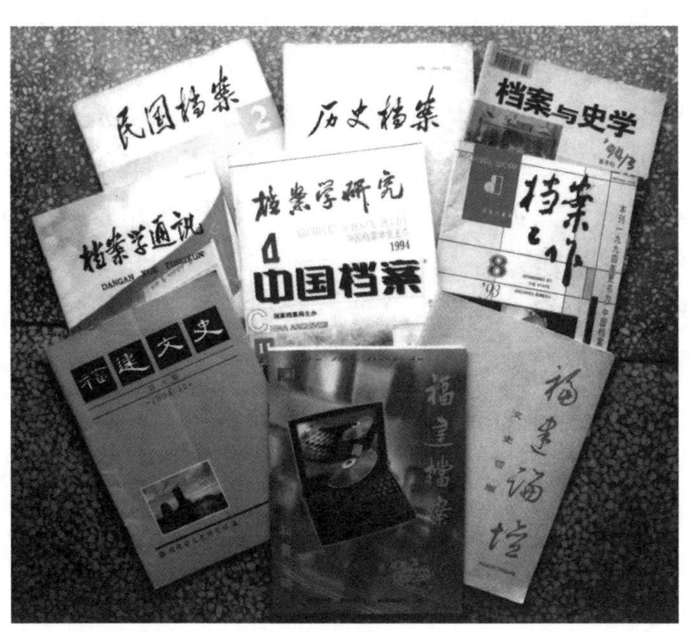

图 3-9 省档案馆工作人员在各类刊物上发表论文(郑宗伟 摄)

2003年,省档案馆共发表《近代中国早期军事企业——晚清时期福建船政创办始末》《我国第一架飞机诞生于福建马尾》《国石竞选者——寿山石》《毛泽东与才溪乡调查》《民国时期福建的"中山公园"》《近代爱国华侨实业家陈清机》等史料研究文章34篇,其中发表在《中国档案报》上的有5篇;在畲族文化学术研讨会上交流《畲族档案资料的分布构成及开发利用价值》;在"纪念福建事变70周年学术研讨会"上交流《"福建事变"与中国共产党》《福建事变历史意义及其档案史料评介》。

2004年,省档案馆在《福建党史月刊》等刊物上发表《为有源头活水来——记福建省第一批现代化工业》《消逝的风景——宋代木构建筑泰宁甘露寺》《福州近代民族工业的先驱"电光刘"发行的老股票》等文章11篇。

2005年,省档案馆共发表史料研究文章31篇。其中《日寇侵略福建罪行录》《战地黄花分外艳——记抗战中的福建妇女》《抗战时期的仙游模范乐剧队》等被《中国档案报·档案大观》采用;《福建省抗敌后援会活动散记》《大湖战役》《福清战役》《抗战运输线上的"神行太保"——记抗战时期的南洋华侨机工》等被《福建党史月刊》采用;《日寇在福建制造的主要惨案》《福建人民抗日斗争大事记》《福建正面战场主要战役》《抗战期间永安进步新闻出版活动》《抗战时期的福建工业合作运动》等被《福建日报》采用;《中国童子军教育》被《福建史志》采用。

第四节　爱国主义教育基地建设

一、基地创建

1997年,为拓展档案馆功能,充分发挥档案的宣传教育功能,福建省依照《档案法》的要求,加大创建爱国主义教育基地的工作力度。6月23日,省档案馆被省委办公厅、省政府办公厅命名为第二批省级爱国主义教育基地。福清市档案馆与市委党史研究室、实验小学联合创建福清市爱国主义教育基地"夏淑琼纪念馆"。同年,厦门、泉州、南安、安溪、永春、沙县、将乐、宁化、尤溪、大田、永安、宁德、古田、寿宁等市县(区)档案馆被当地党委、政府命名为爱国主义教育基地或青少年教育基地。

1998年,全省县级以上档案馆爱国主义教育基地增加到18个。已被命名为爱国主义教育基地的档案馆,不断征集、挖掘馆藏档案资源,充实基地的教育内容,面向社会开展爱国主义教育,发挥档案的社会教育功能。

1999年,全省共有21个档案馆被当地党委、政府命名为爱国主义教育基地。

2001年2月27日,省档案局印发《福建省档案事业发展"十五"计划》,提出"十五"期间(2001—2005年),要实现设区市档案馆和50%以上县(市、区)档案馆建成爱国主义教育基地的目标。

2002年,省委印发《福建省"十五"期间社会主义精神文明建设规划》,提出"重视和加强档

图 3-10 1997 年 12 月，省档案馆爱国主义教育基地授牌仪式(邢立新 摄)

案工作，发挥档案馆的文化功能和教育功能”。12 月 12 日，省档案局制定《福建省国家档案馆“十五”期间爱国主义教育基地建设实施意见》，明确了爱国主义教育基地建设的目标、任务、形式、要求和主要措施，指导和推动各地开展爱国主义教育基地建设。该意见指出，全省各级国家档案馆爱国主义教育基地建设要达到“五有”的要求：一要有固定的档案展室，二要有工作计划，三要有教育材料，四要有讲解人员，五要有必要的设施设备。

2003 年，根据国家档案局的统一部署，省档案局在全省档案馆开展爱国主义教育基地建设情况调研，主要了解各地开展爱国主义教育的主要形式、推动基地建设的行政手段、举办档案展览的方式、基地建设的经费投入等。各级综合档案馆积极挖掘馆藏资源，配备硬件设施，举办档案展览，加强社会宣传，开展爱国主义教育基地的创建活动。全省共有 28 个国家综合档案馆被命名为爱国主义教育基地。省档案馆邀请青少年夏令营营员到爱国主义教育基地参观。

2004 年 10 月，全省爱国主义教育基地工作会议在厦门召开，强调要突出重点、深挖内涵、改进手段，进一步提升爱国主义教育基地的建设档次和展示效果，提高爱国主义教育的吸引能力并扩大辐射范围。各级综合档案馆不断充实、更新内容，加大宣传力度，切实加强爱国主义教育基地建设。省档案馆通过在网站和《海峡都市报》上发布报道，向机关、学校寄发参观邀请函等方式，做好爱国主义教育基地的宣传工作。泉州市鲤城区档案馆爱国主义教育基地被定为“鲤城区小公民道德建设实践基地”，在“六一”前夕迎来第一批参观的小公民。

2005 年 8 月，国家档案局发布行业标准《国家档案馆爱国主义教育基地工作规范》(DA/T 34—2005)，为开展爱国主义教育基地建设提供了指南。莆田市档案馆爱国主义教育基地被市委、市政府命名为“莆田市乡情教育档案展览馆”。截至 2005 年底，全省已有 32 个档案馆建立了爱国主义教育基地，其中龙岩市的 8 个档案馆全部被命名为爱国主义教育基地。

二、主题展览

1998年,已被评为爱国主义教育基地的档案馆立足自身特色,大力发掘馆藏资源,陆续开办面向社会,特别是面向广大青少年的展厅和陈列室。省档案馆举办“革命斗争珍贵档案史料”展览,全年接待近3000人次参观。南安市档案馆收集具有地方特色的爱国主义教育档案资料,举办抗御侵略、地方名人、侨胞爱国爱乡、老区人民革命斗争、军民共建精神文明、改革开放经济建设成就等6个专题展览。

1999年,适逢全省绝大部分国家综合档案馆建馆40周年,各地档案馆普遍开辟陈列室,或调整、充实布展内容,宣传40年来档案工作的发展历程和取得的成绩。省档案馆举办“历史的记忆”档案展览,主要内容分为艰难岁月、辉煌历程、兰台新貌3个部分。

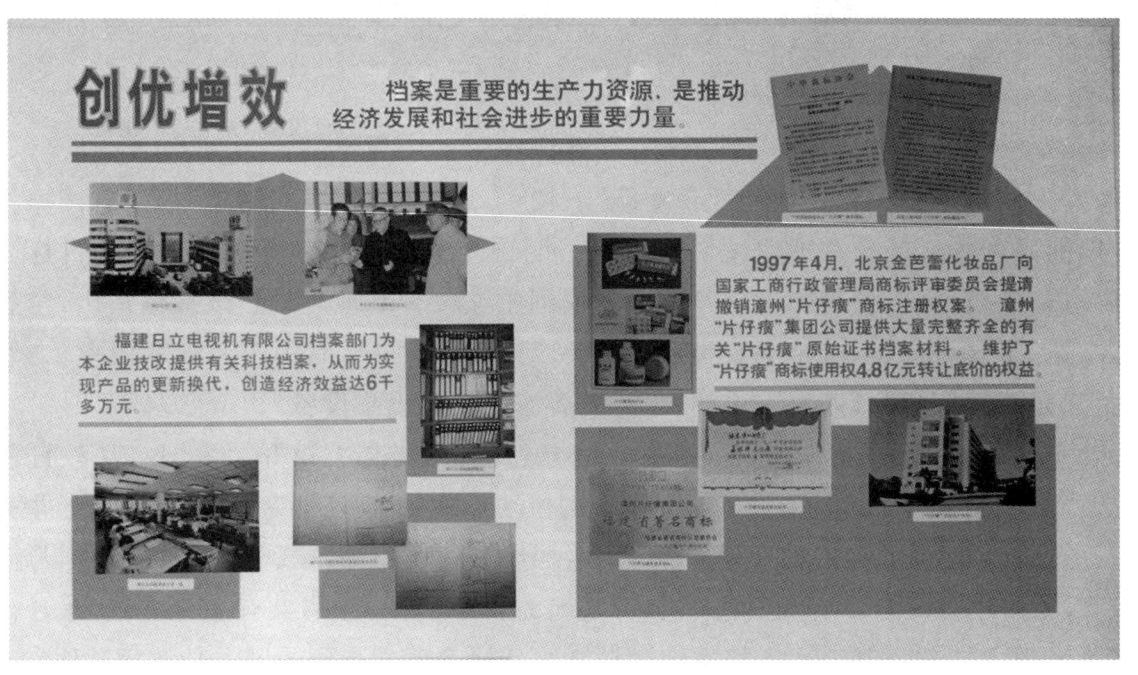

图3-11　1999年9月,省档案馆举办“历史的记忆”档案展览的展板(李室云 摄)

2001年,为庆祝中国共产党成立80周年,全省各级档案部门结合自身实际,开辟专门档案展室,开展党的光辉历史档案陈列。省档案局举办纪念建党80周年“党旗飘扬”档案展览,共接待近40个单位3000多人参观。厦门、三明等市也结合馆藏档案,举办纪念建党80周年档案展览陈列。漳州市档案馆主动提供馆藏周恩来档案,配合办好漳州市纪念建党80周年画展。

2002年,省档案馆邀请机关干部、解放军战士和大学生参观“党旗飘扬”档案展览。漳州市档案局馆以“历史印证”“馆藏选萃”为题举办馆藏珍贵照片展。漳州市芗城区档案馆举办社区照片档案展览。泉州市档案馆以“历史的脚步”为题对爱国主义教育展厅重新布展,并在市政府网站上公布展览内容。宁德市档案局举办“闽东档案事业在发展”大型图片展,还与市民族宗教事务局联合举办“闽东畲族图片档案”展览。

图 3-12 2001 年 7 月，省档案局“党旗飘扬”展厅(李室云 摄)

2003 年，为扩大爱国主义教育基地的知名度，省档案馆采取“多参与、多协作，走出去、请进来”等举措，先后与省委党史研究室、省革命历史纪念馆、省爱国主义教育基地研究会联合举办“谷文昌精神永恒”“弘扬抗美援朝精神”“毛泽东与福建——纪念毛泽东同志 110 周年诞辰”等 3 个大型展览；积极组织社会巡展，让爱国主义教育走进学校、走进社区，到福建师范大学、福建农林大学、福州市屏西社区等地举办“福建革命斗争史”档案巡展，受到社会各界的欢迎；主动联系机关、学校、企事业单位，动员干部职工特别是青少年学生到馆参观，全年共吸引观众 13000 多人次。

图 3-13 2003 年 3 月，省档案馆参与承办的“谷文昌精神永恒展览”开幕(李室云 摄)

同年 10 月，省档案馆举办“八闽之光”档案展览，国家档案局副局长杨公之到闽为展览揭幕。该展览由“福建船政的创办和发展历史”“中国人民解放军闽籍将星”“中国科学院和中国工程院闽籍院士风采”“领导题词与名人手迹”等 4 个部分组成，共有展板 90 余块。

图 3-14　2003 年 8 月,福州少年儿童参观省档案馆"八闽之光"展览(李室云 摄)

同年,龙岩市档案馆投入 8 万元,建成"历史上的龙岩"固定展室。古田县档案馆爱国主义教育基地开辟展厅 60 平方米,以"与时俱进,走向辉煌的古田"为主题,共制作展板 38 块,展出照片 330 张,从 16 个方面反映全县"两个文明"建设成就。

2004 年,省档案局先后到福建中医学院、福建师范大学、福建工程学院、省老干部活动中心、福州市湖前小区举办"八闽之光""福建革命斗争史""闽籍将星""院士风采""情系台湾""弘扬历史文化"等专题展览。省档案馆还参与承办"世纪伟人小平同志""邓小平 100 周年诞辰""奔小康——八闽英模"等展览,在省档案局(馆)网站举办"邓小平同志与福建"专题图片展。厦门市档案馆爱国主义教育基地重新布展,展出内容分为城市沿革、抵抗侵略、革命斗争、建设成就、侨乡魅力、两岸关系等 6 大板块。莆田市档案馆爱国主义教育基地完成布展,以"忆历史辉煌、展今日风采"为主题,分 9 个部分,共 24 个版面,主要陈列妈祖文化史料、地方志、族谱、莆仙戏剧本等地方特色资料,以及莆田市在工农业、文化、体育等方面的牌匾、奖杯、印鉴等实物档案。莆田市档案馆还在互联网上开辟"爱国主义教育基地网上展厅"。龙岩市在新罗区公德馆举办"历史上的龙岩"大型图片展,分为历史沿革、革命史、经济与社会事业发展、亲切关怀、闽西骄子、友好往来、客家风情、名胜古迹等 8 个部分,展示龙岩的历史文化及现代化建设成就。

2005 年,省档案馆配合福建工程学院图书馆举办第二届图书节活动,前往该院举办为期一周的"福建船政""闽籍将星"和"领导题词与名人手迹"档案巡回展览;前往福建信息职业技术学院杜园校区和螺州校区、福建警官职业学院举办"福建革命斗争史""院士风采""八闽之光"专题巡回展览。为纪念中国人民抗日战争胜利 60 周年,省档案信息中心在省档案局(馆)网站的"网上展厅"栏目举办"福建抗战纪实"图片展览;为纪念红军长征胜利 70 周年,举办"历史丰碑"档案图片展览。在省档案馆和福清市档案馆的协助下,福建首个农民家庭抗战纪念馆在福清市宏路镇开馆。闽侯县档案馆先后举办两期爱国主义教育基地图片展览:第一期以馆藏为基础,以县科技局展馆为依托,以科技兴县为专题;第二期与县实验中学共建,以实验

图 3-15 2004 年 8 月，省档案馆参与承办“邓小平 100 周年诞辰”展览(李室云 摄)

中学展馆为依托，举办风俗民情、名人简介、风景名胜、文物古迹等图片展。厦门市档案馆为“厦门市纪念中国人民抗日战争暨世界反法西斯战争胜利 60 周年图片展”提供图片资料，并参与布展工作。龙岩市档案局抓住新生入学的契机，在龙岩学院、闽西职业技术学院等大中专院校开展“历史上的龙岩”大型爱国主义教育图片巡回展览，参观学生 6700 多名。宁德市档案馆专门开辟一层(200 多平方米)建设爱国主义教育基地，通过宁德沿革、城市变迁、闽东苏区革命斗争史等 13 个专题，从不同侧面展示宁德历史文化和经济社会发展进程。宁德市档案馆还举办“纪念撤地设市 5 周年城市建设图片展”，并与市委组织部、市直机关党工委联合举办“革命传统教育”图片巡回展，分别在市直机关大院和市中心展出。

图 3-16 2005 年 11 月，省档案馆在福建信息职业技术学院举办“福建省革命斗争史档案展览”(廖石桥 摄)

第四章　法制建设

1993—2005 年，福建省深入宣传贯彻《档案法》《中华人民共和国档案法实施办法》（以下简称《档案法实施办法》），加强档案法制建设，不断推进依法治档进程。制定福建省第一部地方性档案法规——《福建省档案条例》，发布《文书档案目录数据交换格式与著录细则》（DB35/T 161—2002）、《福建省档案馆工作规范》（DB35/T 507—2003）等地方标准，出台机关、企事业单位、乡镇、村、重点项目档案管理办法，制定关于档案安全、归档文件整理、数据库建设等一系列规范性文件，推动地方性档案法规体系不断完善。建立档案行政执法责任制，加强执法队伍建设，构建全省档案行政执法网络，配合各级人大和政府法制部门开展常态化档案执法检查，依法治档得到进一步落实。

第一节　法规规章

一、地方法规和地方标准

1994 年，为进一步加强档案法制工作，省档案局开始组织起草《福建省档案条例》。

1996 年印发的《福建省档案事业发展"九五"计划》提出："加强档案法制建设，以修改后的《档案法》和《档案法实施办法》为依据，逐步建立、完善我省档案法规体系，健全监督机制，强化执法力度，把我省档案工作真正纳入法制轨道。"该计划还明确"九五"期间（1996—2000 年）需要建立、完善和修改的法规规章的具体项目共 24 项，其中包括《福建省档案条例》。

1997 年，《福建省档案条例》经 9 次修改，上报省人大常委会教科文卫委员会、省政府法制局会稿。省档案局还就档案法制建设有关问题专门向省人大常委会科教文卫委员会、省政府法制局汇报工作情况。

1999 年，《福建省档案条例》（第 10 稿）上报省人大常委会教科文卫委员会、省政府法制局。

2002 年 1 月 25 日，省质量技术监督局发布福建省第一个档案管理地方标准《文书档案目录数据交换格式与著录细则》（DB35/T 161—2002），于 2002 年 3 月 1 日实施。7 月，省政府第 43 次常务会议讨论通过《福建省档案条例（草案）》。9 月 16 日，省档案局召开《福建省档案条例（草案）》论证会。12 月 17 日，省九届人大常委会第三十六次会议审议通过《福建省档案条例》。

图 4-1 2002 年 9 月 16 日，省档案局召开《福建省档案条例(草案)》论证会(邢立新 摄)

2003 年 2 月 1 日，《福建省档案条例》正式施行。该条例是福建省根据《档案法》，结合全省档案事业发展实际，制定的第一部地方性档案法规。该条例共 19 条，涵盖档案管理工作的基本原则、档案机构、档案收集、档案管理、档案利用及法律责任等方面内容。省档案局为《福建省档案条例》制定了相关配套文件，相继印发《福建省档案行政处罚暂行办法》《福建省档案行政处分暂行规定》和《福建省档案行政复议工作暂行规定》。

4 月 25 日，为全面规范档案馆工作内容和要求，省档案局制定地方标准——《福建省档案馆工作规范》(DB35/T 507—2003)，经省质量技术监督局批准颁布，并于 2003 年 6 月 1 日实施。

二、规范性文件

1993 年，全省立法工作动员大会后，省档案局抓紧贯彻落实会议精神，印发《福建省档案规范性文件备案制度》，要求各地(市)、县(市、区)档案局及省直各有关单位认真执行，依法对当年 12 月 31 日前制发的档案规范性文件进行清理。同年，省档案局根据《福建省档案事业发展十年规划和“八五”计划》，制定有关重点工程档案管理、岗位培训和专业职务评聘等一系列规范性文件，起草国有企业档案工作标准。

1994 年，省档案局制定《福建省“二五”档案普法验收标准》，与省人防办制定《福建省人民防空档案管理细则》。福州市档案局修订《福州市档案业务指导先进单位标准》《福州市直机关档案定级标准》《合格档案标准》等 3 个档案规范。福州市建委两次修订《福州市建设工程档案保证金交押办法》。厦门市档案局制定《基建工程项目档案竣工验收办法》《厦门市企业档案管理办法》。

1995 年 3 月,省档案局与省技术监督局联合印发《福建省技术监督档案管理实施细则》,转发《外商投资企业档案管理暂行规定》。

1996 年,省档案局制定出台《福建省档案专业人员继续教育暂行规定》《福建省乡镇档案管理办法》《福建省行政村档案管理办法》《福建省国家专业档案馆定级工作管理办法》《福建省地(市)档案工作年度考核工作暂行办法》《福建省省直单位档案工作年度考核办法》《福建省各级机关档案室定级工作管理办法》《福建省企业档案管理考核办法》《福建省国家综合档案馆定级工作管理考核办法》《福建省档案执法监督员工作守则》等 21 项档案管理工作的办法、规定和标准。省交通厅、省档案局联合印发《福建省高速公路建设项目档案管理办法(试行)》。

1997 年,省档案局开展"法制建设年"活动,加强档案法规体系配套建设,先后制发《福建省事业单位档案管理考核办法》《福建省地(市)县档案统计台账规范》《福建省省级各单位档案移交工作暂行规定》《福建省乡镇档案工作年度考核暂行办法》《福建省开发区档案管理实施细则》《福建省开发区管委会档案工作检查办法》《福建省档案系统"创优增效"活动办法》《福建省档案信息资源开发利用成果奖励办法》《福建省档案学优秀成果评奖办法》等 9 项档案业务规范、办法。

图 4-2　1997 年 9 月,省档案局召开纪念《档案法》颁布十周年座谈会(邢立新 摄)

1998 年,省档案局制定《声像档案管理暂行办法》《福建省会计核算专业材料立卷归档规定》《关于进一步做好境外企业机构档案工作几点意见》《福建省勘界档案管理办法》《福建省交通档案管理办法》等 20 余项档案业务规范、办法;转发《纪检监察机关案件档案管理办法》《国有企业资产与产权变动档案处置暂行办法》。

1999 年,省档案局与有关部门共同修改制定《文书档案保管期限表》《文件整理规则》《农村土地承包档案管理意见》《计划生育档案管理办法》等档案管理制度和办法;与省机关事业社会保险局联合印发《福建省机关事业单位社会保险档案管理暂行规定》;与省人事厅联合印发《福建省档案人员持证上岗暂行规定》《福建省档案人员继续教育实施办法》。

2000 年,省档案局制定《机构改革档案处置管理办法》《福建省会计档案基础工作规范》,与省发展计划委员会、省建设厅联合印发《福建省重点建设项目档案管理登记办法》。

2001 年,省档案局制定《福建省档案安全管理规范(暂行)》《福建省国家档案馆计算机管理系统安全要求》《福建省归档文件整理细则(试行)》。

2002 年,省档案局制定《福建省国家综合档案馆档案目录数据库建设操作规范》《福建省档案整理质量合格证制度》等规范性文件;分别和省海洋与渔业局、省监狱管理局联合制发《福建省实施〈海域勘界档案管理规定〉细则》《福建省罪犯档案管理暂行规定》。

2003 年 5 月,省委办公厅、省政府办公厅印发《福建省电子文件归档与电子档案管理办法(试行)》。厦门市档案局、宁德市蕉城区档案局分别与民政部门联合制定《厦门市社区档案管理暂行办法》《蕉城区档案管理暂行办法》。

2004 年,省政府印发规范性文件《福建省档案登记暂行办法》,在全省建立档案登记制度。省档案局开展全省档案服务机构管理办法课题调研和研究,制定《福建省档案系统 2004—2008 年依法治档规划》,印发《福建省档案登记办法》《福建省重大活动档案管理办法》《福建省档案局档案行政执法责任制暂行规定》《福建省档案行政执法错案和执法过错责任追究暂行办法》。

2005 年,经省政府同意,省档案局印发《福建省档案服务机构管理暂行办法》,对档案服务机构加强监督和管理。

第二节　行 政 执 法

1990 年以前,福建省档案局没有专门的档案法制工作机构,档案行政执法工作主要由办公室和业务指导处负责。1990 年 5 月,省档案局设立法制处,主要职能是负责《档案法》及其他档案法规的贯彻和监督、检查,制定福建省档案法规并组织实施,开展档案法制宣传并查处档案违法案件。各地(市)、县(市、区)档案部门也相应确定负责档案法制工作的内设机构或人员。经省政府批准,全省组建一支 500 人的档案行政执法队伍,分级负责档案执法监督工作,构建了遍布全省的档案行政执法网络。各级档案管理部门按照省政府的行政执法管理办法,对执法队伍加强管理:一方面,明确档案行政执法人员职责,制订执法标志及检查证的使用规定;另一方面,对执法人员进行较为系统的档案法律法规知识培训,组织执法人员参与执法检查和调查违法案件,在实践中积累经验,使这支队伍迅速成长为档案执法检查的骨干力量。

1993 年 6 月,省人大常委会法制委员会印发《关于对〈档案法〉贯彻执行情况进行检查的通知》。7 月,省档案局印发《关于配合各级人大做好对〈档案法〉执行情况进行检查的通知》,

要求各地、各单位于9月中旬前对学习、宣传、贯彻《档案法》和《档案法实施办法》情况进行检查与总结。全省50%以上机关、团体、企事业单位进行自查。各级人大常委会在档案部门的配合下，由市、县人大常委会主任牵头组成检查组，对1200多个单位进行抽查。省检察院、中国工商银行省分行、省建设工程总公司等单位还对本系统的档案执法情况进行全面检查。9月下旬至10月，省人大常委会法制委员会组成以省人大常委陈树清为组长的档案执法检查组，分两个阶段抽查福州、漳州、厦门、宁德、南平5个地(市)、7个县(区)及9个省直单位。同年，仙游县大济镇政府丢失一卷档案，莆田市档案局与市、县司法局督促有关部门查出盗窃者，依法进行处罚。

1994年，在省人大常委会法制委员会等部门支持下，省档案局组织两次全省性的档案执法检查。厦门、福州、漳州、南平、德化、将乐、云霄等地(市)县档案局开展执法检查，对存在重大问题的单位发出“黄牌”警告，要求限期整改。

1995年，在省人大常委会法制委员会等部门支持下，省档案局组织两次全省性的档案执法检查，其中一次重点检查各级政府对档案工作的领导情况。在执法检查的基础上，省档案局两次向省人大常委会作了汇报，同时制定了一些规范性文件，调查处理了一些违反《档案法》的案件。7—8月，省档案局、省司法厅联合组成“二五”档案普法检查组，对三明、龙岩、泉州、莆田4个地区和省直机关共计52个单位进行抽查，听取138个省直单位汇报。同年，福鼎县气象局发生气象科技档案被盗事件，省气象局就此发出通报，要求各级气象部门吸取教训。

1996年1月，省档案局法制处被并入业务指导处，业务指导处更名为监督指导处，负责全省档案业务指导与法制工作。7月，修订后的《档案法》颁布，明确赋予档案部门行政执法权和行政处罚权。省档案局发出《关于调整我省档案执法监督员队伍的通知》，对档案执法监督员队伍进行调整、充实，在全省范围内重新建立一支300人的档案执法队伍；把执法监督检查的内容纳入档案工作年度考核指标，组织执法监督员参加年度考核工作，保证档案执法工作正常开展。

1997年，省档案局在全省开展档案执法检查，重点检查档案事业是否被列入当地国民经济和社会发展计划，档案行政执法职能的履行是否有机构和人员，《档案法》的执法职能是否被削弱。

1998年，省人大常委会教科文卫委员会部署开展全省性档案执法检查。各级档案部门结合本地实际情况，制定执法检查方案和评分标准，配合当地人大常委会或政府法制部门共同进行《档案法》贯彻实施情况检查。9—10月，省人大常委会教科文卫委员会主任陈奎和常委魏忠义、吕良弼率检查组对莆田、宁德、福州等地市进行检查，共抽查7个县(市)12个单位、6个乡(镇)村和2个企业。省人大常委会副主任林强听取省直机关贯彻实施《档案法》情况汇报，实地察看省电力工业局档案室和省档案馆的工作情况。各地(市)、县(区)领导认真部署自查，大部分被抽查单位的主要领导向检查组汇报《档案法》贯彻执行情况，听取对检查情况的反馈。全省近一万个单位进行自查，各地(市)、县(区)共抽查2285个单位，其中成绩优秀的

627个,合格的1247个,不合格的411个。

1999年,全省各级党委、政府和有关部门对档案局的行政执法主体资格进行依法认定。至年底,除少数县(市、区)未明确档案行政执法主体或未任命档案局局长外,绝大多数地方以登报或发文的形式明确了档案局的行政执法主体资格,从而理顺档案管理体制,保证《档案法》的贯彻与实施。全省共有627名档案工作人员参加了档案行政执法资格考试。福州、龙海、漳浦、南靖、长泰等市县开展档案执法检查活动。

2000年,全省新任档案局(馆)长和具有中高级专业技术职称的档案工作人员参加了档案行政执法培训班学习。

2001年,加大档案行政执法工作力度,省档案局恢复成立法制处。省档案局在全省开展档案安全管理、档案数据库建设、重点工程建设档案管理工作等3项执法检查。为推动档案安全检查工作的开展,省档案局组织人员深入9个设区市的39个国家综合档案馆、15个专业档案馆和83个省直机关单位开展档案安全检查;对62个档案馆数据库建设情况,以及17个省级(占35个在建项目的48.6%)、125个市级、62个县级重点建设项目档案管理情况进行检查。厦门、泉州、福州、龙岩等地的档案部门也在辖区内开展乡镇、机关、事业单位档案安全管理检查,检查覆盖面超80%。

2002年5月,国家档案局副局长、中央档案馆副馆长杨公之带领检查组,先后到省档案馆、省高级人民法院、民营企业凤竹集团、国家重点建设项目棉花滩水电站及仙游、泉州、晋江、厦门、武夷山等市县档案馆开展档案行政执法检查,对福建档案行政执法工作给予肯定。

同年,省档案局在全省实行查处违反《档案法》案件备案制度,进一步健全档案行政执法规范体系;继续开展全省档案安全管理、档案数据库建设、重点工程建设档案管理工作3项执法检查。检查组深入全省9个设区市的54个国家综合档案馆、15个专业档案馆和64个省直机关单位开展档案安全检查;对55个综合档案馆进行数据库建设检查;在全省开展档案移交与接收工作专项检查。厦门市档案局组织开展档案完整情况及近三年档案整理质量的检查活动,共抽查129个单位。泉州市档案局与市人大常委会教科文卫委员会联合开展《档案法》执法检查,重点抽查15个单位,发出整改意见书15份,对检查情况进行联合通报。三明市档案局开展全市档案执法大检查,共检查1067个单位。

2003年,省档案局印发《福建省档案执法监督检查实施细则》,对档案行政执法检查工作进行具体规范。福州市人大常委会组织市人大代表对《档案法》执行情况进行检查。平潭县档案局从2003年起连续三年配合县人大常委会在全县范围内开展档案执法检查活动。浦城县档案局与县人大常委会联合开展档案执法检查,共抽查26个单位。龙岩市档案局配合市人大常委会教科文卫委员会、市政府法制办开展档案执法检查。宁德市档案局与市人大常委会教科文卫委员会在全市范围内开展档案执法检查,全市1100多个单位开展自查,260个单位接受检查。

同年,全省各级档案行政管理机构加大对违法行为和违法案件的查处力度。宁德市、福州市马尾区档案局分别调查处理一起丢失档案的违法行为。福清市查处一起故意销毁会计档案资料的违法案件,1名违法者被判处有期徒刑三年、缓刑三年,并处罚金10万元。政和县查处一起一家水泥制造企业采取非法手段把公司资金套出转入"小金库",并将支出凭证等会计档案材料故意烧毁的违法案件,该企业原总经理被判处有期徒刑两年、缓刑三年,并处罚金2万元。

2004年2月,省档案局发出《关于建立档案违法行为责令改正制度的通知》,要求在县以上档案行政管理机构建立档案违法行为责令改正制度,明确执法责任,保证依法执法。各市、县(区)档案行政管理机构陆续建立相关制度,完善执法监督机制。

同年7月,《中华人民共和国行政许可法》施行,省档案局对档案行政许可项目、行政许可实施机关、行政收费项目、行政审批项目及时进行全面清理,共取消档案行政审批项目17项,保留行政许可和行政审批项目19项,制定并印发6项配套制度,向社会公布档案行政许可事项。

同年10月,省人大常委会教科文卫委员会主任朱永康和省档案局(馆)长陈永成带队到南平、三明开展《福建省档案条例》执法调研,重点检查档案管理机构设置、经费投入、馆库建设、重点建设项目档案管理、档案信息化建设等。泉州市档案局与市依法治市办、市法制办联合开展档案行政执法检查,重点检查14个市直机关、事业单位的档案管理情况。南平市档案局开展档案行政执法检查,抽查单位89个。福州、厦门、大田、将乐、顺昌、寿宁、连江、长泰等市县也开展了档案执法检查。

同年12月13日,为规范档案行政执法行为,明确档案行政执法责任,保证档案行政执法依法有效进行,省档案局印发《福建省档案局档案行政执法责任制暂行规定》,明确档案行政执法要做到事实清楚、证据确凿、定性准确、程序合法、处理恰当、手续完备。

2005年,省档案局转发《国家档案局关于全国档案系统全面推行行政执法责任制的意见》,成立推行行政执法责任制领导小组,进一步规范全省档案行政执法行为。经省委编办审核并经省政府常务会议研究,省档案局确定4项档案行政许可项目和12项非行政许可审批事项。福州市人大常委会对全市《档案法》执行情况进行检查。闽侯县对全县副科级以上单位进行为期3周的档案执法检查。平潭县开展全县档案执法大检查活动。福清市档案局1991—2005年连续15年将每年9月定为"全市档案执法检查月",常态化开展档案执法检查。漳州市芗城区、泉州市安溪县人大常委会分别对本地部分单位开展档案执法检查。将乐县档案局对乡镇、县直机关、事业单位档案工作进行执法检查,将检查结果作为本年度档案工作年度考评的依据。松溪县对全县副科级以上单位进行档案执法检查。龙岩市档案局向43个未规范开展档案工作、未及时整理归档的单位发出限期整改通知。

第五章　监督指导

1993—2005年，省档案局对地市档案局和各级国家综合档案馆实行目标管理和达标定级，各地档案工作的各项基础业务得到加强，综合管理、科学管理水平得到提升。各级档案行政管理部门适应经济社会发展需要，加强对机关团体、企事业单位、农业农村、社区档案工作的监督指导，同时积极拓展档案工作新领域，探索重点工程、先行工程、城市建设等重点项目档案工作的规范化管理，不断开创全省档案工作新局面。全省先后有356家机关、88家科技事业单位、588家企业的档案工作达到省级以上标准；1079个乡镇（街道）全部建立档案，14724个行政村建档率达95.46%，1601个社区建档率达88.76%。

第一节　目标管理工作

1993年，根据全国档案局长会议精神，省档案局参照《中央、省、自治区、直辖市和计划单列市国家综合档案馆考评定级试行办法》，对全省各级国家综合档案馆实行目标管理。各地、市、县（区）档案馆按照省档案局制定的《地、市、县、区综合档案馆"八五"期间定级升级工作管理办法》，抓好各项基础业务工作。福州市、连江县、尤溪县档案馆达到省一级档案馆标准。

1994年，省档案馆以升级工作为突破口，抓好业务建设，各项基础工作得到加强。宁德、三明、宁化、永安、沙县、长乐、闽侯、平潭等8家档案馆晋升为省一级档案馆，长汀、连城、漳平等5家档案馆晋升为省二级档案馆。

1995年，全省各级国家综合档案馆按照福建省"八五"计划定级要求，全面开展档案馆达标定级考评工作。全省共有36个地、市、县档案馆达到省一级档案馆标准，21个达到省二级档案馆标准，4个达到省三级档案馆标准。

1996年，省档案局相继制定《福建省地市档案工作年度考核办法》《福建省国家综合档案馆定级工作管理办法》，并将全省档案事业发展"九五"计划各项指标进行立项分解，开始对地市县档案工作实行年度考核。各级档案部门根据省档案局下达的考核指标和工作标准，开展年度考核工作。年底，各地市档案局完成对所辖县（区）档案局（馆）的考核工作，合格率超95%。

同年8月29日，为加强全省专业档案馆工作的宏观管理和监督指导，省档案局制定《福建省国家专业档案馆定级工作管理办法》及其评分标准，提出在"九五"期间完成对全省各级专门、部门档案馆的定级考评工作。

1997年,全省档案系统开展“事业发展年”活动,做好档案工作年度目标管理达标定级工作,重点抓省档案馆、厦门市档案馆迎接国家档案局考评工作。根据国家档案局《关于在省级和副省级市、计划单列市档案馆开展目标管理考评定级活动的通知》文件精神,省档案馆把目标管理考评定级工作作为局(馆)工作重点列入议事日程,局(馆)党组提出“抓基础,上等级,内增素质,外树形象”,把目标管理考评定级工作作为省档案馆工作的重中之重。省委常委、秘书长黄瑞霖多次听取省档案馆工作汇报,到省档案馆现场办公,帮助解决工作中存在的困难和问题;省财政厅先后拨出专项经费226万元,支持省档案馆改造设施、增添设备、改善环境及加强档案基础工作。3月,省档案馆召开“苦干一百天,争创一级馆”动员大会,全馆上下全力以赴投入创建工作。12月中旬,省档案馆以94.25分通过国家档案局组织的考评验收,晋升为国家一级档案馆。省档案局多次派业务骨干到厦门,对市档案馆考评进行预检,共同研究、解决存在的问题。厦门市委、市政府领导对厦门市档案馆的考评活动也给予重视和支持。年底,厦门市档案馆以94.66分通过考评验收,晋升为国家一级档案馆。

图5-1　1997年12月,国家档案局副局长郭树银(中)向省档案馆颁发国家一级档案馆牌匾(邢立新 摄)

同年1月,省档案局对9地市1996年度档案工作进行考核,各地市均顺利通过考核。省档案局总结1996年度考核工作情况,完善考核机制,调整考核指标,使考核工作更具有针对性。12月下旬,省档案局对9地市进行实地检查考核,泉州、福州、厦门考核成绩排在全省前列。

1998年,省档案局制定《地市县档案工作考核项目及评分标准》,对地市县档案工作进行年度考核。各级档案部门结合本地区实际,对考核内容进行分解,提出本地区档案工作的具体要求。泉州市档案局提出“责任包干、强化督查、限期进展、全面达标”的要求,采取层层签

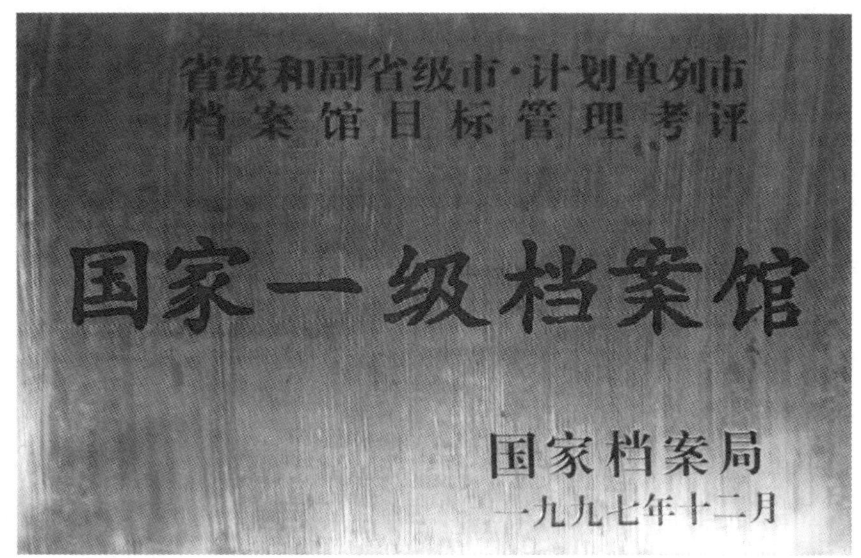

图 5-2 省档案馆的国家一级档案馆牌匾(邢立新 摄于 1997 年)

订责任书,坚持月工作汇报和建立督办制度等一系列做法,实现考核评比“三连冠”。漳州市档案局及时通报工作进度,树典型、抓落后,确保年度考核取得好成绩。经省档案局实地验收考核,泉州、三明、福州分获全省档案工作目标管理考核前三名。

1999 年,全省有 50 个国家综合档案馆通过等级认定,其中省一级档案馆 24 个、省二级档案馆 16 个、省三级档案馆 10 个。福州市房地产档案馆率先晋升为省一级国家专业档案馆,并达到国家二级档案管理标准。龙岩市城市建设档案馆通过建设部的考评验收,晋升为全省第一家国家一级城市建设档案馆。

2001 年,全省有 52 个国家综合档案馆通过等级认定,其中省一级档案馆 25 个、省二级档案馆 17 个、省三级档案馆 10 个。

2002 年 8 月 6 日,为把全省国家综合档案馆建设成为党和国家档案的保管基地、爱国主义教育基地和档案信息服务中心,树立一流的设施、管理、服务的档案馆新形象,省档案局根据国家有关档案馆工作规范和标准,结合福建实际情况,制定《福建省特级档案馆考核暂行办法》。

2003 年 4 月 25 日,为适应档案馆从传统型向现代型转变、从保管型向服务型转变、从单一型向多样型转变,省质量技术监督局发布《福建省档案馆工作规范》(DB35/T 507—2003),全面系统地规范了档案馆工作的内容和要求。省档案局还专门下发《档案馆基础工作规范标准汇编》,以增强业务指导的针对性。泉州市档案馆率先晋升为省特级档案馆。

2004 年,为贯彻落实《福建省档案馆工作规范》(DB35/T 507—2003),省档案局制定《档案馆测评办法》,对 9 个设区市档案馆开展“档案收集工作”“档案保管与保护”“档案目录数据库”“爱国主义教育基地”4 个专项测评工作。泉州市鲤城区、晋江市档案馆通过省特级档案馆考评验收。

第二节 机关档案管理

1993年,全省各级档案部门和主管部门开展机关档案工作升级定级活动,加强机关档案工作的业务指导。省检察院、省法院、省交通厅、省邮电局、省税务局、省土地局等单位在做好本机关档案工作的同时,对所属单位加强监督指导,推动本系统档案工作的开展。全省有1096个机关单位成立综合档案室,其中200个被定为省级先进档案室。

同年,省直机关开展档案协作组活动,通过定期组织专题研讨、观摩学习等形式,加强信息沟通,贯彻档案部门的各项工作要求。各级档案部门经常派员参加活动,对这项工作给予支持和指导。

1994年,各级档案部门和主管部门继续开展定级活动,全省有237个机关档案室达到省级先进标准,其中省外事办、省检察院、省商检局、省财政厅等单位的档案室达到省一级档案室标准。福州海关综合档案室以优异成绩通过全国海关系统的检查考评。龙岩地区档案局在全区范围内开展“合格档案室”活动,全区近百个单位达到标准。

1995年,省档案局先后到省委办公厅、省委宣传部、省卫生厅、省人事厅、省高院等19个单位开展省级单位档案室定级考评工作。为进一步推动机关档案室建设,省档案局在省直机关开展“创档案工作先进行业系统”活动,首次将竞争机制引入机关档案工作,全省各行业系统主管部门积极参与这一活动。工交、金融、文教、卫生、电力、公检法等行业系统加强了对本系统机关档案室的管理。省建委、省科委、省法院、省司法厅等单位会同省档案局对本系统档案工作标准和业务规范进行调研、修订和完善,并联合开展考核活动。年底,省检察院、法院、金融、邮电、交通、电力等6个行业系统被省档案局评为档案工作先进行业系统。三明市850多个机关有65%的单位实行各种门类档案的综合管理。全省有751个机关档案室达到省级先进标准。

1996年,省档案局制定《福建省省直单位档案工作年度考核办法》,开始实行省直机关档案工作年度目标考核。全省各级档案行政管理部门通过制定机关档案工作规范,开展机关档案升级定级、档案工作规范化目标考核、档案管理考核等活动,不断加强机关档案工作的监督指导,促进机关档案工作的科学化、规范化。经过年度考核,全省机关档案工作合格率超95%。

1997年,省档案局召开省直机关档案工作会议,并将100多家省直机关单位分为16个协作组,部署开展档案工作协作组活动。机械、交通、金融、政法等系统也在行业内部开展档案协作组活动。

同年,省档案局继续开展机关档案工作目标管理考评,全省9200多家机关档案室共有968家达到省级标准,其中333家达到省级先进标准。厦门市卫生局把档案工作纳入单位“千分制”考核内容,并与单位经费拨款挂钩,促进档案工作开展。

1998年，省档案局对考核项目及评分标准进行调整，印发归档率、完整率计算表，进一步规范各级机关档案室定级工作。全省有37家机关档案室达到省级先进标准，其中7家达到省一级标准。

1999年，省直单位加快档案管理现代化步伐，做好立卷改革、文档一体化管理试点工作，以适应机关工作的需要。全省有114家机关档案室达到省级先进标准，其中20家达到省一级标准。

2000年，全省有110多家机关档案室达到省级先进标准。

2001年，省档案局按照全省档案事业发展“十五”计划的要求，对83个省直机关单位开展档案安全检查。泉州、福州各县(市、区)档案部门也对辖区内机关单位开展档案安全管理检查，检查覆盖面超80%。福州市马尾区档案局与区财政局联合对区直各单位会计档案管理情况进行全面检查。全省有121家机关档案室达到省级先进标准。

2002年，省档案局召开省直机关档案工作协作组组长会议，印发《文书档案目录数据交换格式与著录细则》(DB35/T 161—2002)、《福建省档案整理质量合格证制度》、《福建省机关档案管理工作特级标准》等规范性文件，进一步健全机关档案管理规范体系。省直机关档案室有9家达到省一级标准，全省有100家机关档案室达到省级先进标准。

2003年，省档案局在省直单位推行档案质量合格证制度，对36个省直机关单位进行档案质量检查；配合省建设厅、省交通厅、省公安厅、省水利厅、省民政厅、省国税局、省海洋与渔业局、省监狱管理局等厅(局)做好行业系统的档案工作。为加强业务指导的针对性，省档案局汇编《机关档案工作常用文件》，供机关单位使用。省委组织部干部档案目标管理工作通过中组部一级达标考评。全省各级公安机关扎实抓好以派出所为重点的公安基层档案规范化建设，共有112个派出所档案室被评为省级先进档案室。厦门市档案局开展文书立卷归档专项检查，重点抽查24个市直机关的文书立卷归档情况。泉州市档案局在市直各单位实施档案质量合格证制度。三明市档案局组织人员对44个机关单位的档案工作进行抽查。全省有246家机关档案室达到省级先进标准。

2004年，省档案局开展省直单位归档文件整理改革示范工作，组织调研、观摩、学习、检查等活动。省公安厅、省监狱管理局和福州海关在系统内开展档案工作目标管理。厦门市实行市直机关“文书档案保管期限表”备案制度，并开展机关文书立卷归档情况检查。龙海市档案局抽查市直机关档案安全工作，督促其中10个单位按照整改意见购置档案铁柜、灭火器材、防虫药品，安装防盗门窗。全省有569家机关档案室达到省级先进标准。

2005年，省档案局依据《福建省档案整理质量合格证制度》要求，对省直62个单位2002—2004年收集整理的全部档案进行检查，其中60个合格，合格率达96.8%。全省有356家机关档案室达到省级先进标准。

第三节　事业单位档案管理

1993年,全省各级档案部门根据《福建省科学技术事业单位档案管理升级办法》,开展科技事业单位档案管理定级升级工作。全省有4家科技事业单位升级达标,其中国家级2家、省级2家。

1994年,省科技信息中心、省海洋研究所、省微生物研究所、省林业勘察设计院、省地质矿产研究所通过科技事业单位国家级、省级考评验收。全省已批准24家科技事业单位档案管理达标升级,其中国家二级管理单位3家、省级管理单位21家。

1995年3月,全国科技事业单位档案管理工作座谈会召开后,省档案局下发《关于做好科技事业单位档案目标管理考评定级工作的通知》,进一步加大科技事业单位档案管理考评定级工作力度,全省共有14个单位的档案管理水平达到国家级、省级标准。省档案局与省科委联合印发《关于使用科研档案验收专用章的通知》,规定科研项目档案必须经有关档案部门验收合格、加盖专用章后才能进行项目鉴定。省教委在三明市召开全省高校档案实体分类法和工作规范研讨会,推动高校档案业务建设标准化、规范化。

1996年4月,省档案局印发《福建省档案事业发展"九五"计划》,提出:"九五"期间(1996—2000年),县团级以上科技事业单位档案管理80%左右达到省级以上管理水平,其中20%的单位达到国家级档案管理水平。为达到这一目标,省档案局制定《福建省科技事业单位档案管理定级工作管理办法》,与省科委联合印发《科学技术研究档案管理暂行办法》,把科技事业单位档案管理定级工作列入省直主管部门和地市档案局档案工作年度考核内容。厦门市档案局与市科委联合召开全市科技事业单位档案达标定级工作会议,部署开展科技事业单位档案工作目标管理。泉州市档案局受省档案局委托,对泉州市刺桐幼儿园综合档案室进行现场考评,认定其达到省级先进档案室管理水平。龙岩地区档案局、教育局对学校档案工作进行考评验收,全市52所中学、小学、幼儿园的档案室全部达到合格档案室标准,其中24所达优秀等级。全省90家县团级以上科技事业单位中,有55家通过考评,达标率达61.11%,其中国家二级管理单位4家、省级管理单位51家。

1997年3月11日,为提高事业单位档案管理的整体水平,省档案局制定《福建省事业单位档案管理考核办法》及其评分标准。厦门市档案局与市教委联合对市属41所学校档案管理进行考核,共有36所合格,其中集美中学等8所达到省级先进标准。厦门市有事业单位102个,档案管理工作合格的有90个,合格率为88.2%。宁德地区档案局召开地直事业单位档案工作会议,对全区237个科级以上事业单位档案管理进行考核,合格率为74.3%。莆田市档案局对全市126个科级以上事业单位档案管理进行考核,合格率为65.1%。龙岩市有26个事业单位的档案室达到省级标准。全省共有116个事业单位的档案室达到省级标准。

1998年,全省有74个事业单位的档案管理水平达到省级标准。

1999 年 12 月 2 日，为推动中小学（含中专、职业学校、成人中等学校）学校档案的科学管理，省档案局和省教委发布《福建省中小学学校档案管理暂行办法》，对学校档案的管理体制、文件材料的形成与归档、档案的管理与提供利用，以及校内文书、教学、科技、会计等各类文件材料的归档范围和保管期限等作出详细规定。

2000 年，福州、泉州、南平市档案局分别对事业单位档案工作进行考核认定：福州市 252 个事业单位合格率达 94.1%；泉州市 234 个事业单位全部合格，其中 76 个达到省一级标准（含复检认定）；南平市 282 个事业单位合格率达 98.9%。全省县团级以上科技事业单位共 125 家，88 家完成定级，其中国家一级 1 家、国家二级 7 家、省级先进 80 家。

2002 年，为加强海域勘界档案管理，规范全省海域勘界档案工作，省档案局、省海洋与渔业局联合制发《福建省实施〈海域勘界档案管理规定〉细则》。

2004—2005 年，省档案局联合省海域勘界办公室，对福州、厦门、宁德和省海洋研究所等单位的海域勘界档案工作进行监督指导；召开“全省海域勘界档案工作现场会议”，并在福州市海域勘界办试点，建立海域勘界档案收集、整理工作模式，推进全省海域勘界档案工作规范化。

2005 年，泉州市档案局分别与市教育局、市卫生局联合印发《关于加强市直学校档案工作的通知》《关于加强市直卫生系统档案工作的通知》。

第四节　企业档案管理

1993 年，随着改革开放的深入与新经济领域的出现，省档案局联合土地、经贸等部门，深入各类开发区，保税区，外商、台商投资区，工业小区以及外商独资、合资、合作企业，先后调研了福清元洪开发区、福清融侨开发区、福州马尾开发区等开发区内的独资、合资企业的档案管理情况。厦门市档案局根据区域经济发展特点，组建企业档案协作组，开展“先进档案工作协作组和优秀协作组长”评比活动，快速打开了企业档案工作的局面。三明、永安等地档案局对高新技术开发区、工业小区等经济部门的建档工作进行调查和指导。各级档案部门根据《福建省企业档案管理升级试行标准及考核办法》，开展企业档案管理定级升级工作。全省 43% 国营大中型企业的档案管理已上等级，其中国家级 84 家、省级 707 家。

1994 年，省档案局先后对省华福、省中福、东兴等房地产开发公司进行业务指导，帮助其健全档案工作。省档案局还对厦门、福州、南平、泉州、三明等地 17 家国有企业进行调查，了解国有企业改制中的档案工作情况。省档案局深入厦门海沧台商投资区、中银漳州开发区、福州马尾开发区了解独资、合资企业的档案管理情况。福州市档案局就“巩固发展企业档案升级”课题开展调研。厦门市档案局针对外贸企业发展的新情况和新问题，制定《外贸企业档案管理办法》；根据特区经济特点，深入厦门海沧台商投资区、杏林（集美）台商投资区、厦门火炬高技术产业开发区、象屿保税区等新经济领域调研，形成《新经济领域中档案工作探析》调查报告；召开全市开发区档案工作座谈会，加强对新经济领域档案工作的指导。三明市档案局对全市187家档案管理达标企业加强监督指导,建立企业档案工作统计台账和年报制度,巩固企业档案管理升级工作成果。莆田市对国有企业档案管理现状进行调研,运用调研成果开展业务指导。莆田盐场档案室将每年6月定为《档案法》宣传月,利用档案信息资源编纂《福建省莆田盐场志》。福安市档案局深入赛岐开发区、穆阳民族开发区进行业务指导。全省有2家企业档案室达到国家二级标准,6家达到省级标准。

1995年,省档案局与省对外贸易经济合作厅、省经济贸易委员会联合印发《关于认真贯彻执行〈外商投资企业档案管理暂行规定〉的通知》。福州经济技术开发区召开档案工作会议,要求贯彻落实国家档案局印发的《开发区档案管理暂行规定》。厦门市档案局召开全市企业工作座谈会,组织力量对已定级的54家企业进行调查摸底,形成《企业档案工作现状调查》报告。三明市档案局对已定级的企业开展调查研究、执法检查和监督指导,巩固国有企业档案管理水平;主动配合市对外经济贸易委员会等主管部门,先后指导重点外资企业32家252人次,建档1086卷;全市档案管理上等级的企业超过200家,居全省前列。莆田市城厢区档案局指导民营工业小区建立专门档案。莆田县档案局指导福建省新黑龙食品工业有限公司整理档案190卷。仙游县档案局指导中茂集团公司、山中集团公司、金威服装公司等企业开展建档工作。南平市档案局制定企业档案工作标准13项,对档案管理省级以上先进企业进行复检,共抽查49家企业,评出优秀单位36家、合格单位13家。武夷山市档案局对全市8家省先进企业进行考评。全省建设银行系统档案定、升级成绩显著,共有61个分(支)行档案室跨入省级先进档案室行列。截至1995年底,全省档案管理上等级的企业共有716家,其中国家一级13家、国家二级73家、省级先进630家;档案管理上等级的大中型企业占全省大中型企业的46.3%。

1996年,为加强境外企业档案工作,省档案局和省对外贸易经济合作厅联合印发《关于进一步做好境外企业、机构档案工作几点意见的通知》和《关于加强境外投资、承包工程、设计咨询、科技合作和劳务合作项目档案工作的通知》,要求境外企业、机构建立健全档案管理制度,实行专人负责、集中管理,确保档案资料安全。5月22日,为提高全省企业档案的管理水平,促进企业档案信息资源更好地为企业发展和经济建设服务,省档案局制定《福建省企业档案管理考核办法》及其评分标准、工作程序。企业档案管理考核采用计分评审办法,95分及以上为国家一级,85分及以上为国家二级,70分及以上为省级,60分及以上为合格级。6月,根据国家档案局在沈阳召开的企业档案工作座谈会精神,省档案局印发《关于开展档案管理上等级企业复检工作的通知》,在全省范围内开展企业档案等级目标管理和复检活动。11月,为加快开发区档案管理现代化进程,省档案局在福州召开全省开发区档案工作研讨会。厦门市档案局召开各企业主管部门档案工作会议,部署开展企业档案工作目标管理。泉州市档案局与市对外经济贸易委员会对该市驻港澳4家企业进行检查指导,规范其档案管理。三明市档案局对全市53家外资企业进行调研,重点指导大中型骨干外商工业企业、外商独资企业建档;召开企业档案工作会议,部署企业档案管理目标考核,全市40家国有大中型企业档案工作有35家达到合格标准,其中6家通过国家一级、二级复检;对三明食品厂等破产企业档案清理移交进行指导，对闽西地质大队等十几家档案工作较薄弱的科技事业单位进行检查指导。莆田市档案局完成全市档案管理已上等级企业的复检工作。南平市档案局印发“企业档案基本情况登记表”，共登记企业149家，其中40家完成定级复检。龙岩地区档案局完成地属、龙岩市属企业的复检工作，应检的13家企业中，6家保持省级先进标准、5家限期整改、2家放弃省级先进称号。

1997年8月27日，为加强开发区档案的管理和利用工作，更好地为开发区各项工作服务，省档案局制定《福建省开发区档案管理实施细则》，对开发区档案工作的管理体制、机构、人员和档案的形成、归档、整理、保管、鉴定、统计、利用、移交、行政执法等问题作出明确规定。该细则的适用范围包括福建省行政区域内的国家级、省级经济技术开发区，高新技术产业开发区，投资区，保税区和国家旅游度假区。省档案局与省邮电局联合召开邮电企业档案目标管理工作协调会，部署开展邮电企业档案目标管理复检认定工作。厦门市档案局对54家已达标定级的企业开展复检认定，达到省级的有26家，达到国家一级、二级的有9家；与市经济发展委员会联合对部分大中型企业档案工作进行年度考核，受检的12家企业中，有9家合格。泉州市档案局对9家国有大中型企业开展档案管理定级，达到国家二级和省级先进的各有4家，合格的有1家；对档案管理获省级先进的58家国有企业进行复检，其中除5家倒闭、5家放弃等级资质及邮电部门9个单位由本系统自检外，其余39家复检合格的有36家，合格率92.3%。三明市档案局对200多家国有大中型企业和县（市、区）重点企业档案管理进行复检和年度考核，其中省市属大中型企业42家，应复检27家，复检率100%；新上等级7家，其中国家级1家、省级6家。南平市档案局对157家企业档案管理进行复检，合格率84.9%。莆田市档案局对12家大中型企业进行复检，合格率100%。龙岩市档案局对已升省级企业进行复检，其中18家达到国家二级或省级先进标准，另有1家由国家二级降为省级，16家放弃省级先进称号。宁德地区档案局对26家国有大中型企业档案管理进行复检，合格率100%。全年，全省完成461家企业档案管理等级的认定工作，其中国家一级15家、国家二级67家、省级379家。

同年，全省各级乡镇企业主管部门加大档案工作力度，一些大中型乡镇企业的档案工作实现了从无到有、从零散单一到综合多样的突破，科技、市场、人才、产品等档案信息的收集开发，成为企业增强市场竞争力的一个重要手段。三明市有202家乡镇企业开展建档工作。民营企业福建晋江凤竹针织漂染实业有限公司安排档案员深入生产车间，参加厂房竣工验收、设备开箱、新产品鉴定等活动，到工作一线收集档案。至1997年底，该公司共整理归档文书、科技、会计、声像档案和科技资料1466卷（册）。

1998年，省档案局和省体制改革委员会、省经济贸易委员会、省国有资产管理局联合转发国家档案局《国有企业资产与产权变动档案处置暂行办法》，明确了产权变动档案的处置原则、归属流向及组织、管理、处罚等；同时，开展全省国有企业资产与产权变动情况调查摸底工作，并将这项工作纳入地市档案工作目标管理考核项目。全省各级档案行政管理部门结合本地区实际，制定、完善国有资产和产权变动档案处置工作的具体办法，并加强监督指导。各地档案局从服务国有企业改革的角度出发，对当地改制企业的档案流向进行摸底登记，及时深入企业一线沟通协调，确保档案接收工作与企业改制工作同步进行，避免国有资产和档案资料流失。三明市档案局建立“国有资产产权变动档案处置台账”，通过调查掌握辖域内国有企业的档案流向、变动情况。莆田市将4家破产企业的档案资料移交给当地档案馆依法托管，确保破产企业档案资料的完整与安全。南平市档案局建立相关工作台账，全市共调查国有企业57家，处置档案13.88万卷。宁德地区档案部门为全区77家产权变动企业建立登记台账，妥善处理和引导企业档案的去向。

同年，各级档案部门对外商投资企业和境外企业档案工作开展监督指导工作。厦门市档案局和市贸易发展委员会联合对12家驻港澳的企业、机构进行检查，召开座谈会解决发现的问题。邵武市档案局召开外商投资企业档案工作会议，提出“有分管领导、有档案人员、有切实可行的档案管理制度、有适宜的档案装具和安全的档案管理场所、有完整规范的档案”的要求，并派专人指导检查。全省共有550多家“三资”企业开展建档工作。

同年，全省开展企事业单位档案管理等级认定工作，有3家企业达到国家一级标准，35家达到国家二级标准，16家达到省级先进标准。

同年12月，中央农村工作会议提出要发展乡镇企业，促进农村富余劳动力转移。省档案局与省乡镇企业局联合印发《关于加强乡镇企业档案工作的通知》，推动乡镇企业建档工作。当年，福州市、泉州市各有187家乡镇企业开展建档工作。

1999年，全省各级档案部门贯彻中共十五届四中全会通过的《中共中央关于国有企业改革和发展若干重大问题的决定》和国家档案局《关于进一步加强国有企业档案工作的通知》精神，围绕为国有企业改革和发展服务的宗旨，派业务人员深入基层开展调查，与企业档案工作人员共同研究、改进和完善新形势下国有企业档案工作的办法。各级档案部门，特别是沿海各地市档案行政管理部门，结合本地新经济发展的实际情况，积极探索新经济领域、新经济组织档案工作的新途径。厦门市档案局指导海沧管委会、火炬高科技园和象屿保税区规范化开展档案工作。为更好地履行开发区档案管理工作，莆田市湄洲湾北岸档案局正式挂牌成立。当年，全省开展企业档案管理等级认定工作，达到国家一级的企业有21家，国家二级115家，省级先进400家。

2000年，省档案局在三明召开全省企业档案工作研讨会，就档案工作服务企业管理、推进技术进步等进行研讨。全省各级档案部门围绕为国有企业改革和发展服务这一重大主题，开展调查研究，推广典型经验，提出具体措施。福州市档案局对58家企业档案工作进行监督指导。晋江市档案局开展民营企业档案管理指导工作。莆田市档案局印发“企业档案工作指导登记表”，对全市35家企业单位进行检查指导，督促企业整理积存档案，及时完成年度立卷归档工作。南平市档案局对43家企业的档案工作进行调研和指导。龙岩市档案局对42家企业的档案工作进行调查，指导福建省龙岩医药采购供应有限公司、闽西紫金矿业集团有限公司、福建龙净环保有限公司开展建档工作。宁德市档案局做好破产与改制企业档案的处置工作，采取针对性措施，避免企业档案的流失。全省共有588家企业档案工作通过考评验收，其中国家一级28家、国家二级125家、省级先进435家。

2001年，全省各级档案部门根据新时期国有企业改革与发展的要求，贯彻执行《国有企业资产与产权变动档案处置暂行办法》，对破产国有企业档案工作加强监督指导，妥善处理破产企业档案的归属与流向，防止破产国有企业档案流失。厦门市档案局开展全市破产企业情况调查，与市经济发展委员会联合对厦门市石油公司、厦门冠华实业有限公司等企业进行监督指导，明确指出档案的归属与流向。漳州市档案局对全市破产企业档案管理情况进行检查，建立破产企业台账，防止档案流失。宁德市档案局对破产企业档案管理情况进行调查，共登记破产企业32家。截至2001年底，全省共有破产国有企业164家，其中档案移交当地档案馆的52家，移交企业主管部门的42家，保存在原企业的70家。全省完成国家一级考评工作的企业有1家，完成国家二级考评工作的企业有12家；考评工作的企业有民营企业晋江凤竹集团公司档案室达到国家二级标准。

2002年，省档案局、省经济贸易委员会、省发展计划委员会联合转发国家档案局、国家经济贸易委员会、国家发展计划委员会印发的《企业档案管理规定》。省档案局派工作小组赴香港，指导香港华闽(集团)有限公司清理档案3173卷。在香港期间，工作小组还对武夷(集团)有限公司、闽信保险有限公司、华闽船务企业有限公司、华闽旅游有限公司4家企业的档案工作进行调研。三明市档案局与主管部门对8470厂、三明缝纫机台板厂等破产企业档案工作进行指导。龙岩市档案局对龙净环保公司、佳丽斯纺织公司、龙岩人造板厂等13家市属国有企业的档案处置情况进行监督检查。

2003年，省档案局汇编并印发《企业事业单位档案工作常用文件》，供各部门使用。龙岩市档案局印发《关于贯彻〈国有企业资产与产权变动档案处置暂行办法〉的几点意见》，对产权变动企业档案处置工作提出明确要求。龙岩市新罗区档案局与区国资公司共同制定改制企业档案处置办法，并接收部分破产企业档案进馆。德化县、惠安县档案馆分别组织力量汇编《中共德化县委、县政府鼓励支持企业发展优惠政策》和《惠安县企业档案录》，受到当地企业界的欢迎。

2004年，省档案局召开全省企业档案信息化建设讨论会，来自三钢股份有限公司、福建炼化有限公司、晋江凤竹集团公司等的20多位代表参加会议，交流和研究全省企业档案信息化建设情况和问题。泉州市档案局对非公有制企业建档情况进行调查摸底，总结“晋江市凤竹经验”，宣传晋江凤竹集团公司利用档案资料为企业服务的典型做法。晋江市档案局对福建亲亲股份有限公司、七匹狼西服集团公司等5家民营企业进行调研。南安市档案局对康美黑石业有限公司的档案工作进行指导。三明市档案局对市外贸公司档案整理工作进行指导，对福建省立丰印染股份有限公司、福建省三农化学股份有限公司等改组改制企业的档案管理工作进行调研和指导。各级档案部门继续开展企业单位档案工作目标管理考评工作，有1家企业完成国家一级复检，11家企业晋升国家二级。

2005年,各级档案部门在继续抓好国有企业档案工作的同时,加强民营企业档案工作。省档案局转发《国家档案局关于加强驻外机构和境外企业档案工作的意见》,组织业务人员赴浙江参观学习民营企业档案工作。福州市档案局举办2期民营企业档案管理培训班,在全市开展民营企业建档试点工作。福清市档案局配合市人大开展“走访百家企业,扶持民营经济发展”活动;联合市工商联、市乡镇企业局、融侨开发区管委会等单位,对10家民营企业档案工作进行调研指导。泉州市档案局对19家民营企业进行建档指导,引导民营企业加强档案规范化管理。晋江市档案局召开民营企业档案业务培训会,制定《晋江市民营企业档案管理工作指南》,编印《民营企业档案工作文件汇集》,为民营企业档案工作提供指导;全市共有20家知名民营企业开展建档工作,其中50%实现规范建档。三明市开展民营企业建档工作,65家民营企业被列为首批试点单位。建宁县档案局与文鑫公司建立联系制度,指导其完善档案管理。南平市建立民营企业档案工作联系名册,全市共有24家民营企业开展建档工作。龙岩市档案局召开民营企业档案工作座谈会。上杭县档案局选择荣达工贸公司等2家企业作为民营企业建档试点单位。长汀县档案局向民营企业印发“档案业务征询表”,就档案部门如何帮助企业维权增效、指导建档、开展业务和培训人员等方面征求意见。

第五节 重点建设项目档案管理

1993年12月,为规范重点建设项目档案验收工作,省档案局与省建委联合印发《福建省建设项目(工程)竣工档案验收细则》。该细则规定,建设项目(工程)在竣工验收前必须进行档案的专项验收,档案局应参加竣工验收委员会(领导小组),对竣工档案的完整性、准确性和整理情况负责检查验收。由省建委负责验收的国家重点、省重点和大中型建设项目(工程),其竣工档案由省档案局负责组织验收;省建委委托建设项目专业主管部门验收的建设项目(工程),其竣工档案由省档案局、建设项目专业主管部门负责组织验收;地(市)建委负责验收的小型建设项目(工程),其竣工档案由各地(市)档案局负责组织验收。

同年,省档案局深入福州新港、平潭标准砂厂、泉州赖氨酸厂等省重点工程开展档案指导和验收工作。省电力局、省邮电局等主管部门专门召开基建工程档案管理工作座谈会,制定加强基建工程档案管理的具体办法。福州市档案局与市计委、市建委联合发布《关于加强城建档案工作的通知》等文件,为旧城改造做好档案服务;帮助长乐国际机场、水口电站等项目建立档案收集和保管制度。厦门市档案局与市建委配合,对全市投资1000万元以上的工程项目进行调查摸底,重点对厦门大桥、厦门机场二期工程等项目档案的归档情况进行监督指导。同安县档案局对历年积压的建设项目材料进行清理抢救,共整理归档1680卷。泉州市城市建设档案馆深入高层建筑工程指导竣工档案整理工作,确保建档质量。晋江市档案局指导永和镇紫帽房地产项目整理档案417卷。三明市档案局指导旧城改造、房地产开发、征地拆迁等项目建档工作,收集整理三明市区205国道扩建工程科技文件材料150份、图纸48册;制定三明市旧城改造项目档案分类方案、编号办法和保管期限，收集整理拆迁户材料465卷、文件材料30份、工程材料2袋。南平地区档案局对横南铁路、武夷山机场扩建、邵武电站、五显岭隧道等工程档案加强指导，督促有关项目从筹建起就开展建档工作。政和县政府印发《政和县城乡基本建设档案管理暂行规定》和《关于交押编制基本建设工程竣工档案保证金暂行规定》。

1994年，各级档案部门着重抓先行工程、重点工程和城市建设、土地成片开发等项目的档案工作，为项目施工、设备安装调试、竣工验收等工作服务。省档案局与省交通厅、省高速公路建设指挥部等单位组成联合调查组，对泉州—厦门高速公路泉州段、晋江段、厦门段的项目档案工作情况进行检查；对龙岩漳平电厂、厦门嵩屿电厂、福建炼油厂、福厦泉高速公路等项目档案工作进行业务指导；先后参加厦门感光材料工程公司、南平水泥厂、三明化工厂尿素扩建工程和沙溪口水电站竣工档案的验收工作。省地方铁路建设开发总公司制定《福建省地方铁路基建工程竣工文件编制办法》。省邮电局档案科参与厦门卫星地球站光缆工程档案验收指导。厦门市档案局制定《基建工程项目档案竣工验收办法》，对东渡港二期工程、联检大楼、石鼓山立交桥等7个重点工程项目进行检查。连江县档案局多次到山仔水利工程进行调研和业务指导。晋江市档案局深入晋江机场、深沪码头等重点工程指导建档工作。三明市档案局召开档案工作现场会，实地考察旧城改造工程档案收集整理情况，为三明市全面铺开的旧城改造工作服务。邵武市档案局派工作组到邵武竹浆厂工地指导工程资料的收集保管工作。福鼎县档案局抓好桑园水电站、流美大桥等重点工程的档案管理工作。古田县档案局对黄田库区档案工作进行调查和指导。

1995年，省档案局组织福建炼油厂、龙岩漳平电厂、尤溪水东电站、武夷山机场扩建工程等国家级、省级重点工程的竣工档案验收工作。省档案局与省交通厅制定《福建省高速公路建设档案管理暂行规定》及分类编号办法。省公路局印发《G324线拓宽改造工程竣工档案资料管理办法》，对该项目档案资料的收集、整理、归档工作提出具体要求。三明市档案局对205国道拓宽改造等先行工程，沙溪河航电综合开发、三明机场等重点工程和三明水泥厂扩建、智胜尿素工程等重点技改项目进行指导。三明市各级档案部门累计派出业务干部495人次，对42项重点工程和重点技改项目进行指导。南平市各级档案部门重点抓好先行工程、重点工程等经济领域的档案管理工作。武夷山市档案局与市计委、市建委联合对逸夫大楼、邮电程控电话、武夷大道等9个重点项目进行检查。邵武市档案局深入邵武竹浆厂、邵武电厂二期、316国道等重点工程指导档案工作。

1996年，省档案局和省交通厅、省公路局先后对324国道莆田、泉州、漳州、厦门、福州等路段拓宽改造工程竣工档案共783卷进行专项检查验收。南平市档案局与市先行办、市公路局对316国道、205国道、武夷山机场、五显岭隧道等重点工程档案进行指导。莆田市城市建设档案管理工作基本实现规范化、制度化、网络化，市建委先后制定《莆田市城市建设档案管理规定》《工业、民用建筑工程档案归档内容》《市政工程档案归档内容》等规范性文件，建立并完善建设工程档案管理制度；市城市建设档案馆与市建委密切配合，采取有效措施，做到档案管理与项目建设同步进行;市城市建设档案馆利用馆藏各类城市建设档案资料1.14万卷(册),成立建设信息中心,为城市规划、建设和管理工作提供服务。

1997年,省档案局参加长乐国际机场、漳泉肖铁路、泉厦高速公路、厦门嵩屿电厂、青州纸厂扩建等国家级、省级重点工程的档案验收工作,推动重点工程档案工作顺利开展。

1998年,省档案局与省建委在全省范围内对国家档案局《城市建设档案归属与流向暂行办法》《国家重点建设项目档案管理登记办法》的贯彻执行情况进行检查。各级档案管理部门结合本地区实际,对厦漳高速公路、华能电厂、漳平电厂、水口水电厂、福建省第二电力建设公司、福州港二期改建、南平水泥厂技改等国家级、省级重点工程加强监督指导。

1999年,省档案局先后参加福泉、洋龙、罗宁高速公路,福建炼化公司7万吨聚丙烯工程,水口水电厂,后石—厦门输变电工程,湄洲湾火电厂,邵武电厂技改,青州纸厂扩建,龙岩超级压光纸和福州国际邮政枢纽大楼等重点工程项目档案工作的业务指导和竣工档案的验收考评。三明市档案局深入市属42个重点项目指导建档工作。厦门市档案局与主管部门制定档案工作标准规范,重点指导厦门海沧大桥、厦门嵩屿电厂等国家级、省级重点工程档案的收集、整理工作。福安市建委出台相关规定,确保竣工档案的完整、齐全。周宁县档案局、县计委、县建委联合对工程档案进行检查。

2000年5月24日,为及时掌握重点建设项目档案工作情况,实现重点建设项目档案管理规范化、标准化,省档案局、省发展计划委员会、省建设厅联合印发《福建省重点建设项目档案管理登记办法》,建立重点建设项目档案管理登记制度。7月,省档案局在厦门召开建设项目(工程)档案管理座谈会,要求加强调研和监督指导,把重点建设项目档案工作纳入依法治档的轨道。省档案局配合有关部门,深入华能电厂二期、东南汽车厂、石狮热电厂等30余个重点工程单位开展档案检查、指导和验收工作。莆田市档案局协助市高速办做好福泉高速公路莆田段工程档案的整理、立卷、归档工作。龙岩市档案局对龙岩超级压光纸项目、漳龙高速公路龙岩段等重点工程加强监督指导,并参与这些项目工程的竣工验收。

2001年8月,全国重点建设项目档案工作座谈会召开后,省档案局与省重点办、省建设厅联合印发《关于开展重点建设项目档案工作检查的通知》,在全省开展重点项目档案工作大检查。省档案局先后深入省博物馆、厦门环岛路、石狮沿海防潮防洪工程等17个国家级、省级重点建设项目进行检查。福州、厦门、漳州、泉州、三明、莆田等地档案管理部门与建设、重点办等部门组成联合检查组,对重点建设项目的档案管理情况进行检查。省档案局还配合专业主管部门,对中央储备粮库福建各库点、高速公路各路段等15个重点建设项目进行档案业务指导,对厦门海沧大桥、厦漳高速公路漳州段等11个项目进行档案专项验收,参加了福泉高速公路、东南汽车厂等6个重点建设项目的竣工验收会。福州市档案局与市计委、市建委联合对罗长高速公路、京福国道主干道福州连接线、中亭街旧城改造等15个重点建设项目的档案工作进行检查指导。为保证建设项目档案接收工作,福州市城市建设档案馆实行建设项目档案移交责任书制度,在颁发施工许可证之前,先与建设单位签订责任书,共签订责任书276

份。厦门市档案局深入海沧污水厂、绿泉实业异地搬迁工程、北大生物园等重点项目指导档案工作，组织海沧新阳柯达一次性相机厂房竣工档案的专项验收。泉州市档案馆与市建委研究建立重点建设项目档案工作通报协调制度，对28个重点建设项目的档案工作进行检查。三明市档案局与市建委、市计委联合对京福高速公路三明段、三钢高速线材生产线、三明城乡电网改造等18个重点项目建档情况进行检查指导，提出整改意见120条。莆田市档案局会同市城市建设档案馆对全市16个重点建设项目档案工作进行监督指导。南平市档案局与市建委、市重点项目办联合抽查京福高速、峡阳水电站、南平钽铌矿等14个重点工程的档案管理工作。龙岩市档案局联合市建委、市计委对16个重点建设项目的档案工作进行检查。宁德市档案局联合市建委对28个重点建设项目的档案工作进行检查。

2002年，省档案局对在建的高速公路、国家储备粮库、省体育馆、省博物馆等25个重点建设项目进行检查指导，参与棉花滩水电站、福州杜坞国家储备粮库、罗宁高速公路等7个重点建设项目的竣工验收。厦门市档案局指导海沧污水处理厂、海沧铁路、PTA工程、多威电子等重点工程项目的档案收集、整理工作，参与海沧污水处理厂等工程档案验收。泉州市档案局组织石狮热电厂扩建工程档案专项验收，参加中央储备粮泉州直属库扩建工程预验收。三明市、县两级档案局对111个重点项目的档案工作进行检查，指导82个重点项目建档。莆田市档案局配合市计委、市城市建设档案馆，抓好秀屿粮库二期工程、湄洲湾港务局3.5万吨码头、木兰溪防洪一期工程、闽中污水处理厂、福建天然气接收站、福厦铁路莆田段等省级以上重点工程项目的档案工作。莆田市涵江区档案局参加20多个工程项目的竣工验收。仙游县档案局对九鲤湖风景区、九仙溪水电工程等重点项目档案工作加强跟踪指导。南平市档案局重点抓好5条入闽通道在建项目档案管理的监督指导工作。光泽县档案局重点抓好光泽花山界至城关公路改扩建工程的档案业务指导工作。

2003年11月10日，为做好重点建设项目档案的移交工作，服务福建经济建设和社会发展，省档案局制定《福建省重点建设项目档案移交办法(暂行)》。该办法共15条，对重点建设项目档案的定义、归档范围、案卷质量、验收、移交、接收等作出详细规定，并附“国家重大建设项目文件归档范围和保管期限表”。该办法明确，重点建设项目档案是指“从重点建设项目的提出、立项、审批、勘察、设计、施工、监理、竣工验收及生产准备到试投产(使用)全过程中形成的，经过鉴定、整理并归档的各种形式和载体的项目文件”。

同年，省档案局汇编《建设工程档案工作常用文件》，对福宁高速、漳诏高速、罗长高速、福州大学城等34个重点建设项目进行档案专项验收。泉州市档案局参加后渚大桥、石狮引水工程、福建湄洲湾氯碱工业有限公司、湄洲湾南岸引水工程、中央储备粮泉州直属库等重点项目竣工验收。莆田市档案局指导闽中污水处理厂、木兰溪防洪工程指挥部做好立卷归档工作。莆田市荔城区档案局抓好荔园工业园区、黄石工业园区的建档工作，帮助菜农大户建立“蔬菜档案”。三明市档案局与市重点办联合制发《关于加强重点项目档案工作的意见》，对重点项目档案工作提出具体要求，重点抓好市防洪堤一、二期工程，京福高速公路沙县段等重点建设项目档案工作的监督指导。沙县档案局选派一名业务人员进驻京福高速公路沙县拆迁指挥部协助做好档案工作,共接待征迁农户164人次,为项目建设查阅档案11件。莆田市涵江区档案局参加10多个项目的竣工验收。仙游县档案局指导西苑抽水蓄能电站、城南开发区等项目做好收集、归档工作。南平市档案局深入京福高速公路、浦南高速公路、市污水处理工程等重点项目督促指导。邵武市档案局组织业务人员深入邵武烟叶复烤厂技改项目一线,指导收集资料、图纸。建瓯市档案局派工作人员深入粮食储备库、北津水电站等18个重点建设项目开展业务指导。龙岩市各级档案部门对184个重点项目进行分类指导,重点对漳龙高速公路、龙岩省级粮库等38项重点工程进行跟踪指导。连城县档案局抽调专人到连城县冠豸山机场蹲点,及时收集、整理施工文件和技术文件。

2004年,全省各地按照《福建省重点建设项目档案移交办法(暂行)》,做好重点项目档案的竣工验收、移交进馆工作。省档案局对高速公路、能源、市政等20个省级重点建设项目档案工作进行检查指导,对13个重点建设项目组织档案专项验收。厦门市档案局对北京师范大学附属学校海沧分校、厦门烟厂易地技改工程、机场立交桥工程、福厦路整治工程等8个重点项目竣工档案组织专项验收。泉州市档案局对肖厝5万吨码头、高速公路等建设项目加强监督指导。泉州市泉港区档案馆参与福建炼化一体化项目征地拆迁安置档案的收集、整理工作。三明市档案局重点抓京福高速公路三明段、尤溪县街面水电站等重点项目档案工作,全市185个在建重点项目基本完成建档工作。莆田市档案局多次组织业务人员,深入木兰溪防洪工程、中储粮莆田直属库等省级重点项目一线,督促指导文件材料的收集、归档工作。莆田市荔城区档案局对澄峰围垦工程进行跟踪调查。南平市档案局深入京福高速公路南平段、南纺技改等省、市重点项目指导档案工作。建瓯市档案局多次派员深入建瓯粮食储备库、北津水电站工程指导档案工作。光泽、浦城县档案局对当地入闽通道工程档案工作进行跟踪指导。

2005年,省档案局与交通部档案馆、省交通厅联合对010国道主干线福鼎至宁德城关段高速公路建设项目开展档案验收工作。该项目档案采用全文数字化处理、建立电子图像数据库的管理模式,得到验收专家组的充分肯定。省档案局与省水利厅、福州市档案局联合对福清市闽江调水工程竣工档案进行专项验收。福州市档案局对福兴医药公司搬迁改造、红庙岭垃圾发电厂、洋里污水处理厂、马尾白眉水库等重点工程档案工作进行业务指导。厦门市档案局先后对海沧大道、翔安大道、PTA工程、古龙异地拆迁、五通滚装码头等重点项目档案工作进行监督指导,参加厦门东通道项目竣工档案编制办法审查工作会议,组织对海沧大道、PTA工程等重点项目竣工档案的专项验收。厦门市城市建设档案馆组织实施的"地下管线探测及信息化建设"项目通过评审验收,并作为典型经验向全国推广。泉州市档案局与市发改委联合印发《关于加强全市重点建设项目档案工作的通知》,召开全市重点建设项目档案工作暨业务指导培训会议;对晋江市下游防洪整治、后渚大桥、南埔火电厂等16个重点工程档案工作加强业务指导,其中3家通过档案专项验收。泉州市洛江区档案局指导并接收2个重点工程的竣工档案。三明市档案局印发《三明市档案局关于重点建设档案管理工作有关问题的通知》，制定重点项目档案登记、收集、整理、验收、保管各项制度，深入沙县金沙高新技术园区、永林(集团)股份有限公司速生丰产林基地、尤溪县街面水电站等40个已开工的重点项目进行调查研究。莆田市档案局对秀屿木材加工区、涵江省级粮食储备库、木兰溪防洪工程、福建液化天然气项目接收站等建设工程档案工作进行监督指导。南平市档案局印发《关于做好2005年重点项目档案工作的通知》，全市29个重点项目全部完成档案登记工作。武夷山市档案局对"世界文化与自然遗产"旅游综合开发项目档案工作加强指导。建阳市档案局指导长风压缩机厂和三爱药业2个重点项目完成建档工作。邵武市档案局指导福建武夷烟叶有限公司1.5万吨技改项目顺利通过竣工验收。浦城县档案局接收入闽通道工程档案574卷(盒)。宁德市档案局印发《关于做好2005年市重点建设项目档案工作的通知》，全市共有20个重点项目进行了登记。

第六节 农业和农村档案工作

1991年11月，中共十三届八中全会通过《中共中央关于进一步加强农业和农村工作的决定》，进一步明确了深化农村改革、发展农村经济的目标和任务。为贯彻中央发展农村经济的战略，全省各级档案部门切实加强了农业和农村档案工作，推动农业和农村档案资源建设和规范管理。

1993年，全省开展乡镇和农村建档工作。漳州市档案局召开农村档案工作现场会，向全市总结、推广长泰县68个行政村建立综合档案室的经验。永安市档案局针对乡镇、街道档案整理不规范等问题，制定《关于加强乡镇、街道档案工作的意见》。

1994年，宁德地区在柘荣县双城镇召开全区乡(镇)村档案工作现场会，推广双城镇档案工作经验。宁德地委、行署联合发出《关于加强乡镇村档案管理工作的通知》。古田县在黄田镇召开乡镇档案工作现场会，成立由县委副书记、副县长分别担任正、副组长，11个部门负责人为小组成员的档案工作领导小组，负责协调全县乡镇档案工作。龙海市采取分片汇报、检查的方法，帮助解决农村建档工作难题，全市共有40多个村建立档案室。南平市档案局开展乡镇档案管理定级工作，有43家乡镇档案室通过定级验收。龙岩新罗区开展创建乡镇合格档案室活动，全区19个乡镇档案室合格率达100%。

1995年，省档案局开展乡(镇)村档案工作调研，印发"福建省乡镇村档案工作情况调查表"。福州全市157个乡镇全部建立档案室，开展档案收集、归档工作。厦门市档案局分别对同安、集美、杏林及岛内禾山镇进行调研，与镇村领导共同研究成立综合档案室事宜。当年，全市19个镇全部建立综合档案室，每个镇选1～2个村作为村级建档试点单位。宁德地区档案局印发《关于加强乡(镇)村档案管理工作的意见》，要求全市各乡镇在2～3年内实现档案工作"五个一"(有一位领导分管、有一名档案员、有一套档案工作制度、有一间档案库房、有一套规范化的档案)。

1996 年,省档案局把农村建档列入全省档案事业发展“九五”计划,下达了“九五”期间(1996—2000 年)每年完成 20%建档指标,五年完成 90%村(居)建档的总体目标。为达到这一目标,各级档案部门推行“三定、四包、五有、六抓”等具体措施,推动农村建档工作开展。三定:定目标、定时间、定人员;四包:包任务、包宣传、包指导、包建档;五有:有分管领导、有专兼职档案人员、有档案装具、有档案管理制度、有完整齐全的档案;六抓:抓试点、以点带面,抓进度、分期完成整体目标,抓收集、确保档案完整齐全,抓质量、按标准建立档案,抓协调、争取多方支持,抓后进、促进工作全面发展。

同年,省档案局在省农委等部门支持下,把农村建档列入全省“小康”村建设和验收的内容;制定《福建省乡镇档案管理暂行办法》《福建省行政村档案管理暂行办法》等规范性文件,建立村级建档工作认定表制度。泉州市委、市政府转发市档案局《关于加强乡(镇)村档案管理工作的通知》和《关于做好小康村建档工作的通知》。南平市延平区夏道镇把行政村建档工作列入小康工作计划,15 个行政村全部规范建档。5 月,全省村级档案工作现场会在夏道镇召开,推广夏道镇抓档案工作的经验。会议代表参观考察夏道镇 5 个村(居)委会建档工作情况,讨论了《福建省乡镇档案管理办法》《福建省行政村档案管理办法》征求意见稿。省档案局(馆)长陈永成出席会议并作题为“农民奔小康,村级要建档”的总结讲话。福州、泉州、莆田、宁德等地市陆续召开会议,以小康示范村为重点开展村级建档工作。为迎接 9 月召开的全国农科教结合示范区现场会,三明市档案局做好农科教结合档案管理工作。

6 月,福清市融城街道瑞亭村建立全省首家门类齐全、内容丰富、设施完备、制度健全的综合档案室,共有各种门类档案 1600 卷。根据室藏档案编写的村志《瑞云紫光》由海风出版社出版。国家档案局副局长、中央档案馆副馆长郭树银,省档案局(馆)长陈永成先后到该村视察档案工作并给予肯定。《中国档案报》《福建日报》《福建档案》《福州晚报》《福清时报》等多次对瑞亭村建档工作进行宣传报道。

图 5-3 福清市瑞亭村党支部书记在村档案室调阅档案(邢立新 摄于 1996 年)

1997 年第一次全国农业和农村档案工作会议召开后，各级档案行政管理部门和乡镇村及各涉农部门条块结合、齐抓共促，加大乡（镇）村（居）建档工作力度，农业和农村档案工作取得新进展。2 月 14 日，为加强乡镇档案工作，更好地为农村社会主义“两个文明”建设服务，省档案局印发《福建省乡镇档案工作年度考核暂行办法》，决定在“九五”期间（1996—2000 年）对全省乡镇档案工作实行年度考核。年底，全省 1079 个乡镇（街道）已经全部建立档案工作，其中 898 个乡镇的档案管理通过年度目标考核，55 个达到省级先进标准，100 多个达到地市级先进标准；全省 16659 个村（居）委会有 9031 个完成建档工作，建档率 54.21％，超额完成原定 40％的目标任务。有 12 个县（市、区）仅用两年时间，就完成“九五”期间（1996—2000 年）90％村（居）建档任务，其中福清、同安、集美、云霄、长泰、惠安、古田、柘荣等 8 个县（市、区）100％完成任务；各涉农专业主管部门、省农科院及 9 个地（市）的农业科研部门也都建立了档案。

1998 年 10 月 14 日，中共十五届三中全会通过《中共中央关于农业和农村工作若干重大问题的决定》，提出建设有中国特色社会主义新农村的奋斗目标。10 月底，省委六届九次全体（扩大）会议通过《中共福建省委关于认真贯彻落实党的十五届三中全会精神，进一步加强农业和农村工作的决议》，提出全省农业和农村跨世纪发展的目标任务。随后，省档案局印发《关于贯彻落实党的十五届三中全会和省委六届九次扩大会议精神进一步加强我省农业和农村档案工作的意见》，要求全省各级档案部门进一步加强农业和农村档案工作。为推动全省农业和农村档案工作进一步开展，省档案局与省农业厅、省民政厅、省乡镇企业局联合召开全省农业和农村档案工作会议，印发关于加强农业档案工作、民政档案工作、乡镇企业档案工作等 3 个文件。厦门、南平、莆田、龙岩等市也相继召开农业和农村档案工作会议。漳州、三明、宁德等地市制定农业和农村档案工作的规章制度。石狮市投入专项资金 8 万元，在全市开展村（居）建档工作。宁化县档案局制定《档案工作服务“三农”规定》，开展业务指导上门服务。一些县（市、区）档案局（馆）领导带领干部长期深入乡村，分片包干，对村级建档工作进行督促指导。至年底，全省 85 个县（市、区）中已有 47 个 100％完成村（居）建档任务；全省 16659 个村（居）委会已建档 14649 个，建档率达 87.93％。厦门、漳州、泉州、三明、宁德提前完成“九五”计划 90％村（居）建档的目标任务，其中厦门、泉州 100％完成任务。农业和农村档案在各项工作中发挥了很大作用。例如，美国卡特中心考察小组到仙游县榜头镇官舍村、溪尾村了解基层组织选举民主化问题，这两个村提供的村委选举档案给小组成员留下了深刻印象。

1999 年 9 月，为贯彻中共中央办公厅、国务院办公厅《关于进一步稳定和完善农村土地承包关系的通知》精神，省档案局与省委农办联合印发《关于加强稳定和完善农村土地承包关系档案工作的意见》，要求各地加强第二轮土地承包档案的管理，更好地为稳定农村、稳定大局和农村社会经济发展服务。漳州、宁德等地市档案局分别与有关部门联合制定相应的意见和办法。连城县委、县政府成立土地延包合同档案移交工作领导小组。邵武市档案局与市农委联合发文，明确建立土地延包档案的工作要求和归档范围。全省 94.2％的土地承包档案由县（市、区）档案馆保管，其中泉州、厦门、福州、漳州 4 市所辖土地承包档案全部移交进馆。全省

16581个村(居)委会,已有16210个开展建档工作,建档率达97.76%,提前完成“九五”期间(1996—2000年)90%村(居)建档任务;全省有69个县(市、区)100%完成村(居)建档任务。

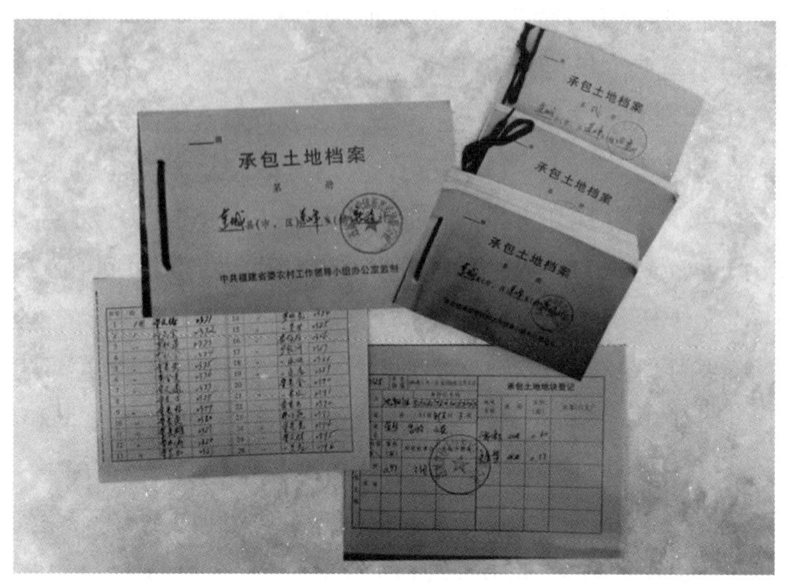

图5-4　承包土地档案(邢立新 摄于1999年)

2000年,全省各级档案部门进一步加大对农业和农村档案工作的指导力度,把提高村(居)建档合格率和土地承包档案进馆列入县级档案行政管理部门的年度考核内容。绝大部分县(市、区)、乡(镇)把档案工作列入农业和农村工作的整体计划,重点抓乡(镇)村(居)建档合格率和土地承包档案进馆工作。厦门市杏林区档案局针对村级换届选举工作,印发《关于在村级换届选举中加强档案工作的意见》,对换届选举档案材料的移交工作提出具体意见。南平123个乡镇、宁德73个乡镇的土地承包档案全部移交当地档案馆。全省有147个乡镇的档案管理达到省级先进水平,993个达到合格标准,厦门市同安区、泉州市鲤城区和宁德市柘荣县所辖乡镇的档案管理全部达到省级先进水平。全省16581个村(居)委会,已有16414个开展建档工作,建档率达98.99%;9842个村(居)档案工作达到合格水平,合格率达59.96%;厦门、泉州、三明、宁德市100%完成村级建档任务。

2002年12月审议通过的《福建省档案条例》明确规定:乡、民族乡、镇人民政府以及城市街道办事处应当设立档案室,指定人员负责管理本机关的档案,并对所属单位和村(居)民委员会的档案工作进行监督和指导;村(居)民委员会应当加强档案管理,做好档案的收集、整理、保管和利用工作。

2003年,为加强农业和农村档案工作的宏观管理,省档案局印发《关于建立农村农业档案工作联系点的通知》,要求各地市推荐、选报农业和农村档案工作联系点,重点抓好土地延包、土地流转、小城镇建设等档案工作,以点带面,推动全省农业和农村档案工作的开展。在各地推荐的基础上,经过筛选,全省共确定联系点21个。

2004年，全省各级档案局及时传达贯彻全国农业和农村档案工作经验交流会精神，进一步加强农业和农村档案工作。

2005年，福建省部分行政村会计档案开始实行乡镇托管，即将每年形成的村会计档案移交乡镇档案室，由乡镇档案人员负责规范整理和集中保管，经过审计之后，次年再退还各村保管。厦门市建立市、区两级村务公开和民主管理档案工作的监督检查制度和业务指导网络，确定3个村为开展这项工作的联系点。南平、三明、仙游等市县在原有文书档案的基础上，增加会计、农业科技、计划生育、土地承包、卫生防疫、民兵、户口、社会保障、村务公开、族谱等档案，不断完善农村档案的内容。截至2005年底，全省14724个村中，已有14055个开展建档工作，建档率达95.46%。

第七节　社区档案工作

福建省社区档案工作始于2002年。2002年，全省城市建设工作会议召开后，省档案局随即在全省档案工作会议上部署社区档案工作，要求各级档案部门深入社区，了解城市社区整合情况，与街道、社区的有关部门配合，合理处置行政区划调整中档案的归属和流向，维护档案的完整与安全，确保在城市整合过程中档案不受损失。全省社区档案工作按照统一领导、分级管理的原则，开始逐步铺开。

2002年1月，福州市档案局在对社区档案工作调研的基础上，制定出台《福州市城市社区划分中档案处置的意见》，在全省率先启动社区档案工作。福州市档案局与市民政局联合印发社区档案工作记录本和统计表，进一步规范全市社区档案工作。当年，福州市社区建档工作基本做到有指定人员保管、有档案装具存放。厦门市档案局组织社区档案监督指导小组，对全市社区居委会进行业务指导。在南京召开的全国城市社区档案工作研讨会上，厦门市代表介绍了厦门市的经验与做法。漳州市芗城区档案局召开街道档案动员工作会，主动深入社区一线，加大撤销居委会档案交接工作的指导力度。泉州市档案局印发《关于在城市社区整合中加强档案管理的意见》，对社区整合过程中形成的各种文件材料的收集、整理、归档、移交等作出详细规定。

2003年，全国社区档案工作座谈会召开后，全省各级档案部门贯彻座谈会精神，开展社区建档试点工作。全省档案工作会议把社区档案工作列入年度主要工作任务，各级档案管理部门加大力度推进社区档案工作：有的把社区档案工作列入年度计划和年终考核内容，有的纳入社区建设规划，有的列入居委会目标责任千分制，推动社区档案工作与社区建设同步开展。各地根据城市居委会的整合情况，选择不同类型的社区作为试点，指导建档工作。福州市档案局在每个县(市、区)各选两个社区作为试点。厦门市档案局与市民政局联合印发《厦门市社区档案管理暂行办法》《厦门社区居委会档案分类大纲和编号方法》《厦门市社区居委会文书档案归档范围和保管期限》等业务规范，对社区档案的收集范围、保管期限、立卷归档、科学管理、开发利用等予以规范。厦门市档案局还深入社区开展调查研究,选择基础较好、信息量较大的文屏社区和吕岭社区作为试点社区,以点带面开展社区档案规范化管理工作,初步建立全市社区档案工作管理新模式。当年,厦门市148个社区居委会的建档率、合格率均达到100%。泉州市档案局分别在鲤城区、丰泽区开展社区建档试点工作。三明市档案局与梅列区档案局联合开展社区档案调研活动,了解社区工作中形成的文件材料的数量、种类、载体形式等情况,指导社区建档工作。宁德市档案局与市民政局等部门联合印发《蕉城区档案管理暂行办法》,示范带动全市开展社区档案工作。厦门、泉州、福州、三明、龙岩等市档案局还根据社区为民服务的要求,指导社区建立低保户、下岗工人、老年人、志愿者及居民健康、计划生育等档案。

2004年4月12日,省档案局与省民政厅联合印发《福建省关于加强社区档案管理工作的意见》,附件为《福建省社区居民委员会档案管理暂行办法》《福建省社区居委会文件材料归档范围及保管期限表》和《福建省社区居民委员会档案管理合格标准》,进一步规范社区居委会档案管理工作,使全省社区档案工作有章可循。10月,全省社区档案工作会议在厦门召开,省档案局(馆)长陈永成作“以‘三个代表’重要思想为指导,全面推进社区档案工作深入开展”讲话,对深入开展社区档案工作提出意见。会后,各地普遍开展社区档案工作调研和社区档案管理人员培训。

同年,各地社区居委会在档案部门的指导下,除了收集反映社区概貌、工作情况、统计年报、重大活动、建设规划等综合性文件材料外,还注意收集反映居委会选举、劳动就业、民事调解、治安管理、解困扶贫、卫生保健、计划生育、房产租赁、文明建设等特色材料,建立门类齐全、内容丰富的档案资料。福州市档案局印发“社区档案基本情况表”,要求各县(市、区)档案部门抓好社区建档工作示范点建设。厦门市湖里区金尚社区、三明市梅列区四路社区、南平市延平区文宣社区相继建立下岗失业人员档案和与劳动保障相关的就业信息、求职意向、社会援助等专门档案,并实行动态管理。厦门、泉州和龙岩市新罗区、漳州市芗城区等地分别建立常用资料数据库,有针对性地把社区流动人口、下岗工人、低保人员、帮扶对象、老年人口、妇女生育、健康劳动等重点信息录入计算机。

2005年,全省各级档案局根据《福建省社区居民委员会档案管理合格标准》,从社区建立档案工作、有分管领导、有档案管理人员、有档案库房、档案数量等方面入手,开展考核认定工作。福州市档案局对5个城区11个社区档案工作示范点进行检查指导。福清市档案局对全市32个社区的档案管理情况进行测评,开展合格认定。厦门市档案局在全市开展社区档案管理工作评比活动,把档案工作与社区工作奖励挂钩。截至2005年底,全省共有社区居委会1601个,档案总数127672卷(册)。其中1421个社区完成建档工作,占总数的88.76%;915个社区的档案管理通过合格认定,合格率为64.39%;厦门、福州、三明市的社区全部完成建档工作。

第六章　信息化建设

福建省档案信息化建设起步于20世纪90年代。2002年,“数字档案”被纳入“数字福建”工作计划,全省档案信息化建设进入快速发展阶段。省档案局相继实施“福建省分布式档案基础数据库建设项目”一期、二期工程,建设信息网络中心1个,建设基础网络平台和应用系统平台2个,建设档案目录数据库、重要档案内容数据库和多媒体档案数据库3个,建成一个遍布全省、拥有94个网站的档案网络体系,实现全省馆藏档案信息资源共享。开发、引进“福建省综合档案馆管理系统”等档案管理软件,并在全省推广应用,提高档案工作的信息化、现代化水平。建立健全信息安全制度,完善管理员岗位职责,加强日常管理,为网络、系统和数据安全提供保障。

第一节　组 织 领 导

20世纪90年代,全省各级档案部门陆续将档案现代化管理摆上议事日程,推进计算机辅助管理档案信息的进程。

1992年,省档案局制定《福建省档案信息计算机管理系统发展规划》,确定全省档案部门应用计算机的方向和途径。

2000年,省档案局向省委、省政府提交制定全省档案资源信息化发展战略的专题报告,要求将档案信息化建设纳入“数字福建”建设计划。

2001年2月,省档案局将“加强档案信息建设”纳入《福建省档案事业发展“十五”计划》,主要内容包括:把档案部门纳入“数字福建”建设范畴,开展目录数据库建设,建成局域网络,探索档案信息上网,开展数字档案馆建设试点工作,提高档案馆现代化管理水平。

2002年2月,省档案局再次向省委、省政府提交《关于申请将我省档案资源信息化建设纳入“数字福建”规划的报告》,得到省委、省政府领导的重视和支持。4月,省政府正式将省档案局列为“数字福建”成员单位;“福建省分布式档案基础数据库”作为全省五个基础数据库(统计、地质、测绘、气象、档案)之一,被纳入“数字福建”的“339”建设计划(建设“3个基础工程”“3类示范项目”和“9个信息应用系统”)。11月,省计委正式批复“福建省分布式档案基础数据库建设项目(一期)”立项,总投资383万元,建设期限为2002—2003年。“数字档案”被纳入“数字福建”工作计划,标志着全省档案信息化建设进入一个新的发展阶段。

2003年1月,省档案局印发《“福建省分布式档案基础数据库建设项目(一期)”总体实施方案》,提出相应的技术质量标准、进度要求、资金安排等相关内容,统一指导项目建设。年底,以“一个中心(信息网络中心)、两个平台(基础网络平台、应用系统平台)、三个数据库(档案目录数据库、重要档案内容数据库、多媒体档案数据库)、四个数字化系统(纸质档案扫描系统、照片档案扫描系统、缩微档案转换系统、视音频档案转换系统)”为核心内容的具体建设项目全面完成。11 月,“福建省分布式档案基础数据库建设项目(二期)”正式立项,建设单位为全省各市、县(市、区)档案馆,投资规模约 1500 万元,建设工期为 2003—2005 年。

2004 年 2 月,省档案局印发《福建省分布式档案基础数据库建设项目(二期)总体实施方案》,其建设目标是:以各市、县(市、区)国家综合档案馆的馆藏档案为对象,建设一个全省性、规范化、可共享的档案数据库体系;以政务信息网为主干,建立以省档案馆为网络中心、9 个设区市为网络分中心、84 个县(市、区)为网络管理中心的全省档案网络体系,实现全省馆藏档案信息资源共享,为各立档单位提供电子档案存放和调阅服务。该项目建设计划在 3 年内基本完成。

同年,省档案信息中心正式成立,负责全省档案网络、档案网站群、档案数据库的运维管理和档案数字化建设的技术指导。省档案局采取“先省级,后市县,三级兼顾”的策略,加快推进档案信息化建设。各市、县(市、区)档案馆积极落实项目资金,抓紧实施项目建设。泉州市发展计划委员会正式批复同意建设“泉州市档案馆分布式档案基础数据库项目”,并将其纳入“数字泉州”建设规划,下拨专项资金 75.4 万元。该项目于 2004 年 8 月建成并通过由泉州市国民经济和社会信息化领导小组办公室组织的测评验收。厦门、漳州、三明、大田、尤溪、东山等市县分别制定项目实施方案。“三明市分布式档案基础数据库”建设经费被列入市财政预算,由社会发展经费安排 25 万元。德化、福清、连江、闽侯、建瓯等市县先后落实项目资金。

2005 年,经福州市编委批准,福州市档案局增设技术处,负责档案信息化工作。“连江县分布式档案基础数据库二期项目”建设粗具规模。“莆田市档案馆分布式档案基础数据库建设项目(二期)”正式通过市数字办审批,被列入“数字莆田”规划,下拨项目资金 45 万元。“龙岩市档案局分布式档案基础数据库建设项目(二期)”通过验收。泉州市鲤城区、龙岩市永定县分别拨款 20 万元、10 万元用于县档案馆分布式档案基础数据库建设。

第二节　基础设施建设

一、计算机配备

1993 年,省委办公厅、省政府办公厅、省检察院、省冶金厅、省环保局等省直机关开始用计算机管理档案,迈出档案现代化管理工作的脚步。

1995 年,全省已有部分地(市)档案馆配备计算机,开始应用计算机管理档案,为加速档案管理现代化创造了条件。

1996 年,省档案局明确提出全省各级综合档案馆在 3 年内配备计算机,利用计算机辅助管理档案信息的要求。全省档案部门的计算机拥有率和应用计算机管理档案的普及率开始逐年提升。

1997 年,全省已有 70%的县级档案馆配备了计算机;有 86 个省直单位使用计算机辅助管理档案,占省直机关总数的 62.32%。

2002 年,为解决各地档案信息化建设发展不平衡的问题,省档案局购置一批总价值 7 万多元的计算机设备,赠给 10 个山区贫困县的档案部门,并派专人专车送“机”上门,现场培训指导,帮助贫困县跟上档案信息化建设步伐。

图 6-1　省档案馆计算机中心(邢立新 摄于 2000 年)

2005 年,全省各级国家综合档案馆共有计算机 592 台,省直机关档案部门有计算机 127 台,大型企业档案部门有计算机 245 台,文化、科技事业单位档案部门有计算机 77 台。

表 6-1　　**1993—2005 年福建省各级国家综合档案馆信息化设备情况表**

单位:台、个

年份	省档案馆			地(市)档案馆			县(市、区)档案馆			合计		
	局域网		微机	局域网		微机	局域网		微机	局域网		微机
	服务器	站点		服务器	站点		服务器	站点		服务器	站点	
1993	—	—	9	—	—	4	—	—	3	—	—	16
1994	—	—	9	—	—	6	—	—	8	—	—	23
1995	—	—	9	—	—	16	—	—	16	—	—	41

续表 6-1

年份	省档案馆			地（市）档案馆			县（市、区）档案馆			合计		
	局域网		微机	局域网		微机	局域网		微机	局域网		微机
	服务器	站点		服务器	站点		服务器	站点		服务器	站点	
1996	—	—	9	—	—	19	—	—	26	—	—	54
1997	—	—	11	—	—	21	—	—	40	—	—	72
1998	—	—	11	—	—	28	—	—	59	—	—	98
1999	1	6	8	1	8	37	1	—	79	3	14	124
2000	1	7	16	2	10	59	2	3	93	5	20	168
2001	1	41	21	2	40	69	2	3	125	5	84	215
2002	2	41	46	3	46	79	3	17	168	8	104	293
2003	2	113	76	3	48	86	3	29	210	8	190	372
2004	4	115	78	4	50	108	3	54	373	11	219	559
2005	4	115	81	7	38	144	9	55	367	20	208	592

二、网络平台建设

1998 年，省档案局制定《福建省档案馆计算机网络系统建设方案》，开展省档案馆计算机局域网课题研究。

1999 年，省档案局制定《福建省档案馆计算机网络档案综合管理系统需求》。

2001 年 2 月，省档案局发布《福建省档案事业发展“十五”计划》，提出“十五”期间（2001—2005 年）要建立“福建档案网站”，实施省、设区市和部分县（市、区）档案局（馆）联网建设工作。

同年，省档案局完成省馆局域网建设。7 月 1 日，“福建档案网站”正式开通（网址：http://www.fj—archives.org.cn）。10 月 15 日，为规范全省档案网站信息服务活动，促进档案网站信息服务健康有序发展，省档案局制定《福建省档案网站管理办法（试行）》，规定档案网站信息服务的内容、范围，建立档案网站信息服务备案制度和年检制度，进一步明确档案数据上网审批程序。省档案局还制定“网站信息采集”“档案信息发布”“栏目内容责任”“网页更新”“电子邮件与留言及时回复”等规章制度，加强网站的日常管理。全省各级档案部门相应地建立门户网站，同时抓好栏目建设，加强维护管理，努力把档案网站建设成为档案工作的宣传窗口、档案资源的利用中心、现行文件的阅览中心和爱国主义教育基地，推动档案工作走向社会、服务社会。

2002 年，为确保档案局域网和档案网站的正常管理和维护，省档案局相继制定《福建省档案局（馆）计算机局域网及信息系统管理规定（试行）》《福建省档案局（馆）计算机局域网管理使用暂行规定》，明确了局域网管理和使用的相关要求。省档案局对网站进行升级改版，建立访问者 IP 地址管理、问卷调查模块和后台信息发布系统。各地档案部门争取档案政务信息上网服务，泉州、龙岩、三明等市档案局在当地政府网站建立网页。

2003 年，省档案局在全省统一开展“分布式档案馆网站系统”建设。该系统是面向互联网的又一个档案信息资源共享通道，包括工作概况、信息中心、馆藏介绍、档案检索、网上展厅、史话趣闻、现行文件阅览中心等 14 个栏目。该系统实行统一规划、统一建设和统一管理：省档案局中心网站负责对各档案网站的组织管理、质量检查、工作评比、人员培训等工作以及中心网站的日常维护、管理工作，各分支网站负责各自的内容更新、邮件收发、数据采集、工作交流、业务咨询等日常管理工作。

同年 1 月，省档案馆网站正式接入省政务信息网，实现了省直立档单位与省档案馆之间在线接收、在线指导、在线利用档案及资源共享，开拓了宣传介绍福建档案工作的新阵地。省档案局政务网站设有单位介绍、新闻报道、档案知识、法律法规、文件汇编、规章制度、工作动态、综合信息、分析研究、档案检索等 10 个一级栏目和 24 个子栏目。

同年，根据“福建省分布式档案基础数据库建设项目（一期）”的要求，省档案局对原有省档案馆局域网、机房设备进行升级改造，新增工作站 78 个，整合网点 113 个，购置服务器 2 台，配置网络防火墙和防病毒软件，制定机房管理、局域网管理及网络安全责任制度，确保省档案馆局域网的网络畅通。各市县档案馆陆续开展局域网建设。

2004 年，省档案局与国家档案局法标司共同制定《档案网站管理办法》。省档案馆政务网站开通“福建省数字档案信息管理系统——在线利用服务平台”。该平台具有在线档案管理、馆藏资源利用、档案接收、档案业务指导、开放文件阅览等功能，供省政务信息网各接入单位使用。

同年，全省分布式档案网站系统正式建成，共有档案网站 94 个。厦门、福州等市档案局进一步完善档案网站建设，适应社会公众需求，调整充实了网站栏目内容，把信息性、可读性与观赏性有机结合起来，提高了点击率；逐步实现档案信息资源共享，提高档案的查全率、查准率，为党政机关、社会各界和广大群众在编史修志，工作查考，经济建设，宣传教育，学术交流，解决土地、林权、房产纠纷，开展陆海域勘界，以及落实工龄、学历、职称、待遇等方面，提供方便、快捷的服务。

2004—2005 年，为推动全省档案网站建设，省档案局开展优秀档案网站和优秀档案网站管理员评比活动。顺昌、德化、清流、尤溪、泉州、福州、龙岩、三明、厦门、莆田等 10 个市县的档案网站被评为年度全省优秀档案网站，徐伟勇、陈文利、林清英、陈盛彪、颜伟锋、蒋绍斌、王晓霖、郭平、官萍、林宏杰等 10 人被评选为全省优秀档案网站管理员。

截至 2005 年底，全省各级国家综合档案馆共有局域网服务器 20 个、站点 208 个；共有档案网站 94 个，总访问量 42.60 万人次；开设网上展厅专题 210 个、数据库专题 42 个；发布档案目录 16.35 万条、全文文件 1610 份、现行文件 9001 份。

表 6-2　**2005 年福建省分布式档案馆网站系统域名表**

序号	单位	域名
1	福建省档案局(馆)	http://www.fj—archives.org.cn/
2	福州市档案局(馆)	http://fz.fj—archives.org.cn/
3	鼓楼区档案局(馆)	http://fzgl.fj—archives.org.cn/
4	台江区档案局(馆)	http://fztj.fj—archives.org.cn/
5	仓山区档案局(馆)	http://fzcs.fj—archives.org.cn/
6	马尾区档案局(馆)	http://fzmw.fj—archives.org.cn/
7	晋安区档案局(馆)	http://fzja.fj—archives.org.cn/
8	福清市档案局(馆)	http://fzfq.fj—archives.org.cn/
9	长乐市档案局(馆)	http://fzcl.fj—archives.org.cn/
10	闽侯县档案局(馆)	http://fzmh.fj—archives.org.cn/
11	平潭县档案局(馆)	http://fzpt.fj—archives.org.cn/
12	永泰县档案局(馆)	http://fzyt.fj—archives.org.cn/
13	闽清县档案局(馆)	http://fzmq.fj—archives.org.cn/
14	连江县档案局(馆)	http://fzlj.fj—archives.org.cn/
15	罗源县档案局(馆)	http://fzly.fj—archives.org.cn/
16	厦门市档案局(馆)	http://xm.fj—archives.org.cn/
17	思明区档案局(馆)	http://xmsm.fj—archives.org.cn/
18	湖里区档案局(馆)	http://xmhl.fj—archives.org.cn/
19	集美区档案局(馆)	http://xmjm.fj—archives.org.cn/
20	海沧区档案局(馆)	http://xmhc.fj—archives.org.cn/
21	同安区档案局(馆)	http://xmta.fj—archives.org.cn/
22	翔安区档案局(馆)	http://xmxa.fj—archives.org.cn/
23	漳州市档案局(馆)	http://zz.fj—archives.org.cn/
24	芗城区档案局(馆)	http://zzxc.fj—archives.org.cn/
25	龙文区档案局(馆)	http://zzlw.fj—archives.org.cn/
26	龙海市档案局(馆)	http://zzlh.fj—archives.org.cn/
27	平和县档案局(馆)	http://zzph.fj—archives.org.cn/
28	东山县档案局(馆)	http://zzds.fj—archives.org.cn/

续表 6-2

序号	单位	域名
29	长泰县档案局(馆)	http://zzct.fj—archives.org.cn/
30	华安县档案局(馆)	http://zzha.fj—archives.org.cn/
31	南靖县档案局(馆)	http://zznj.fj—archives.org.cn/
32	云霄县档案局(馆)	http://zzyx.fj—archives.org.cn/
33	漳浦县档案局(馆)	http://zzzp.fj—archives.org.cn/
34	诏安县档案局(馆)	http://zzza.fj—archives.org.cn/
35	泉州市档案局(馆)	http://qz.fj—archives.org.cn/
36	鲤城区档案局(馆)	http://qzlc.fj—archives.org.cn/
37	洛江区档案局(馆)	http://qzlj.fj—archives.org.cn/
38	丰泽区档案局(馆)	http://qzfz.fj—archives.org.cn/
39	泉港区档案局(馆)	http://qzqg.fj—archives.org.cn/
40	石狮市档案局(馆)	http://qzss.fj—archives.org.cn/
41	晋江市档案局(馆)	http://qzjj.fj—archives.org.cn/
42	南安市档案局(馆)	http://qzna.fj—archives.org.cn/
43	安溪县档案局(馆)	http://qzax.fj—archives.org.cn/
44	永春县档案局(馆)	http://qzyc.fj—archives.org.cn/
45	惠安县档案局(馆)	http://qzha.fj—archives.org.cn/
46	德化县档案局(馆)	http://qzdh.fj—archives.org.cn/
47	三明市档案局(馆)	http://sm.fj—archives.org.cn/
48	梅列区档案局(馆)	http://smml.fj—archives.org.cn/
49	三元区档案局(馆)	http://smsy.fj—archives.org.cn/
50	永安市档案局(馆)	http://smya.fj—archives.org.cn/
51	明溪县档案局(馆)	http://smmx.fj—archives.org.cn/
52	清流县档案局(馆)	http://smql.fj—archives.org.cn/
53	沙县档案局(馆)	http://smsx.fj—archives.org.cn/
54	宁化县档案局(馆)	http://smnh.fj—archives.org.cn/
55	泰宁县档案局(馆)	http://smtn.fj—archives.org.cn/
56	尤溪县档案局(馆)	http://smyx.fj—archives.org.cn/

续表 6-2

序号	单位	域名
57	将乐县档案局(馆)	http://smjl.fj—archives.org.cn/
58	建宁县档案局(馆)	http://smjn.fj—archives.org.cn/
59	大田县档案局(馆)	http://smdt.fj—archives.org.cn/
60	莆田市档案局(馆)	http://pt.fj—archives.org.cn/
61	荔城区档案局(馆)	http://ptlc.fj—archives.org.cn/
62	城厢区档案局(馆)	http://ptcx.fj—archives.org.cn/
63	涵江区档案局(馆)	http://pthj.fj—archives.org.cn/
64	秀屿区档案局(馆)	http://ptxiuyu.fj—archives.org.cn/
65	仙游县档案局(馆)	http://ptxianyou.fj—archives.org.cn/
66	南平市档案局(馆)	http://np.fj—archives.org.cn/
67	延平区档案局(馆)	http://npyp.fj—archives.org.cn/
68	建瓯市档案局(馆)	http://npjo.fj—archives.org.cn/
69	邵武市档案局(馆)	http://npsw.fj—archives.org.cn/
70	武夷山市档案局(馆)	http://npwys.fj—archives.org.cn/
71	建阳市档案局(馆)	http://npjy.fj—archives.org.cn/
72	松溪县档案局(馆)	http://npsx.fj—archives.org.cn/
73	政和县档案局(馆)	http://npzh.fj—archives.org.cn/
74	浦城县档案局(馆)	http://nppc.fj—archives.org.cn/
75	光泽县档案局(馆)	http://npgz.fj—archives.org.cn/
76	顺昌县档案局(馆)	http://npsc.fj—archives.org.cn/
77	龙岩市档案局(馆)	http://ly.fj—archives.org.cn/
78	新罗区档案局(馆)	http://lyxl.fj—archives.org.cn/
79	漳平市档案局(馆)	http://lyzp.fj—archives.org.cn/
80	永定县档案局(馆)	http://lyyd.fj—archives.org.cn/
81	长汀县档案局(馆)	http://lycd.fj—archives.org.cn/
82	武平县档案局(馆)	http://lywp.fj—archives.org.cn/
83	连城县档案局(馆)	http://lylc.fj—archives.org.cn/
84	上杭县档案局(馆)	http://lysh.fj—archives.org.cn/

续表 6-2

序号	单位	域名
85	宁德市档案局(馆)	http://nd.fj—archives.org.cn/
86	蕉城区档案局(馆)	http://ndjc.fj—archives.org.cn/
87	福安市档案局(馆)	http://ndfa.fj—archives.org.cn/
88	福鼎市档案局(馆)	http://ndfd.fj—archives.org.cn/
89	古田县档案局(馆)	http://ndgt.fj—archives.org.cn/
90	寿宁县档案局(馆)	http://ndsn.fj—archives.org.cn/
91	周宁县档案局(馆)	http://ndzn.fj—archives.org.cn/
92	柘荣县档案局(馆)	http://ndzr.fj—archives.org.cn/
93	霞浦县档案局(馆)	http://ndxp.fj—archives.org.cn/
94	屏南县档案局(馆)	http://ndpn.fj—archives.org.cn/

第三节　档案数字化与电子文件归档管理

一、档案数字化

(一)目录数据库建设

1996 年 4 月,省档案局制定《福建省档案事业发展“九五”计划》,要求加速建立“福建省档案管理数据库”,完成全省明清、民国、革命历史档案资料案卷级和文件级目录汇总工作。为推动目录数据库建设,“九五”期间(1996—2000 年),省档案局每年给设区市及县(市、区)档案馆下达任务指标,加强技术指导并提供服务。

1998 年,福建省启动“国家综合档案馆目录数据库”项目建设。为保证档案目录数据库建设的工作规范和数据质量,省档案局相继制定《福建省各级综合档案馆文件级档案目录数据库结构与著录要求》和《福建省国家综合档案馆档案目录数据库建设前处理规范》。当年,绝大多数已配置计算机的县级档案馆基本完成 1 万条以上文件级目录数据的任务,部分县级档案馆完成 3 万余条,最多的是晋江市档案馆,共完成 44.6 万条。全省档案目录数据库共 264 万条。

1999 年,《福建省档案馆馆藏建国后档案文件级目录数据库实施办法》开始实行,省档案局决定用 3～5 年时间建立中华人民共和国成立后档案文件级目录数据库。各级综合档案馆加快机检目录数据库的建设,全年共录入文件级目录 645 万条。

2000 年,省档案局对全省档案目录数据库质量开展专项检查。省档案馆建立机检目录

110万条。福州、龙岩、三明、宁德、漳州市各级档案馆总数和省档案馆均超过100万条。泉州市各级档案馆共200万条,其中晋江市档案馆70万条。全省各级国家综合档案馆共建立机检目录1200余万条。

2001年4月10日,为规范全省民国档案目录数据库建设,做好民国档案案卷级目录的报送工作,省档案馆制定《福建省民国档案目录数据采集工作实施意见》,对采集工作的组织、数据采集范围、采集前处理项目、数据采集格式等进行规范;要求民国档案馆藏7000卷以下的市、县,采集工作任务应于2001年完成,馆藏7000卷以上的市、县于2002年完成。全省各级综合档案馆加快档案目录数据库的建设步伐,省档案馆比原计划提前两年完成目录数据的前处理和建库任务,数据总量达130多万条。全省各级国家综合档案馆档案目录数据接近2000万条。

图6-2　省档案馆数据中心(邢立新 摄于2001年)

2002年,省档案局相继制定《福建省国家综合档案馆档案目录数据库建设操作规范》;出台省地方标准《文书档案目录数据交换格式与著录细则》(DB35/T 161—2002),对文书档案目录数据库的基本结构、著录项目、交换格式等事项进行规定。全省民国档案目录信息数据的采集工作基本完成,省档案馆按有关规范要求,逐条逐项审核修改目录数据共27.9万多条。各级档案部门全力以赴开展中华人民共和国成立后档案目录数据库建设,省档案馆组织力量对26万多条数据进行审核、修改和规范。截至2002年底,全省各级各类档案馆已建立档案目录数据约2300万条。

2003年,福建省提前半年完成民国档案案卷级目录数据采集工作,并加快中华人民共和国成立后档案文件级目录数据库建设。全省共采集民国档案案卷级目录数据48.33万条,其中省档案馆17.77万条。5月,省档案局派技术人员赴9个设区市对档案目录数据库建设工作进行专项指导。6月，省档案目录中心向中国第二历史档案馆报送福建省民国档案案卷级目录数据。中国第二历史档案馆考评专家认为，福建省民国档案案卷级目录数据“质量较高，符合采集方案采集标准的要求”。

2004年，为提高目录数据处理质量和效率，省档案局先后制定《福建省档案计算机目录信息报送办法》《福建省档案目录电子数据报送暂行规定》《福建省档案馆目录数据库数据准备及审核操作规程》《福建省档案馆目录数据库数据质量检查标准》，对目录数据库建设的操作规程和质量要求进行规范。各级国家综合档案馆抓好档案数据库的规范化建设，完成全省档案馆档案目录数据库第一阶段建设的数据整改。全省确定7个档案馆作为馆藏档案目录数据报送工作的试点单位，进行巡回培训讲解。省档案信息中心录入馆藏档案目录数据165万条，开发名胜古迹、名老中医等专题目录数据库17个目录27574条，其中包括侨务、闽台关系、卫生、防疫、禁毒、盐务等民国档案目录信息6个专题共1.81万条。省基础地理信息中心建立馆藏档案资料目录数据库，计有案卷级数据目录10万多条。

2005年，省档案局参与国家档案局《照片档案数字化规范》《视频、音频档案数字化规范》两个国家标准起草工作，并参加在深圳召开的档案信息化与电子政务建设研讨会，参加国家标准的研讨修改工作。

同年，全省目录数据库建设任务基本完成。省档案馆共接收各市报送目录数据68.61万条，对其中2万多条数据进行质量抽样检查，目录数据总计195万条。泉州市档案馆录制每日《泉州新闻联播》节目，建立新闻提要目录数据库。省电信有限公司档案馆建立档案目录数据库，共有机读目录11.96万条。厦门大学档案馆著录文件级和案卷级档案目录约4万条、教学档案信息约30万条。福州市房地产档案馆建立目录数据库15个，录入目录数据52万条。三明市城市建设档案馆馆藏档案目录信息全部完成采集录入，共1.80万条。

（二）全文和多媒体数据库建设

20世纪90年代，福建省全文和多媒体数据库建设处于起步阶段。1994年，省档案局帮助部分省直机关运用计算机辅助管理档案信息。1997年，省科技档案馆进行“福建省科研档案信息库”建设，将全省1993—1995年间540项获奖科技成果信息录入计算机。1999年，晋江市档案馆建立干部档案数据库。

进入21世纪之后，福建省加快档案数据库建设步伐。2001年，为提高档案信息数据库建设质量，省档案局印发《福建省档案信息数据库建设规程》。省气象档案馆依托计算机系统，基本完成全省气象台站非实时气象资料的信息化工作，对地面气象记录月（年）报表和高空气象记录月报表进行计算机审核与制作，将全省74个站2000年以前的地面观测记录和馆藏气象、海洋、水文等专业资料目录全部录入计算机。

2002年，省档案馆制定《省档案馆照片档案扫描建库前处理工作方案》，完成8000张照片档案的扫描处理。

图 6-3　1999 年 5 月,晋江市档案馆建立干部档案数据库(邢立新 摄)

2003 年,为配合“福建省分布式档案基础数据库(一期)”项目建设,省档案局制定《照片档案扫描系统操作规范》《照片档案扫描人员岗位职责及产品验收标准》《缩微档案转换系统操作规范》《缩微档案转换系统人员岗位职责及产品验收标准》《纸质档案扫描系统操作规范》《纸质档案扫描系统人员岗位职责及产品验收标准》《视音频档案转换系统操作规范与产品质量标准》等规范和标准,明确了不同载体档案数据的采集要求和操作程序;通过开发纸质档案扫描、照片档案扫描、缩微胶片转换、视音频档案转换等 4 个数字化处理系统,建成一个具有一定规模和处理能力的档案数字化生产加工基地,纸质档案日扫描能力达 2 万页,缩微胶片日处理能力达 9000 画幅。当年共完成 181.48 万页档案扫描和 130 万画幅缩微档案转换任务,完成重要档案内容数据库建设,并全部导入“福建省数字档案信息管理系统”。晋江市把档案数字化建设列为电子政务重点建设项目。福安市档案局开展“档案信息化建设年”活动,大力推进档案数字化工作。

2004 年,省档案馆扫描重要档案 298.20 万页,缩微转换 191.60 万画幅,扫描馆藏 2.10 万张照片档案,完成 94 盘录像档案(计 5816 分钟)和 615 盒录音档案(计 36825 分钟)数码转换;整合、开发福建省历届人代会、十个五年计划、劳模、华侨、闽台关系等全文档案数据库 6 个,计 1610 份文件。

2005 年,省档案馆整合抗战等 26 个专题档案数据库,其中 7 个专题在网站上发布。省档案馆数据库共建立重要档案内容数据 1018 万页、照片档案 2.1 万张、录音档案 508 盒、录像档案 94 盘。省委办公厅对 1989—2004 年 5 万卷(件)存量档案进行扫描并建立数据库。省国土资源档案馆完成 3000 种地质资料的数码转换。省科技档案馆对馆藏科研档案进行扫描,实现 1979 年以后省级科研档案以及部分文书档案信息的快速检索。省基础地理信息中心建立“福建省大地控制点成果数据库”,存储各类成果数据 19812 个。厦门市国土资源与房产测绘档案馆编

图 6-4　将缩微品转换为数字文件(邢立新 摄于 2003 年)

制《档案数字化技术管理规范》《档案数字化成果管理实施细则》,对馆藏档案进行数字化处理,共扫描权属、土地类档案 2114.67 万页,建立机读目录 53.51 万条。福州市房地产档案馆对馆藏档案进行数字化处理,共采集信息 39 万条,扫描福州市经济适用房审批档案 1.40 万卷。

二、电子文件归档与管理

随着计算机技术的发展,电子文件大量产生并广泛应用,逐渐引起档案界的重视。20 世纪 90 年代,省委办公厅、省政府办公厅、省人民银行、省建筑设计研究院、省电力工业局等单位尝试开展计算机辅助管理文书档案工作,实现从文书收发到档案的自动组卷、编目、检索、统计、销毁等一体化管理,提高了档案管理的现代化水平。

2001 年 2 月,省档案局发布《福建省档案事业发展"十五"计划》,提出"十五"期间(2001—2005 年),省直机关单位 80%以上,福州、厦门、泉州市直机关单位 60%以上,其他设区市直机关单位 35%以上,县(市、区)机关单位 20%以上,以及国有重点企事业单位 60%以上,都要推行文档一体化管理。省档案局在省直机关单位推行文档一体化建设,进行电子文件和电子档案管理的调研和试点工作,取得初步经验。

2002 年 11 月,国家档案局印发《全国档案信息化建设实施纲要》,提出"十五"期间(2001—2005 年)加强电子文件归档管理的要求。

2003 年 5 月 1 日,国家标准《电子文件归档与管理规范》(GB/T 18894—2002)正式实施,规定了在公务活动中产生的,具有保存价值的电子文件的形成、积累、归档、保管、利用、统计的一般方法。5 月 28 日,为适应信息化建设的需要,规范电子文件与电子档案的管理工作,省委办公厅、省政府办公厅印发《福建省电子文件归档与电子档案管理办法(试行)》。该办法共

7章65条,对电子文件的真实性、完整性、有效性和安全性保证,电子文件的收集与积累,电子文件的归档方式及要求,电子档案的保管与利用,电子档案的移交与接收等进行详细规定。省档案局随即提出贯彻意见,要求各单位档案工作人员做好与电子文件形成部门的配合工作,对电子文件实行全过程管理;全省各级档案行政管理机构要开展对电子文件归档与电子档案管理的监督指导工作。省档案局还在省政府办公厅等省直机关单位举办电子文件归档与电子档案管理学习讲座。龙岩市档案局举办两期电子文件归档与电子档案管理培训班,在龙岩市电业局、长汀市国税局等5个单位进行试点工作。厦门大学档案馆配合校长办公室等部门实行全校办公自动化,坚持推行电子档案与纸质档案同时归档。省电信有限公司档案馆实行纸质文档与电子文档“双套制”管理方式。

2004年,省档案局举办电子文件归档与管理培训班,开展省直机关单位电子文件归档与管理试点工作。各级机关和企事业单位档案部门加强本单位电子文件的积累、鉴定、著录、归档等工作,不断提高电子文件的真实性、完整性、有效性。

2005年,随着文档一体化管理工作的开展,各级机关档案部门充分发挥档案作用,为各级党政领导决策参考和经济建设提供档案服务,促进全省机关档案管理水平不断提升。

第四节　应用系统建设

20世纪90年代,福建省海关、电力、邮电、银行等系统自主开发适合系统内使用的档案管理软件,部分档案馆(室)使用“超星”“津科”等档案管理软件。

1993年,省档案局举办应用微机管理档案培训班,推广省委办公厅、福州海关等单位开发的文档一体化管理软件和国家档案局档案科学技术研究所“通用型动态档案数据库微机管理系统”。

1994年,省档案局开发“馆藏档案利用管理系统”“档案库房温湿度分析统计系统”“档案目录数据录入管理系统”3套软件,拓展了计算机在档案管理工作中的应用面;同时,进一步完善“文件、档案、资料一体化微机数据库管理系统”,并向地县档案馆推广。在“全省电子信息应用成果展示会”上,省档案局(馆)被省电子振兴办评为参展先进单位。

1995年,省档案局要求地县档案馆统一使用“通用型动态档案数据库微机管理系统”;研制“福建省机关文档一体化微机管理系统”并在省直机关单位推广,功能包括文件管理、立卷管理、档案管理、系统维护等。中国人民银行福建省分行开发的“文档一体化”计算机管理软件通过鉴定。省委办公厅、省电力局、福州海关等单位开发的档案计算机管理软件分别获省档案科技进步奖一等奖和二等奖。

1996年,“福建省档案馆调阅利用档案计算机管理系统”通过鉴定。省电力局在局直属单位全面推广“文档一体化计算机管理系统”。

1998年,省档案局对地县档案馆计算机软件应用情况进行调研。厦门市档案馆完成“计

图 6-5　1996 年 8 月 22 日,省档案馆工作人员介绍“调阅利用档案计算机管理系统”(邢立新 摄)

算机文书档案管理检索系统”的选定、安装、调试并将其投入使用。福安市档案馆开发“福建文档微机管理系统”。

1999 年 7 月,福建万方科技发展有限公司开发的“WF2000 系列档案管理软件”通过省档案局鉴定。该系列软件包括机关文档一体化管理系统、企业档案管理系统和档案馆文件级录入系统。同年,“福建省档案馆多媒体档案资料信息触摸查询系统”投入使用。

2000 年,省档案局规范全省档案管理软件的使用,要求本着文档一体、综合管理、馆室衔接的原则,全省各级机关、团体、企事业单位统一使用北京科怡科技发展有限公司开发的、符合国家档案管理标准的“科怡 2000 档案管理系统”。

图 6-6　演示专业档案信息管理软件(邢立新 摄于 2000 年)

2001年2月，省档案局制定《福建省档案事业发展“十五”计划》，提出“十五”期间(2001—2005年)，全省各级各类档案馆要普遍应用符合国家标准的、由省档案局统一推广应用的计算机档案管理系列软件。省档案局组织力量开发“福建省综合档案馆管理系统”软件，在省档案馆安装、调试该系统的“网络版”，为全省34个国家综合档案馆安装该系统的“单机版”。

2002年，省档案局为46个县(市、区)档案馆免费安装“福建省综合档案馆管理系统”软件，对之前安装该软件的34个档案馆免费进行技术升级。

2003年，为配合项目建设中的应用平台——数字档案信息管理系统的开发与应用，省档案局研究制定《“福建省数字档案信息管理系统”基于XML在线应用平台数据交换规范(试行)》，为在网络环境下档案数据交换和传递提供先进、规范的应用方式和数据安全保障。

11月8日，“福建省数字档案信息管理系统”成果通过国家档案局专家组的鉴定。“福建省数字档案信息管理系统”是“福建省分布式档案基础数据库建设项目(一期)”的子项目和核心内容之一，也是档案资源信息化建设的一个基础应用平台。该系统分为“馆藏资源管理”和“在线利用服务”两个平台。“馆藏资源管理平台”主要实现馆藏档案信息的接收、鉴定、检索、利用、编研和库房管理等各项档案基础业务的网络化管理。“在线利用服务平台”主要面向“福建省政务信息网”建立档案服务中心，对外提供档案信息资源利用、虚拟档案室管理和在线接收电子档案等服务。该软件的开发，从组织实施到研发成功，仅用了半年多时间。国家档案局鉴定专家委员会指出：“这一课题成果有很强的先进性、创新性、前瞻性、规范性、可靠性和安全性，在全国档案行业同类系统中处于领先水平，具有很高的经济效益、社会效益和广阔的推广应用前景。”专程出席成果鉴定会和项目验收会的国家档案局副局长杨公之对福建省档案信息化建设所取得的成果给予高度评价。

2004年，省档案局向全省推广“福建科易档案管理软件(V3.1专业版)”，同时加强“福建省数字档案信息管理系统”软件在全省档案基础数据库项目(二期)建设中的应用、推广和指导工作。省科技档案馆与省档案馆联合设计的“福建省科研档案计算机多媒体管理系统”通过试用单位专业测试和专家鉴定后被正式启用。省基础地理信息中心开发“福建省测绘科技档案资料管理信息系统”“福建省大地控制点成果管理与查询系统”等查询工具，供用户检索利用。

2005年，省档案局加大力度推广“福建省数字档案信息管理系统”软件。连江、厦门、集美、同安、泉州、鲤城、南安、三明、大田、龙岩等地的综合档案馆已安装使用，另有24个省直单位开通“福建省数字档案信息管理系统——在线利用服务平台”，用户可随时上网利用现行文件及馆藏档案资料。省档案局还加强“福建省档案馆管理系统(单机版)”软件的应用、指导、维护工作，先后对宁德、南平、莆田市荔城区等地进行指导。

第五节　信息安全

1999年,为解决计算机“千年虫”问题,省档案局成立专门工作小组,对全局(馆)计算机进行调查,检查目录数据库系统,加装服务器补丁程序,对相关计算机插入“千年虫”卡。为确保数据安全,省档案局用磁带机对所有数据进行一次系统的备份。省档案局在解决计算机“千年虫”问题的同时,督促、指导各地市档案局抓紧做好此项工作。因准备充分、组织有力、措施得当,“千年虫”问题没有给全省档案系统造成大的安全问题。

进入21世纪之后,福建省加大档案信息安全工作力度。2001年,省档案局制发《福建省国家档案馆计算机管理系统安全要求》,要求各级综合档案馆建立健全管理制度,严格采取各项管理措施,确保系统环境、设备、档案载体等安全。省档案局从2001年起连续两年开展全省档案安全管理大检查,其中包括数据安全。厦门、龙岩、莆田等市档案局也分别对辖区各档案馆的数据库安全进行检查。

2002年,省档案局制定《福建省档案局(馆)计算机局域网及信息管理系统安全规定》,并按照这一规定要求,相应制定《计算机设备维护管理办法》《档案机房管理制度》《档案安全备份管理办法》《档案数据库安全管理办法》《系统管理员岗位职责》《网络管理员岗位职责》《网站管理员岗位职责》等一系列制度和岗位工作规范要求。为降低突发事件所造成的影响,省档案局专门制定《网络安全与信息应急处置预案》,一旦发生突发事件,立即启动预案处置程序,堵塞漏洞、消除隐患,确保档案网络和信息安全。

同年,省档案局(馆)成立由副局长陈爱群任组长、副局长叶仲霖任副组长、各处室主要负责人为成员的信息网络安全工作领导小组,开展信息网络安全自查及整改工作。自查内容包括:省局(馆)局域网、网站、机房、计算机信息系统安全管理制度建立情况,局域网、网络日常运行及数据定期备份情况,中心机房设备运行情况,用户的账号、密码、权限管理情况等。通过全面自查,发现安全隐患,及时进行整改,以确保信息网络安全。

2003年,省档案局制定《“福建省数字档案信息管理系统”档案数据管理安全要求(试行)》,成立信息网络安全工作领导小组和计算机系统保密管理小组,进一步加强信息网络安全工作的组织领导,有效地保证了档案网络、应用系统和数据库的安全性,各级档案部门也不断增强信息网络安全意识,加强档案信息安全体系建设,分别制定计算机机房管理、局域网管理、档案数据安全、磁体载体档案利用、安全保密等管理制度,同时完善网络管理员、系统管理员等岗位职责,使档案信息安全工作有章可循。

2004年,省档案馆加强档案信息安全工作,保障网络畅通、设备正常和安全使用。坚持档案数据安全、保密、备份等管理制度,全年共备份录音、录像档案磁带5盘和光盘92张,备份服务器系统DVD光盘2张;对数据库、局域网及微机加强管理,建立局域网基本管理台账,重新登记所有计算机,为每名工作人员建立用户账户,并根据工作性质设置使用权限;为接入省档案馆局域网的计算机统一安装网络版 Symantec AntiVirus 防病毒软件,确保局域网系统不受病毒感染和破坏。

2005 年,全省各级档案馆落实信息安全各项制度,加强计算机房的管理。省、市档案馆指定专人负责计算机系统和数据库的维护管理工作,严格遵守保密制度,对内部局域网进行物理隔离,对重要的数据库系统进行加密,加强身份认证和密钥管理,确保档案信息网络传输安全。部分档案馆对档案数据进行定期备份,采用不同载体、多套制、异地保存等方式进行保管。如厦门市档案馆将所有录入数据全部写入光盘,备份两套,异处保管。一些档案馆指定专人对磁性载体进行定期检查,建立复制、修改、清除等登记台账。龙岩市、上杭县档案馆定期对计算机系统进行杀毒。漳平市档案馆设置用户口令、访问权限,建立数据修改台账。

第七章　档案科研与学会工作

1993—2005 年，在省档案局和省档案学会的组织管理下，档案应用技术和档案学理论研究都有长足进步。省档案局制发《福建省档案科研工作“十五”计划大纲》，加强档案科技工作的组织和领导；开展档案科技项目立项、鉴定工作，组织申报、推荐档案科研课题，评选“福建省档案科技进步奖”；“福建数字档案信息管理系统”“福建省档案信息资源库发展战略研究”“福建省科研档案计算机多媒体管理系统”等课题先后获得国家级、省级优秀成果奖项。省档案学会先后召开第四、五、六次会员大会，产生新一届理事会，进一步健全学会组织，壮大学会队伍；召开深化档案工作改革、科教兴档与创优增效、跨世纪档案事业发展等学术研讨会，举办台湾档案与档案工作、新加坡国家档案馆口述档案等学术报告会；编辑《福建档案》期刊，组织“福建省档案学优秀成果”评奖活动，向中国档案学会推荐优秀论文，学会活动开展得有声有色。

第一节　档案科研

一、科研项目管理

1993 年，省档案局设立“福建省档案科技进步奖”并开展评奖活动，推动全省档案科研工作开展。

1996 年，国家档案局印发《国家档案局科技项目管理办法（试行）》，开始开展档案科技项目的立项工作。省档案局负责贯彻国家档案科研工作的方针和发展规划，向国家档案局组织申报福建省科技档案项目计划，制订全省档案科研计划，组织科研项目立项和省级以上科研成果的鉴定、推荐等工作。

1997 年 8 月，省档案局印发《福建省档案科学技术进步奖评奖办法》，对奖励范围、评审标准、推荐审批程序等作出具体规定。该办法规定，“福建省档案科技进步奖”评奖活动，原则上每年举办一次。

2001 年 9 月 11 日，按照全省档案事业发展“十五”计划的要求，省档案局印发《福建省档案科研工作“十五”计划大纲》，加强了对档案科技工作的规划和领导。省档案局承担的科研课题“福建省科研档案计算机多媒体管理系统”和“福建省档案信息资源库发展战略研究”被省科技厅列为全省科研项目。

2003 年,福建省档案系统首次开展档案科研立项工作,全省共有 7 家单位的 9 个科研项目正式在省内立项,其中省档案局的"分布式档案基础数据库在线利用系统"项目首次被列入国家档案局科技项目计划。

同年 6 月 13 日,为调动档案工作者从事科技工作的积极性,促进档案科技研究成果推广应用,省档案局印发《福建省档案优秀科技成果评审办法》,进一步加大档案科研工作力度。该办法共 7 章 19 条,对参评范围、推荐条件、申报推荐程序与要求、奖项设置与评审标准、评审组织与形式等进行了规范。

2004 年,省档案局起草《福建省档案科技研究项目管理办法》,发布《2004 年福建省档案科技项目立项指南》,加强档案科研立项工作。全省共申报档案科研项目 8 项,其中批准立项 4 项,分别是厦门大学档案馆承担的"台湾地区档案事业研究",福建社会科学院承担的"农业科技档案开发利用研究",省档案局承担的"档案服务机构管理办法研究""福建省档案信息开放研究"。

2005 年,省档案局组织开展福建省 2003—2004 年度档案科研项目成果鉴定工作,向国家档案局申报档案科研项目 2 项,均获准立项,分别是"电子文件与电子档案传输送报送系统"和"档案网站建设和发展对策研究"。

二、科研成果

1993 年 6 月,省档案局评审 1992 年度省档案科学技术进步奖,省委办公厅的"计算机辅助文书管理系统"和省海岛资源综合调查档案组的《福建省海岛资源综合调查档案标准》获一等奖,福州海关的"计算机文档管理系统"获二等奖,省科技档案馆的"科研档案利用效果调查与开发利用服务方式的研究"获三等奖。

1996 年 11 月,省电力局吴丽珊、陆路青的"福建省电力工业局文档一体化计算机管理系统软件"和中国人民银行福建省分行杨学民、唐庆华的"中国人民银行福建省分行文档一体化管理系统"获 1995 年度省档案科学技术进步奖二等奖。

1997 年 7 月,省档案馆刘虹的"福建省档案馆调阅利用档案计算机管理系统软件"获 1996 年度省档案科学技术进步奖三等奖。

1998 年,省档案学会承担的省科委课题"档案文件规范化技术模拟设计"通过专家评审鉴定。该成果内容包括档案工作标准化问题研究以及文书档案立卷培训教学指导性材料和模型卡片的设计,把多种门类档案管理的标准、规范、技术条件融合于直观的模型之中,为档案工作者理解、掌握规范的文书立卷工作流程,提供了一整套实用的教学用具。省档案局将该成果作为培训教材,指导文书档案的立卷工作,提高了档案工作人员的实际操作能力。

1999 年,省档案学会组织开展"21 世纪福建省档案事业发展战略"课题研究。

2000 年 5 月,泉州市档案馆詹金水、苏耀东、吴思仲的"泉州市档案馆库房建设'十防'成果"和省交通厅刘爱钦、黄建峰、黄燕春、陈迁的"福建省交通厅高速公路建设项目档案管理办法”分获 1998 年度省档案科学技术进步奖二、三等奖。12 月，在国家档案局、中国档案学会纪念《科学技术档案工作条例》发布 20 周年征文活动中，黄项飞的“21 世纪国企档案工作的发展趋势”获三等奖；王金木、阙祖昌的“加强企业转制中的档案工作的监督指导工作”和吴清河的“搞好私营企业的档案管理工作”获四等奖。

2002 年，泉州市档案局管理技术科成功复制一批名人题词，填补了福建省档案部门在仿真复制技术上的空白。

2003 年 11 月 9 日，“福建省数字档案信息管理系统”成果通过国家档案局专家组的鉴定，并得到来闽验收的国家档案局副局长杨公之的高度评价。省档案馆、省科技档案馆“福建省档案信息资源库发展战略”通过省科技厅的专家评审。厦门市档案学会与厦门市档案馆共同承担全省科研项目“国家档案资源建设”的课题研究，并形成科研成果报告——《国家档案资源建设中存在的主要问题及对策》。

图 7-1　2003 年 11 月 9 日，福建省数字档案信息管理系统成果鉴定会(邢立新 摄)

2004 年 12 月，国家档案局评选科技进步奖，省档案局“福建数字档案信息管理系统”获一等奖，省档案馆、省科技档案馆“福建省档案信息资源库发展战略研究”获三等奖，实现了福建省档案科技立项和获奖零的突破。省档案局还与国家档案局技术部、北京市档案局、浙江省档案局、四川省档案局联合开展国家档案局科技项目“档案信息化发展战略研究”课题研究。“福建省电力数字档案馆建设方案研究”项目通过省电力公司组织的验收。当年，全省共完成省级以上科技项目 7 项。

2005 年，省档案馆、省科技档案馆共同承担的课题“福建省科研档案计算机多媒体管理系统”获国家档案局优秀科技成果三等奖、福建省科技进步奖三等奖。省档案局承担的国家档案局科技项目“国家综合档案馆电子文件与电子档案数据备份与灾难恢复中心可行性战略研究”通过成果鉴定。专家一致认为，该成果在全国档案行业同类项目中居于领先水平。

第二节　学会工作

一、学会组织建设

1993年,省档案学会变更为法人社团,新增团体会员2个、个人会员46人,共有团体会员10个、个人会员975人。泉州、漳州、福清、武平、长汀等地成立档案学会,进一步壮大了学会的队伍。

1994年1月,省高教学会档案专业委员会在厦门成立。10月,省档案学会副理事长兼秘书长李金荣、厦门市档案学会秘书长吴仰荣被中国档案学会评为首届档案学会先进工作者。

1995年6月,省档案学会在石狮召开第四次会员代表大会,74位代表参加会议。大会选举产生第四届理事会,审议并通过第三届理事会工作报告、1995—2000年学术活动计划要点、各项学术活动的年度安排和《福建省档案学会档案学优秀成果评奖试行办法》、《福建省档案学会章程》修订草案。

1997年,遵照中央、省有关社团登记管理的规定,省档案学会开展自查整顿并发展了一批会员。截至1997年8月底,省档案学会共有团体会员13个(其中行业分会4个、地市级学会9个),个人会员2939人(其中中国档案学会会员338人)。

同年,省档案学会首次开展福建省档案学会工作表彰活动,福州市、三明市、龙岩市档案学会和省机械工业档案学会、省档案学会高校档案专业委员会被评为先进集体,刘公懿、刘爱钦、陈兰芬、陈丽华、肖炎彪、吴绪兴、高榕芳、郭功泉、蔡道华、阙祖昌、滕玉兰、魏广珍被评为先进工作者。

1998年,省档案局向省委组织部报送《关于福建省档案局机关县处级以上领导干部不兼任福建省档案学会领导职务的意见》。

1999年10月,省档案学会在福州召开第五次会员代表大会,50位代表出席会议。大会选举产生第五届理事会,审议通过第四届理事会工作报告、2000—2004年学术活动计划和《福建省档案学会章程》修订草案。

2000年,省档案学会共有会员1603名,其中405名为中国档案学会会员。

2001年,省档案学会获得省科协“学会之星”称号。省档案学会副秘书长叶继农、厦门市档案学会副秘书长吴仰荣被评为全国档案学会先进工作者。

2002年,龙岩市、厦门市、南平市档案学会被评为1997—2001年度福建省档案学会工作先进集体,周翔、刘飙、周桂仙、倪迅华、丁品珠、刘爱钦、陈幼而被评为先进工作者。

2003年,省科协、省民政厅社团办开展社会团体分支机构登记工作,省机械工业档案学会因挂靠单位省机械工业厅机构改革而不再登记。省档案学会专业档案分会和科技档案分会经省科协、省民政厅批准成立,分别于2003年11月、2004年7月召开成立大会。

2004年，省档案学会重新登记和发展会员1380名。省档案学会地质科技档案专业委员会更名为省档案学会国土资源档案专业委员会。厦门市档案学会开展会员重新登记工作，建立会员管理系统。漳州市、厦门市、龙岩市、永安市档案学会和科技档案分会召开会员代表大会。

同年，泉州市、三明市、龙岩市档案学会和省直机关档案工作第五协作组被省档案学会评为2001—2003年度福建省档案学会工作先进集体。周翔、刘飙、周桂仙、倪迅华、王寿宇、李桂华、刘爱钦、陈兰芬被评为先进工作者。

2005年，根据省民政厅关于社会团体清理整顿和重新登记的要求，省档案学会完成重新登记和换发新证工作，并对各市档案学会、各专业系统分会和会员小组进行重新登记。10月，省档案学会在福州召开第六次会员代表大会，79名会员代表参加会议。大会选举产生第六届理事会，审议并通过第五届理事会工作报告，修改并通过《福建省档案学会章程》。

同年，厦门市、泉州市、龙岩市档案学会和科技档案分会被省档案学会评为2004—2005年度福建省档案学会工作先进集体，汪方文、周翔、谢丽芳、周桂仙、蔡道华、林林、王寿宇、倪梅影被评为先进工作者。

截至2005年，省档案学会共有团体会员10个、分支机构4个，个人会员1465人。

表7-1 **福建省档案学会第四、五、六届常务理事会成员表**

届次	成立时间	名誉理事长	理事长	副理事长	秘书长
第四届	1995年6月	—	庄闽希	朱　文 詹金水 郑仁官	朱　文
第五届	1999年10月	陈永成	罗炳行	朱　文 刘公懿	朱　文
第六届	2005年10月	陈永成 庄闽希 叶仲霖 罗炳行	陈爱群	朱　文 李国华 刘公懿	朱　文

二、学术会议

1993年6月，省档案学会与三明市档案学会联合在泰宁召开全省企事业单位开发档案信息资源学术讨论会，共44人参加会议，收到论文48篇，其中大会交流11篇。10月，省档案学会与福州市、厦门市档案学会联合在厦门市召开闽东南沿海城市和经济特区档案学术研讨会，共27人参加会议，交流学术论文27篇，重点就档案工作尽快走向经济建设主战场，经济特区、沿海经济开发区建立档案工作，以及档案信息开发成果进入市场为经济建设服务等课题进行探讨。11月，宁德地区档案学会在福安召开首次档案学术研讨会，就档案工作深化改革、档案信息资源开发等问题进行探讨,共20人出席会议,会上交流论文19篇。12月,漳州市档案学会在漳州召开首次档案学术研讨会,70多人参加会议,会上交流论文23篇。全年,省档案学会和各地(市)档案学会共召开各种类型的档案学术研讨会14次,提交论文262篇。

1994年7月,省档案学会举办全省档案工作深化改革学术研讨会,主要探讨档案工作适应改革开放的新形势和新要求,档案部门和机关、企业档案工作深化改革等问题。研讨会以学术通讯的形式,从各团体学会、会员小组提交的90多篇论文中,确定44篇进行学术交流,其中10篇被评为优秀论文。福州、泉州、三明、宁德、龙岩等各地市档案学会也多次召开各种类型的档案学术研讨会。

1995年6月,省档案学会在石狮召开深化档案工作改革学术讨论会,共收到论文130多篇,其中95篇论文被印发在大会上交流。会后采用通讯形式,由论文作者和省档案学会理事投票,按创新、价值、论证、难度4项指标评分,评选优秀论文12篇。10月,省档案学会在龙岩地区召开档案学会工作改革研讨会,各地市档案学会和部分专业档案学会、专业委员会、县档案学会的秘书长参加会议并提交论文。会议着重探讨在社会主义市场经济和机构改革的形势下,档案学会在学术活动、组织建设、经费筹措等方面的改革方法,以及档案学会工作与档案局工作的关系。

1996年第一季度,省档案学会召开乡村档案工作通讯研讨会,在《福建档案》发表入选论文26篇。6月,省档案学会在厦门召开档案管理规范化讨论会,就机关、企业档案室贯彻有关标准、规范中存在的问题,以及省档案学会承担的课题"文件档案规范化技术模拟设计"的初步方案进行讨论。会议共收到论文58篇,其中11篇论文被印发交流,在《福建档案》刊登8篇。下半年,省档案学会召开新经济领域及地区档案工作通讯研讨会,在《福建档案》发表入选论文17篇。

1997年2月,省档案学会举办第十三届国际档案大会学术成果、台湾档案与档案工作、新加坡国家档案馆口述档案及考察西欧档案工作3场学术报告会。上半年,省档案学会召开档案工作效益和档案管理现代化通讯研讨会,在《福建档案》刊登优秀论文28篇。6月,全省高校档案专业委员会第六次学术研讨会暨全省高校档案工作经验交流会在龙岩市召开,对新形势下档案工作面临的问题进行探讨,共交流论文23篇。11月,省档案学会在泉州召开档案计算机管理讨论会,档案计算机管理人员和软件设计者共18人参加会议,提交论文15篇。

1998年8月,省档案局、省档案学会在福州召开学术报告会,国家档案局巡视员、科研所原所长、研究馆员徐义全作《关于档案现代化管理的思考》学术报告。徐义全还在厦门、东山、泉州作同题报告。9月,省档案学会、省档案干部培训中心和三明市档案学会联合召开科教兴档与创优增效学术讨论会,就如何做好档案学研究、加强档案专业教育、开发档案信息资源和提高档案工作水平进行研讨,共收到论文70篇,交流55篇,省档案局(馆)长陈永成出席会议并讲话。厦门、漳州、龙岩、南平、福州、莆田市档案学会也相继举办学术讨论会。

图 7-2　1997 年 2 月 27 日，省档案学会召开学术报告会(邢立新 摄)

图 7-3　1998 年 8 月 21 日，国家档案局科研所原所长徐义全(主席台右)
在福州作学术报告(邢立新 摄)

1999 年 8 月 13 日，省档案局(馆)邀请北京大学当代中国研究所教授沈志华作《关于档案利用与历史研究》专题报告。8 月 18—20 日，华东地区第十七次档案工作研讨会在石狮市召开。会议主题是“跨世纪档案事业发展”，共 44 人参会，福建省提交的 12 篇论文全部入选。10 月，省档案学会采取通讯形式召开全省第四次档案学术讨论会，共收到论文 201 篇，其中 49 篇论文被编印为论文集，评选优秀论文 10 篇。厦门、漳州、泉州、龙岩、三明、南平、莆田市档案学会也相继举办学术讨论会。

2000 年 7 月，省档案学会在福州市马尾区召开档案学术研讨会，就计算机管理档案、电子文件管理、加强企业档案工作等议题进行讨论,共有 60 人参加会议,收到论文 150 多篇,会后出版《福建档案》增刊 1 期。8 月,省档案学会与省档案局联合在三明召开全省企业档案工作改革与创新学术讨论会,各地(市)档案局领导、学会负责人和企业档案工作者共 60 人参加。会议收到论文 38 篇,其中 26 篇入选会议交流,《福建档案》2000 年第 6 期刊登部分论文和研讨会综述。同年,省档案学会还与省科技档案馆联合召开全省科研档案管理研讨会。

2001 年 2 月,福建省照片档案管理讨论会在厦门召开。5 月,省档案学会在霞浦召开学会工作研讨会,传达全国档案学会秘书长座谈会精神,总结、交流 1999 年以后的学会工作经验,探讨学会改革与增强活力等问题。6 月,省档案学会在福州市马尾区召开福建省科协第四届青年学术年会档案分会,主题为"新世纪的企业档案和专门档案工作",会议收到论文 150 篇,会后出版《福建档案》增刊 2 期,刊登论文近 100 篇。8 月,省档案学会召开福建省科协首届学术年会卫星会议——福建省档案学会(通讯)学术年会,主题为"21 世纪福建档案——档案信息数字化网络化",会后《福建档案》出版论文专辑。12 月,省档案学会与厦门、泉州、漳州三市档案学会联合在厦门召开以"面向新世纪的档案工作"为主题的闽南地区首届档案学术研讨会。会议由厦门市档案学会主办,共收到论文 48 篇,来自厦门、漳州、泉州的 70 名作者和学会工作者参加会议。

图 7-4　2001 年 2 月 22 日,福建省照片档案管理讨论会在厦门召开(邢立新 摄)

2002 年 7 月,省档案学会在福州召开福建省档案学会成立 20 周年纪念大会暨福建省科协第二届学术年会卫星会议——档案学术年会,主要讨论档案学术研究和档案学会工作问题;会后举办省档案学会工作、档案学研究和档案编研成果展,出版《福建档案》纪念专辑。9 月 26—27 日,省档案学会在龙岩举办"创新——福建省首届青年档案学术论坛",讨论档案工作创新和青年档案人才培养问题。该论坛收到论文 34 篇,共有 23 人参加。省档案局(馆)

长陈永成出席论坛并强调指出，要为青年人才的成长提供更加良好的环境。11 月，省档案学会与厦门、漳州、泉州三市档案学会联合在泉州召开闽南地区第二届档案学术研讨会，讨论地方特色档案收集、信息共享等问题。会议由泉州市档案学会承办，共有 60 多人参加会议，交流论文 22 篇。

2003 年 10 月，省档案学会举办福建省科协第三届学术年会卫星会议——档案学术年会，主题为“国家档案资源建设”，会后出版《福建档案》纪念专辑。11 月，省档案学会在厦门召开以“档案信息化建设”为主题的福建省第二届青年档案学术论坛，省档案局(馆)长陈永成出席会议并讲话。11 月，省档案学会与厦门、漳州、泉州三市档案学会联合在漳州召开闽南地区第三届档案学术研讨会，探讨档案信息服务问题，对 2001—2003 年闽南地区档案学术研讨会工作进行总结，特邀漳州师范学院副编审郑镛作“地方文献与档案资源的科学管理和开发利用”学术报告。会议由漳州市档案学会承办，67 人参加会议，交流论文 19 篇。

2004 年 6 月，省档案学会在龙岩卷烟厂召开全省企业档案信息化建设讨论会，30 人参加会议，交流论文 11 篇。9 月，省档案学会以通讯形式召开福建省科协第四届学术年会卫星会议——档案学术年会暨青年学术论坛。同年，省档案学会高校档案专业委员会、科技档案分会、专业档案分会和福州、三明、南平、龙岩等市县档案学会分别召开档案学术研讨会。

2005 年 6 月，省档案学会在厦门召开闽南地区第四届档案学术研讨会，就社区档案工作、文书立卷改革、重点工程项目档案管理、电子文件归档与电子档案管理、民营企业档案工作等选题进行研讨。会议共提交论文 44 篇，其中 7 篇在会上宣读。7 月，省档案学会在泉州召开福建省第三届青年档案学术论坛，讨论档案信息化建设特别是分布式档案基础数据库(二期)项目建设问题。省档案局(馆)长陈永成出席会议并参加讨论，泉州市档案局局长洪静华介绍泉州市分布式档案基础数据库(二期)项目的实践经验。与会代表参观后了解了泉州市、晋江市档案馆现行文件利用中心和分布式档案基础数据库(二期)项目建设情况。10 月，省档案学会召开档案学术年会，围绕档案事业“十一五”发展，就档案法制、人才队伍、国家档案资源、档案馆功能、信息化建设、档案服务工作等问题展开讨论，对制定和实施档案事业发展“十一五”规划提出建议，共有 28 人参加会议，交流论文 16 篇。

三、编辑期刊

《福建档案》由省档案局和省档案学会主办，是全省唯一一份宣传党和国家有关档案工作的方针、政策，指导档案业务工作，交流档案信息和开展档案学术研究的期刊。1982 年经省委宣传部批准创办；1997 年，经省新闻出版局核验，登记为“福建省内部资料准印证第 19 号”；2003 年经省新闻出版局年审后，为“闽内部资料出版物出版许可证第 K030 号”。双月刊，大 16 开、48 码，每期发表文章约 22 篇，共约 10 万字。截至 2005 年 12 月，已出刊至 144 期。

《福建档案》的编辑出版费用由省档案局档案事业经费列支。编辑部设在省政府大院省档案局办公楼内，有兼任编辑 6 名。1993—2005 年，历任主编分别是庄闽希、罗炳行和陈爱群。

《福建档案》办刊宗旨:围绕中心、服务大局,坚持“三个面向”(面向基层、面向会员、面向作者)、“三个贴近”(贴近实际、贴近热点、贴近读者),把刊物办成“档案学会会员之家”“作者、读者园地”。主要内容:宣传党和国家关于档案工作的方针、政策以及档案法律法规,开展档案业务工作指导、档案工作信息交流和档案学术研究工作。所刊发的文章涉及档案工作的各个方面,有较强的学术性、指导性、参考性、可读性。发送范围:省档案学会会员,全国各省(自治区、直辖市)档案刊物编辑部,国家档案局领导、省有关领导及有关部门领导,各地(市)档案部门领导等。

图 7-5 《福建档案》期刊(郑宗伟 摄)

随着档案事业的发展变化,《福建档案》的栏目设置不断更新、调整和变化。截至2005年,《福建档案》除了配合中国共产党成立、抗日战争爆发和胜利、红军长征胜利、中华人民共和国成立、改革开放、邓小平诞辰、《档案法》颁布、省档案馆建馆等重要纪念日开辟纪念专栏外,先后开辟的专栏还有文件法规、工作研究、研究与探讨、档案现代化管理、经验交流、资料辑录、档案馆工作、农业农村档案工作、乡镇档案工作、企业档案工作、中外档案、专门档案、学校档案、档案珍藏、馆藏珍品、馆藏介绍、档案利用、编研工作、史料研究、档案教育、收集工作、法制建设、学习贯彻《福建省档案条例》、保护技术、达标升级、利用效果、数字档案、兰台内外、兰台撷英、兰台聚焦、兰台展望、历史纵横、业务纵横、福建名胜、福建风情、福建名人、本刊专题论坛、本刊专稿、读者园地、学会动态、论文选登、业务研讨、专题论述、他山之石、档案天地、阅档随笔、档案史话、历史研究、史海沉钩、档案与社会、领导与档案工作、档案里的故事、文苑、人物、书评、随感、博览、通讯、公告、要闻等。

四、论文推荐与评选

1994年,省档案学会向中国档案学会第四次档案学术讨论会推荐论文26篇;向省科协推荐优秀档案学术论文 6 篇，其中 4 篇获三等奖。省档案干部培训中心副研究馆员林真获中国档案学会第一届青年档案学术奖。

1995 年，省档案学会向中国档案学会主办的海峡两岸档案学术交流会推荐论文 2 篇，向全国第五次计算机管理档案学术讨论会推荐论文 8 篇，向福建省第二届青年学术年会推荐论文 16 篇，向中国档案学会首届青年学术年会推荐论文 10 篇。刘秋燕《在扩大改革开放中开拓服务新路》、翁勇青《对高校信息中心的构想——试论高校信息管理机构的改革》、连成叶《档案修裱技术理论探讨》、黄宝文《深化改革中省级科委科技档案工作的职能与机构问题》获省科协 1990—1992 年自然科学优秀学术论文三等奖。

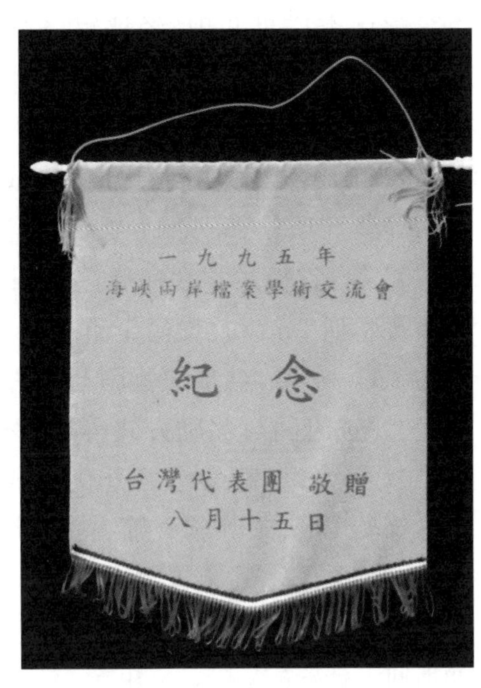

图 7-6　1995 年 8 月 15 日，海峡两岸档案学术交流会纪念品(邢立新 摄)

1996 年，省档案学会召开优秀成果评审会，评选 1991—1994 年福建省档案学优秀成果，评出二等奖 7 项、三等奖 40 项、四等奖 15 项。省档案学会设立“档案学优秀成果奖励基金”并组织捐款活动，筹集资金 5 万多元。

1997 年 10 月 17 日，为调动档案工作者从事档案学研究的积极性和创造性，促进档案学术活动多出成果、多出人才，省档案局制定《福建省档案学优秀成果评奖办法》，明确了档案学优秀成果的评奖范围、评奖标准、申报程序和要求等。省档案学会向省第四届自然科学优秀学术论文评奖活动推荐优秀论文 7 篇，有 3 篇获奖；向中国档案学会第三次档案学优秀成果评奖活动推荐 1991—1995 年档案学优秀成果 29 项，经评审，姚强《开发区档案管理机构及其档案收集范围》、郑子建《我省常见档案害虫及其防治》等 14 项成果获奖。

1998 年，省档案学会收集福建省档案工作者、档案学会会员发表在省级以上报刊上的优秀论文，选编《福建省档案学优秀论文集》两册，并以《福建档案》增刊的形式出版。朱文《档案信息进入市场若干问题的探讨》、阮亚水《试探城市规划档案的管理》、谭毓德《应用计算机条件下的文档一体化管理方法》获福建省第四届自然科学优秀学术论文三等奖。

同年，省档案学会向省第三届青年学术年会推荐论文 10 篇，向中国档案学会第二届青年学术年会推荐论文 4 篇；召开“1995—1996 年福建省档案学优秀成果评审会”，评出二等奖 2 项、三等奖 10 项、四等奖 26 项。

1999 年，省档案学会向中国档案学会第五次档案学术讨论会推荐论文 4 篇，向全国第七次计算机管理档案学术讨论会推荐论文 10 篇。

2000 年，省档案学会召开优秀成果评审会，评选 1997—1999 年福建省档案学优秀成果，评出二等奖3项、三等奖12项、四等奖27项。

2001年,省档案学会向中国档案学会第四次档案学优秀成果评奖活动推荐1996—2000年档案学优秀成果9项,经评审,省档案干部培训中心、省档案学会编《档案人员继续教育专题讲座》和省地方志编纂委员会编《福建省志·档案志》获档案著作类三等奖,梁守全《闽台家谱族谱档案血缘地缘谈略》获档案学术论文类三等奖。

2002年,省档案学会召开优秀成果评审会,评选2000—2001年福建省档案学优秀成果,评出二等奖5项、三等奖17项、四等奖19项。

2003年,省档案学会向省第六届自然科学优秀论文评奖活动推荐优秀论文3篇。6月,为推动档案学研究活动,提高全省档案学术水平,省档案局印发《福建省档案学优秀论文评选办法》,共7章14条,对参评范围与条件、申报推荐程序与要求、评审组织与形式、评审标准与奖项设置、评选时间与奖励方式等进行规范。

2004年,省档案学会召开优秀成果评审会,评选2002—2003年福建省档案学优秀成果,评出一等奖1篇、二等奖9篇、三等奖21篇。

表7-2 **1993—2005年福建省档案学优秀成果获奖情况表**

评审时间	获奖等次	作者	获奖成果
1996	二等奖	朱　文	《经济技术档案信息开发研究》
		詹金水	《档案文件整理研究》
		谢爱娇	《厦门经济特区三资企业档案管理的特点初探》
		翁勇青	《论市场经济与档案信息开发利用的特点规律及其对策》
		朱　文	《乡镇企业档案业务指导原则》
		林传祥	《档案真伪辨》
		连成叶	《当前档案教育存在的问题和对策》
	三等奖	刘秋燕	《建立现代企业制度中的企业档案工作》
		吴仰荣	《厦门商会档案史料选编》
		叶继农、黄婉钗	《从组织与业务建设着手发展乡镇企业档案工作》
		刘贤复	《私营企业档案管理设想》
		刘贤复	《因地制宜突出重点,建立具有地方特色的乡镇企业档案》
		王寿宇、黄　坚	《在市场经济条件下开发科技档案进入市场初探》
		詹金水	《人事档案工作改革课题》
		刘公懿	《谈谈档案利用的查全率与查准率》
		曹　丽	《投资项目档案的特点与归档范围》
		林阿娜	《浅谈境外企业的档案工作》

续表 7-2

评审时间	获奖等次	作者	获奖成果
1996	三等奖	陈淑贞	《谈深化改革中强化机关档案宏观管理》
		王秀萍	《旧城改造档案的特点及其收集》
		黄宝文	《论科研和建档“四同步”的实施》
		叶　敏	《关于福清市三资企业档案工作的探讨》
		刘贤复	《加强县级科研档案管理的三个问题》
		叶芬蓉	《泉州乡镇企业档案工作走向》
		林传祥	《简议文学创作中对档案的利用》
		叶芬蓉	《股份制与档案管理》
		刘贤复	《谈编制自然灾害专题目录》
		孙　玮	《话说参与》
		丁品珠、王秀萍	《新经济区域档案工作初探》
		黄婉钗	《浅谈系统方法四原则在科技档案管理环节中的应用》
		刘公懿	《档案馆接收档案的标准问题》
		章可霞	《档案利用过程中的保护工作》
		詹金水	《如何解决档案馆建筑“三防”这一关键问题》
		杨建都	《引进经营机制，走向经济市场，增强行业活力》
		蔡道华	《浅谈档案学会的发展与创新》
		郭碧梅	《社会主义市场经济条件下深化档案工作改革的若干问题》
		叶芬蓉	《档案工作将有一个发展契机》
		黄婉钗	《从科研档案二、三次文献编撰工作谈起》
		郭林榕	《农业科研档案管理及运行机制浅析》
		林传祥	《手稿档案释义》
		董兰金	《房地产档案管理与利用》
		刘炳源	《外商投资开发经营成片土地档案的形成和管理》
		张志杰	《浅谈科研管理文件材料的归属》
		刘贤复	《机关文件分类方案的编制》
		童雪惠	《土地征拨档案的管理与利用》
		李新泉	《城建档案部门行政管理职能探析》
		苏泽民	《对我省档案学研究现状的几点认识》
		叶　敏	《谈档案部门与公共关系》

续表 7-2

评审时间	获奖等次	作者	获奖成果
1998	二等奖	张于天	《论县档案馆的文件中心性质》
		翁勇青、何丽珍	《谈谈对影响民众权益档案的利用与控制》
	三等奖	孔熊焰、翁勇青	《厦门大学校史资料(第九辑)》
		叶仲霖	《新形势下强化档案事业宏观管理的任务和途径》
		翁勇青、陈吕萍	《敢对现状寻找对策勤于探索——谈谈我们如何在市场经济条件下进行档案创益求发展》
		泉州市档案局	《泉州市文物保护大事记(1951—1993)》
		黄项飞	《信息高速公路与未来档案工作》
		林传祥	《〈新华文摘〉缘何不摘“档案”》
		黄婉钗	《科技档案资料编研成果进入市场应注意的问题》
		刘公懿、倪迅华	《龙岩地区档案馆指南》
		李　琼、裴桂芳	《股份制企业档案工作思索》
		叶　敏	《融侨、元洪开发区档案工作设想》
2000	二等奖	叶　敏	《优化〈福建档案〉栏目结构的思考》
		林　真	《档案培训制度的建立原则及其内容结构》
		翁勇青	《知识经济与档案编研——兼论高校档案编研特点与方法》
	三等奖	章可霞	《“十五”期间档案保护现代化工作发展目标与措施》
		黄志勇	《档案行政处罚听证程序课题研究》
		吴柳凤	《馆藏永久档案划分价值等级好》
		翁勇青	《论档案检查职能——对〈档案法〉的档案“监督指导”职能的实践与思考》
		吴柳凤	《跨世纪的热点——档案信息资源共享》
		谭毓德	《简化整理深化检索》
		肖林榕、张晓琼	《福建中医学院简史(1953—1997)》
		张声浩	《试论可持续发展战略与我国档案事业建设》
		周少安、彭国胜	《晋江市历代行政区域演变概述》
		梁守金	《家谱族谱档案刍议》
		黄建峰、高　闽	《机关行政信息管理一体化问题初探》
		翁勇青	《论档案史料的真实与历史的真实——对校史编研方法的理论探讨》

续表 7-2

评审时间	获奖等次	作者	获奖成果
2002	二等奖	黄项飞	《21 世纪综合档案馆的生存与发展策略》
		刘公懿	《综合档案馆优化馆藏的主要措施》
		黄志勇	《档案行政处罚听证程序课题研究》
		翁勇青	《试论档案的价值规律》
		章可霞	《基层档案室工作的调查与思考》
	三等奖	黄志勇	《档案法制建设理论研究课题》
		连　念	《海峡两岸档案法规之比较》
		章可霞	《档案检索工具体系的建立与发展》
		陈若波	《勇于创新实现四个“转变”——三资企业建档之我见》
		谭毓德、杨玉玲	《自动指纹识别在电子文件档案安全领域中的作用》
		蔡道华	《加强档案馆藏地方文化内涵建设》
		叶芬蓉	《走向大趋势——泉州文书立卷改革调研的思考》
		倪迅华	《综合档案馆编研工作发展初探》
		黄项飞	《对电子文件法律证据性的思考》
		连　念	《浅谈高校档案现代化存储系统的应用技术》
		王寿宇	《“十五”期间福建省科技档案工作的思考》
		王金木	《加强企业转制中档案工作的监督和指导》
		李　琼	《企业档案工作发展动向及思考》
		王金木	《激活档案管理要素促进企业档案工作》
		黄项飞	《略论数字档案馆》
		黄志勇	《档案行政管理部门推行行政公示制的思考》
		叶芬蓉	《服务与生存企业档案管理“重组”的思考》
2004	一等奖	黄建峰、李维瑜	《福建省分布式档案基础数据库建设发展战略构想》
	二等奖	黄项飞	《透析“文件中心”中国化》
		叶芬蓉	《可持续发展思想与档案馆事业》
		黄项飞	《论现代档案馆的文化性及其保障体系》
		连　念	《谈契约文书档案的价值及其征集管理》
		翁勇青	《对“文革”史编研与“文革”档案史料的若干认识》

续表 7-2

评审时间	获奖等次	作者	获奖成果
2004	二等奖	陈若波	《建立网上现行文件服务中心的设想》
		黄志勇	《档案法制建设理论研究课题系列论文》
		黄建峰	《“数字福建”对我省档案资源信息化建设的影响与对策》
		吴仰荣	《华侨华人档案及其管理》
	三等奖	王金木	《时间因素对计算利用科技档案所创经济效益的影响》
		黄静兰	《病历档案归谁所有》
		曹　丽	《对入世后厦门外经贸档案工作发展的探讨》
		陈祖冲、陈从贤	《信用档案工作的现状与思考》
		章可霞	《树立现代档案管理新理念》
		许惠敏	《论档案编研成果信息化》
		张奕虎、陈秀花	《凸显台侨特色,丰富文化内涵——构建闽南特色档案刍议》
		李培芳	《加入 WTO 对我国档案工作的挑战和对策思考》
		杨玉玲	《档案信息噪音的成因及消除对策》
		郑杰毅	《创新是档案事业可持续发展的动力》
		陈加毅	《福建省分布式档案基础数据库的存储技术与备份策略》
		陈志宏	《探析流动人员人事档案管理存在的问题》
		裴桂芳	《档案工作应融合到企业文化建设中去》
		刘公懿	《档案馆开展“现行文件服务”的提法值得商榷》
		池亮生	《档案行政执法存在的问题及解决办法》
		林素云	《柔性管理在档案馆管理中的应用》
		陈红梅	《照片档案数字化管理》
		刘　虹	《纸质档案数字化工作的原理与步骤》
		邱宗灿	《加强电子档案管理》
		王如兰、詹金水	《也谈件的定义——学习〈归档文件整理规则〉的一点心得》
		齐建华	《高校档案收集中的难点与对策》

注:本表只收录一至三等奖。

第八章　宣传与交流

1993—2005 年，省档案局先后制定“三五”“四五”档案普法教育规划，系统开展档案法制宣传教育工作。省档案局创新宣传方式与方法，通过编印《档案工作动态》《福建档案信息》，制作、播放《档案与社会》《兰台金桥》《艺海拾贝》《档案室里谱春秋》等专题电视片，开展“国际档案周”“宣传周”“宣传日”“档案下乡”等主题活动，广泛、深入宣传档案法律法规和档案事业发展成就，扩大档案工作的社会影响。福建省档案工作者先后赴新加坡、法国、意大利、美国等国访问考察，学习和交流境外档案工作的先进技术和经验；利用福建与台湾血缘相亲、习俗相近、语言相通的优势，加强与台湾档案界的学术交流与合作，为祖国统一作出贡献。

第一节　信息简报

1993—1995 年，省档案局编发信息《档案工作动态》。1996 年，为提高档案信息质量，充分发挥信息效用，《档案工作动态》更名为《福建档案信息》，并以增刊形式编发重要工作进展情况和各级党政领导重视档案工作情况。为增强档案信息的时效性，《福建档案信息》坚持在 24 小时以内上报重要信息。《福建档案信息》还注意采用、报道档案信息资源开发利用的典型事例及编研成果，宣传档案工作的先进事迹，介绍档案工作经验，报道全省各级档案部门和档案工作者普遍关注的热点、难点问题和当前全省档案工作发展状况，使档案信息更好地在促进档案事业发展中发挥效用。《福建档案信息》由省档案局综合处具体负责编印，平均每月出刊 2 期，每期印刷 350 份，发送至全国各省(自治区、直辖市)档案部门，省委、省政府分管档案工作的领导，省委、省政府两办有关领导，省人大常委会有关部门，省直副厅级以上各单位，省档案局各处室，各地(市)、县(市、区)档案局(馆)及全省档案信息员。

1996 年 8 月，省档案局召开全省档案宣传和信息工作会议，提出以后每年召开 1 次有档案宣传信息员参加的专题会议，研究布置档案信息工作任务。为健全档案信息网络，推动档案信息工作开展，省档案局在全省范围内建立一支 21 人的档案信息员队伍，要求每名信息员每月应提供 1～2 条反映本地区档案工作情况的信息。一些市县加强档案信息宣传工作的领导，或指定专人负责信息采集报送工作，或将信息工作纳入年度目标管理考核，或对信息作者给予适当奖励。

1998 年，档案系统向省委、省政府两办报送重要档案信息近 20 条，其中 8 条被采用，为领导决策提供参考。4 月 30 日，省政府办公厅《今日要讯》编发关于“政和县档案馆库房霉烂现象严重”的信息后,省委常委、秘书长黄瑞霖作出批示,政和县委高度重视,立即组织人员到实地察看,一方面采取深沟排水、定期消毒等应急措施降低档案受危害程度,另一方面将档案逐步转移到新建的体育场楼房,同时决定投资60万元,将政和县档案馆列入基建计划。

1999年10月,省档案局在福州召开全省档案报刊宣传工作会议,省档案局(馆)长陈永成作题为“提高自觉性,开拓增长点”的讲话。

2000年9月,省档案局召开全省档案信息和报刊宣传工作会议,研究进一步加强档案信息工作。中国档案杂志社副总编傅华到会指导。

2003年,国家档案局主办的《中国档案》第2期开辟《福建档案工作》专栏,登载该刊特约记者采访省档案局(馆)长陈永成的专稿《抓住“数字福建”的机遇,实现档案事业跨越式发展》等一组文章。由于通联工作成绩优异,《中国档案》福建记者站被评为1999—2000年度通联工作优秀单位,《中国档案》福建通联组被评为2003—2005年度优秀通联组。

2004年以后,《福建档案信息》稿件量大幅增长,平均每周出版一期。各地积极采用计算机网络、传真等形式加快信息传递速度。省档案局通过“全省政务信息网”“全省档案馆网站系统”和省档案局(馆)网站传送信息,不再向已联网单位寄发纸质件,加快了信息传递速度,降低了行政成本。

2005年12月,省档案局通报表彰档案信息工作先进集体和先进个人。福州市档案局(馆)、三明市档案局(馆)、宁德市档案局(馆)、泉州市档案局(馆)、古田县档案局(馆)、省档案馆保管处被评为全省档案信息工作先进集体。叶敏、林志彬、谢云、黄志勇、陈秋敏被评为全省档案信息工作先进个人。

1993—2005年,省档案局共编发《档案工作动态》25期、《福建档案信息》347期。

第二节 宣传活动

1993年,全省各级档案部门结合纪念《档案法》颁布6周年开展档案法制宣传教育。1月,省档案局召开新闻发布会,向社会发布全省各级档案部门深入学习、宣传、贯彻《档案法》的情况。9月2日,省档案局与福州电视台联合举办66分钟的福建省“二五”档案普法教育电视讲座,省档案局(馆)长金莹谛就《档案法》的主要内容、福建省贯彻执行《档案法》取得的成绩及存在的问题等作了阐述。9月22日,福州市举办学习《档案法》报告会,500人出席,省档案局(馆)长金莹谛到会讲解。省档案局与福建电视台联合摄制反映全国档案系统劳动模范王霖西先进事迹的电视片《档案室里谱春秋》,在福建电视台《党的建设》栏目播出。省档案局在全省组织3500多名档案干部参加国家档案局和法制日报社联合举办的《档案法》知识竞赛。南平地区档案局与地区普法办联合开展《档案法》及《档案法实施办法》知识测验活动,全区5000多人参加测验。泉州市副市长李天发表《档案法》颁布6周年电视讲话。长乐县电视台播放26集《档案法》宣传片。政和县档案局举办“档案之窗”歌舞晚会,突出宣传《档案法》颁布6年来全县档案工作所取得的成绩。

1994 年，为落实全省“二五”档案普法规划，各地档案部门继续开展《档案法》宣传工作。省档案局在省直机关单位开展学习《档案法》活动，与福州市城市建设档案馆联合举办“福建省档案普法知识有奖征答”活动，全省共有 11000 人参加，许多单位的领导带头作答，省交通厅、三明市档案局等 7 个单位获全省组织奖。福州、三明、南平市档案局举办《档案法》讲座。省委办公厅、省政协办公厅等单位和泉州、宁德、三明等市县组织机关干部开展《档案法》考试或档案法律知识测验活动。罗源、长乐、台江、仓山、鼓楼等县(市、区)举办普法教育培训班 7 期，参加学员 430 多人次，印发档案普法宣传材料 5800 多份(册)。寿宁县印制法规台历，将《档案法》全文及《档案法实施办法》部分条款在台历上转登，分发给省、地、县有关部门和领导。

1995 年，省政府将《档案法》列为全省普法教育的内容，各级档案部门通过多种形式宣传《档案法》，扩大《档案法》的社会影响。省检察系统开展《档案法》知识征答活动。华龙集团工业公司、永定万成化工联合总公司等企业举行《档案法》知识测验。“二五”档案普法期间(1991—1995 年)，全省档案部门共印发《档案法》宣传材料 160 多万份，举办讲座、培训班 120 多期，召开座谈会、宣传会 380 多场次，举办专栏 3000 多期，利用电影、电视、幻灯片宣传《档案法》1000 多次；在《福建日报》开辟《档案法制知识问答》专栏 17 期；全省 70%以上省直机关工作人员和 98%以上档案工作人员参加《档案法》普法知识测试；先后摄制并播放《档案与社会》《资源宝地——福建档案事业一瞥》《兰台金桥》《艺海拾贝》《“女儿”嫁到档案馆》《档案室里谱春秋》《侨乡档苑》等 7 部档案专题电视片，其中《兰台金桥》《艺海拾贝》在 1995 年全国档案系统录像片评比中分获“飞世兰杯”一等奖和优秀奖；省档案局被中宣部、司法部评为 1991—1995 年全国法制宣传教育先进单位，多个地、市、县档案局被评为当地的普法先进单位。

图 8-1　1995 年，《兰台金桥》获全国档案系统录像片“飞世兰杯”一等奖(邢立新 摄)

1996 年 7 月 5 日，第八届全国人民代表大会常务委员会第二十次会议通过《关于修改〈中华人民共和国档案法〉的决定》。新修改的《档案法》颁布后，全省各级档案部门采取各种形式宣传《档案法》。8 月，省档案局召开全省档案法制宣传工作会议。8 月 26 日—9 月 1 日，省档案局编印宣传材料 10 多万份，在全省开展以宣传第十三届国际档案大会和《档案法》为核心内容的“宣传周”和“宣传日”活动，向社会介绍全省档案事业发展成就，展示了档案工作者爱岗敬业、无私奉献的精神风貌。省委、省政府和各级党委、政府对这次宣传活动十分关心和重视。省委宣传部专门召开省内各主要新闻单位参加的宣传工作协调会。副省长王良溥、省委副秘书长张燮飞等领导到福州五一广场现场参加“宣传日”活动。各级党委、政府领导也参加“宣传日”活动,有的还发表电视讲话,提高了宣传活动的规格。全省各地电视台、广播电台、报社等新闻单位安排黄金时段、重点版面宣传报道第十三届国际档案大会情况和《档案法》,介绍改革开放以来福建省档案事业发展取得的成就。省档案局先后与福建人民广播电台联合举办《生活离不开档案》专题节目,与福建有线电视台《生活专递》栏目联合制作、播放3集档案电视片;福建电视台在周末版《看看电视再出门》栏目播放省档案馆向社会开放档案的新闻,厦门电视台、福州电视台等也经常在黄金时段播出档案宣传节目。

图8-2　1996年9月1日,省档案局在福州五一广场开展迎接第十三届国际档案大会在北京召开宣传活动(邢立新 摄)

同年9月10日,省档案局印发《关于加强“九五”期间档案宣传工作的意见》,要求各地结合档案工作的中心任务和《档案法》颁布、实施纪念日,开展“宣传月”“宣传周”“宣传日”活动;有条件的档案局要开展“五个一”宣传活动,即拍摄一部档案专题电视片,总结一个档案工作典型,编写一本档案信息开发宣传材料,开展一次有影响的宣传活动,编好一种档案宣传刊物。

同年10月3日,为进一步提高全省档案工作者依法管理档案的水平和能力,增强社会各界的档案意识和档案法制观念,省档案局与省委宣传部、省司法厅联合制发《福建省“三五”档案系统普法教育规划》,对1996—2000年档案法制宣传工作的指导思想、目标要求、普及对象、主要任务、步骤方法、组织领导等进行部署。各级档案局也制定相应的规划,成立领导小组及其办事机构,把普法工作纳入工作计划和年度考核内容,建立责任制,定期检查,推动档案普法教育开展。

1997年是中共中央总书记、国家主席江泽民视察上海市档案馆10周年,《福建档案》刊登江泽民关于档案工作的讲话、题词和视察上海市、西藏自治区档案馆的照片,发表省档案局(馆)长陈永成学习江泽民讲话的体会——《中国特色档案事业的理论指南》。7月,全国档案宣传工作会议在北京召开。9 月，省档案局召开地市档案局(馆)长会议，传达贯彻落实全国档案宣传工作会议精神，要求加强档案宣传工作，促进档案事业发展，更好地服务于“两个文明”建设。全省各级档案部门利用《档案法》颁布 10 周年的时机，加大宣传力度，进一步增强全社会的档案意识和档案法制观念。省档案局召开纪念《档案法》颁布 10 周年座谈会，在福建人民广播电台《社会经纬》栏目开设《生活离不开档案》专题广播节目，宣传《档案法》及档案与社会的关系。福建电视台播出档案新闻和专题片 4 次，25 个地市县电视台和 21 个机关单位播放《一号机密》档案宣传片。全省有 1.95 万人参加全国“超星光盘”杯档案工作知识竞赛，其中晋安、闽侯、福清、同安、莆田、南安、大田、永定、福安、古田等 10 个县(市、区)参加者超过 200 人，中国银行福建省分行、省邮电系统参赛者分别为 1000 人和 1500 人。全省共印发《档案法》2 万余份，发行《档案法》宣传图解 1500 余套。三明市档案局编发《香港得名由来》《香港政府档案局简介》等宣传物，并于 7 月 1 日香港回归祖国前夕，组织工作人员走上街头开展宣传。

1998 年 8 月 31 日—9 月 6 日，为纪念国际档案理事会成立 50 周年、《档案法》实施 10 周年，全省各级档案部门开展“国际档案周”宣传咨询活动。“国际档案周”的主题是“档案连着我和你”，重点宣传档案与社会的联系，公民利用档案的权利、范围、手续等。各级档案部门在公共场所张贴宣传标语，组织工作人员上街设立咨询点，散发宣传材料，介绍馆藏档案开放情况，解答有关档案事务问题。省档案局编印《档案法》《档案连着我和你》《国际档案周》《档案知识宣传专刊》及爱国主义教育读本等宣传材料 1 万多份，与福州市档案局联合在福州五一广场和左海公园门口开展《档案法》和“国际档案周”宣传咨询活动。省档案馆制作《翻开历史的卷页——走进省档案馆》专题电视片，周末在福建电视台播出。福州、莆田、龙岩、南平市档案局编印档案知识宣传专刊。厦门、泉州、福州三市档案局和省档案局举办档案管理现代化学术报告会。全省各级机关、团体、企事业单位开展“三五”档案普法考试活动，共有 3 万多人参加。

图 8-3 1998 年 9 月 1 日，福州五一广场“国际档案周”宣传咨询活动现场(邢立新 摄)

1999年,新修订的《档案法实施办法》颁布执行,省档案局及时转发国家档案局、中央档案馆《关于学习宣传贯彻执行〈中华人民共和国档案法实施办法〉的通知》,编印发行《档案法》及《档案法实施办法》小册子1万多册。全省各级档案行政管理部门抓住欢庆中华人民共和国成立50周年、迎接澳门回归祖国的契机,运用广播、电视、报刊等形式,积极宣传档案工作,增强全社会的档案意识。

2000年,省档案局与省司法厅在《福建法制报》开展"三五"档案普法知识征答活动,全省有8万余人参加,其中厦门市1万多人、省直单位近8000人参加本次活动。省档案局到南平、古田、清流、宁化、连城、平和等地开展"档案科技下乡"活动,积极宣传《档案法》及《档案法实施办法》。主要做法有:在市县繁华地段宣传普及档案科学技术和现代化管理知识,开展档案法规和档案开放利用业务咨询;展示省、市、县档案局馆制作的档案科技宣传展板和珍贵档案的实物、照片;播放《共和国脚步》等档案专题电视片;分发《福建档案》科普专辑、《档案法》及《档案法实施办法》等宣传小册子14000册,调查问卷600张;向当地机关、企事业单位赠送档案科技书籍、资料;走访当地档案馆,调查了解档案现代化管理、安全保护等方面情况,开展科技咨询和业务指导活动;与当地分管档案工作的党政领导和部分单位的领导、档案工作人员进行座谈,共同探讨依靠科技进步推动档案事业发展问题。这是福建省首次开展以档案科普为主题的科技下乡宣传咨询活动,各地精心选择宣传地点,邀请领导和新闻单位参加,扩大了活动的社会影响。

2001年10月18日,为进一步增强全社会的档案意识和档案法制观念,省档案局、省司法厅联合印发《福建省档案系统"四五"法制宣传教育规划》,对2001—2005年全省档案普法工作进行部署。各设区市、县(市、区)也分别制发档案系统"四五"法制宣传教育规划,并组织实施。泉州市档案局开展"档案普法宣传周"活动。省档案局被评为全省"三五"法制宣传教育先进单位,省档案局雷乃明被评为全国"三五"普法先进工作者。

2002年,为加强全省"四五"档案普法工作的组织领导,省档案局成立"档案普法领导小组",编印《福建省"四五"档案普法学习材料》近万册,发放宣传材料5000份。为纪念《档案法》颁布15周年,省档案局发出《关于开展纪念〈中华人民共和国档案法〉颁布15周年宣传活动的通知》,要求各级档案部门加大普法宣传力度;在全省开展档案普法测试活动,共发放试卷2万多份;发动全省档案工作者参加《中国档案》举办的档案法制知识竞赛活动。福州市档案局在五一广场悬挂纪念《档案法》横幅,局主要领导利用《福州新闻》等电视节目宣传《档案法》。南平市档案局在南平滨江文化广场开展档案法制宣传咨询活动,接受咨询398人,赠送资料9种7897册。宁德市人大常委会副主任林坤华在宁德电视台作题为"宣传贯彻《档案法》,提高依法治档水平"专题电视讲话;市档案局在市委机关大院内悬挂横幅标语,在市中心开展《档案法》宣传咨询活动。

2003年2月1日,《福建省档案条例》正式实施。省人大常委会教科文卫委员会、省档案局联合召开《福建省档案条例》宣传贯彻座谈会,省人大常委会副主任黄贤模出席会议并讲话。福建电视台、新华社福建分社、福建日报社等新闻媒体到会采访，对《福建省档案条例》进行多角度的宣传报道。副省长汪毅夫到省档案局考察档案工作，要求各级档案部门抓好《福建省档案条例》的宣传贯彻工作。省人大常委会教科文卫委员会、省政府法制办、省档案局联合印发《关于做好〈福建省档案条例〉学习宣传贯彻工作的通知》。2 月 22—28 日，全省档案系统开展《福建省档案条例》“宣传周”活动，共发放宣传材料 2 万多份。省档案局组织开展以学习《福建省档案条例》为主要内容的档案工作人员“四五”档案普法知识测试活动，全省共有 13000 多名档案工作人员参加。省档案局还与福州市档案局在福州五一广场联合开展《福建省档案条例》“宣传日”活动。厦门市档案局在中山公园举行《福建省档案条例》宣传咨询活动。厦门市思明区档案局自 2003 年起连续两年在政务网上开展档案法律法规有奖知识竞赛。泉州市档案局在市中心举办大规模宣传咨询活动，共有 1000 多人参加，市电视台进行了现场报道。三明市副市长严凤英在《三明日报》发表《增强社会档案意识，推进依法治档工作》的署名文章。南平市档案局把《福建省档案条例》列为“四五”档案普法教育内容，印发《福建省档案条例》8000 余册。宁德市档案局组织工作人员到蕉城区蕉南街道的 8 个社区开展送法宣传活动。

图 8-4　2003 年 2 月 21 日，厦门市档案局在中山公园举行《福建省档案条例》宣传咨询活动(厦门市档案局 供图)

2004 年，省档案局在全省开展档案法规知识学习和测试活动，共有 1 万多人参加；组织一批档案人员参加“华东六省一市档案法律法规知识网络竞赛”活动。福清市档案局相继举办“档案法制宣传周”(2 月 23—29 日)和“档案科技活动周”(5 月 15—21 日)活动。泉州市档案局组织开展“档案法规知识学习月”活动。

2005 年，全省继续开展“四五”普法教育活动。福建电视台播出根据省档案馆馆藏抗战档案制作的电视系列片《永不沉默的记忆》和根据宁德市档案馆馆藏档案制作的电视片《50 亿的去向》。古田县把档案法制宣传列入“平安古田”建设内容,把档案法律法规收入《建设平安古田宣传学习问答》,并作为全县普法知识竞赛用书。福清市档案局开展“档案法制宣传月”活动。年底,省档案局对全省“四五”档案普法工作进行验收和总结,与省司法厅联合授予52个单位为福建省“四五”档案法制宣传教育先进单位,授予32人为福建省“四五”档案法制宣传教育先进个人。

第三节　境外交流

1994年4月,省档案局(馆)长金莹谛作为中国档案工作代表团成员出访意大利,对意大利档案工作进行为期半个月的考察。省档案馆与新加坡国家档案馆交换华侨档案史料,接受新加坡国家档案馆赠送的《闽人创业史——亚洲太平洋》和薛有福家谱等资料。

1995年3月,美国耶鲁大学白彬菊教授一行3人到晋江市档案馆考察科学管理档案。4月,台湾政治大学国际关系研究中心副研究员袁易率考察团到省档案馆交流闽台关系档案资料。20世纪90年代,全省各级档案部门还陆续接待台湾“中央研究院”博士庄莫章、台湾人间杂志社记者钟俊开、日本大阪华侨总会会长张廖富源等台湾同胞、海外侨胞,为他们回乡寻根访祖、查阅族谱档案提供方便。

图8-5　1995年3月17日,美国耶鲁大学教授白彬菊(左)到晋江市档案馆考察(邢立新 摄)

1996年4月,省档案局制订全省“九五”档案事业发展计划,提出要开展档案外事及港澳台档案学术交流工作,拓宽福建档案界对外交流渠道,促进福建省与境外档案工作方面的交流。主要内容包括:根据福建省档案事业发展需要,有计划组织档案界代表出境访问、考察和培训,参与共同研究,加强信息联系;利用福建与台湾隔海相望、血缘相亲、习俗相近、语言相通的优势，加强与台湾档案界的学术交流与合作，与港澳台合作出版有关档案史料，为祖国统一作出贡献。

同年7月，福建省档案工作者陈孔秀、徐桂玉、林惠英、詹金水、范圣敏等5人应邀赴新加坡国家档案馆参加“口述历史方法论”培训，考察新加坡福建会馆，交流福建省与新加坡交换华侨及族谱档案事宜。

同年9月2—7日，第十三届国际档案大会在北京召开，省档案学会理事长庄闽希率福建代表团参加大会。为配合大会组委会举办中国档案事业成就展，省档案馆展出闽台和华侨档案史料，向与会中外代表和社会各界发放《福建档案工作概况》《闽台关系和华侨档案史料》等资料，受到中外与会代表和广大参观者好评，被大会组委会授予“主题突出，反响良好”奖状。

同年11月，省档案馆副馆长林育辰前往台北市参加“海峡两岸档案暨微缩学术交流会”。这是福建省档案工作者首次赴台参加学术交流。

1997年12月，由国家档案局承办的“世界记忆工程”亚太地区专家会议在厦门召开，来自联合国教科文组织亚太地区分部，以及中国、澳大利亚、韩国、马来西亚、巴基斯坦、菲律宾等国的专家代表参加会议，主要探讨亚太地区在安全保管档案文件中存在的问题、解决办法，濒临危险境况档案和文件的抢救和保护措施。

图8-6　1997年12月，联合国教科文组织专家参观厦门市档案馆(厦门市档案局 供图)

1998年，省档案局(馆)长陈永成、副局长庄闽希随国家档案局考察团考察瑞典、法国、意大利、美国等国，重点了解各国档案工作的管理体制、法制建设、馆库建设、馆藏特色以及档案机构设置和职能等情况。

1999年11月，国际档案理事会东亚地区分会(EASTICA)第四届大会在香港召开，省档案局张凤仙、陈淑贞与南平市档案局阮少明、龙岩市档案局吕宗蒙参加档案鉴定整理学术讨论会。

同年,省档案馆与东南亚国家交流华侨史料目录。省档案局选派1名青年档案工作者赴美国参加档案管理培训班,学习外国档案工作的先进技术和经验。

2000年10月29日—11月4日,国家档案局和厦门市档案局联合主办的国际档案理事会东亚地区分会"电子档案管理对策研讨会"在厦门召开,来自东亚各国及地区的50多名档案专家、学者与会,就如何更好地处理和保存电子档案,确保电子文件的真实性和原始性,采取怎样的策略归档和管理电子文件等课题进行了为期一周的研讨。国际档案理事会东亚地区分会主席、韩国记录保存所所长南孝彩介绍东亚各国及地区电子文件归档和管理的基本情况。国家档案局局长、中央档案馆馆长毛福民到会指导。省档案局(馆)长陈永成、副局(馆)长叶仲霖参加会议。

2002年5月6—16日,省档案馆副馆长叶仲霖一行赴新加坡,参加由中国和新加坡两国合作举办的"海外华人与新加坡历史"学术研讨会,考察马来西亚和泰国的档案工作。8月19—29日,省档案局(馆)长陈永成赴台湾参加"海峡两岸档案暨微缩学术交流会"。

同年,省科技厅、省对外交流中心组织科技档案考察团赴美国、加拿大进行为期12天的考察,这是福建省首次组织科技档案考察团赴国外考察。考察团参观访问了美国、加拿大的主要城市及其科技档案管理机构和加拿大多伦多大学、美国新泽西州立大学等学术机构,与当地档案界的专家、学者就科技档案业务管理工作进行交流和探讨,并有重点地考察学习了美国、加拿大在档案现代化管理方面的先进经验。

图8-7　2002年5月,省档案馆派员参加在新加坡举行的"海外华人与新加坡历史"学术研讨会(省档案馆 供图)

第九章　机构与队伍

1993—2005年，全省逐步健全、完善由档案局统一管理指导，以档案室为基础、档案馆为主体的档案事业机构体系。1996年机构改革，省档案局、馆合并，实行一个机构两块牌子的管理体制。随后，各地（市）、县（市、区）档案部门相继参照执行。2000年新一轮机构改革，各地仍实行局馆合一体制。2005年底，全省共有档案行政管理部门93个，各级各类档案馆113个，省直机关、大型企业和县团级以上事业单位档案室233个。全省档案管理部门贯彻落实"科教兴档"战略，面向档案管理的现代化、信息化，逐步建立起岗位培训、在职教育与学历教育相结合的多层次的档案教育机制，努力提高档案人员知识化、专业化水平。2005年，全省档案事业机构的在岗人员中，具有大专以上学历的共1154人，是1993年的2.39倍；具有副高级以上专业技术职务的共72人，是1993年的4.24倍。

第一节　机构与编制

一、管理机构

（一）省档案局

1993年，省档案局延续1992年的建制，主要职责是：贯彻执行档案工作的法律、法规和有关方针、政策，监督档案法律、法规的实施；制订全省档案事业发展计划和档案工作规章制度，并组织实施；对福建省范围内的档案馆以及其他机关、团体、企事业单位和组织的档案工作进行监督和指导；组织并指导全省档案理论与科学技术研究、档案保护、档案教育、档案宣传以及档案干部的培训工作、职称评定工作；统筹规划全省档案馆网设置；配合省委办公厅、省政府办公厅对机关文书立卷归档工作进行指导；与省直有关部门共同研究解决各级档案机构设置、编制、档案人员劳保、事业经费等问题；指导福建省档案学会的工作。

省档案局（馆）内设办公室、业务指导处、法制处、保管处、技术处和编研处，下属事业单位为档案干部培训中心和档案缩微目录中心。省档案局（馆）定编102名，实有工作人员92人（其中省档案局45人，省档案馆47人）。

表 9-1　　1993 年福建省档案局(馆)内部机构及直属事业单位主要职能表

内部机构	主要职能
办公室	协调全局(馆)各部门工作,提出工作建议,负责局(馆)的组织人事、文秘、档案、财务、行政等工作和全省档案专业职改工作
业务指导处	制定全省档案事业工作计划及政策性文件和规章制度,进行全省档案工作的业务指导、监督与检查等工作
法制处	负责《档案法》及其他档案法规的贯彻和监督检查,制定福建省档案法规并组织实施,查处违反档案法规事件,负责档案宣传和《福建档案》编辑出版工作
保管处	接收、征集省档案馆管辖范围的档案资料,对馆藏档案进行整理、鉴定、保管、提供利用及库房日常管理等工作
技术处	研究档案管理现代技术,进行档案虫霉防治,档案修裱复制,各类机器设备的维修、库房温湿度调控以及开发利用计算机进行档案管理等技术
编研处	根据馆藏档案资料和社会需求编辑出版档案史料和专题资料,订正史料,参与编史修志,管理本局(馆)资料
档案干部培训中心	制订全省档案专业教育计划、规划、制度;协调指导地、县档案教育培训工作,承担省直单位和地(市)、县(市、区)局(馆)长及具有中级以上职称档案人员的专业培训工作
档案缩微目录中心	制订全省档案目录中心发展计划、规划及有关制度标准;承担省档案资料目录数据库的建立及与国家档案目录中心的联网工作;为省档案局(馆)重点档案及全省各档案部门的珍贵档案提供缩微复制服务

1996 年 1 月,根据省委、省政府批准的《福建省档案局、福建省档案馆职能配置、内设机构和人员编制方案》,省档案局与省档案馆合并,一个机构两块牌子,履行全省档案事业行政管理和省级各机关、团体及其所属单位的档案保管、利用两种职能,为省委、省政府直属机构,规格为正厅级,属省委系列,由省委直接管理,正、副局长兼任正、副馆长。其主要职责是:贯彻执行《档案法》以及党和国家有关档案工作的方针、政策;起草全省档案工作的地方性法规和规章草案,完善档案管理的政策和规章制度,监督、检查档案法律法规的贯彻执行,依法查处档案违法行为;制订全省档案事业发展的中长期规划和年度计划并组织实施;组织指导全省档案理论、档案科研和档案宣传工作,逐步实现档案管理的标准化、科学化和现代化;负责全省档案人员的业务培训;指导全省档案人员队伍建设;负责全省档案专业技术职务评审工作的组织实施。

省档案局(馆)内设办公室、监督指导处、综合调研处、保管利用处、鉴定整理处、编研处、技术处和机关党委(同时挂人事教育处牌子),下属事业单位为档案干部培训中心和档案缩微目录中心。除下属 2 个事业单位外,全部参照《国家公务员暂行条例》管理,定编 93 名,实有工作人员 93 人(其中省档案局 31 人,省档案馆 62 人)。

表 9-2　**1996 年福建省档案局(馆)内部机构及直属事业单位主要职能表**

内部机构	主要职能
办公室	协助局(馆)领导处理日常行政事务,协调机关内部各部门工作;负责局(馆)机关秘书、文电、档案、机要、信访、安全保卫、保密、行政后勤工作;负责行政事业经费管理工作和外事接待工作;完成领导交办事项
监督指导处	负责监督检查福建省各地区、各部门贯彻执行档案法规、制度的情况,对违法案件进行查处;承办档案及其复制件的转让和携带、运输、邮寄出境工作;审核提出外国组织、个人及华侨、港澳台同胞来福建利用档案的意见;负责草拟档案工作的指导性文件和审查档案工作的有关规范、标准;负责对省直机关、团体、企事业单位和各地、市、县档案局(馆)的业务指导;监督检查全省重点工程、国有资产、重大科技项目和新经济领域、新经济区的建档工作;组织指导档案信息资源的开发利用及全省档案管理现代化建设工作
综合调研处	负责全省档案工作综合性问题的调查研究和综合性文件起草等工作;草拟全省档案事业中、长期规划及年度计划,并检查、总结执行情况;负责档案信息工作;负责全省档案宣传、统计工作;编辑、出版、发行《福建档案》刊物;负责档案学会日常工作
保管利用处	负责保管省级单位档案资料,负责档案库房管理,对馆藏档案进行检查,掌握档案保管情况,做好馆藏档案的防火、防虫、防霉、防盗等保护工作;调查了解社会需求情况,为社会各方面提供利用和咨询服务
鉴定整理处	负责接收、征集档案资料,对已进馆的档案资料进行鉴定、整理、统计、解密划控,提出开放范围;编制各类检索工具,进行档案著录标引;负责对过期及无保存价值档案的鉴定、销毁工作
编研处	根据馆藏档案资料和党政领导机关与社会各方面利用档案史料的需要,开展档案史料编研并做好档案史料的编辑与出版工作;考证史实,订正史料;管理本局、馆图书资料,配合档案工作需要提供服务
技术处	贯彻国家档案科研工作的方针和发展规划,制订全省档案科研计划,组织科研项目立项和省级以上科研成果的鉴定推荐工作;进行档案保护技术研究;配合做好馆藏档案的灭菌、杀虫等技术保护工作;开展档案管理现代化技术的研究及计算机的管理工作;负责局(馆)各类机器、设备的维护
机关党委(同时挂人事教育处牌子)	负责机关的党务、监察工作;负责机关内工、青、妇和计划生育工作;负责机关内部干部职工考核、录用、调配、晋升、奖惩、工资和人事档案管理;负责全省档案系统职工教育、全省档案职工专业技术职务评聘的有关工作;负责老干部服务管理工作
档案干部培训中心	制订全省档案专业教育计划、规划、制度;协调指导地、县档案教育培训工作,承担省直单位和地(市)、县(市、区)局(馆)长及具有中级以上职称档案人员的专业培训工作
档案缩微目录中心	制订全省档案目录中心发展计划、规划及有关制度标准;承担省档案资料目录数据库的建立及与国家档案目录中心的联网工作;为省档案局(馆)重点档案及全省各档案部门的珍贵档案提供缩微复制服务

2000 年,在新一轮机构改革中,省档案局(馆)仍按照省委办公厅、省政府办公厅于 1996 年 1 月批准的《福建省档案局、福建省档案馆职能配置、内设机构和人员编制方案》执行。

2001 年,为加强档案法制建设,成立法制处,负责全省档案法律、法规的拟定、宣传、执行、监督以及有关违法案件的查处等工作。同时撤销综合调研处,其职能由办公室承担。

2004 年,为适应档案工作现代化、信息化管理的需要,省委编办同意省档案缩微目录中心更名为省档案信息中心,负责对档案信息资源进行整合、开发、利用,实施全省馆藏档案信息资源共享,为全省各立档机构提供电子档案存放和调阅等服务。省档案缩微目录中心更名后,其机构性质、规格、编制、经费渠道不变。

2005 年,为便于开展现行文件利用工作,更好地为社会提供档案信息服务,省委编办同意省档案馆加挂"福建省现行文件利用中心"牌子。加挂牌子后,省档案馆机构性质、规格、编制、经费渠道等均不变。为进一步规范事业单位的建制,省委编办同意保留省档案信息中心和省档案干部培训中心两个直属事业单位。截至 2005 年底,省档案局(馆)共有内设机构 9 个(办公室、监督指导处、法制处、保管利用处、鉴定整理处、编研处、技术处、机关党委、人事教育处),直属事业单位 2 个(省档案干部培训中心、省档案信息中心)。省档案局(馆)定编 50 人,工作人员实有 42 人。

表 9-3　**2005 年福建省档案局(馆)内部机构及直属事业单位主要职能表**

内部机构	主要职能
办公室	协助局(馆)领导处理日常行政事务,协调机关内部各部门工作;负责局(馆)机关秘书、文电、档案、机要、信访、安全保卫、保密、行政后勤工作;负责行政事业经费管理工作和外事接待工作;完成领导交办事项;负责全省档案工作综合性问题的调查研究和综合性文件起草工作;草拟全省档案事业中、长期规划及年度计划,并检查、总结执行情况;负责档案信息、档案宣传、统计工作;编辑、出版、发行《福建档案》刊物;负责档案学会日常工作
监督指导处	承办档案及其复制件的转让和携带、运输、邮寄出境工作;审核提出外国组织、个人及华侨、港澳台同胞来福建利用档案的意见;负责草拟档案工作的指导性文件和审查档案工作的有关规范、标准;负责对省直机关、团体、企事业单位和各地、市、县档案局(馆)的业务指导;监督检查全省重点工程、国有资产、重大科技项目和新经济领域、新经济区的建档工作;组织指导档案信息资源的开发利用及全省档案管理现代化建设工作
法制处	负责《档案法》及档案法规的贯彻和监督检查;拟定、审核地方档案法规、规章及管理规范;负责档案法制宣传教育工作和档案行政执法监督检查工作;组织调查档案违法案件;承办档案行政复议和档案行政诉讼应诉的有关工作等
保管利用处	负责保管省级单位档案资料;负责档案库房管理,对馆藏档案进行检查,掌握档案保管情况,做好馆藏档案的防火、防虫、防霉、防盗等保护工作;调查了解社会需求情况,为社会各方面提供利用和咨询服务

续表 9-3

内部机构	主要职能
鉴定整理处	负责接收、征集档案资料，对已进馆的档案资料进行鉴定、整理、统计、解密划控，提出开放范围；编制各类检索工具，进行档案著录标引；负责对过期及无保存价值档案的鉴定、销毁工作
编研处	根据馆藏档案资料和党政领导机关与社会各方面利用档案史料的需要，开展档案史料编研并做好档案史料的编辑与出版工作；考证史实，订正史料；管理本局(馆)图书资料，配合档案工作需要提供服务
技术处	贯彻国家档案科研工作的方针和发展规划，制订全省档案科研计划，组织科研项目立项和省级以上科研成果的鉴定推荐；进行档案保护技术研究；配合做好馆藏档案的灭菌、杀虫等技术保护工作；开展档案管理现代化技术的研究及计算机的管理工作；负责局(馆)各类机器、设备的维护
机关党委(同时挂人事教育处牌子)	负责机关的党务、监察工作；负责机关内工、青、妇和计划生育工作；负责机关内部干部职工考核、录用、调配、晋升、奖惩、工资和人事档案管理；负责全省档案系统职工教育、全省档案职工专业技术职务评聘的有关工作；负责老干部服务管理工作
档案干部培训中心	制订全省档案专业教育计划、规划、制度；协调指导设区市、县(市、区)档案教育培训工作；承担省直单位和设区市、县(市、区)局(馆)长及具有中级以上职称档案人员的专业培训工作，承担全省档案干部的培训和继续教育工作
档案信息中心	制订全省档案资料目录数据库的发展计划、规划及有关制度标准；承担省档案资料目录数据库的建立及与国家档案目录信息库的联网工作；为省档案局(馆)重点档案及全省各档案部门的珍贵档案提供档案信息的开发与利用等服务；承担档案信息资源整合、开发、利用，为全省立档机构提供电子档案存放和调阅等服务工作

表 9-4　**1993—2005 年福建省档案局(馆)领导人名单**

姓名	性别	职务	任职时间
金莹谛	女	党组书记、局(馆)长	1992 年 6 月—1995 年 12 月
刘玉芳	女	党组成员、副局(馆)长	1983 年 2 月—1995 年 12 月
陈永成	男	党组书记、局(馆)长	1995 年 12 月—
庄闽希	男	党组副书记、副局(馆)长	1995 年 12 月—2000 年 3 月
		巡视员	2000 年 3 月—
林育辰	男	党组成员、副局(馆)长	1995 年 12 月—2000 年 3 月
		助理巡视员	2000 年 3 月—
王明皋	男	党组成员、副局(馆)长	1995 年 12 月—2000 年 3 月
		助理巡视员	2000 年 3 月—

续表 9-4

姓名	性别	职务	任职时间
陈爱群	男	党组成员、副局(馆)长	2000 年 3 月—
叶仲霖	男	党组成员、副局(馆)长	2000 年 3 月—
罗炳行	男	党组成员、副局(馆)长	2001 年 9 月—2004 年 12 月
林　真	男	党组成员、副局(馆)长	2004 年 5 月—

(二)地(市)、县(市、区)档案局

1993 年,全省有地(市)级档案局 9 个、县(市、区)级档案局 68 个。

1996 年机构改革,地(市)、县(市、区)级档案机构实行一个机构两块牌子、两种职能的体制。即档案局是同级政府(行署)的档案行政管理部门,档案馆是集中管理档案的文化事业机构。

1997 年 5 月,因撤地设市,龙岩地区档案局改称龙岩市档案局。

2000 年,新一轮机构改革,全省各地仍实行局、馆合一体制,共有地(市)级档案局 9 个、县(市、区)级档案局 82 个。因撤地设市,宁德地区档案局改称宁德市档案局。

2003 年 2 月实施的《福建省档案条例》重申:县级以上地方人民政府档案行政管理机构负责管理本行政区域内的档案事业,并对本行政区域内机关、团体、企事业单位和其他组织的档案工作实行监督和指导。

随着档案法律、法规的贯彻施行,县(市、区)级档案机构在建制上逐渐稳定,绝大多数县(市、区)级档案局(馆)能按法定的两种职能设置内设机构 2～4 个业务股(科)。截至 2005 年底,全省有地(市)级档案局 9 个,共有编制 105 名,实有工作人员 101 人;县(市、区)级档案局 83 个,共有编制 194 名,实有工作人员 241 人。

表 9-5　**1993—2005 年福建省档案行政管理机构数量统计表**

单位:个

年份	省级	地(市)级	县(市、区)级	总计
1993	1	9	68	78
1994	1	9	68	78
1995	1	9	68	78
1996	1	9	68	78
1997	1	9	76	86
1998	1	9	78	88
1999	1	9	74	84

续表 9-5

年份	省级	地(市)级	县(市、区)级	总计
2000	1	9	82	92
2001	1	9	82	92
2002	1	9	82	92
2003	1	9	82	92
2004	1	9	81	91
2005	1	9	83	93

二、档案馆

(一)国家综合档案馆

1. 省档案馆

福建省档案馆成立于1959年10月。1993年,省档案馆位于福州市鼓楼区铜盘路屏西小区。1996年机构改革,省档案局、馆合并,一个机构两块牌子,履行全省档案事业行政管理和省级各机关、团体及其所属单位的档案保管、利用两种职能,为省委、省政府直属机构,由省委直接管理,正、副馆长由正、副局长兼任。1997年,省档案馆被评为国家一级档案馆。2000年新一轮机构改革,省档案馆的机构性质、规格、编制、经费渠道等均不变。2005年,省档案馆有内设机构9个,直属事业单位2个,定编55人,实有工作人员55人;建筑面积7010平方米,其中库房建筑面积2828平方米;馆藏档案共有285个全宗,60.79万卷,资料4.46万册。

图 9-1　省档案馆(邢立新 摄于1999年)

图 9-2　2004 年底竣工的福州市档案馆(福州市档案馆 供图)

2. 地市档案馆

(1)福州市档案馆

福州市档案馆成立于 1963 年 7 月,1968 年 11 月实施战备,机构撤销。1978 年机构恢复,与福州市档案局合署办公。1979 年 12 月,在福州市鼓楼区乌山路 92 号市委大院内建设福州市档案馆大楼,建筑面积 2916 平方米,共七层,于 1983 年 8 月投入使用。1996 年机构改革,市档案局、馆合并,实行一个机构两块牌子,规格为正处级,为福州市委、市政府直属机构,由福州市委直接管理。2003 年,在福州市仓山区金山文体中心建设市档案馆新大楼,建筑面积 11165 平方米,共十层,总投资 3200 万元,于 2004 年底竣工。截至 2005 年底,馆藏档案 165 个全宗,15.78 万卷,资料 2.90 万册。

(2)厦门市档案馆

厦门市档案馆成立于 1963 年,与厦门市档案局合署办公。1996 年机构改革,市档案局、馆合并,一个机构两块牌子,履行全市档案事业行政管理和市级各机关、团体及其所属单位的档案接收、征集、保管、利用两种职能。厦门市档案馆大楼建于 1992 年,建筑面积 3352 平方米。1997 年,厦门市档案馆被评为国家一级档案馆。2005 年,馆藏档案 230 个全宗,13.85 万卷,资料 1.21 万册。

图 9-3　厦门市档案局(邢立新 摄于 1999 年)

(3)漳州市档案馆

漳州市档案馆的前身是 1984 年 6 月成立的龙溪地区档案馆,1985 年 6 月更名为漳州市档案馆。1996 年 2 月机构改革，市档案局、馆合并，改为市直属事业单位，一个机构两块牌子，规格为正处级。漳州市档案馆大楼位于漳州市胜利西路 118 号市政府大院内，于 1982 年 9 月竣工，建筑面积 1800 平方米。2005 年，馆藏档案 145 个全宗，5.80 万卷，资料 2.09 万册。

图 9-4　1999 年的漳州市档案馆（漳州市档案馆 供图）

（4）泉州市档案馆

泉州市档案馆的前身是 1985 年 4 月成立的晋江地区档案馆，1986 年 1 月更名为泉州市档案馆。1994 年 12 月，在泉州市庄府巷 24 号大院内新建泉州市综合档案大楼，建筑面积 5241 平方米。1996 年 10 月机构改革，市档案局、馆合并，一个机构两块牌子，由市委直接管理，规格为正处级。2005 年，馆藏档案 143 个全宗，8.71 万卷，其中特色档案共 175 盒 883 件，实物档案 1000 余件，资料 3.31 万册。

图 9-5　1994 年竣工的泉州市档案馆（泉州市档案馆 供图）

(5)三明市档案馆

三明市档案馆的前身是1963年7月成立的三明专区档案馆,1983年7月更名为三明市档案馆。1997年机构改革,市档案局、馆合并,一个机构两块牌子,为市委、市政府直属机构,由市委直接管理。三明市档案馆大楼建于1992年,建筑面积1200平方米。1995年,三明市档案馆被评为全国档案系统先进集体。2005年,馆藏档案207个全宗,6.26万卷,资料近2万册。

图9-6　2000年的三明市档案馆(三明市档案馆 供图)

(6)莆田市档案馆

莆田市档案馆的前身是1963年5月成立的闽侯专区档案馆,馆址在闽侯县螺洲。1983年撤地设市,改称莆田市档案馆。1985年,在莆田市政府机关大院内新建档案馆大楼,建筑面积约1000平方米。1996年10月机构改革,市档案局、馆合并,一个机构两块牌子,为市委、市政府直属机构,规格为正处级,由市委直接管理。2003年10月,莆田市档案馆综合楼投入使用,总建筑面积3314平方米。2005年,馆藏档案289个全宗,12.49万卷,资料2.78万册,接收寄存转制、破产企业档案3万余卷。

图9-7　2003年竣工的莆田市档案馆(莆田市档案馆 供图)

(7)南平市档案馆

南平市档案馆的前身是1964年10月成立的南平专区档案馆,与专区档案管理局合署办公。1966年“文化大革命”开始后,档案机构被撤销。1973年3月,成立建阳地区革命委员会办公室档案馆。1980年4月,改称建阳地区档案馆;1989年1月,改称南平地区档案馆;1995年1月,改称南平市档案馆。1997年机构改革,市档案局、馆合并,一个机构两块牌子,属市委序列。南平市档案馆库房建于1977年,总建筑面积985平方米。2005年,馆藏档案110个全宗,5.09万卷,资料1.89万册。

图9-8　20世纪90年代的南平市档案馆(南平市档案馆 供图)

(8)龙岩市档案馆

龙岩市档案馆的前身是1960年6月成立的龙岩地区档案馆,1966年“文化大革命”开始后,档案机构被撤销。1978年1月,档案机构恢复。10月,在龙岩地委大院内新建地区档案馆大楼,建筑面积960平方米。1995年5月,新馆竣工,坐落于龙岩新罗区东城军民路41号,建筑面积3864平方米。1996年12月机构改革,市档案局、馆合并,一个机构两块牌子。1997年5月,改称龙岩市档案馆。2005年,新馆扩建为4300平方米;馆藏档案172个全宗,6.71万卷,资料7000余册。

图9-9　1995年竣工的龙岩市档案馆(龙岩市档案馆 供图)

(9)宁德市档案馆

宁德市档案馆的前身是1958年9月成立的福安地委档案馆。1966年“文化大革命”开始后,档案馆工作陷入瘫痪。1968 年 4 月,在福安专区革命委员会秘书组设档案室。1971 年 10 月,改称宁德地区革命委员会办公室档案室。1977 年 6 月,成立宁德地区革命委员会档案管理馆。1982 年,改称宁德地区档案管理馆。1986 年 5 月,改称宁德地区档案馆,局、馆合署办公,一个机构两块牌子,划归地区行署领导。2000 年,改称宁德市档案馆。1984 年,位于宁德地委机关大院的档案馆库房竣工,建筑面积 934 平方米,后扩建为 2024 平方米。2005 年,馆藏档案 210 个全宗,6.27 万卷,资料 1.89 万册。

图 9-10　1999 年的宁德市档案馆(宁德市档案馆 供图)

3. 县级档案馆

县级国家综合档案馆随着县级行政区划和机构的调整而变动。1993 年,全省共有县级档案馆 75 个,编制 521 人,实有工作人员 471 人;馆藏档案共有 5466 个全宗,171.42 万卷,音像档案 1948 盘,照片档案 8.00 万张,资料 44.70 万册。

1996 年机构改革,全省各级国家综合档案馆实行局馆合并、一个机构两块牌子的体制。

2000 年新一轮机构改革,全省各级国家综合档案馆仍实行局馆合一体制。

2005 年,全省共有县级档案馆 83 个,共有编制 598 人,实有工作人员 503 人;总建筑面积 9.71 万平方米,其中库房建筑面积 5.29 万平方米;馆藏档案共有 8178 个全宗,313.78 万卷,资料 61.18 万册。

图 9-11　晋江市档案馆(邢立新 摄于 1999 年)

(二)国家专门档案馆和部门档案馆

1994 年,省档案局批准省测绘资料中心加挂省测绘档案馆牌子,负责收集和管理全省测绘资料,业务上受国家测绘局和省档案局指导。

1996 年 12 月,省地质资料处更名为省地质资料馆,承担全省地质资料的收集、整理工作。

1999 年,省邮政管理局档案馆更名为省邮电档案馆,主要收集全省邮政机关纸质、音像及其他载体档案资料。全省共有专业档案馆 21 个(其中国家专门档案馆 16 个、部门档案馆 5 个),主要分布于城建、气象、地质、测绘、房产、土地、邮电等专业部门。馆库总建筑面积 2.5 万平方米,档案安全防护设施配置齐全,档案管理规范化、现代化水平普遍提高,馆藏档案资料 134 万余卷(册),已向社会开放档案 39 万多卷。

2001 年 7 月,省基础地理信息中心成立,主要收集全省测绘档案资料。省地质资料馆更名为省国土资源档案馆,承担全省地质资料和土地档案的接收、管理工作。省气象档案馆馆藏档案共计 2 万卷(册),资料排架总长度约 500 米,其中气象记录档案 1.23 万卷,气象业务档案 508 卷,气象研究档案 184 卷。

2005 年,省国土资源档案馆每年新增约 200 种 4000 件地质资料,馆藏各类资料共 1 万多种 12 万多件,土地档案 5000 多卷,图书 2 万多册。省基础地理信息中心的档案馆馆藏档案资料共 1.33 万卷,光盘(磁带)1120 盘(盒),文字材料、图集等 1.22 万本,各种地图 2.33 万幅,调绘、控制、航摄底片 32.08 万张。福州市房地产档案馆共接收各类档案近 80 万卷,其中正本 55 万卷,包括房屋权属档案 46 万卷、拆迁档案 5 万卷、房产抵押档案 4 万卷。福州市国土资源档案馆保存档案 31.91 万卷。厦门市国土资源与房产测绘档案馆共保存档案 62.33 万卷。

福州、厦门、南平、莆田、三明等 5 个市的城市建设档案馆共有档案 21.89 万卷。

2005 年,全省共有国家专门档案馆 17 个,共有编制 183 人,实有工作人员 191 人;总建筑面积 3 万平方米,其中库房建筑面积 1 万平方米;馆藏档案共有 9 个全宗,205 万卷,资料 2 万册。

(三)企事业单位档案馆

1993—1995 年,全省企事业单位档案馆没有统计数据。

1996 年,全省有科技事业单位档案馆 1 个(厦门大学档案馆),有专职工作人员 8 人;馆藏档案共有 1 个全宗,22.07 万卷。

2000 年,省电信公司档案馆成立,主要收集邮电系统各项活动中形成的档案,并继续保管原省邮电管理局档案全宗。省科技档案馆共有馆藏档案 15000 卷,分为 5 类:省科技厅下达的科技计划项目档案、获省政府年度科技进步奖项目档案、海岸带资源调查档案、科技新产品档案、自然科学基金资助项目档案等。

2002 年,厦门大学档案馆晋升为国家二级档案管理单位。

2005 年,厦门大学档案馆扩大档案收集范围,馆藏历史档案、文书档案、财务档案、科技档案、文博字画等各类档案共计 6 万多卷。

2005 年,全省共有大型企业档案馆 2 个(省电信公司档案馆、南平造纸厂档案馆)、科技事业单位档案馆 1 个(厦门大学档案馆),共有编制 22 人,实有工作人员 26 人;总建筑面积 3261 平方米,其中库房建筑面积 2203 平方米;馆藏档案共有 5 个全宗,12.07 万卷,资料 1.49 万册。

图 9-12 厦门大学档案馆(邢立新 摄于 1999 年)

表 9-6　　**1993—2005 年福建省档案馆数量统计表**

单位：个

年份	国家综合档案馆			国家专门档案馆	部门档案馆	大型企业档案馆	科技事业单位档案馆	合计
	省级	地(市)级	县(市、区)级					
1993	1	9	75	4	3	—	—	92
1994	1	9	74	8	—	—	—	92
1995	1	9	75	13	3	—	—	101
1996	1	9	72	11	—	—	1	94
1997	1	9	80	6	5	1	1	103
1998	1	9	82	16	—	1	1	110
1999	1	9	82	16	5	2	1	116
2000	1	9	81	17	—	2	1	111
2001	1	9	84	17	—	2	2	115
2002	1	9	84	17	—	1	1	113
2003	1	9	84	17	—	2	1	114
2004	1	9	83	17	—	2	1	113
2005	1	9	83	17	—	2	1	113

三、档案室

(一)机关档案室

1993 年,全省有 1096 个机关单位成立综合档案室,其中省直机关单位档案室(处、科)57 个,共有编制 111 人,实有工作人员 166 人,另有兼职人员 720 人;保存档案共有全宗 57 个,31.42 万卷,音像档案 2643 盘,照片档案 2.12 万张。

2000 年,全省有省直机关单位档案室(处、科)82 个,共有编制 47 人,实有工作人员 76 人,另有兼职人员 295 人;保存档案共有全宗 90 个,33.09 万卷,音像档案 5524 盘,照片档案 4.61 万张,资料 1.93 万册。

2005 年,全省各级机关普遍建立档案室。省直机关共有档案室(处、科)75 个,共有编制 59 人,实有工作人员 82 人,另有兼职人员 326 人;保存档案共有全宗 88 个、49.80 万卷、34.40 万件,音像档案 4721 盘,照片档案 4.48 万张,底图档案 1.01 万张,缩微胶片 7160 米,资料 3.90 万册。

(二)企事业单位档案室

1993—1994 年,全省企事业单位档案室没有统计数据。

1995 年,全省有大型企业档案室 38 个,工作人员 125 人,保存档案共有全宗 24 个,29.53 万卷,音像档案 1666 盘,照片档案 1.31 万张,底图档案 42.21 万张;有文化和科技事业单位档案室 13 个,工作人员 26 人,保存档案共有全宗 13 个,8.08 万卷,音像档案 964 盘,照片档案 6384 张。

2000 年,全省有大型企业档案室 186 个,工作人员 353 人,保存档案共有全宗 162 个,105.42 万卷,音像档案 3944 盘,照片档案 8.42 万张,底图档案 129.76 万张,电子档案 3367 盘(盒);有科技事业单位档案室 31 个,工作人员 41 人,保存档案共有全宗 34 个,16.58 万卷,音像档案 1057 盘,照片档案 3.64 万张,底图档案 246.26 万张,电子档案 61 盘(盒)。

2005 年,全省有大型企业档案室 124 个,工作人员 194 人,保存档案共有全宗 93 个,72.84 万卷,音像档案 4442 盘,照片档案 6.72 万张,底图档案 61.40 万张,电子档案 7003 盘(盒),资料 13.99 万册;有文化和科技事业单位档案室 34 个,工作人员 61 人,保存档案共有全宗 44 个,26.02 万卷,音像档案 6811 盘,照片档案 8.33 万张,底图档案 12.80 万张,电子档案 1166 盘(盒),资料 1.31 万册。

表 9-7　**1993—2005 年福建省档案室数量统计表**

单位:个

年份	省直机关档案室	大型企业档案室	文化事业单位档案室	科技事业单位档案室	合计
1993	57	—	—	—	57
1994	106	—	—	—	106
1995	176	38	7	6	227
1996	73	41	—	8	122
1997	67	80	20	7	174
1998	68	123	26	9	226
1999	52	216	10	12	290
2000	82	186	—	31	299
2001	93	176	7	13	289
2002	95	126	10	27	258
2003	100	119	9	30	258
2004	93	132	7	28	260
2005	75	124	7	27	233

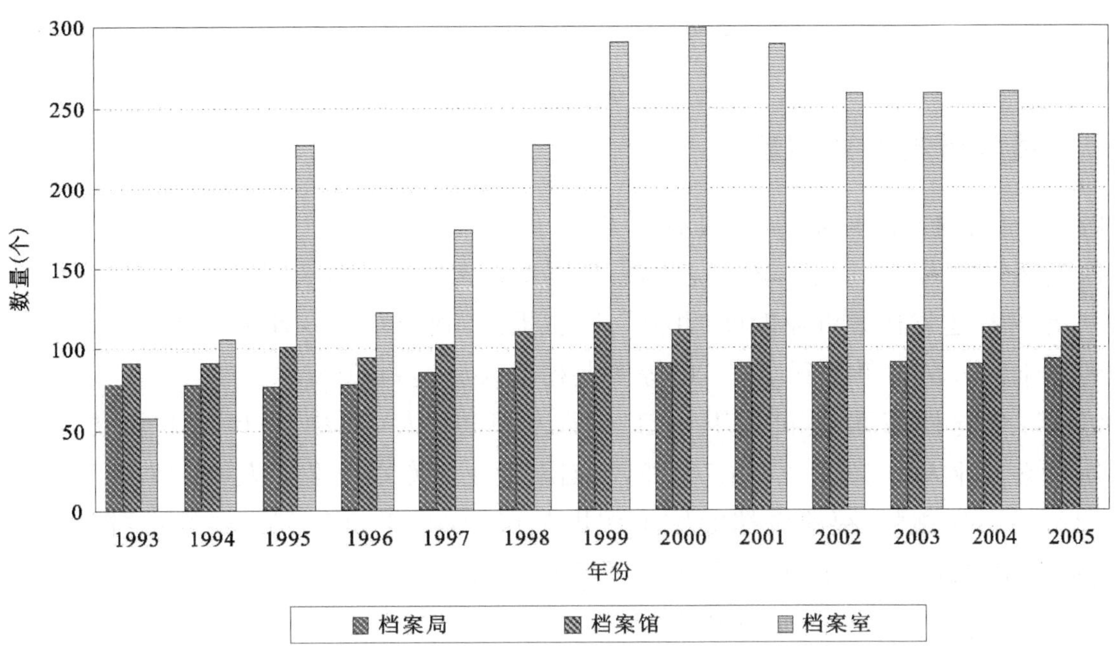

图 9-13　1993—2005 年福建省档案系统机构设置情况图

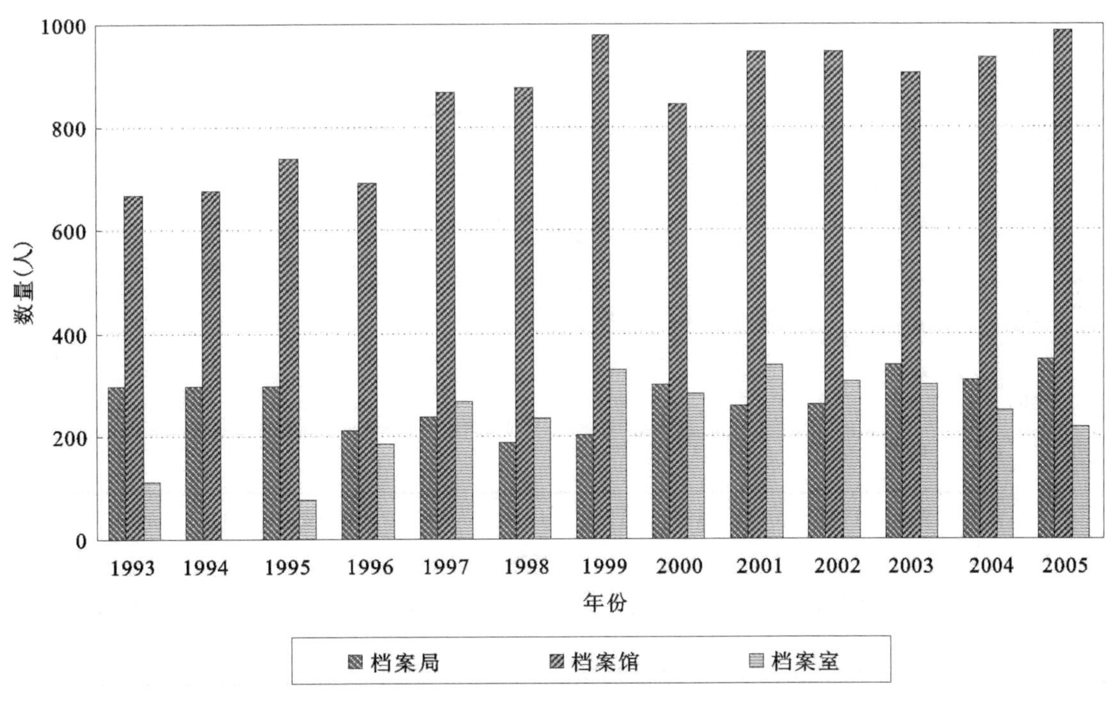

图 9-14　1993—2005 年福建省档案系统人员编制情况图

注:出于历史原因,1994 年档案室数据残缺。

第二节　队伍建设

一、人员学历与专业情况

1993年，全省档案事业机构共有工作人员1101人，其中大专以上学历483人，占43.87%；档案专业人员678人，占61.58%；档案专业大专以上186人，占16.89%。

1996年，《福建省档案事业发展“九五”计划》提出：到2000年，各级档案局、馆中档案专业程度大专以上的人员力争达到30%，中等专业程度人员达到60%。

2000年，全省档案事业机构共有工作人员1698人，其中大专以上学历934人，占55.01%；档案专业人员1203人，占70.85%；档案专业大专以上294人，占17.31%。

2003年6月实施的《福建省档案馆工作规范》(DB35/T 507—2003)规定：档案馆人员数量、结构和素质应符合档案馆工作需要，各类专业技术人员应占75%以上。

2005年，全省档案事业机构共有工作人员1617人，其中大专以上学历1154人，占71.37%；档案专业人员1133人，占70.07%；档案专业大专以上309人，占19.11%。学历与专业程度都比1993年有较大提高。

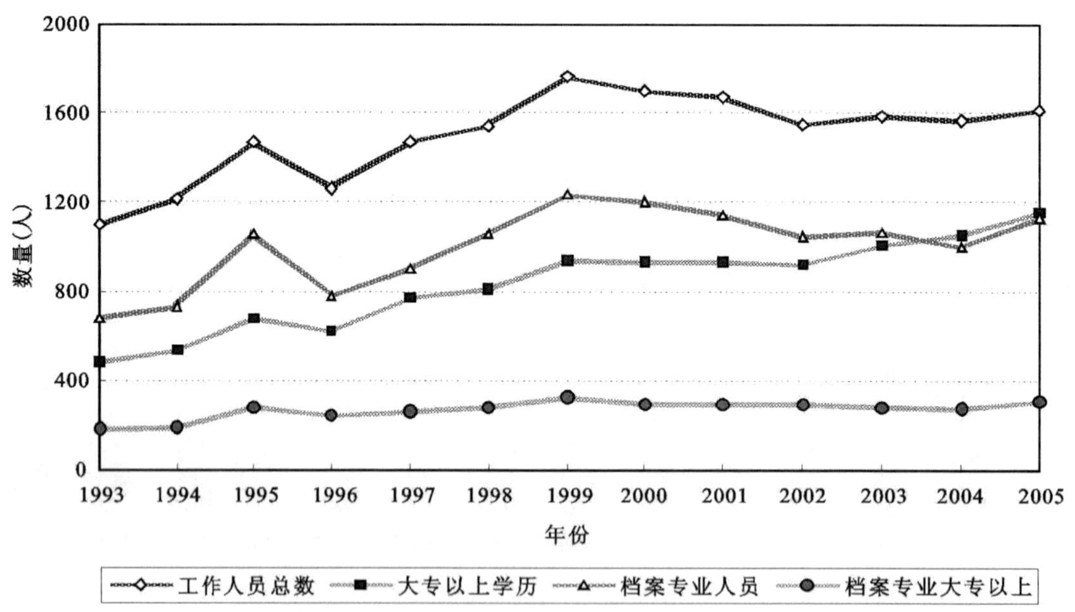

图9-15　1993—2005年福建省档案工作人员学历和专业程度变化趋势图

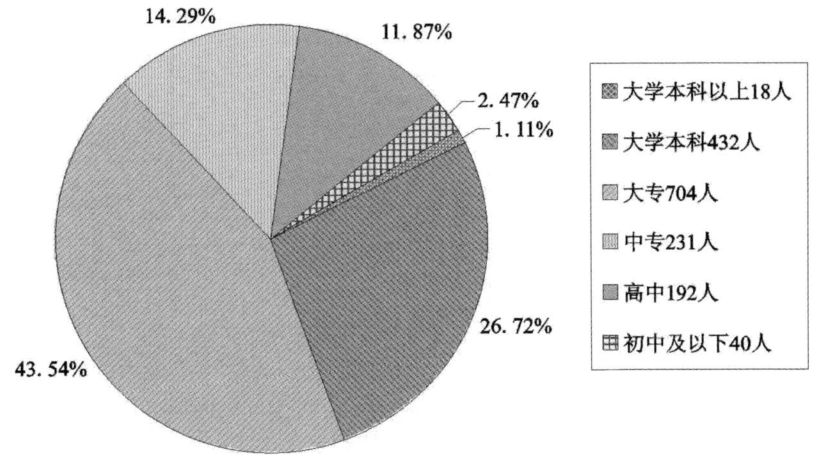

图 9-16　2005 年福建省档案工作人员学历构成情况图

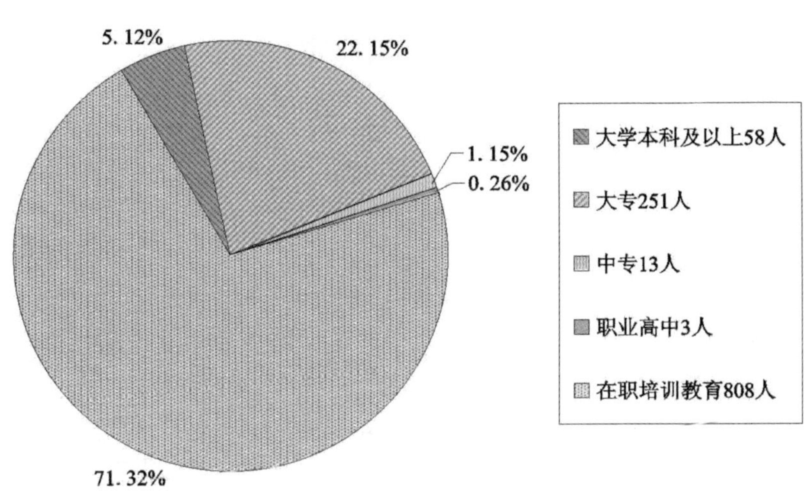

图 9-17　2005 年福建省档案专业人员学历构成情况图

二、教育培训

1993 年 9 月 2 日，为提高档案专业人员的业务水平、工作能力和操作技能，使档案专业人员岗位培训工作经常化、规范化，省档案局、省人事局联合印发《关于开展全省档案专业岗位培训的实施意见》。岗位培训包括上岗（在岗）、转岗、晋升等资格培训，以及根据本岗位工作需要而开展的各种适应性培训。受训岗位有档案事业领导岗、业务监督指导岗、档案馆工作岗、文书档案工作岗、科技档案工作岗等 5 个。培训课程有政治理论、公共必修、专业知识、职业道德和行为规范等，采用集中面授与自学相结合的教学方式。修完规定课程并经考核合格者由省档案局颁发统一印制的“岗位培训证书”，作为对档案人员任用、晋升、考评和奖励的重要依据。当年，全省档案系统共举办岗位培训班 34 期，培训 1622 人次。其中，省档案局先后举办档案业务、档案法制、档案应用技术、档案信息开发等培训班 5 期，培训专业人员 480 人次。省档案局还与省电大联合举办继续教育电视讲座，共有 1342 人参加。

表 9-8

1993—2005 年福建省档案事业人员情况表

单位:个、人

年份	单位	机构数	定编	实有数	女性	兼职	文化程度							档案专业程度					
							研究生	双学位	大学本科	大专	中专	高中	初中及以下	研究生	大学本科	大专	中专	职业高中	在职培训教育
1993	档案局	78	295	279	62	—	—	—	40	68	79	45	47	—	15	27	1	—	82
	档案馆	92	670	656	316	—	—	1	64	213	161	130	87	—	8	110		—	333
	档案室	57	111	166	113	720	—	—	32	65	31	33	5	—	—	26	2	—	74
1994	档案局	78	295	278	64	—	—	—	36	65	84	51	42	—	12	18	1	—	76
	档案馆	92	676	700	330	—	—	1	78	237	169	136	79	—	15	120	1	—	295
	档案室	106	—	237	198	103	—	—	50	71	32	72	12	—	—	27	5	—	163
1995	档案局	78	297	271	72	—	—	—	33	72	83	45	38	—	10	40	—	—	132
	档案馆	101	740	766	384	—	1	1	91	272	176	152	73	—	21	133	—	—	353
	档案室	227	75	434	354	—	—	—	65	142	58	138	31	—	1	73	11	—	288
1996	档案局	78	212	279	70	—	—	—	36	75	91	45	32	—	9	20	1	—	91
	档案馆	94	691	754	394	—	—	—	91	264	173	154	72	—	21	134	5	13	298
	档案室	122	185	231	177	1179	—	1	29	124	39	29	9	—	8	49	3	—	128
1997	档案局	86	237	302	81	—	—	—	41	104	92	40	25	—	13	38	2	—	74
	档案馆	103	867	795	495	—	2	—	105	296	180	156	56	—	20	136	4	1	317
	档案室	174	266	376	271	1976	—	1	52	171	58	77	17	—	8	46	5	3	234
1998	档案局	88	188	315	86	—	—	—	44	117	88	42	24	—	11	36	—	—	111
	档案馆	110	876	868	488	—	5	—	113	325	199	168	58	—	17	147	11	—	410
	档案室	226	235	358	272	2444	—	1	44	160	59	77	17	—	7	60	5	2	243

续表 9-8

年份	单位	机构数	定编	实有数	女性	兼职	文化程度							档案专业程度					
							研究生	双学位	大学本科	大专	中专	高中	初中及以下	研究生	大学本科	大专	中专	职业高中	在职培训教育
1999	档案局	84	203	309	93	—	—	2	47	119	78	42	21	—	14	30	2	1	119
	档案馆	116	979	937	515	—	9	3	121	366	211	171	56	—	17	168	3	2	445
	档案室	290	328	518	368	3159	3	—	57	214	91	126	27	—	11	86	8	2	325
2000	档案局	92	299	413	156	—	1	—	65	157	108	58	24	—	14	47	3	—	197
	档案馆	111	846	815	447	—	3	1	103	344	172	144	48	—	11	151	—	2	367
	档案室	299	281	470	339	2044	—	—	45	215	76	116	18	—	8	63	8	3	329
2001	档案局	92	257	314	110	—	1	1	65	124	68	39	16	—	10	39	2	—	135
	档案馆	115	946	890	495	—	6	4	110	370	201	153	46	—	11	161	7	3	421
	档案室	289	338	469	308	1828	—	—	55	200	101	106	7	1	16	55	7	1	276
2002	档案局	92	262	352	118	—	1	1	76	142	73	42	17	—	11	34	2	—	104
	档案馆	113	946	844	467	—	4	4	113	356	186	140	41	—	15	163	3	—	423
	档案室	258	304	352	269	2026	1	—	49	176	53	66	7	1	11	57	2	—	222
2003	档案局	92	337	378	141	—	1	3	83	159	75	41	16	—	9	32	2	6	148
	档案馆	114	905	861	473	—	7	4	150	359	171	132	38	—	16	153	5	8	400
	档案室	258	298	349	252	1851	1	—	66	175	50	53	4	—	8	61	3	—	214
2004	档案局	91	309	344	126	—	1	2	87	154	54	34	12	—	8	34	2	—	127
	档案馆	113	936	864	472	—	14	3	177	360	149	126	35	—	21	151	4	—	378
	档案室	260	248	363	263	1766	3	—	81	170	55	53	1	—	10	51	3	—	211
2005	档案局	93	349	384	150	—	1	1	112	169	53	38	10	—	11	42	2	—	185
	档案馆	113	989	896	479	—	10	2	224	377	136	117	30	—	31	164	8	3	419
	档案室	233	216	337	253	1769	4	—	96	158	42	37	—	1	15	45	3	—	204

表 9-9

1993—2005 年福建省档案行政管理机构人员情况表

单位:个、人

年份	单位	机构数	定编	实有数	女性	文化程度							档案专业程度					
						研究生	双学位	大学本科	大专	中专	高中	初中及以下	研究生	大学本科	大专	中专	职业高中	在职培训教育
1993	省级	1	102	45	10	—	—	15	12	4	6	8	—	10	7	1	—	—
	地(市)级	9	58	58	21	—	—	14	20	13	6	5	—	4	14	—	—	10
	县(市、区)级	68	135	176	31	—	—	11	36	62	33	34	—	1	6	—	—	74
1994	省级	1	102	42	12	—	—	14	10	4	8	6	—	9	7	—	—	—
	地(市)级	9	46	46	15	—	—	12	13	11	8	2	—	3	7	1	—	10
	县(市、区)级	68	147	190	37	—	—	10	42	69	35	34	—	—	—	—	3	66
1995	省级	1	102	42	14	—	—	13	13	3	7	6	—	7	11	—	—	—
	地(市)级	9	46	47	15	—	—	12	14	10	8	3	—	3	8	—	—	9
	县(市、区)级	68	149	182	43	—	—	8	45	70	30	29	—	—	21	—	—	123
1996	省级	1	—	31	10	—	—	10	9	2	5	5	—	6	4	1	—	18
	地(市)级	9	46	43	13	—	—	10	13	11	6	3	—	2	5	—	—	15
	县(市、区)级	68	166	205	47	—	—	16	53	78	34	24	—	1	11	—	—	58
1997	省级	1	33	32	10	—	—	10	11	2	4	5	—	6	3	—	—	—
	地(市)级	9	65	75	25	—	—	15	32	18	6	4	—	5	16	—	—	21
	县(市、区)级	76	139	195	46	—	—	16	61	72	30	16	—	2	19	2	—	53
1998	省级	1	—	37	11	—	—	10	16	2	6	3	—	5	5	—	—	17
	地(市)级	9	53	73	22	—	—	16	34	15	4	4	—	6	17	—	—	23
	县(市、区)级	78	135	205	53	—	—	18	67	71	32	17	—	—	14	—	—	71

续表 9-9

年份	单位	机构数	定编	实有数	女性	文化程度							档案专业程度					
						研究生	双学位	大学本科	大专	中专	高中	初中及以下	研究生	大学本科	大专	中专	职业高中	在职培训教育
1999	省级	1	—	37	13	—	—	11	15	2	6	3	—	6	6	—	—	—
	地(市)级	9	44	54	16	—	—	14	27	8	2	3	—	6	11	—	—	18
	县(市、区)级	74	159	218	64	—	2	22	77	68	34	15	—	2	13	2	1	101
2000	省级	1	—	35	13	—	—	10	13	2	6	4	—	5	7	1	—	—
	地(市)级	9	85	89	37	—	1	19	46	11	9	3	—	5	20	—	—	53
	县(市、区)级	82	214	289	106	—	—	36	98	95	43	17	—	4	20	2	—	144
2001	省级	1	50	39	17	—	1	14	12	2	6	4	—	3	4	—	—	—
	地(市)级	9	66	75	31	1	—	18	38	10	6	2	—	5	21	—	—	36
	县(市、区)级	82	141	200	62	—	—	33	74	56	27	10	—	2	14	2	—	99
2002	省级	1	50	44	16	—	1	16	13	2	8	4	—	4	4	—	—	—
	地(市)级	9	66	75	31	1	—	20	36	9	6	3	—	5	17	—	—	18
	县(市、区)级	82	146	233	71	—	—	40	93	62	28	10	—	2	13	2	—	86
2003	省级	1	50	46	19	—	1	15	16	2	8	4	—	2	4	—	—	—
	地(市)级	9	83	84	35	1	—	24	39	10	6	4	—	5	17	—	—	48
	县(市、区)级	82	204	248	87	—	2	44	104	63	27	8	—	2	11	2	6	100
2004	省级	1	50	44	18	—	1	15	15	1	8	4	—	1	3	—	—	—
	地(市)级	9	105	88	35	1	—	30	38	10	7	2	—	5	21	—	—	42
	县(市、区)级	81	154	212	73	—	1	42	101	43	19	6	—	2	10	2	—	85
2005	省级	1	50	42	16	—	1	18	11	—	8	4	—	2	2	—	—	38
	地(市)级	9	105	101	43	1	—	34	44	12	8	2	—	7	23	—	3	49
	县(市、区)级	83	194	241	91	—	—	60	114	41	22	4	—	2	17	2	—	98

表 9-10

1993—2005 年福建省全省档案馆人员情况表

单位:个、人

年份	单位		机构数	定编	实有数	女性	文化程度							档案专业程度					
							研究生	双学位	大学本科	大专	中专	高中	初中及以下	研究生	大学本科	大专	中专	职业高中	在职培训教育
1993	国家综合档案馆	省级	1	—	47	27	—	1	9	20	3	10	4	—	1	8	—	—	34
		地(市)级	9	119	107	46	—	—	9	57	20	11	10	—	2	31	—	—	41
		县(市、区)级	75	521	471	230	—	—	39	124	134	106	68	—	5	64	—	—	248
	国家专门档案馆		4	23	24	11	—	—	7	11	2	3	1	—	—	7	—	—	7
	部门档案馆		3	17	21	3	—	—	3	4	7	3	4	—	—	1	—	—	10
	大型企业档案馆		—	—	—	—	—	—	—	—	—	—	—	—	—	—	—	—	—
	科技事业单位档案馆		—	—	—	—	—	—	—	—	—	—	—	—	—	—	—	—	—
1994	国家综合档案馆	省级	1	—	47	27	—	1	9	21	3	9	4	—	1	9	—	—	36
		地(市)级	9	131	121	55	—	—	15	61	21	14	10	—	3	34	—	—	27
		县(市、区)级	74	493	478	228	—	—	42	134	135	108	59	—	8	65	—	—	210
	国家专门档案馆		8	52	54	28	—	—	12	21	10	5	6	—	3	13	—	—	13
	部门档案馆		—	—	—	—	—	—	—	—	—	—	—	—	—	—	—	—	—
	大型企业档案馆		—	—	—	—	—	—	—	—	—	—	—	—	—	—	—	—	—
	科技事业单位档案馆		—	—	—	—	—	—	—	—	—	—	—	—	—	—	—	—	—
1995	国家综合档案馆	省级	1	—	49	27	—	1	9	23	5	8	3	—	1	10	—	—	33
		地(市)级	9	131	126	59	—	—	17	64	22	13	10	—	5	38	—	—	45
		县(市、区)级	75	503	484	243	—	—	42	146	129	115	52	—	6	63	—	—	241
	国家专门档案馆		13	88	84	46	1	—	20	32	16	12	3	—	8	18	—	—	30
	部门档案馆		3	18	23	9	—	—	3	7	4	4	5	—	1	4	—	—	4
	大型企业档案馆		—	—	—	—	—	—	—	—	—	—	—	—	—	—	—	—	—
	科技事业单位档案馆		—	—	—	—	—	—	—	—	—	—	—	—	—	—	—	—	—

续表 9-10

年份	单位		机构数	定编	实有数	女性	文化程度							档案专业程度					
							研究生	双学位	大学本科	大专	中专	高中	初中及以下	研究生	大学本科	大专	中专	职业高中	在职培训教育
1996	国家综合档案馆	省级	1	—	62	33	—	—	14	28	5	10	5	—	2	15	—	—	45
		地(市)级	9	142	129	60	—	—	18	64	23	15	9	—	6	39	—	—	33
		县(市、区)级	72	487	477	254	—	—	41	140	127	117	52	—	7	64	4	13	190
	国家专门档案馆		11	62	78	44	—	—	14	29	18	11	6	—	4	14	1	—	28
	部门档案馆		—	—	—	—	—	—	—	—	—	—	—	—	—	—	—	—	—
	大型企业档案馆		—	—	—	—	—	—	—	—	—	—	—	—	—	—	—	—	—
	科技事业单位档案馆		1	—	8	3	—	—	4	3	—	1	—	—	2	2	—	—	2
1997	国家综合档案馆	省级	1	62	62	33	—	—	16	26	4	13	3	—	2	19	—	—	41
		地(市)级	9	146	104	53	—	—	13	50	17	17	7	—	2	30	—	1	40
		县(市、区)级	80	552	506	276	—	—	46	174	138	108	40	—	12	71	4	—	211
	国家专门档案馆		6	66	73	37	2	—	13	27	14	12	5	—	1	8	—	—	9
	部门档案馆		5	29	34	19	—	—	12	13	4	5	—	—	1	5	—	—	8
	大型企业档案馆		1	—	7	3	—	—	—	3	3	—	1	—	—	1	—	—	5
	科技事业单位档案馆		1	12	9	4	—	—	5	3	—	1	—	—	2	2	—	—	3
1998	国家综合档案馆	省级	1	—	55	30	—	—	14	21	4	13	3	—	1	13	—	—	41
		地(市)级	9	137	106	56	—	—	11	55	15	16	9	—	—	31	—	—	58
		县(市、区)级	82	565	506	292	—	—	37	186	137	109	37	—	7	84	11	—	240
	国家专门档案馆		16	174	186	103	3	—	47	59	40	29	8	—	5	17	—	—	63
	部门档案馆		—	—	—	—	—	—	—	—	—	—	—	—	—	—	—	—	—
	大型企业档案馆		1	—	7	3	—	—	—	3	3	—	1	—	—	1	—	—	5
	科技事业单位档案馆		1	—	8	4	2	—	4	1	—	1	—	—	4	1	—	—	3

续表 9-10

年份	单位		机构数	定编	实有数	女性	文化程度							档案专业程度					
							研究生	双学位	大学本科	大专	中专	高中	初中及以下	研究生	大学本科	大专	中专	职业高中	在职培训教育
1999	国家综合档案馆	省级	1	—	56	30	—	—	14	24	4	12	2	—	1	11	—	—	44
		地(市)级	9	151	119	61	1	—	13	65	18	12	10	—	—	34	—	—	79
		县(市、区)级	82	564	545	303	—	1	40	185	160	121	38	—	6	92	3	2	258
	国家专门档案馆		16	168	172	98	5	—	41	82	20	20	4	—	9	25	—	—	43
	部门档案馆		5	84	29	15	—	—	9	7	6	6	1	—	—	4	—	—	10
	大型企业档案馆		2	2	7	3	—	—	—	3	3	—	1	—	—	1	—	—	6
	科技事业单位档案馆		1	10	9	5	3	2	4	—	—	—	—	—	1	1	—	—	5
2000	国家综合档案馆	省级	1	—	58	30	—	—	15	25	4	12	2	—	1	12	—	—	45
		地(市)级	9	111	83	39	—	—	8	48	12	5	10	—	—	27	—	—	38
		县(市、区)级	81	523	474	264	—	1	28	198	117	101	29	—	4	87	—	2	227
	国家专门档案馆		17	200	184	104	—		47	68	37	25	7	—	5	23	—	—	47
	部门档案馆		—	—	—	—	—	—	—	—	—	—	—	—	—	—	—	—	—
	大型企业档案馆		2	2	7	5	—	—	1	4	2	—	—	—	—	1	—	—	5
	科技事业单位档案馆		1	10	9	5	3	—	4	1	—	1	—	—	1	1	—	—	5
2001	国家综合档案馆	省级	1	55	53	27	—	—	14	23	4	11	1	—	1	9	—	—	43
		地(市)级	9	131	98	46	—	—	12	50	16	10	10	—	1	30	—	—	39
		县(市、区)级	84	570	531	301	—	3	35	211	150	105	27	—	5	93	5	—	284
	国家专门档案馆		17	170	184	103	3		42	76	29	26	8	—	4	25	1	—	42
	部门档案馆		—	—	—	—	—	—	—	—	—	—	—	—	—	—	—	—	—
	大型企业档案馆		2	2	6	4	—	—	1	3	2	—	—	—	—	1	—	3	2
	科技事业单位档案馆		2	18	18	14	3	1	6	7	—	1	—	—	—	3	1	—	11

续表 9-10

年份	单位		机构数	定编	实有数	女性	文化程度							档案专业程度					
							研究生	双学位	大学本科	大专	中专	高中	初中及以下	研究生	大学本科	大专	中专	职业高中	在职培训教育
2002	国家综合档案馆	省级	1	55	50	28	—	—	17	20	4	8	1	—	3	11	—	—	40
		地(市)级	9	131	99	49	—	—	20	50	10	12	7	—	1	30	—	—	53
		县(市、区)级	84	597	528	288	—	2	39	216	146	98	27	—	5	95	1	—	283
	国家专门档案馆		17	153	154	94	2	1	32	67	25	21	6	—	4	25	2	—	38
	部门档案馆		—	—	—	—	—	—	—	—	—	—	—	—	—	—	—	—	—
	大型企业档案馆		1	—	4	3	—	—	1	2	1	—	—	—	—	1	—	—	3
	科技事业单位档案馆		1	10	9	5	2	1	4	1	—	1	—	—	2	1	—	—	6
2003	国家综合档案馆	省级	1	55	53	28	—	—	22	17	4	9	1	—	7	9	—	—	37
		地(市)级	9	111	94	46	—	—	23	46	9	9	7	—	1	29	—	—	43
		县(市、区)级	84	564	509	286	—	2	48	213	132	90	24	—	4	87	3	8	253
	国家专门档案馆		17	175	179	96	5	1	48	73	24	22	6	—	3	24	2	—	48
	部门档案馆		—	—	—	—	—	—	—	—	—	—	—	—	—	—	—	—	—
	大型企业档案馆		2	—	16	12	—	—	4	9	2	1	—	—	—	3	—	—	13
	科技事业单位档案馆		1	—	10	6	2	1	5	1	—	1	—	—	1	1	—	—	6
2004	国家综合档案馆	省级	1	55	57	29	—	—	27	17	4	8	1	—	9	12	—	—	36
		地(市)级	9	99	92	42	—	—	24	45	6	9	8	—	1	30	—	—	39
		县(市、区)级	83	584	502	284	—	2	64	216	113	85	22	—	6	81	3	—	236
	国家专门档案馆		17	186	187	99	9	1	55	72	24	22	4	—	4	24	1	—	54
	部门档案馆		—	—	—	—	—	—	—	—	—	—	—	—	—	—	—	—	—
	大型企业档案馆		2	12	16	12	—	—	4	9	2	1	—	—	—	3	—	—	13
	科技事业单位档案馆		1	—	10	6	5	—	3	1	—	1	—	—	1	1	—	—	—

续表 9-10

年份	单位		机构数	定编	实有数	女性	文化程度							档案专业程度					
							研究生	双学位	大学本科	大专	中专	高中	初中及以下	研究生	大学本科	大专	中专	职业高中	在职培训教育
2005	国家综合档案馆	省级	1	55	55	30	—	—	24	19	4	8	—	—	7	9	—	—	39
		地(市)级	9	131	121	57	—	—	33	63	7	11	7	—	10	45	2	2	69
		县(市、区)级	83	598	503	278	—	2	79	219	102	82	19	—	6	80	6	—	238
	国家专门档案馆		17	183	191	100	6	—	79	67	21	14	4	—	7	26	—	1	53
	部门档案馆		—	—	—	—	—	—	—	—	—	—	—	—	—	—	—	—	—
	大型企业档案馆		2	12	16	9		—	5	8	2	1	—	—	—	3	—	—	13
	科技事业单位档案馆		1	10	10	5	4	—	4	1	—	1	—	—	1	1	—	—	7

表 9-11

1993—2005 年福建省全省档案室人员情况表

单位：个、人

年份	单位	机构数	定编	实有数	女性	兼职人员	文化程度							档案专业程度					
							研究生	双学位	大学本科	大专	中专	高中	初中及以下	研究生	大学本科	大专	中专	职业高中	在职培训教育
1993	省直机关	57	111	166	113	720	—	—	32	65	31	33	5	—	—	26	2	—	74
	大型企业	—	—	—	—	—	—	—	—	—	—	—	—	—	—	—	—	—	—
	文化事业单位	—	—	—	—	—	—	—	—	—	—	—	—	—	—	—	—	—	—
	科技事业单位	—	—	—	—	—	—	—	—	—	—	—	—	—	—	—	—	—	—
1994	省直机关	106	—	237	198	103	—	—	50	71	32	72	12	—	—	27	5	—	163
	大型企业	—	—	—	—	—	—	—	—	—	—	—	—	—	—	—	—	—	—
	文化事业单位	—	—	—	—	—	—	—	—	—	—	—	—	—	—	—	—	—	—
	科技事业单位	—	—	—	—	—	—	—	—	—	—	—	—	—	—	—	—	—	—
1995	省直机关	176	—	283	250	—	—	—	50	80	32	99	22	—	—	41	10	—	195
	大型企业	38	75	125	80	—	—	—	11	45	25	35	9	—	1	17	1	—	85
	文化事业单位	7	—	11	10	—	—	—	—	7	1	3	—	—	—	6	—	—	4
	科技事业单位	6	—	15	14	—	—	—	4	10	—	1	—	—	—	9	—	—	4
1996	省直机关	73	93	118	93	499	—	1	15	73	18	10	1	—	5	29	2	—	58
	大型企业	41	70	83	64	572	—	—	8	34	17	16	8	—	1	11	—	—	58
	文化事业单位	—	—	—	—	—	—	—	—	—	—	—	—	—	—	—	—	—	—
	科技事业单位	8	22	30	20	108	—	—	6	17	4	3	—	—	2	9	1	—	12
1997	省直机关	67	76	92	62	404	—	—	21	47	11	13	—	—	3	16	2	37	—
	大型企业	80	150	241	177	1222	—	—	26	98	43	57	17	—	4	17	3	3	178
	文化事业单位	20	25	27	19	220	—	1	2	16	4	4	—	—	—	9	—	—	12
	科技事业单位	7	15	16	13	130	—	—	3	10	—	3	—	—	1	4	—	—	7

续表 9-11

年份	单位	机构数	定编	实有数	女性	兼职人员	文化程度							档案专业程度					
							研究生	双学位	大学本科	大专	中专	高中	初中及以下	研究生	大学本科	大专	中专	职业高中	在职培训教育
1998	省直机关	68	48	75	53	428	—	—	14	38	10	13	—	—	3	17	1	—	46
	大型企业	123	142	235	182	1689	—	—	24	96	43	56	16	—	3	32	4	2	173
	文化事业单位	26	29	30	21	197	—	1	4	12	5	7	1	—	—	7	—	—	19
	科技事业单位	9	16	18	16	130	—	—	2	14	1	1	—	—	1	4	—	—	5
1999	省直机关	52	67	101	52	256	3	—	17	55	10	15	1	—	4	16	1	—	32
	大型企业	216	230	385	293	2621	—	—	33	143	76	107	26	—	7	61	6	2	274
	文化事业单位	10	16	18	13	160	—	—	6	6	3	3	—	—	—	5	—	—	11
	科技事业单位	12	15	14	10	122	—	—	1	10	2	1	—	—	—	4	1	—	8
2000	省直机关	82	47	76	53	295	—	—	12	41	7	15	1	—	5	14	—	—	50
	大型企业	186	193	353	247	1351	—	—	25	149	66	96	17	—	3	35	8	3	255
	文化事业单位	—	—	—	—	—	—	—	—	—	—	—	—	—	—	—	—	—	—
	科技事业单位	31	41	41	39	398	—	—	8	25	3	5	—	—	—	14	—	—	24
2001	省直机关	93	144	80	55	317	—	—	14	46	6	13	1	—	4	15	—	—	52
	大型企业	176	171	362	229	1270	—	—	38	138	91	89	6	—	12	34	7	1	207
	文化事业单位	7	5	5	5	74	—	—	—	2	3	—	—	—	—	—	—	—	5
	科技事业单位	13	18	22	19	167	—	—	3	14	1	4	—	—	—	6	—	—	12
2002	省直机关	95	141	84	59	324	1	—	16	48	7	11	1	—	6	12	1	—	51
	大型企业	126	114	206	157	1199	—	—	15	91	43	51	6	—	2	28	1	—	137
	文化事业单位	10	10	13	11	104	—	—	2	9	2	—	—	—	—	4	—	—	7
	科技事业单位	27	39	47	40	389	—	—	16	27	1	3	—	1	3	12	—	—	26

续表 9-11

年份	单位	机构数	定编	实有数	女性	兼职人员	文化程度							档案专业程度					
							研究生	双学位	大学本科	大专	中专	高中	初中及以下	研究生	大学本科	大专	中专	职业高中	在职培训教育
2003	省直机关	100	150	95	65	385	1	—	23	49	7	14	1	—	4	14	—	—	60
	大型企业	119	90	190	137	990	—	—	23	90	38	36	3	—	1	20	2	—	122
	文化事业单位	9	13	12	10	57	—	—	3	8	1	—	—	—	—	6	—	—	2
	科技事业单位	30	45	52	40	419	—	—	17	28	4	3	—	—	3	21	1	—	30
2004	省直机关	93	68	100	70	332	2	—	32	48	6	11	1	—	4	17	—	—	56
	大型企业	132	128	197	140	940	—	—	24	91	42	40	—	—	1	17	3	—	122
	文化事业单位	7	13	11	9	51	—	—	3	8	—	—	—	—	2	2	—	—	5
	科技事业单位	28	39	55	44	443	1	—	22	23	7	2	—	—	3	15	—	—	28
2005	省直机关	75	59	82	56	326	1	—	29	38	4	10	—	—	6	13	—	—	45
	大型企业	124	116	194	147	922	—	—	40	96	35	23	—	—	2	19	3	—	135
	文化事业单位	7	3	6	5	61	—	—	4	2	—	—	—	—	1	2	—	—	3
	科技事业单位	27	38	55	45	461	3	—	23	22	3	4	—	—	6	11	—	—	21

1994 年,为提高档案教育培训工作质量,省档案干部培训中心先后制定《关于加强档案专业教育培训管理意见》《关于开展福建省档案专业教师考聘意见》,并根据福建省实际情况,启动档案人员岗位培训专业教材编写工作,为全省档案人员岗位培训实行统一管理、统一教材、统一试题、统一发证奠定基础。省档案局先后举办培训班、辅导班 5 期,内容涉及档案业务、档案法制、档案应用技术、栏案信息开发等方面,培训档案专业人员 600 余人次。南平、厦门、泉州、龙岩等地市的档案部门也根据业务工作需要,举办各种形式和内容的短训班、研修班。泉州市档案局被福建省人事局评为继续教育先进单位。省纪检监察、卫生、民政、银行等部门举办系统内的档案业务培训班。

同年,为提高档案人员的专业层次,经省自学考试委员会批准,省档案局委托福建师范大学开办档案专业自学考试大专段,全部课程 12 门,全部修完需 3 年,首考时间定于 1994 年 10 月,以后每年 4 月和 10 月各开考一次,考试科目为文书学、档案管理学,修完全部课程并经考试合格者发给国家承认的大专毕业文凭。1994 年 10 月 30 日,举行福建省档案专业第一次自学考试,全省共有 1332 人参加。

1995 年,省档案局编写"档案法规概论""文书学""档案管理学""科技档案管理学""档案保护技术学""档案编研概论"等 6 门档案专业基础课的教学大纲。为解决基层档案专业人员工学矛盾和参加省级培训的困难,省档案局先后与福州、厦门、漳州、龙岩、南平等地市联合举办 8 期岗位培训班,参训人员达 1129 人次。为开阔档案干部的视野,省档案干部培训中心与省档案学会联合在福州举办全省档案专业人员继续教育研修班,各地(市)、县(市、区)档案局(馆)长及全省具有档案专业职称的人员共 64 人参加。

1996 年,省档案局成立人事教育处,加强全省教育培训工作的统筹规划和宏观管理。7 月 10 日,为提高档案专业人员的素质,省档案局制定《福建省档案专业人员继续教育暂行规定》,就档案继续教育工作的职责分工、内容形式以及档案专业人员的权利与义务、登记与考核、奖励与处罚等作出规定,明确了中、高级职称的专业人员每年脱产接受继续教育学习的时间累计不少于 72 学时,初级职称的专业人员每年脱产接受继续教育学习的时间累计不少于 42 学时。10 月 15—26 日,省档案局在厦门举办全省档案专业人员继续教育研修班,邀请《中国档案报》总编王德俊等知名专家学者授课,共有 97 名档案专业人员参加研修。全省档案系统共举办各类岗位培训班 30 期,参训人员 2474 人次。其中,省档案局单独举办培训班 6 期,参训人员 769 人;与有关地、县联合办班 5 期,培训 561 人。

1997 年 10 月 29 日,国家档案局、中央档案馆联合发布《档案专业技术人员继续教育暂行规定》,对继续教育的原则、任务、对象、内容、时间等作出具体规定。省档案干部培训中心组织编写出版《档案专业人员继续教育专题讲座》,共 15 个专题、23 万字。全省档案系统共举办培训班 26 期,培训 2519 人次。

同年,为提高档案工作人员的学历层次,福建省尝试开办档案管理自学考试本科段,但当年仅 400 人报考,远达不到省自学考试委员会要求的 1500 人,因而无法开考。

图 9-18　1997 年 2 月，省档案局(馆)长陈永成(中)在岗位培训班上授课

1998 年，福建师范大学历史系档案学专业升为四年制本科，目标是培养档案工作高级专门人才，年计划招生 30 人。开办之初，有教师 10 人(其中具有高级职称的有 2 人)。开设课程主要有档案学概论、档案管理学、档案文献编纂学、档案保护技术学、中国档案史、情报学概论、图书资料分类与编目、目录学、计算机原理等。该专业的毕业生被安排到省档案馆实习，学习档案编纂学等课程。

同年 8 月，省档案局在漳州市东山县举办全省档案局(馆)长和办公室主任研修班，聘请国家档案局科研所原所长徐义全及省档案局 4 位领导授课。为解决基层档案人员学习经费困难和工学矛盾问题，省档案局采取“四有三统”(有计划、有目标、有指导、有考核，统一考试、统一阅卷、统一发证)形式，举办大规模的“福建省档案人员继续教育专题讲座”，全省共有 3500 多名档案工作者参加学习，超 80%，专职档案人员全部轮训一遍。

1998 年 12 月 24 日，教育部发布《面向 21 世纪教育振兴行动计划》，之后，高等教育不断扩大招生人数，档案管理自学考试报考人数大为减少，就不再招考。

1999 年，省档案局与省人事厅联合印发《福建省档案人员持证上岗暂行规定》，要求所有新上岗档案人员必须在一年内接受岗位培训、实行持证上岗；已经从事档案工作的专兼职人员，应在两年内取得档案人员岗位资格证书；不具备规定学历，年龄在 40 周岁以下者，还应在五年内取得规定学历。省档案局制定《福建省档案人员继续教育实施办法》，对档案专业技术人员接受继续教育的时间作出规定，并要求在培训内容上重视以现代化、信息化为主要内容的新理论、新技术、新方法、新标准和创新思维的教育，促进档案人员更新观念、增长知识、开阔视野、提高能力。为规范岗位培训和提高教学质量，省档案局组织编写《档案人员岗位培训教材》。为培养具有创新精神和创新能力的档案专业人才，省档案局开展“创造力开发”继续教育，全省档案人员参加学习的共有 1081 人次。

2000年,全省共举办计算机、行政执法等档案岗位培训班20期,培训2164人次。9月,省档案局在福州举办一期以档案行政执法、档案工作现代化及如何当好局(馆)长为内容的研修班,邀请武汉大学博士生导师刘家真和中山大学教授陈永生授课,全省新任局(馆)长和具有中、高级职称的档案人员156人参加学习,省档案局(馆)主要领导参加授课、听课。省档案干部培训中心组织编写《档案人员岗位基础知识》,由海峡文艺出版社出版。

2001年,省档案局在全省开展档案培训教师资格考核,共核发档案岗位资格证书1483本,另聘用兼职教师50余名,为提高教育培训质量提供师资保证。围绕档案信息化、现代化等建设目标,全省共举办各类档案岗位和继续教育培训班31期,培训3059人次。

2002年,为使档案人员尽快适应档案信息化建设的需要,省档案局下发《关于组织全省档案局(馆)中青年干部参加计算机应用能力培训的通知》,要求50岁以下的档案人员都要参加计算机网络知识培训,并在两年内至少达到全国计算机等级考试一级B的水平。省档案局与国家档案局教育中心合作,在厦门举办全省档案局(馆)长研修班和档案现代化管理研修班;还举办一期档案人员持证上岗培训班,共181人参训。全省全年共举办培训班26期,培训2159人次。

2003年,省档案干部培训中心组织编写《档案信息化知识读本》《档案人员岗位基础知识(修订本)》《专门档案管理》《档案人员岗位培训教学大纲》等4部教材,由海峡文艺出版社正式出版发行。为了让更多档案工作者掌握档案信息化知识,省档案局在全省范围内开展档案信息化知识函授教育,共有6300多名档案人员参加了9月1日举行的全省统一考试。省档案局还专门邀请"数字福建"专家组成员,向局(馆)干部职工讲授信息化和电子政务方面的知识。全年,省档案局共举办档案行政执法人员培训、档案人员持证上岗培训、综合档案馆计算机管理系统软件应用培训、档案馆网站系统管理人员培训、重点建设项目档案管理培训等各类培训班7期,以及各种形式的参观学习活动,参训人员近7000人次。省邮政局、省公安厅、中国农业发展银行福建省分行、福州海关等单位在本系统举办档案干部业务培训班。莆田市荔城区档案局分期分批选送工作人员参加计算机应用能力培训。永安市档案局为边远乡镇新上岗的档案人员举办档案业务学习班,通过"一带一"的方式确保边远乡镇档案工作不掉队。

2004年,省档案局制定《福建省档案局馆干部培训工作实施方案》。省档案干部培训中心结合全省档案工作重点,举办电子文件管理、档案网站建设、重点工程档案管理等7期继续教育培训班,培训干部755名;还组织200多名档案专业人员和部分档案局(馆)长参加国家档案局举办的全国档案干部继续教育研修班、档案专业教育师资培训班和档案局(馆)长研修班。全省共举办岗位基础知识培训班10期,1300名档案干部参加培训并取得结业证书。

2005年,省档案干部培训中心举办岗位培训班7期,培训789人次;举办继续教育班和专题培训班16期,内容涉及档案学术研究与论文写作、档案信息技术知识、文档一体化管理、电子政务与电子文件管理、档案网站建设、重点工程项目档案管理等,全省共1636人次参训。

表 9-12　　**1993—2005 年福建省档案专业学历教育情况表**

单位：人

年份	办学类别	办学层次	学生			专职教师					
			毕业生数	招生数	在校生数	教师总数	教授	副教授	讲师	助教	实验员
1993	普通学历教育	职高	—	—	29	2	—	—	—	2	—
	成人学历教育	大专	—	—	—	—	—	—	—	—	—
1994	普通学历教育	大专	—	—	—	—	—	—	—	—	—
	成人学历教育	大专	—	1333	1392	—	—	—	—	—	—
1995	普通学历教育	大专	31	25	138	10	1	1	5	3	—
	成人学历教育	大专	—	1370	1581	—	—	—	—	—	—
1996	普通学历教育	大专	271	—	91	11	1	3	4	2	1
	成人学历教育	大专	—	2300	1595	—	—	—	—	—	—
1997	普通学历教育	大专	—	—	—	—	—	—	—	—	—
	成人学历教育	大专	—	2933	396	—	—	—	—	—	—
1998	普通学历教育	大学本科	—	35	35	10	—	4	4	2	—
		大专	337	392	55	2	—	—	—	—	2
	成人学历教育	大专	84	2145	2213	—	—	—	—	—	—
1999	普通学历教育	大专	—	—	—	—	—	—	—	—	—
	成人学历教育	大专	—	—	—	—	—	—	—	—	—
2000	普通学历教育	大学本科	—	35	105	14	3	5	5	—	1
		大专	31	—	—	—	—	—	—	—	—
	成人学历教育	大专	—	—	—	—	—	—	—	—	—
2001	普通学历教育	大学本科	—	35	140	15	2	6	5	—	2
	成人学历教育	大专	—	—	—	—	—	—	—	—	—
2002	普通学历教育	大学本科	34	39	146	14	2	6	4	—	2
	成人学历教育	大专	—	—	—	—	—	—	—	—	—
2003	普通学历教育	大学本科	37	39	147	12	2	6	2	—	2
	成人学历教育	大专	—	—	—	—	—	—	—	—	—
2004	普通学历教育	大学本科	34	39	145	12	2	6	1	1	2
	成人学历教育	大专	—	—	—	—	—	—	—	—	—
2005	普通学历教育	大学本科	39	33	144	11	1	2	3	3	2
	成人学历教育	大专	—	—	—	—	—	—	—	—	—

表 9-13　　1993—2005 年福建省档案系统在职培训教育情况表

年份	培训	办班期数	培训人次
1993	专业证书班	1	43
	岗位培训班	6	471
	继续教育班	3	207
	专题培训班	24	901
1994	专业证书班	3	173
	岗位培训班	2	333
	继续教育班	—	—
	专题培训班	5	494
1995	专业证书班	—	—
	岗位培训班	18	220
	继续教育班	3	90
	专题培训班	5	213
1996	专业证书班	1	44
	岗位培训班	16	1214
	继续教育班	—	—
	专题培训班	13	1216
1997	专业证书班	3	182
	岗位培训班	13	414
	继续教育班	—	—
	专题培训班	10	330
1998	专业证书班	6	631
	岗位培训班	18	1798
	继续教育班	—	—
	专题培训班	3	3636

续表 9-13

年份	培训	办班期数	培训人次
1999	专业证书班	—	—
	岗位培训班	3	270
	继续教育班	5	213
	专题培训班	1	55
2000	专业证书班	—	—
	岗位培训班	7	553
	继续教育班	1	42
	专题培训班	1	37
2001	专业证书班	—	—
	岗位培训班	14	1021
	继续教育班	16	1978
	专题培训班	1	60
2002	专业证书班	—	—
	岗位培训班	12	1035
	继续教育班	12	1018
	专题培训班	2	106
2003	专业证书班	—	—
	岗位培训班	4	526
	继续教育班	3	6411
	专题培训班	8	594
2004	专业证书班	—	—
	岗位培训班	9	996
	继续教育班	8	629
	专题培训班	4	492

续表 9-13

年份	培训	办班期数	培训人次
2005	专业证书班	—	—
	岗位培训班	7	789
	继续教育班	7	951
	专题培训班	9	685

三、专业技术职务评聘

1993 年,福建省档案专业职称改革工作仍由省档案专业职称改革领导小组负责指导。领导小组下设办公室,承办日常事务。相应成立的福建省档案专业中级职务评审委员会和副高级职务评审委员会,承担着全省档案专业人员初级、中级和副高级专业技术职务任职资格的评审工作,以及晋升高级专业技术职务人员的评审推荐工作。全省各地市档案局都先后成立档案专业职称改革领导小组及档案专业初级职务评审委员会(福州市、厦门市和泉州市档案局还成立档案专业中级职务评审委员会),负责辖区内档案专业职称改革和评审工作。

同年 6 月,福建省举行首次档案专业职称改革外语水平考试。福建省档案专业职称改革实行外语(古汉语)规范化考试,凡申报档案专业高级职务者必须考外语,申报中级职务者可选考外语或古汉语。10 月,省档案专业职称改革领导小组、省职称改革领导小组办公室联合印发《福建省档案专业职务评聘经常化工作实施意见》,对全省档案专业技术职务的评聘范围和对象、任职条件、各级专业职务的职责、不具备规定学历资历人员破格评聘专业职务条件、岗位设置与职数结构比例、评审组织的建立及评审权限等都作出明确规定。到年底,全省 1101 名档案工作人员中,具有档案专业职务的有 698 人,占 63.40%;其中副高级以上 17 人,占 1.54%。

1996 年,省职称改革领导小组办公室对职称改革做补充规定,对论文要求、继续教育情况、外语免试条件、聘后管理、评审工作等问题提出新的要求。

1999 年,随着人事管理制度改革的深化,全省各级档案行政管理部门的人员不再参与档案专业职务评聘,各级国家综合档案馆的人员照常参与档案专业职务评聘。

2000 年,全省 1698 名档案工作人员中,具有档案专业职务的有 861 人,占 50.71%;其中副高级以上 45 人,占 2.65%。

2004 年,省人事厅相继印发《福建省人事厅关于改进专业技术职称工作的若干意见》《福建省人事厅关于事业单位实行专业技术资格评价与专业技术职务聘任分开的意见》,规定:档案专业的职称评定,外语可不作为必备条件;次年 1 月 1 日起事业单位实行专业技术职务评聘分开，专业技术人员不受职数限制，都可评职称。

2005 年，全省 1617 名档案工作人员中，具有档案专业职务的有 847 人，占 52.38%；其中副高级以上 72 人，占 4.45%。

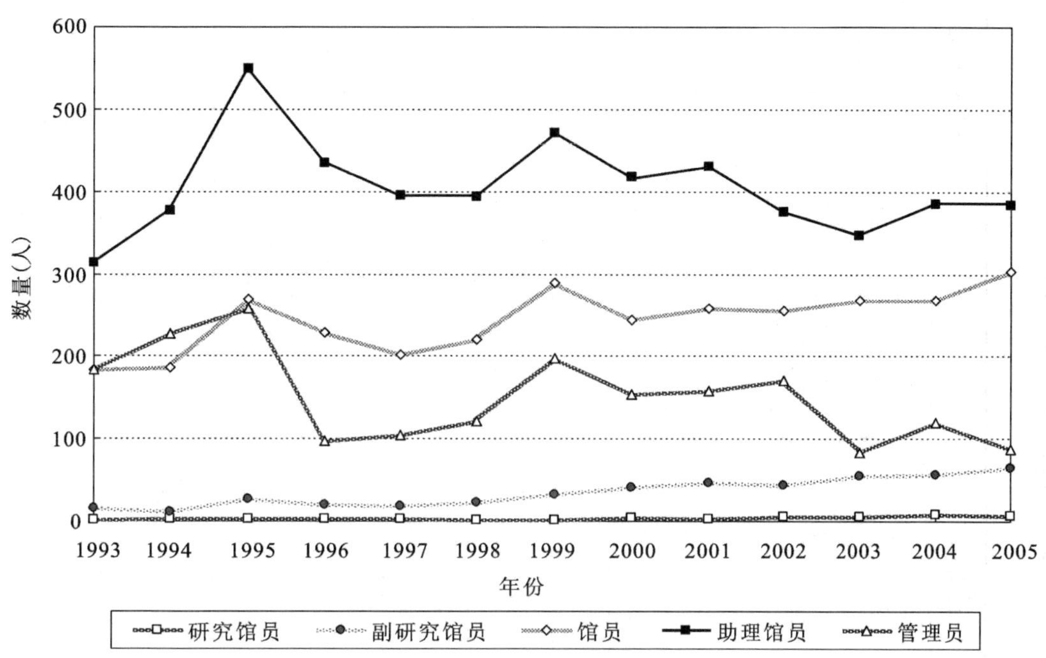

图 9-19　1993—2005 年福建省档案工作人员职称情况图

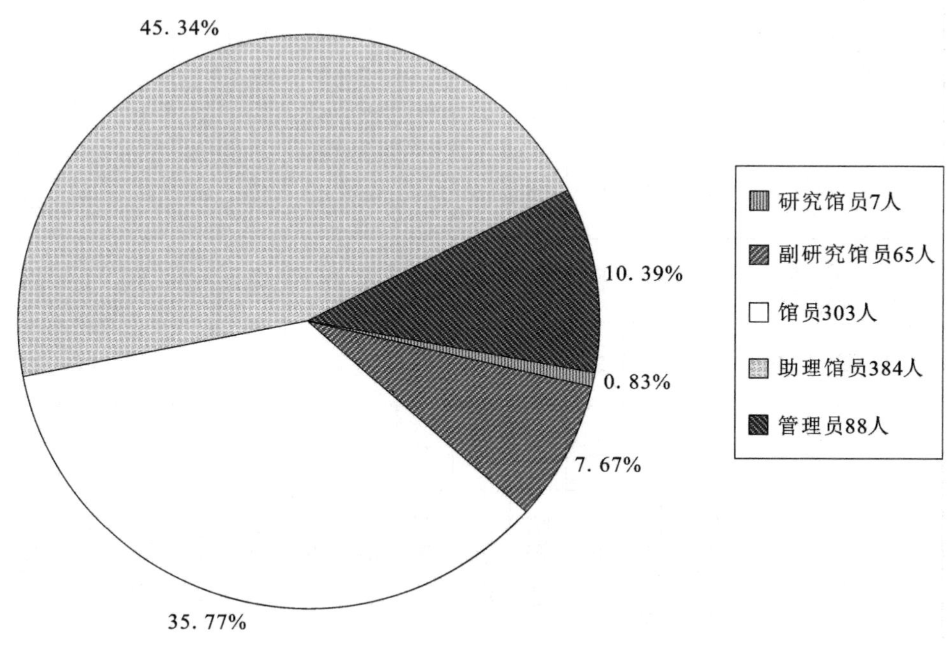

图 9-20　2005 年福建省档案工作人员职称结构图

表 9-14

1993—2005 年福建省档案工作人员专业技术职务情况表

单位：人

年份	职称	档案局				档案馆								档案室(处、科)					合计
		省级	地(市)级	县(区、市)级	小计	国家综合档案馆			国家专门档案馆	部门档案馆	大型企业档案馆	科技事业单位档案馆	小计	省直机关	大型企业	文化事业单位	科技事业单位	小计	
						省级	地(市)级	县(区、市)											
1993	研究馆员	1	—	—	1	1	—	—	—	—	—	—	1	—	—	—	—	—	2
	副研究馆员	4	5	1	10	1	1	1	—	2	—	—	5	—	—	—	—	—	15
	馆员	14	11	32	57	16	15	43	5	3	—	—	82	44	—	—	—	44	183
	助理馆员	6	22	39	67	15	55	130	8	6	—	—	214	33	—	—	—	33	314
	管理员	—	—	6	6	10	8	105	3	4	—	—	130	48	—	—	—	48	184
1994	研究馆员	1	—	—	1	1	1	—	—	—	—	—	2	—	—	—	—	—	3
	副研究馆员	4	2	—	6	1	3	2	—	—	—	—	6	—	—	—	—	—	12
	馆员	14	9	22	45	16	20	49	13	—	—	—	98	43	—	—	—	43	186
	助理馆员	4	10	41	55	15	52	188	14	—	—	—	269	53	—	—	—	53	377
	管理员	—	—	9	9	10	9	92	8	—	—	—	119	99	—	—	—	99	227
1995	研究馆员	1	—	—	1	1	1	—	—	—	—	—	2	—	—	—	—	—	3
	副研究馆员	4	2	—	6	1	3	2	7	1	—	—	14	3	3	1	—	7	27
	馆员	20	9	38	67	18	29	54	18	4	—	—	123	54	17	3	5	79	269
	助理馆员	5	13	84	102	15	62	207	29	5	—	—	318	68	50	3	8	129	549
	管理员	2	1	17	20	9	11	89	8	1	—	—	118	101	18	—	2	121	259

续表 9-14

年份	职称	档案局				档案馆								档案室(处、科)					合计
		省级	地(市)级	县(区、市)级	小计	国家综合档案馆			国家专门档案馆	部门档案馆	大型企业档案馆	科技事业单位档案馆	小计	省直机关	大型企业	文化事业单位	科技事业单位	小计	
						省级	地(市)级	县(区、市)											
1996	研究馆员	1	—	—	1	1	1	—	—	—	—	—	2	—	—	—	—	—	3
	副研究馆员	3	—	—	3	1	3	3	3	—	—	1	11	2	2	—	2	6	20
	馆员	13	15	22	50	25	30	53	13	—	—	2	123	29	15	—	12	56	229
	助理馆员	5	8	37	50	17	62	204	23	—	—	4	310	30	32	—	13	75	435
	管理员	1	1	6	8	7	7	50	8	—	—	—	72	5	12	—	1	18	98
1997	研究馆员	1	—	—	1	1	1	—	—	—	—	—	2	—	—	—	—	—	3
	副研究馆员	2	—	—	2	—	3	3	—	3	—	1	10	—	5	1	—	6	18
	馆员	—	11	20	31	3	20	54	14	6	4	3	104	6	47	8	6	67	202
	助理馆员	—	10	29	39	1	38	179	16	9	3	3	249	12	79	9	8	108	396
	管理员	—	2	3	5	—	5	37	5	1	—	1	49	1	43	5	1	50	104
1998	研究馆员	—	—	—	—	—	—	—	1	—	—	—	1	—	—	—	—	—	1
	副研究馆员	2	—	—	2	—	—	4	6	—	—	1	11	—	8	1	—	9	22
	馆员	1	8	16	25	2	19	53	26	—	5	3	108	11	57	11	8	87	220
	助理馆员	—	8	32	40	1	29	187	38	—	2	2	259	13	69	9	4	95	394
	管理员	—	1	8	9	—	5	57	12	—	—	—	74	3	31	3	1	38	121

续表 9-14

年份	职称	档案局				档案馆								档案室(处、科)					合计
		省级	地(市)级	县(区、市)级	小计	国家综合档案馆			国家专门档案馆	部门档案馆	大型企业档案馆	科技事业单位档案馆	小计	省直机关	大型企业	文化事业单位	科技事业单位	小计	
						省级	地(市)级	县(区、市)											
1999	研究馆员	—	—	—	—	—	—	—	—	2	—	—	2	—	—	—	—	—	2
	副研究馆员	—	—	—	—	3	2	6	4	5	—	1	21	1	8	2	—	11	32
	馆员	—	—	—	—	24	40	69	34	9	5	5	186	15	71	9	9	104	290
	助理馆员	—	—	—	—	9	45	209	56	8	1	1	329	10	126	5	2	143	472
	管理员	—	—	—	—	8	3	64	15	2	—	—	92	25	77	2	1	105	197
2000	研究馆员	—	—	—	—	2	—	—	2	—	—	—	4	—	—	—	—	—	4
	副研究馆员	—	—	—	—	5	3	10	10	—	—	1	29	—	8	—	4	12	41
	馆员	—	—	—	—	23	23	73	32	—	4	5	160	10	53	—	21	84	244
	助理馆员	—	—	—	—	13	24	200	48	—	2	1	288	12	108	—	10	130	418
	管理员	—	—	—	—	4	—	64	12	—	—	—	80	1	62	—	11	74	154
2001	研究馆员	—	—	—	—	1	—	—	2	—	—	—	3	—	—	—	—	—	3
	副研究馆员	—	—	—	—	7	3	9	9	—	1	2	31	1	10	—	4	15	46
	馆员	—	—	—	—	21	25	85	36	—	3	8	178	10	58	3	9	80	258
	助理馆员	—	—	—	—	10	25	235	44	—	2	2	318	9	96	3	5	113	431
	管理员	—	—	—	—	4	—	62	14	—	—	—	80	25	51	—	2	78	158

续表 9-14

年份	职称	档案局				档案馆								档案室(处、科)					合计
		省级	地(市)级	县(区、市)级	小计	国家综合档案馆			国家专门档案馆	部门档案馆	大型企业档案馆	科技事业单位档案馆	小计	省直机关	大型企业	文化事业单位	科技事业单位	小计	
						省级	地(市)级	县(区、市)											
2002	研究馆员	—	—	—	—	2	—	—	1	—	—	—	3	—	1	—	1	2	5
	副研究馆员	—	—	—	—	8	4	11	6	—	1	1	31	—	6	—	7	13	44
	馆员	—	—	—	—	20	27	87	38	—	3	5	180	9	41	4	21	75	255
	助理馆员	—	—	—	—	8	24	225	45	—	—	1	303	7	54	4	8	73	376
	管理员	—	—	—	—	5	—	50	9	—	—	—	64	66	38	—	3	107	171
2003	研究馆员	—	—	—	—	2	—	—	1	—	—	—	3	1	1	—	—	2	5
	副研究馆员	—	—	—	—	9	1	9	17	—	2	1	39	—	6	1	9	16	55
	馆员	—	—	—	—	19	23	91	44	—	8	6	191	12	40	3	22	77	268
	助理馆员	—	—	—	—	9	11	194	50	—	4	1	269	8	57	1	13	79	348
	管理员	—	—	—	—	4	—	28	5	—	1	—	38	1	34	—	11	46	84
2004	研究馆员	—	—	—	—	2	—	—	2	—	—	—	4	2	1	1	—	4	8
	副研究馆员	—	—	—	—	9	5	10	13	—	2	1	40	1	4	1	10	16	56
	馆员	—	—	—	—	20	28	82	44	—	7	6	187	13	40	3	25	81	268
	助理馆员	—	—	—	—	14	18	203	56	—	5	1	297	12	62	2	12	88	385
	管理员	—	—	—	—	3	—	36	6	—	2	—	47	1	67	2	3	73	120
2005	研究馆员	—	—	—	—	2	—	—	2	—	—	—	4	1	2	—	—	3	7
	副研究馆员	—	—	—	—	7	8	9	19	—	3	1	47	1	6	—	11	18	65
	馆员	—	—	—	—	17	49	99	45	—	6	6	222	12	44	4	21	81	303
	助理馆员	—	—	—	—	16	19	203	60	—	5	2	305	8	56	1	14	79	384
	管理员	—	—	—	—	3	1	32	8	—	2	—	46	1	38	1	2	42	88

表 9-15 **1993—2005 年福建省档案正高级专业技术职务(研究馆员)人员名录**

序号	姓名	工作单位	任职资格确认时间
1	李金荣	福建省档案馆	1993 年 4 月 30 日
2	刘宜坚	福建省档案馆	1993 年 4 月 30 日
3	陈伯兰	福州市档案馆	1993 年 4 月 30 日
4	詹金水	泉州市档案馆	1994 年 2 月 22 日
5	罗炳行	福建省档案馆	1998 年 12 月 31 日
6	朱　文	福建省档案馆	1998 年 12 月 31 日
7	郑子建	福建省档案馆	1998 年 12 月 31 日
8	林　真	福建省档案馆	1998 年 12 月 31 日
9	刘公懿	龙岩市档案馆	1998 年 12 月 31 日
10	王寿宇	福建省科技档案馆	1999 年 12 月 23 日
11	陈咏民	福建省档案馆	2002 年 12 月 30 日
12	章可霞	龙岩市档案馆	2002 年 12 月 30 日
13	王金木	福建省三钢(集团)有限责任公司	2003 年 12 月 31 日
14	陈永成	福建省档案馆	2004 年 12 月 31 日
15	黄建峰	福建省档案馆	2005 年 12 月 7 日
16	谢　滨	福建省档案馆	2005 年 12 月 7 日
17	李洪喜	黎明职业大学	2005 年 12 月 7 日
18	黄项飞	晋江市档案馆	2005 年 12 月 7 日
19	赖月英	漳州市卫生防疫站	2005 年 12 月 7 日

表 9-16 **1993—2005 年福建省档案副高级专业技术职务(副研究馆员)人员名录**

序号	姓名	工作单位	任职资格确认时间
1	罗炳行	福建省档案馆	1993 年 2 月 15 日
2	郑子建	福建省档案馆	1993 年 2 月 15 日
3	朱　文	福建省档案馆	1993 年 2 月 15 日
4	李少咏	福建省档案馆	1993 年 2 月 15 日
5	林　真	福建省档案馆	1993 年 2 月 15 日
6	叶继农	福建省档案馆	1993 年 2 月 15 日

续表 9-16

序号	姓名	工作单位	任职资格确认时间
7	刘秋燕	福建华盛针织工贸集团公司	1993 年 2 月 15 日
8	刘公懿	龙岩地区档案局	1993 年 2 月 15 日
9	丘大文	上杭县档案局	1993 年 2 月 15 日
10	廖美珍	漳州市档案局	1993 年 2 月 15 日
11	吴银发	莆田市档案局	1993 年 2 月 15 日
12	郑澄桂	福建省档案馆	1993 年 4 月 10 日
13	吴佩桂	福州市档案馆	1994 年 2 月 22 日
14	黄开良	福州市档案馆	1994 年 2 月 22 日
15	谢爱娇	厦门市档案馆	1994 年 2 月 22 日
16	王承显	南平铝厂	1994 年 12 月 28 日
17	王福珍	福建教育学院	1994 年 12 月 28 日
18	王寿宇	福建省科技档案馆	1994 年 12 月 28 日
19	方明高	仙游县档案馆	1996 年 1 月 5 日
20	李叶青	泉州市城市建设档案馆	1996 年 1 月 5 日
21	阙祖昌	三明市档案馆	1997 年 3 月 17 日
22	马翠秀	福州市电信局	1997 年 3 月 17 日
23	王　晴	福建电视台	1997 年 12 月 25 日
24	林　敏	福建省青州造纸厂	1997 年 12 月 25 日
25	潘友兰	福建省档案馆	1997 年 12 月 25 日
26	陈咏民	福建省档案馆	1997 年 12 月 25 日
27	陈淑贞	福建省档案馆	1997 年 12 月 25 日
28	陈孔秀	福建省档案馆	1997 年 12 月 25 日
29	黄婉钗	福建省冶金设计院	1997 年 12 月 25 日
30	李桂华	福建公安高等专科学校	1997 年 12 月 25 日
31	章可霞	龙岩市档案局	1997 年 12 月 25 日
32	周瑞平	福建省第五建筑工程公司	1997 年 12 月 25 日
33	杨汝岛	南安市档案馆	1997 年 12 月 25 日
34	林明宗	永春县档案馆	1997 年 12 月 25 日

续表 9-16

序号	姓名	工作单位	任职资格确认时间
35	陈玉仁	厦门市城市建设档案馆	1997 年 12 月 25 日
36	李　琼	福建省三农化学股份有限公司	1997 年 12 月 25 日
37	刘若清	福州市档案馆	1998 年 12 月 31 日
38	李新泉	福州市城市建设档案馆	1998 年 12 月 31 日
39	刘　榕	福州市规划局	1998 年 12 月 31 日
40	阮亚水	厦门市城市建设档案馆	1998 年 12 月 31 日
41	傅稻花	漳州市芗城区档案馆	1998 年 12 月 31 日
42	陈国柱	莆田市档案馆	1998 年 12 月 31 日
43	杨建萍	福建省档案馆	1999 年 12 月 23 日
44	黄小斯	集美大学	1999 年 12 月 23 日
45	王金木	福建省三明钢铁厂	1999 年 12 月 23 日
46	潘万妹	福州市房地产档案馆	1999 年 12 月 23 日
47	赖月英	厦门市卫生防疫站	1999 年 12 月 23 日
48	张奕虎	漳州市档案馆	1999 年 12 月 23 日
49	林木兰	南靖县档案馆	1999 年 12 月 23 日
50	余志勤	三明市自来水公司	1999 年 12 月 23 日
51	陈盛彪	尤溪县档案局(馆)	1999 年 12 月 23 日
52	李继章	南平市延平区档案馆	1999 年 12 月 23 日
53	刘金钗	龙岩市城建档案馆	1999 年 12 月 23 日
54	马俊凡	福建省档案馆	2000 年 12 月 27 日
55	韩文军	福建省档案馆	2000 年 12 月 27 日
56	王鸣鸣	福建省档案馆	2000 年 12 月 27 日
57	黄建峰	福建省档案馆	2000 年 12 月 27 日
58	谢　滨	福建省档案馆	2000 年 12 月 27 日
59	苏宝珠	福建省档案馆	2000 年 12 月 27 日
60	李培芳	华侨大学	2000 年 12 月 27 日
61	袁林风	福建省卫生防疫站	2000 年 12 月 27 日
62	许国强	福建省地名资料库	2000 年 12 月 27 日

续表 9-16

序号	姓名	工作单位	任职资格确认时间
63	张志杰	福建省农业科学院	2000 年 12 月 27 日
64	陆新华	福建省七建工程有限公司	2000 年 12 月 27 日
65	程　丹	中国福建国际经济技术合作公司	2000 年 12 月 27 日
66	江源清	福州市医科所	2000 年 12 月 27 日
67	姚　强	福州市马尾区档案馆	2000 年 12 月 27 日
68	黄项飞	晋江市档案馆	2000 年 12 月 27 日
69	方明坚	莆田市涵江区档案馆	2000 年 12 月 27 日
70	吴媛珍	三明市工业建筑设计院	2000 年 12 月 27 日
71	张瑞英	三明市城市建设档案馆	2000 年 12 月 27 日
72	吴柳凤	沙县档案局(馆)	2000 年 12 月 27 日
73	蒋森海	浦城县档案馆	2000 年 12 月 27 日
74	倪迅华	龙岩市档案馆	2000 年 12 月 27 日
75	陈惠芳	福建省档案馆	2001 年 12 月 25 日
76	何素芳	福建师范大学	2001 年 12 月 25 日
77	曾淑珍	福建体育学院	2001 年 12 月 25 日
78	翁效彬	福建金得利集团公司	2001 年 12 月 25 日
79	刘志逊	福建省地质测绘院	2001 年 12 月 25 日
80	邓达宏	福建社会科学院	2001 年 12 月 25 日
81	陈祖杰	福建省南纸股份有限公司档案室	2001 年 12 月 25 日
82	倪梅影	福建省电信公司	2001 年 12 月 25 日
83	陈岩生	福州市皮肤病防治院	2001 年 12 月 25 日
84	阮小玲	福州市皮肤病防治院	2001 年 12 月 25 日
85	薛小兰	福州市第一医院	2001 年 12 月 25 日
86	柯玉香	闽南日报社	2001 年 12 月 25 日
87	刘炳源	莆田市档案局	2001 年 12 月 25 日
88	陈志宏	南平师范高等专科学校	2001 年 12 月 25 日
89	唐庆华	中国人民银行福州中心支行	2002 年 12 月 5 日
90	许惠敏	福建省档案馆	2002 年 12 月 6 日

续表 9-16

序号	姓名	工作单位	任职资格确认时间
91	李　玲	福建省出版局	2002 年 12 月 6 日
92	曾善法	厦门市土地房产测绘档案馆	2002 年 12 月 6 日
93	吴仰荣	厦门市档案局(馆)	2002 年 12 月 6 日
94	吴成勇	厦门市城市建设档案馆	2002 年 12 月 6 日
95	曾少雄	厦门市城市建设档案馆	2002 年 12 月 6 日
96	陈月华	南靖县档案馆	2002 年 12 月 6 日
97	赖桂华	泉州师范学院	2002 年 12 月 6 日
98	叶芬蓉	泉州市档案馆	2002 年 12 月 6 日
99	谢彤芬	安溪卫生职业中专学校	2002 年 12 月 6 日
100	龚秀晔	泉州市政府办公室	2002 年 12 月 6 日
101	杜新坤	古田县档案馆	2002 年 12 月 6 日
102	王存忠	福安师范学校	2002 年 12 月 6 日
103	陈华椿	福建省邮政局	2003 年 12 月 22 日
104	林素云	集美大学档案馆	2003 年 12 月 31 日
105	齐建华	集美大学图书馆	2003 年 12 月 31 日
106	张晓琼	福建中医学院	2003 年 12 月 31 日
107	林　林	福州大学	2003 年 12 月 31 日
108	张　影	福建海洋研究所	2003 年 12 月 31 日
109	孙小玲	福建省科技信息所	2003 年 12 月 31 日
110	黄　雄	福建社会科学院	2003 年 12 月 31 日
111	曹　丽	厦门市档案馆	2003 年 12 月 31 日
112	曾广智	龙海市档案馆	2003 年 12 月 31 日
113	杨玉玲	泉州泉联有限责任会计师事务所	2003 年 12 月 31 日
114	罗彩琴	三明市档案馆	2003 年 12 月 31 日
115	林　静	福建三农集团股份有限公司	2003 年 12 月 31 日
116	林素梅	永安市档案馆	2003 年 12 月 31 日
117	徐晓玲	建阳市档案馆	2003 年 12 月 31 日
118	刘少娜	龙岩市第一医院	2003 年 12 月 31 日

续表 9-16

序号	姓名	工作单位	任职资格确认时间
119	蔡道华	宁德市档案馆	2003 年 12 月 31 日
120	苏理乾	福建龙岩卷烟厂	2004 年 12 月 9 日
121	谢 云	福建省档案馆	2004 年 12 月 9 日
122	徐桂玉	福建省档案馆	2004 年 12 月 9 日
123	林 花	福建省档案馆	2004 年 12 月 9 日
124	颜梓森	福建省档案馆	2004 年 12 月 9 日
125	甘 明	福建省档案馆	2004 年 12 月 9 日
126	张发林	福建农林大学	2004 年 12 月 9 日
127	林 丛	福建师范大学	2004 年 12 月 9 日
128	陈晓玲	福建社会科学院	2004 年 12 月 9 日
129	曹志青	福建省机械科学研究院	2004 年 12 月 9 日
130	杨晓群	福建日报社	2004 年 12 月 9 日
131	林华英	福建省轻纺总公司	2004 年 12 月 9 日
132	郑钦霖	福州市城市建设档案馆	2004 年 12 月 9 日
133	杨桂芬	福州市城市建设档案馆	2004 年 12 月 9 日
134	童雪惠	厦门市城市建设档案馆	2004 年 12 月 9 日
135	王亚亚	厦门市档案馆	2004 年 12 月 9 日
136	王晓方	黎明职业大学	2004 年 12 月 9 日
137	黄静兰	泉州市第一医院	2004 年 12 月 9 日
138	詹秋冰	泉州市城市建设档案馆	2004 年 12 月 9 日
139	裴桂芳	福建三农集团股份有限公司	2004 年 12 月 9 日
140	周桂仙	南平市档案馆	2004 年 12 月 9 日
141	池亮生	漳平市档案馆	2004 年 12 月 9 日
142	李秀梅	福建省水利水电工程有限公司	2005 年 12 月 30 日
143	赵戎燕	中共福建省委组织部信息管理中心	2005 年 12 月 30 日
144	王诗玲	福建建工集团总公司	2005 年 12 月 30 日
145	许丽华	福建师范大学	2005 年 12 月 30 日
146	黄奕萍	福建师范大学	2005 年 12 月 30 日

续表 9-16

序号	姓名	工作单位	任职资格确认时间
147	赖维洁	福建省立医院	2005 年 12 月 30 日
148	陈春台	福建省疾病预防控制中心	2005 年 12 月 30 日
149	方鹏凯	福建省测绘院	2005 年 12 月 30 日
150	王　缨	福建省农业科学院土壤肥料研究所	2005 年 12 月 30 日
151	陈爱群	福建省档案馆	2005 年 12 月 30 日
152	刘　虹	福建省档案馆	2005 年 12 月 30 日
153	陈秀凤	福建省档案馆	2005 年 12 月 30 日
154	雷乃明	福建省档案馆	2005 年 12 月 30 日
155	王秀萍	福州市档案局	2005 年 12 月 30 日
156	吴真真	福州市第一医院	2005 年 12 月 30 日
157	施　瑾	福州市房地产档案馆	2005 年 12 月 30 日
158	邵为琳	福州仓山科技园档案室	2005 年 12 月 30 日
159	叶　敏	福清市档案局	2005 年 12 月 30 日
160	邱宗灿	仙游县档案馆	2005 年 12 月 30 日
161	陈若波	泉州市档案局	2005 年 12 月 30 日
162	王如兰	泉州电视台	2005 年 12 月 30 日
163	郑少吟	泉州市第一医院	2005 年 12 月 30 日
164	谢维丽	泉州市第一医院	2005 年 12 月 30 日
165	黄文斌	泉州筑路机械厂	2005 年 12 月 30 日
166	王惠鲤	泉州市职业技术教育中心	2005 年 12 月 30 日
167	罗海荣	漳州市房地产管理局	2005 年 12 月 30 日
168	吴清河	南靖县档案馆	2005 年 12 月 30 日
169	吴秀燕	漳州市环境监察支队	2005 年 12 月 30 日
170	陈　榕	龙岩市档案馆	2005 年 12 月 30 日
171	黄志勇	大田县档案馆	2005 年 12 月 30 日
172	季震南	南平市疾病预防控制中心	2005 年 12 月 30 日
173	谭玉容	南平市委讲师团	2005 年 12 月 30 日

四、人才培养专项计划

1998年，省档案局制定《福建省跨世纪档案专业人才工程实施计划》，具体培养目标为三个序列两个层次，即十年内在全面提高全省档案专业人员整体素质的同时，重点培养30名年富力强的档案学科带头人、档案科技专家和档案事业管理专家。其中10名左右由省档案局掌握，要成为在国内有一定影响力，在学术研究、技术开发、管理水平达到国内先进水平的学科带头人和科技、管理专家；其余20名由各地市档案局为主掌握，要成为具有省内先进水平，并具有较大影响力的优秀学术、技术、管理专家。为实施"跨世纪档案人才工程"，省档案局成立由各级档案局及有关人员组成的"跨世纪档案人才工程工作领导小组"，对全省年龄在45岁以下、大学本科以上学历或中级以上专业职称的档案人员进行摸底调查，选拔确定27名青年档案工作者为"跨世纪档案人才"培养对象，建立"跨世纪档案人才信息库"；同时，采取倾斜政策，通过强化继续教育、加强学术研究、组织课题攻关、加大晋升高级职称力度等措施，落实对"跨世纪档案人才"的培养。"九五"期间，27名培养对象积极参加各种学术活动，共发表科研成果116项，获省级以上各种优秀成果奖20项。1999年8月，以"跨世纪档案事业发展"为主题的华东地区档案工作研讨会在石狮市召开，福建省14名"跨世纪档案人才"提交的12篇论文全部入选。

2001年2月，省档案局发布《福建省档案事业发展"十五"计划》，提出在"十五"期间实施"优秀档案青年人才建设工程"，目的是：培养一批具有较高管理水平的档案行政管理人才，培养一批在档案学理论研究和档案科技开发方面具有较高水平的档案研究开发人才，培养一批具有较强实际操作能力的档案技术能手，培养一批在档案专业教育、岗位培训、继续教育教学中具有较高理论水平和丰富教学经验的档案兼职教师队伍。方法是：健全与完善培养优秀档案青年人才的制度和考核办法，创造条件选送优秀档案青年人才进入有关高校或出国学习和深造，与有关高校探讨开展档案专业人员研究生层次教育的可行性。为落实这一计划，省档案局制定《福建省优秀档案青年人才工程实施办法》，在全省推荐选拔优秀档案青年作为培养对象，优胜劣汰，流动发展。2005年，省档案局对"福建省优秀档案青年人才工程"进行考核。全省共有培养对象35名，共参与编著档案史料4本，发表档案科研论文200余篇，有20余项优秀成果获省级以上奖励，有10余人晋升高级职称、10余人被提拔到各级领导岗位，成长为档案事业发展的中坚力量。

附　　录

附录一　大事年表

1993年

1月18日　省档案局举办档案信息创效益成果发布会，宣布1992年度“福建省档案信息资源开发利用成果奖”获奖项目，全省共申报成果108项，其中78项获奖。

2月9—11日　省档案局在福州召开全省地市档案局（馆）长会议，传达全国档案局（馆）长会议精神，研究讨论1993年全省档案工作要点。副省长王良溥出席会议并讲话。

3月　国家档案局档案科学技术研究所王景高、王朝驹到福州、泉州、厦门等地调研档案现代化管理工作。

4月16日　副省长王良溥到省档案局视察工作。

5月21—23日　省政府在福州召开社会事业改革与发展会议，省、地（市）档案局局长参加会议。档案事业及全省各级档案馆建设首次作为全省社会事业发展的一部分，被列入省政府《关于加快社会事业改革和发展的决定》和省长贾庆林的报告。

5月22日　省档案局在福州召开地市档案局局长座谈会，就“创优增效”活动及档案事业列入计划情况等问题进行交流。

6月26—28日　省档案学会和三明市档案学会联合在泰宁县召开全省企事业单位开发档案信息资源学术讨论会，共44人到会，收到论文48篇，大会交流11篇。

6月28日—7月9日　省档案局（馆）长金莹谛一行5人，赴北京、辽宁、广东、海南等地18个单位交流学习。

6月　省档案馆和厦门市档案馆合编的《闽台关系档案资料》由鹭江出版社出版。全书共60万字，辑录闽台关系档案资料500余份。

7月21日　福州市委就档案工作列入国民经济和社会发展规划，档案库房的修复、改建、扩建，增加档案工作者评选市劳模的比例，以及市档案局办公用房和干部住房等问题进行研究。

9月2日　省档案局与福州电视台联合举办“二五”档案普法教育电视讲座，省档案局（馆）长金莹谛就《档案法》的主要内容、福建省贯彻执行《档案法》取得的成绩及存在的问题等作了阐述。

9 月 6—9 日　省档案局在福建化纤化工厂(原永安维尼纶厂)召开地市档案局局长会议，并观摩福建经济档案信息开发中心召开的全省档案信息进入市场工作现场会。

9 月 27 日—10 月 25 日　省人大常委会法制委员会组织档案执法检查组，由省人大常委陈树清任组长，省人大常委会法制委员会副主任沈关成、省档案局(馆)长金莹谛任副组长，对福州、漳州、厦门、宁德、南平等 5 个地(市)、7 个县(区)及 9 个省直单位贯彻实施《档案法》情况进行检查。

10 月 20—23 日　省档案学会与福州市、厦门市档案学会联合在厦门市召开“闽东南沿海城市和经济特区档案”学术研讨会，共 27 人到会，交流论文 27 篇。

11 月 8 日　省档案局组织考核组对福州市档案馆进行考评。福州市档案馆通过考评验收，成为“八五”期间全省首家达到省一级档案馆标准的地(市)级档案馆。

11 月 16 日　省档案局与省电力工业局联合印发《关于进一步加强电力档案管理工作的通知》。

12 月 21—24 日　省档案局和省交通厅、省科委等单位联合在福州召开全省经济技术档案信息加工产品进入市场工作会议，讨论《福建省档案信息加工产品进入市场暂行规定》《福建省档案信息加工产品商品化工作实施方案》。

是年　省档案局与福建电视台联合拍摄反映全国档案系统劳动模范王霖西先进事迹的电视片《档案室里谱春秋》，并在福建电视台《党的建设》栏目播出。

1994 年

1 月 25—27 日　省档案局在福州召开全省地市档案局(馆)长会议，传达全国档案局(馆)长座谈会精神，研究讨论 1994 年全省档案工作要点。省档案局(馆)长金莹谛作题为“档案工作也要改革开放”的讲话。

1 月 31 日　省档案局与省人防办联合印发《福建省人民防空档案管理细则》。

3 月　省长贾庆林在省政府成员会议上指出:“档案工作要注意开发档案信息资源，加快档案现代化管理步伐。”

5 月　三明地区连续发生特大洪灾，全市档案干部冒着生命危险开展自救，将 3 万多卷档案转移到安全地带。

7 月 14 日　省长陈明义在省政府第二次成员会议上提出要进一步抓好档案工作。省档案局(馆)长金莹谛出席会议。

10 月 11 日　中国档案学会在北京召开第四次会员代表大会。省档案学会副理事长兼秘书长李金荣、厦门市档案学会秘书长吴仰荣被评为中国档案学会首届档案学会先进工作者，省档案干部培训中心副研究馆员林真获中国档案学会第一届青年档案学术奖。

10 月 30 日　第一次举行全省档案专业自学考试，共有 1332 人参加。考试科目为文书学、档案管理学。

11月24日 省档案局发布1993年度"福建省档案信息资源开发利用成果奖"获奖名单，全省有141家单位的171项成果申报，其中96项获奖。

12月7—9日 省档案局(馆)长金莹谛到莆田市、仙游县，就档案馆基建资金、档案馆定级工作进行调研。

1995年

1月18—21日 省档案局在福州召开全省地市档案局(馆)长会议，传达全国档案局(馆)长座谈会精神，总结、交流1994年全省档案工作情况，研究讨论1995年档案工作要点。

2月10日 省人大常委会副主任温秀山视察晋江市档案馆。

2月28日—3月5日 上海市档案局(馆)副局(馆)长史梅定一行21人到省档案局(馆)和泉州市、漳州市档案局(馆)及有关企业参观考察。

3月10日 省档案局邀请省人大常委会法制委员会、省司法厅、省政府法制局等单位专家座谈，讨论并提出对《中华人民共和国档案法修正案》(第二稿)的修改意见。

3月19日 省档案局与省技术监督局联合印发《福建省技术监督档案管理实施细则》。

5月17日 省档案局在福州举行省京剧团离休干部高永祥收藏艺术档案捐赠仪式。原福州军区副政委王直、省委办公厅副主任李育兴、省文化厅原厅长万里云及省委办公厅、省委宣传部、省文化厅、省京剧团领导等60多人参加捐赠仪式。高永祥向省档案馆无偿捐献40多年来收藏的省京剧团等艺术档案资料共19个门类一万余件，填补了省档案馆艺术档案资料收藏的空白。

5月29日—6月2日 省档案局(馆)长金莹谛到泉州、石狮、晋江、安溪、永春、德化等市县调研，与当地政府的领导交换加强档案工作的意见。

6月20—21日 省档案学会在石狮市召开第四次会员代表大会暨第三次全省档案学术讨论会，共有74位代表参加会议。

7月 省档案馆编纂《日本帝国主义在闽罪行录》，由福建人民出版社出版。该书约54万字，全面反映日本帝国主义对福建人民犯下的罪行，出版后被中央宣传部、国家新闻出版署列为纪念抗战胜利50周年重点推荐的18种图书之一。

8月16—19日 《中国档案》通联会议在厦门召开，国家档案局副局长、中央档案馆副馆长刘国能，省档案局(馆)长金莹谛出席会议。会后，刘国能到厦门、漳州、泉州、莆田、福州等市和省档案局(馆)检查、指导工作。

9月16日 为迎接北京第13届国际档案大会，国家档案局组织评选首届全国档案系统电视片，从各省(区、市)选送的40部电视片中评出一等奖3部、优秀奖7部。省档案局摄制的反映档案部门为港澳台同胞和海外侨胞服务的《兰台金桥》获"飞世兰杯"一等奖，记录省京剧团离休干部高永祥捐赠艺术档案的《艺海拾贝》获优秀奖。

10月30日—11月4日 省档案局(馆)长金莹谛到寿宁、福安、屏南、古田调研档案工作。

10月31日—11月2日　省档案学会在龙岩召开档案学会工作改革研讨会。

12月18—19日　国家档案局局长王刚视察省档案馆和福州市档案馆。

12月　省档案局被中央宣传部、司法部评为1991—1995年全国法制宣传教育先进单位，成为全国唯一获此殊荣的省级档案局。

同月　省委调整省档案局(馆)领导班子，陈永成任党组书记、局(馆)长，庄闽希任党组副书记、副局(馆)长，林育辰、王明皋任党组成员、副局(馆)长；原党组书记、局(馆)长金莹谛，原党组成员、副局(馆)长刘玉芳由于年龄关系退出领导班子。

是年　省档案局编印"档案法规概论""文书学""档案管理学""科技档案管理学""档案保护技术学""档案编研概论"等6门档案专业基础课的教学大纲。

1996年

1月25日　经省委、省政府批准，省委办公厅、省政府办公厅印发《福建省档案局、福建省档案馆职能配置、内设机构和人员编制方案》，省档案局与省档案馆合并，一个机构两块牌子，履行全省档案事业行政管理和省级各机关、团体及其所属单位的档案保管、利用两种职能，为省委、省政府直属机构，规格为正厅级，属省委系列，由省委直接管理。内设办公室、监督指导处、综合调研处、鉴定整理处、保管利用处、编研处、技术处和机关党委(同时挂人事教育处牌子)，总编制数93人。

1月29—31日　省档案局在福州召开全省地市档案局(馆)长会议，传达贯彻全国档案工作暨表彰先进会议精神，总结全省"八五"期间档案工作成绩与经验，研究讨论全省档案事业发展"九五"计划。省委常委、秘书长黄瑞霖参加会议并讲话。

3月25—27日　全省档案工作暨表彰先进会议在福州举行，共300多人参加大会。国家档案局副局长、中央档案馆副馆长冯鹤旺，省委副书记林兆枢，省委常委、秘书长黄瑞霖，省人大常委会副主任黄文麟，省政协副主席陈增光等出席会议。省档案局(馆)长陈永成作"抓住机遇、奋发进取，努力实现福建档案事业发展的新跨越"工作报告。会议传达全国档案工作会议精神，总结"八五"期间全省档案事业发展成就与经验，研究制订"九五"期间档案事业发展计划。省档案局、省人事厅联合授予福州市档案局(馆)等40个单位"福建省档案工作先进集体"，陈从贤等110人"福建省档案工作先进工作者"称号。

4月9日　省档案局印发《福建省档案事业发展"九五"计划》，明确了指导思想、奋斗目标和主要任务，提出：坚持以邓小平同志建设有中国特色社会主义理论为指导，加速全省档案工作的改革开放步伐，努力建立一个与全省经济建设和社会事业同步发展的档案事业体系，更好地为福建改革开放、经济建设和各项社会事业服务。

4月10日　省八届人大四次会议通过《福建省国民经济和社会发展"九五"计划和2010年远景纲要》，要求"加强各级档案事业建设。'九五'期间根据各级财力情况，分批建设各地综合档案馆，逐步完善配套设施，加强档案人才培养……为两个文明建设服务"。自"九五"计划开始,省和多数市县均将档案事业建设列入本地区的国民经济和社会发展规划。

5月22日 为提高全省企业档案管理的整体水平,省档案局制定《福建省企业档案管理考核办法》及其评分标准、工作程序。

5月29—30日 全省村级档案工作现场会在南平市延平区夏道镇召开,推广夏道镇抓档案工作的经验。

6月21日 为进一步加强农业和农村档案工作,更好地为农村社会主义"两个文明"建设服务,省档案局印发《福建省乡镇档案管理暂行办法》《福建省行政村档案管理暂行办法》。

6月28—30日 省档案学会在厦门召开档案管理规范化讨论会。

8月22日 省档案学会召开优秀成果评审会,评选1991—1994年福建省档案学优秀成果,评出二等奖7项,三等奖40项,四等奖15项。

8月26—27日 省档案局在福州召开全省档案法制宣传及信息工作会议,传达贯彻第二次全国档案法制工作会议精神,研究加强新时期档案法制、宣传和信息工作。

8月 福清市融城街道瑞亭村建立全省首家门类齐全、内容丰富、设施完备、制度健全的综合档案室,共有各类档案1600卷。该村是全省第一个利用档案编写村志的村。

8—9月 省档案局在全省范围开展以宣传"第十三届国际档案大会在北京召开"和《档案法》为主题的"宣传周""宣传日"等活动。9月1日,副省长王良溥、省委副秘书长张夔飞等领导到福州五一广场现场参加"宣传日"活动。

9月2—7日 第十三届国际档案大会在北京召开,省档案学会理事长庄闽希率福建代表团参加大会,并完成"中国档案事业成就展"福建馆展出工作,受到中外与会代表和广大参观者的好评。

9月10日 省档案局印发《关于加强"九五"期间档案宣传工作的意见》。

10月3日 为进一步提高全省档案工作人员依法管理档案事业的水平和能力,增强社会各界的档案意识和档案法制观念,省档案局与省委宣传部、省司法厅联合制发《福建省"三五"档案系统普法教育规划》。

10月29日 省档案局与省人民广播电台联合举办《生活离不开档案》专题节目,特邀省档案学会秘书长朱文共同主持《城市生活》综合直播节目,介绍档案相关知识及新修改的《档案法》。

11月12—14日 全省开发区档案工作研讨会在福州召开,传达全国企业档案工作座谈会精神,交流开发区档案工作的经验,讨论修改《福建省开发区档案管理实施细则》。

11月20日 省档案馆第二次向社会开放历史档案128个全宗,17.19万卷。

11月21日 省档案局发布1994—1995年度"福建省档案信息资源开发利用成果奖"获奖名单,全省有329项成果申报,其中83项获奖。

11月26—28日 省档案学会专业档案分会成立大会在厦门召开,来自全省20多个专业档案馆的32名代表参加会议。省档案局(馆)长陈永成到会祝贺并讲话。

11月　全省各级档案部门陆续开展档案工作年度考核，考核合格的县(区)和机关达95%以上。

12月　省档案局举办首期“三五”档案普法骨干培训班。

1997年

1月15—26日　省档案局(馆)长陈永成，副局(馆)长庄闽希、林育辰、王明皋分别带考核组到9地市进行档案工作年度考核。

1月29—30日　省档案局在福州召开全省地市档案局(馆)长会议，省委常委、秘书长黄瑞霖参加会议并讲话，强调各级党委、政府都要明确具体分管档案工作的领导，档案事业发展的重要指标要纳入本地区、本部门的发展规划，在档案工作方针、政策、规章等重大问题上予以关心和指导，帮助档案部门解决机构、编制、经费、待遇、馆库建设、设备设施等实际问题，使档案事业与其他各项事业同步发展。

2月3日　省委书记陈明义到省档案局(馆)慰问干部职工，强调要加强非国有企业、新经济领域和新经济组织的档案工作。

2月14日　省档案局印发《福建省乡镇档案工作年度考核暂行办法》，决定在“九五”期间(1996—2000年)对全省乡镇档案工作实行年度考核。

3月11日　为提高事业单位档案管理的整体水平，省档案局制定《福建省事业单位档案管理考核办法》及其评分标准。

3月14日　省档案局召开省直机关档案协作组长会议，讨论、修改《福建省1997年省级单位档案工作考核办法》。省档案局(馆)长陈永成、副局(馆)长庄闽希到会指导。

4月7—11日　国家档案局办公室主任杨冬权到福建调研，先后到福州、泉州、厦门考察档案宣传工作。

6月23日　省档案馆被省委办公厅、省政府办公厅命名为第二批省级爱国主义教育基地。

8月12日　省档案局召开省直单位档案工作会议，总结、交流省直单位档案工作经验。省直145个单位的235名代表参加会议。

8月27日　省档案局制定《福建省开发区档案管理实施细则》，对开发区档案工作的管理体制、机构、人员和档案管理等作出明确规定。

8月　《福建省志·档案志》由方志出版社出版，共27万字，分9章，主要记述1993年以前福建档案事业发展情况。

9月10—11日　省档案局召开地市档案局(馆)长会议，传达贯彻落实全国档案宣传工作会议精神。

9月11—12日　省档案学会召开福建省档案学会成立15周年纪念大会暨第四届理事会第二次会议。

9月　《福建省档案馆指南》由中国档案出版社出版，共50万字，分6章，全面介绍省档案馆基本情况及馆藏档案资料内容。

10月17日 为调动档案工作者从事档案学研究的积极性和创造性,促进档案学术活动多出成果、多出人才,省档案局制定《福建省档案学优秀成果评奖办法》。

11月17—20日 省档案局与福建师范大学联合在厦门召开华东地区档案学专业高等教育协作组第13次会议,主题是"加强档案行政部门与学校协作,共同培养跨世纪人才"。

12月10—12日 由国家档案局承办的"世界记忆工程"亚太地区专家会议在厦门召开,主要议题是亚太地区文化遗产与档案文化的抢救及保护。联合国教科文情报信息处亚太地区顾问托里乔斯主持会议。中国、澳大利亚、韩国、马来西亚、巴基斯坦、菲律宾等6个国家和联合国教科文组织亚太地区的专家代表参加会议。

12月 省档案馆与厦门市档案馆相继晋升为国家一级档案馆。全国已通过考评的24家省级、副省级档案馆中被定为一级档案馆的仅有14家,福建省占2家。

是年 全省档案系统开展"法制建设年""事业发展年""文明活动年"活动。

1998年

1月25日 省委常委、秘书长黄瑞霖到省档案局(馆)慰问档案干部。

1月29日 省档案局与省对外经贸厅联合印发《关于进一步做好境外企业机构档案工作几点意见》。

2月14日 省委书记陈明义与省委常委、秘书长黄瑞霖到省档案局(馆)看望干部职工,并与处级以上干部座谈。陈明义祝贺省档案馆、厦门市档案馆晋升为国家一级档案馆,指出要开发档案信息资源,更好地为经济建设和社会发展服务。

2月25—26日 省档案局在福州召开全省地市档案局(馆)长会议,传达贯彻全国档案局(馆)长会议及全国农业和农村档案工作会议精神,通报地(市)档案工作年度考核情况并表彰考核先进单位。省委常委、秘书长黄瑞霖参加会议并讲话,强调要抓好"三资"企业、民营企业等新经济领域的档案工作。

3月18—19日 省档案局与省农业厅、省民政厅、省乡镇企业局联合召开全省农业和农村档案工作会议,部署和协调全省农业和农村档案工作,制定工作任务和措施。省档案局(馆)长陈永成作"团结协调,开拓进取,为推进我省农业和农村档案工作上新台阶而共同努力"讲话。

4月 省档案局(馆)长陈永成到霞浦、福安、福鼎、柘荣调研和指导档案工作。

6月12日 省档案局(馆)召开首届职工代表大会,表决通过《省档案局(馆)机关职工代表大会实施细则》和5个提案。

6月15—18日 省档案局(馆)长陈永成到三明、南平等市县调研档案馆库建设及年度考核指标完成情况。

6月 闽江流域发生特大洪灾,全省档案工作者紧急行动,采取各种措施,保护档案的安全,并踊跃捐款、捐物,支援抗洪斗争。

7 月 20—25 日　全国计划单列市、副省级市档案现代化管理工作研讨会在厦门召开,来自全国 16 个计划单列市、副省级市和国家档案局的 42 名专家参加会议。会议就电子文件管理、计算机文档一体化管理等问题进行探讨,共交流论文 15 篇。省档案局副局长庄闽希到会介绍福建省档案现代化管理工作情况。

7 月中旬—8 月初　省档案局组织开展全省性《档案法》学习考试,全省近三万人参加。

8 月 18—21 日　为配合全国"国际档案周"活动,省档案局、省档案学会特邀国家档案局科研所原所长徐义全来闽,分别在厦门、东山、泉州、福州作题为"关于档案现代化管理的思考"学术报告,共有 650 多人听讲。

8 月 20 日　省委常委、秘书长黄瑞霖到省档案局(馆)检查指导工作,视察档案库房和技术楼,并参观"福建革命斗争史"陈列室。

8—9 月　全省各级档案部门围绕国际档案理事会成立 50 周年暨《档案法》实施 10 周年,组织开展"国际档案周"(8 月 31 日—9 月 6 日)活动。

9 月 16—17 日　省档案学会、省档案干部培训中心和三明市档案学会联合召开"科教兴档与创优增效"学术讨论会,共 87 人参会,交流论文 55 篇。省档案局(馆)长陈永成出席会议。

9—10 月　省人大常委会教科文卫委员会主任陈奎率检查组赴莆田、宁德、福州 3 地市,对《档案法》贯彻实施情况进行检查,共抽查 7 个县(市)、12 个单位、6 个乡(镇)村和 2 个企业。

10 月 22 日　省委常委、秘书长黄瑞霖在省档案局《关于加强地市县区档案馆建设的报告》批示:"加强地市县档案馆建设应纳入明年省委、省政府办实事范围。"

11 月 16—18 日　闽浙赣边界县市档案工作联谊会二届四次会议在浦城县召开,共 29 人参会。

是年　省档案学会召开优秀成果评审会,评选 1995—1996 年福建省档案学优秀成果,评出二等奖 2 项、三等奖 10 项、四等奖 26 项。

是年　福建师范大学历史系档案学专业三年制大专升格为四年制本科。

1999 年

1 月 11—21 日　省档案局组织人员对各地市 1998 年度档案工作目标管理进行考核。经综合评比,泉州、三明、福州分获全省档案工作目标管理考核前三名。

2 月 3—4 日　省档案局在福州召开全省地市档案局(馆)长会议,传达贯彻全国档案科教工作会议和档案局(馆)长会议精神,通报表彰地市档案工作年度考核情况。省委常委、秘书长黄瑞霖出席会议。

2 月 25 日　省档案局发布 1995—1996 年度"福建省档案信息资源开发利用成果奖"获奖名单,全省有 163 项成果申报,其中 36 项获奖。

5月6日 省委召开常委会,专题研究加强新形势下的档案工作,省委书记陈明义主持会议并讲话。会议充分肯定"九五"期间各级档案部门的工作和贡献,对全省档案事业发展提出更高要求。

5月20日 省委办公厅、省政府办公厅印发《关于加强档案工作的意见》,要求各级各部门认真学习《档案法》,切实加强对档案工作的领导,保障档案事业与其他各项事业同步发展;加强档案机构建设,理顺档案管理体制,尽快任命未任命的档案局(馆)长;明确档案执法主体资格,开展档案行政执法;要把档案事业列入当地国民经济和社会发展计划,把档案馆库建设列入基建计划,加大对档案基础设施建设的投入力度;省档案局要会同有关业务主管部门加强对声像档案的管理;做好机构改革中的档案工作,加强档案干部队伍建设,使档案工作进一步适应新形势发展的需要。

6月22日 省档案局召开机关处级以上干部会议,传达省委书记陈明义在全省"三讲"教育工作会议上的讲话精神,正式启动"三讲"教育。

6月30日 省直机关召开精神文明建设表彰大会,省档案局(馆)被授予"省直机关第六届文明单位"称号。

8月18—20日 华东地区第十七次档案工作研讨会在石狮市召开。会议主题是"跨世纪档案事业发展",共44人参会。

9月 省档案馆编辑的《老福建——岁月的回眸》由海峡文艺出版社出版。该书共10万字,收录老照片370多张,展示了1949年以前的福建社会生活场景。

10月19—20日 省档案学会在福州召开第五次会员代表大会,选举产生第五届理事会,共50位代表出席会议。

10月 为庆祝中华人民共和国成立50周年、福建省档案馆成立40周年,省档案馆举办"历史的记忆"档案展览。

11月24日—12月1日 国家档案局技术部主任徐同根一行来闽考察档案技术保护工作,先后到省档案馆和南平、漳州、厦门等地档案部门进行调研。

12月2日 省档案局和省教委发布《福建省中小学学校档案管理暂行办法》,对学校档案的管理体制、文件材料的形成与归档、档案的管理与提供利用等作出详细规定。

12月30日 省档案局、省人事厅联合发文表彰1996—1998年度全省档案工作先进集体、先进工作者。福州市档案局(馆)等45个单位被授予"福建省档案工作先进集体"称号;左建华等108人被授予"福建省档案工作先进工作者"称号,并享受地(市)级劳动模范和先进工作者待遇。

2000年

1月26日 全省档案工作暨表彰先进会议在福州召开,传达中央领导同志对档案工作题词和讲话以及全国档案工作暨表彰先进会议精神,表彰1996—1998年度全省档案工作先进集体和先进工作者，总结 1999 年全省档案工作，讨论 2000 年全省档案工作计划。省委常委、秘书长黄瑞霖参加会议。

3 月 27 日　省财政厅、省档案局联合制定《福建省档案馆库建设与重点档案抢救专项补助经费管理办法》，对档案馆库建设与重点档案抢救专项经费的补助范围及分配原则、经费的申请和审批、财务的管理与监督等进行规范。

3 月　省档案局开展国家综合档案馆文件级目录数据库建库情况专项检查。

5 月 8 日　为确保省直机关机构改革中档案不受损失，省档案局提出《省直机关机构变动档案处置意见》，并以省委办公厅、省政府办公厅名义印发省直各单位。

5 月 24 日　为及时掌握重点建设项目档案工作情况，实现重点建设项目档案规范化、标准化管理，省档案局、省发展计划委员会、省建设厅联合印发《福建省重点建设项目档案管理登记办法》，建立重点建设项目档案管理登记制度。

7 月 13—16 日　省档案学会在福州马尾区召开档案学术研讨会，就计算机管理档案、电子文件管理、加强企业档案工作等议题进行讨论，共有 60 人参加会议，收到论文 150 多篇。

7 月　福建省档案学会召开优秀成果评审会，评选 1997—1999 年福建省档案学优秀成果，评出二等奖 3 项、三等奖 12 项、四等奖 27 项。

8 月 18 日　省档案学会与省档案局联合在三明市召开“企业档案工作改革与创新”工作研讨会，共 60 人参加会议。

9 月 14—15 日　省档案局在福州召开全省档案信息和报刊宣传工作会议，研究进一步加强档案信息工作。中国档案杂志社副总编傅华到会指导。

9 月 21—27 日　省档案局在福州举办新任局(馆)长和中高级职称档案人员研修班，邀请武汉大学博士生导师刘家真和中山大学教授陈永生授课，共有 156 人参加学习，省局主要领导参加授课、听课。

10 月 9—14 日　省档案局、档案学会组织档案科普宣传队到南平市和古田、清流、宁化、连城、平和等县开展档案科技下乡宣传活动。

10 月 29 日—11 月 4 日　国际档案理事会东亚地区分会“电子档案管理对策研讨会”在厦门召开，来自东亚各国及地区的 50 多名档案专家、学者与会研讨。国家档案局局长、中央档案馆馆长毛福民到会指导。省档案局(馆)长陈永成、副局(馆)长叶仲霖参加会议。

10 月　省档案局与省司法厅在《福建法制报》开展档案普法知识征答活动，全省 8 万余人参加。

11 月 16 日　全省第一次专业档案馆工作会议在福州召开。为加强专业档案馆馆际交流，成立省专业档案馆工作协作组，协商推举福州市房地产档案馆馆长方永庆为组长，省地质资料馆馆长林秀萱、福州市城市建设档案馆副馆长李新泉为副组长。

是年　在新一轮机构改革中，省档案局(馆)机构性质、规格、编制、经费渠道等均不变。

2001 年

2 月 7 日 省档案局授予泉州市、三明市、福州市档案局“1996—2000 年度档案工作先进单位”称号。

2 月 14 日 省九届人大四次会议通过《福建省国民经济和社会发展第十个五年计划纲要》,提出要“积极发展档案、地震和测绘等事业”。

2 月 21—22 日 全省档案工作会议在福州召开,全面总结“九五”期间全省档案事业发展取得的成绩和经验,对“十五”期间全省档案事业进行规划。国家档案局副局长、中央档案馆副馆长杨冬权赴闽出席会议,并对福建省“十五” 期间档案事业发展提出指导性意见。省委常委、秘书长黄瑞霖代表省委、省政府作题为“以‘三个代表’的要求推进档案事业的新发展”的讲话。省档案局(馆)长陈永成作题为“解放思想、开拓创新、团结拼搏,把我省档案事业的发展推向一个新水平”的工作报告。各市、县(区)分管档案工作的领导和档案局(馆)长、各专业档案馆馆长、省直机关档案工作协作组组长、省直各单位办公室主任等近 600 人参加会议。

2 月 27 日 省档案局发布《福建省档案事业发展“十五”计划》,该计划提出:加强档案法制建设,依法管理档案事务;加快档案信息化建设,依靠科教振兴档案事业;加强档案信息资源开发利用,加大档案工作服务社会的力度,增强档案工作的创新能力,争创适应 21 世纪发展需要的档案事业新水平。

3 月 26 日 为实现档案安全管理制度化、规范化、科学化,确保档案的安全,省档案局印发《福建省档案安全管理规范(暂行)》,对全省档案安全保管工作提出规范化要求。

4 月 10 日 为规范全省民国档案目录数据库建设,做好民国档案案卷级目录的报送工作,省档案馆制定《福建省民国档案目录数据采集工作实施意见》。

5 月 24 日 省档案局授予朱文、刘公懿、邱宗灿、林真、翁勇青、章可霞、黄建峰、黄项飞等 8 人首届“青年档案学术奖”。

7 月 1 日 “福建档案网站”开通,网址为 http://www.fj—archives.org.cn。

7 月 10—11 日 省档案局在福州召开各市档案局局长会议,研究落实下半年工作任务。

8 月 省档案学会召开“21 世纪福建档案——档案信息数字化网络化”学术年会。

9 月 24 日 为适应档案管理现代化的需要,规范归档文件的整理方法,省档案局印发《福建省归档文件整理细则(试行)》,对归档文件的整理原则、质量要求、整理方法作出统一规范。该细则明确了归档文件采用以“件”为单位的整理方法,兼顾了计算机与手工两种管理方式,是机关档案工作的一次改革。

10 月 15 日 为规范全省档案网站信息服务活动,促进档案网站信息服务健康有序发展,省档案局制定《福建省档案网站管理办法(试行)》。

10 月 18 日 为进一步增强社会档案意识和档案法制观念,省档案局、省司法厅联合印发

《福建省档案系统“四五”法制宣传教育规划》(2001—2005年)，对全省档案“四五”普法工作进行部署。

10月　省档案局(馆)举办纪念建党80周年“党旗飘扬”档案展览。

12月　省档案学会在厦门召开“闽南地区首次档案学术研讨会”，会议主题为“面向新世纪的档案工作”，共70人参会，收到论文48篇。

是年　省档案局(馆)在局(馆)机关首次开展处级职位竞职上岗和科级以下人员竞争上岗工作，共选拔处级干部5人、科级以下干部7人。

2002年

1月8—16日　省档案局(馆)长陈永成到宁德、泉州、龙岩、福州、莆田等市调研档案工作。

1月25日　省档案局(馆)在福州召开全省设区市档案局(馆)长会议，传达贯彻全国档案局(馆)长会议精神，讨论全省档案工作计划要点。

同日　省质量技术监督局发布省档案局制定的《文书档案目录数据交换格式与著录细则》(DB35/T 161—2002)。该细则是全省第一个关于档案工作的地方标准，也是全国第一个有关档案数据交换的标准，于2002年3月1日实施。

2月6日　省委副书记黄瑞霖来到省档案局慰问干部职工，表示要促进省档案馆新馆建设和“数字档案”纳入“数字福建”工作计划。

4月　“数字档案”被纳入“数字福建”工作计划。档案分布式基础数据库作为基础工程之一，与统计、测绘、地质、气象一起被确定为重点建设的5个基础数据库。

5月6—16日　省档案馆副馆长叶仲霖一行赴新加坡，参加由中国和新加坡两国合作举办的“海外华人与新加坡历史”学术研讨会，考察马来西亚和泰国的档案工作。

5月23—30日　国家档案局副局长、中央档案馆副馆长杨公之带领检查组，先后到省档案馆、省高级人民法院、民营企业晋江凤竹集团、国家重点建设项目棉花滩水电站及仙游、泉州、晋江、厦门、武夷山等市县档案馆开展档案行政执法检查，对福建档案行政执法工作给予肯定。

6—7月　闽西北普降特大暴雨，各县区档案局(馆)干部职工积极投身抗洪救灾第一线，确保档案安全。省档案局拨出紧急救灾款2万元支援灾区，局长陈永成、副局长叶仲霖先后赴延平、将乐、泰宁、建宁等县区查看灾情。宁夏回族自治区档案局干部职工向灾区捐款5090元。

7月2—5日　省人大常委会教科文卫委员会组织人员深入漳州、龙岩开展地方档案立法调研工作，征求对《福建省档案条例(草案)》的修改意见，了解贯彻实施《档案法》情况及存在的问题。

7月29日　省政府第43次常务会议讨论通过《福建省档案条例(草案)》，并议定将该草案提请省人大常委会审议。

7月30日 省档案学会在福州召开福建省档案学会成立20周年纪念大会暨福建省科协第二届学术年会卫星会议——档案学术年会。

7月 泉州市档案馆创建全省首家现行文件资料服务中心。

8月1日 省档案局部署在全省开展纪念《档案法》颁布15周年纪念活动。

8月19—29日 省档案局(馆)长陈永成赴台湾参加“海峡两岸档案暨微缩学术交流会”。

9月26—27日 省档案学会在龙岩举办“创新——福建省首届青年档案学术论坛”,共23人参会,收到论文34篇。

10月9日 为进一步提高档案整理质量,省档案局印发《档案整理质量合格证管理办法》,在省直机关推行档案整理质量合格证制度,规定每年分期分批对省直各单位档案整理情况进行检查。

11月27—29日 省档案学会在泉州召开闽南地区第二届档案学术研讨会,共60多人参会,交流论文22篇。

11月 省计委批复“福建省分布式档案基础数据库建设项目(一期)”立项,总投资383万元,“数字档案”被纳入“数字福建”工作计划。

12月8日 国家档案局在深圳召开档案信息化建设现场演示会,国家档案局局长毛福民出席会议并讲话。省档案局(馆)长陈永成参加会议,现场观摩深圳市数字档案馆系统演示,并介绍福建档案信息化建设的做法与经验。

12月9—12日 省档案局组织智宇系统工程有限公司等厂商参加“2002年中国(上海)国际档案信息化暨现代化办公技术与设备展览会”,并组织省直单位30多人观摩展览会,考察先进技术。

12月12日 省档案局制定《福建省国家档案馆“十五”期间爱国主义教育基地建设实施意见》,明确了爱国主义教育基地建设的目标、任务、形式、要求和主要措施,指导和推动各地开展爱国主义教育基地建设。

12月17日 省九届人大常委会第三十六次会议审议通过《福建省档案条例》。该条例是福建省第一部地方性档案法规,共19条,涵盖档案管理工作的基本原则及档案机构、档案收集、档案管理、档案利用、法律责任等各方面内容,是福建省开展档案工作的法规性文件。该条例于2003年2月1日起施行。

是年 全省档案部门开展“改进作风年”和“调查研究年”活动,推动全系统转变工作作风。

2003年

1月15—17日 省档案局在福州召开全省设区市档案局(馆)长会议,传达全国档案局(馆)长会议精神,部署2003年档案工作任务。

1月20日 省档案局、省人事厅联合发文表彰1999—2001年度全省档案工作先进集体、先进工作者。福州市档案局(馆)等10个单位被授予“福建省档案工作先进集体”称号;陈非等

20 人被授予“福建省档案工作先进工作者”称号，并享受市级劳动模范和先进工作者待遇。

1 月 23 日　副省长汪毅夫到省档案局调研档案工作。

1 月　省档案馆网站接入省政务信息网，实现了省直立档单位与省档案馆之间在线接收、指导、利用档案及资源共享。

2 月 22 日　省档案局、福州市档案局在福州五一广场联合开展《福建省档案条例》“宣传日”活动。省档案局(馆)长陈永成等参加活动，并接受福州电视台等媒体采访。

2 月 22—28 日　全省档案系统开展《福建省档案条例》“宣传周”活动，共发送宣传材料 2 万多份。

2 月 27 日　省人大常委会教科文卫委员会、省档案局在福州联合召开《福建省档案条例》宣传贯彻座谈会，省人大常委会副主任黄贤模、常委朱永康等出席会议。会议指出，要加强对《福建省档案条例》的宣传工作，完善执法监督机制，加强监督检查，确保档案法律法规得到贯彻实施。

3 月 3—15 日　全国政协委员、宁德市档案局局长蓝秀珍赴京参加全国政协十届一次会议，向大会递交有关档案工作的提案，并接受《中国档案报》采访，呼吁各级政府和全社会重视和加强档案工作。

3 月 27 日　为规范档案行政处罚行为，省档案局印发《福建省档案行政处罚暂行办法》。

4 月 25 日　为适应档案馆从传统型向现代型转变、从保管型向服务型转变、从单一型向多样型转变，省质量技术监督局发布省档案局制定的地方标准《福建省档案馆工作规范》(DB35/T 507—2003)，全面、系统地规范了档案馆工作的内容和要求。该工作规范于 2003 年 6 月 1 日实施。

5 月 28 日　为规范全省电子文件与电子档案的管理工作，保障电子档案的真实性、完整性、有效性和安全性，省委办公厅、省政府办公厅印发《福建省电子文件归档与电子档案管理办法(试行)》。

6 月 13 日　为调动档案工作人员的积极性和创造性，提高全省档案信息资源的开发利用水平，省档案局制定《福建省档案信息开发利用成果评审办法》，对申报范围和条件、申报程序与要求、评审标准与程序等作出详细规定。

8 月 21 日　省档案局印发《福建省档案行政处分暂行规定》。

8 月　省档案局(馆)长陈永成深入厦门市湖里区吕岭社区和开元区文屏社区调研社区档案工作。

9 月 1 日　省档案局组织“档案信息化知识函授教育”统一考试，全省共有 6300 多名档案人员参加考试。

10 月 20 日　省档案馆举办“八闽之光”档案展览。该展览由“福建船政的创办和发展历史”“中国人民解放军闽籍将星”“中国科学院和中国工程院闽籍院士风采”“领导题词与名人手迹”等 4 个部分组成，共有展板 90 多块。

10 月 21 日 省档案局在福州召开全省设区市档案局(馆)长会议,进一步贯彻落实全国社区档案工作座谈会精神。省档案局(馆)长陈永成主持会议并讲话。

同日 省档案局在福州举办福建省档案数字化建设研讨会暨设备展览会。这是福建省首次举办大型档案数字化、信息化技术和设备展览会。全省设区市档案局(馆)领导,美国柯达公司、福建海诚信息影像软件科技开发有限公司等企业有关人员出席会议并参观展览。福建电视台等新闻媒体对研讨会和展览情况进行报道,并采访省档案局(馆)长陈永成。

10 月 省档案学会召开以"国家档案资源建设"为主题的福建省科协第三届学术年会卫星会议——档案学术年会。

11 月 8—9 日 "福建省数字档案信息管理系统"和"福建省分布式档案基础数据库建设项目(一期)"分别通过国家档案局、省数字办组织的鉴定、验收。国家档案局副局长杨公之、省人大常委会副主任黄贤模等出席验收会议。

11 月 10 日 为做好重点建设项目档案的移交工作,省档案局制定《福建省重点建设项目档案移交办法(暂行)》,对重点建设项目档案的定义、归档范围、案卷质量、验收、移交、接收等作出详细规定。

11 月 17—19 日 省档案学会在厦门召开以"档案信息化建设"为主题的福建省第二届青年档案学术论坛。省档案局(馆)长陈永成出席论坛并作指导讲话。

11 月 19 日 泉州市档案馆顺利通过省档案局组织的考评验收,晋升为全省第一家特级国家综合档案馆。考评组组长、省档案局(馆)长陈永成对泉州市档案馆的工作给予高度评价。

11 月 20—21 日 省档案学会在漳州召开闽南地区第三届档案学术研讨会,探讨档案信息服务问题,共 67 人参会,交流论文 19 篇。

11 月 省档案馆、省民族与宗教事务厅合编的《福建畲族档案资料选编(1937～1990年)》由海峡文艺出版社出版。

12 月 "福建省分布式档案基础数据库建设项目(二期)"经"数字福建"建设领导小组办公室批准立项,投资规模约 1500 万元。

是年 全省档案系统首次开展档案科研立项,共有 7 家单位的 9 个项目立项,其中省档案局的"分布式档案基础数据库在线利用系统"项目被列入国家档案局科技项目计划。

是年 省档案干部培训中心组织编写《档案信息化知识读本》《专门档案管理》《档案人员岗位基础知识》《档案人员岗位培训教学大纲》等 4 部教材,由海峡文艺出版社出版发行。

2004 年

1 月 14—15 日 省档案局在福州召开全省设区市档案局(馆)长会议,传达全国档案工作暨表彰先进会议精神,研究讨论 2004 年全省档案工作要点和《福建省分布式档案基础数据库建设项目(二期)总体实施方案》。省档案局(馆)长陈永成作总结讲话,把 2004 年工作任务概括为变化、发展、落实三个关键词。

2月10日　省档案局印发《福建省分布式档案基础数据库建设项目(二期)总体实施方案》,对建设目标、实施要求、进度安排、资金来源、组织管理、保障措施等进行安排。

3月3—12日　宁德市档案局局长蓝秀珍赴京出席全国政协十届二次会议,并提交把档案事业发展列入国民经济和社会发展计划的提案。

4月12日　为进一步规范社区居委会档案管理工作,省档案局与省民政厅联合印发《福建省关于加强社区档案管理工作的意见》。

4月20日　为加强档案收集和管理工作,更好地为经济建设和社会发展服务,省政府印发政府规范性文件《福建省档案登记暂行办法》,在全省建立档案登记制度。

4月22日　省档案学会举办讲座,邀请国家档案局、中央档案馆原副局(馆)长刘国能作学术报告。

6月23—24日　省档案学会在龙岩召开全省企业档案信息化建设讨论会。会议就企业档案信息化的标准、规范,档案管理软件的选择,电子文件的收集、归档等问题展开讨论。省档案局(馆)长陈永成出席会议。

7月12日　为做好重大活动材料的收集、整理、归档工作,省档案局印发《福建省重大活动档案管理办法》。

7月　省档案局与省委宣传部、省委党史研究室等在省革命历史纪念馆联合主办"世纪伟人小平同志"大型展览。

8月23日—9月17日　省档案局到9个设区市开展贯彻执行《福建省档案登记暂行办法》《档案馆工作测评体系——专项测评评价指标》等文件的集中指导工作。

8—9月　省档案局组织开展档案行政执法法规知识学习和测试活动,全省约有1万人参加。

9月　省档案馆编印《新福建——八闽档案摭拾》。该书是继《老福建——岁月的回眸》之后又一部以历史照片为主、配以相关文字说明的档案史料书,比较全面地反映中华人民共和国成立后福建社会的发展概况和展现具有地方特色的自然与人文景观。

10月10日　省人大常委会副主任黄贤模带队到省档案馆调研。

10月11—13日　省人大常委会教科文卫委员会主任朱永康和省档案局(馆)长陈永成带队到南平、三明开展《福建省档案条例》执法调研。

10月19日　全省社区档案工作会议在厦门召开,省档案局(馆)长陈永成作题为"以'三个代表'重要思想为指导,全面推进社区档案工作深入开展"的讲话,对深入开展社区档案工作提出意见。

10月27—29日　省档案局在厦门召开全省爱国主义教育基地工作会议,强调要突出重点,深挖内涵,改进方法,进一步扩大爱国主义教育基地的辐射范围。

11月5—8日　全国沿海开放城市暨经济特区第十九次档案工作协作会议在福州召开。

12月13日 为规范档案行政执法行为,明确档案行政执法责任,保证档案行政执法依法有效进行,省档案局印发《福建省档案局档案行政执法责任制暂行规定》。

12月30—31日 省档案局在福州召开全省档案局(馆)长会议,传达全国档案局(馆)长会议精神,讨论2005年全省档案工作要点。省档案局(馆)长陈永成作"珍惜机遇、把握重点、集聚合力"总结讲话。

是年 国家档案局评选科技进步奖,省档案局"福建数字档案信息管理系统"获一等奖,省档案馆、省科技档案馆"福建省档案信息资源库发展战略研究"获三等奖,实现了福建省档案科技立项和获奖零的突破。

2005年

1月14日 省委常委、秘书长朱亚衍对档案工作进行批示,对全省档案工作表示肯定,希望加大第二期"分布式档案基础数据库"建设项目的工作力度,加强档案资源建设,为建设海峡西岸经济区服务。

1月29日 省档案局(馆)召开全体党员大会,对开展"保持共产党员先进性教育活动"进行动员。省档案局(馆)长陈永成,省委督导组第18组组长、漳州市政协副主席沈元坤分别讲话。

6月23—24日 省档案学会在厦门举办闽南地区第四届档案学术研讨会,共提交论文44篇。

6月24日 国家档案局技术部主任王良城等一行3人到省档案局调研档案信息化工作,对"福建省分布式档案基础数据库"项目建设给予肯定。

7月14日 省档案局召开设区市档案局业务工作会议,传达全国已公开现行文件利用工作现场会和民营企业档案工作座谈会精神,并就档案业务工作提出要求。

7月19—20日 省档案学会在泉州召开"福建省第三届青年档案学术论坛",讨论档案信息化建设特别是"分布式档案基础数据库"二期项目建设问题。省档案局(馆)长陈永成出席会议并参加讨论。

8月18日 省档案局召开省直单位档案工作会议,共350人参加会议。

9月 省档案局在政务网和互联网上发布《福建省档案事业发展"十一五"规划(征求意见稿)》。

10月8日 福州鼓山涌泉寺5000册珍贵藏经遭受台风"龙王"暴雨侵蚀,国家档案局、省档案馆和福州市档案馆专家赶赴涌泉寺指导抢救工作。

10月20日 省档案学会召开第六次会员代表大会,修改并通过省档案学会章程,选举产生省档案学会第六届理事会、常务理事会。

10月24日 国家档案局在福州组织召开省档案局承担的"国家综合档案馆电子文件与电子档案数据备份与灾难恢复中心可行性战略研究"课题成果鉴定会。鉴定委员会一致同意该课题通过成果鉴定，并认为该成果在全国档案行业同类项目中居于领先水平。

10 月 25 日　省委编办发文同意省档案馆加挂“福建省现行文件利用中心”牌子。

12 月 30 日　省档案局(馆)在福州召开全省设区市档案局(馆)长会议，传达贯彻全国档案局(馆)长会议精神，讨论 2006 年全省档案工作要点。

是年　省档案馆、省科技档案馆共同承担的课题“福建省科研档案计算机多媒体管理系统”获国家档案局优秀科技成果三等奖。《中国档案》福建通联组被评为“2003—2005 年优秀通联组”。省档案局与省司法厅联合开展福建省“四五”档案法制宣传教育活动，并授予省委办公厅等 52 个单位为先进单位，授予郭碧梅等 32 人为先进个人。

附录二　福建省档案保存情况统计表

附表1

1993—2005年福建省馆藏档案资料一览表

年份	单位		全宗(个)	案卷(卷)	案卷排架长度(米)	以件为保管单位档案(件)	以件为保管单位档案排架长度(米)	未整理零散文件排架长度(米)	录音、录像、影片档案(盘)	照片档案(张)	底图档案(张)	电子档案			缩微胶片			馆藏资料(册)
												磁带(盒)	磁盘(盘)	光盘(盘)	平片(张)	开窗卡(张)	卷片(张)	
1993	合计		6582	2489049	33296	126237	197	46	3630	310149	40408	—	—	—	6825	—	37824	597672
	国家综合档案馆	省级	227	337868	3296	—	—	13	589	5533	—	—	—	—	6825	—	37427	28728
		地(市)级	889	373032	4216	1073	3	—	1043	11427	136	—	—	—	—	—	—	121546
		县(市、区)级	5466	1714217	24912	125164	194	33	1948	80047	8062	—	—	—	—	—	397	447043
	国家专门档案馆		—	—	—	—	—	—	—	—	—	—	—	—	—	—	—	—
	部门档案馆		—	63932	872	—	—	—	50	213142	32210	—	—	—	—	—	—	355
	大型企业档案馆		—	—	—	—	—	—	—	—	—	—	—	—	—	—	—	—
	科技事业单位档案馆		—	—	—	—	—	—	—	—	—	—	—	—	—	—	—	—
1994	合计		7234	2607085	34338	906746	1310	77	7028	130206	23070	—	—	—	6825	—	41240	628907
	国家综合档案馆	省级	228	339310	3312	—	—	13	599	5938	—	—	—	—	6825	—	40416	28878
		地(市)级	1037	421474	6003	1073	3	—	1140	14191	136	—	—	—	—	—	427	127924
		县(市、区)级	5462	1647891	22635	876780	884	3	2058	83176	8694	—	—	—	—	—	397	467867
	国家专门档案馆		507	198410	2388	28893	423	61	3231	35901	14240	—	—	—	—	—	—	4238
	部门档案馆		—	—	—	—	—	—	—	—	—	—	—	—	—	—	—	—
	大型企业档案馆		—	—	—	—	—	—	—	—	—	—	—	—	—	—	—	—
	科技事业单位档案馆		—	—	—	—	—	—	—	—	—	—	—	—	—	—	—	—

续附表 1

年份	单位		全宗（个）	案卷（卷）	案卷排架长度（米）	以件为保管单位档案（件）	以件为保管单位档案排架长度（米）	未整理零散文件排架长度（米）	录音、录像、影片档案（盘）	照片档案（张）	底图档案（张）	电子档案			缩微胶片			馆藏资料（册）
												磁带（盒）	磁盘（盘）	光盘（盘）	平片（张）	开窗卡（张）	卷片（张）	
1995	合计		7064	2992604	39766	894767	2137	46	7016	160349	42438	—	—	—	6825	—	48324	693794
	国家综合档案馆	省级	229	372395	3519	—	—	3	609	11938	—	—	—	—	6825	—	46607	39320
		地（市）级	1097	464594	6575	1073	—	—	1225	15944	190	—	—	—	—	—	793	124991
		县（市、区）级	5734	1800996	24636	794874	815	10	1964	88569	12529	—	—	—	—	—	924	516297
	国家专门档案馆		3	315024	4537	98820	1322	33	2893	34751	28874	—	—	—	—	—	—	10702
	部门档案馆		1	39595	499	—	—	—	325	9147	845	—	—	—	—	—	—	2484
	大型企业档案馆		—	—	—	—	—	—	—	—	—	—	—	—	—	—	—	—
	科技事业单位档案馆		—	—	—	—	—	—	—	—	—	—	—	—	—	—	—	—
1996	合计		7253	3290632	89655	82343	58	66	4995	122761	20590	—	—	—	6827	—	72359	690067
	国家综合档案馆	省级	239	383052	3818	—	—	—	616	22070	—	—	—	—	6825	—	58533	40102
		地（市）级	1144	504986	6602	1330	—	—	1159	18173	3690	—	—	—	—	—	12627	130413
		县（市、区）级	5860	1872225	74578	7958	—	44	2744	70295	11042	—	—	—	2	—	1199	512773
	国家专门档案馆		9	309691	4657	73055	58	22	396	9723	5858	—	—	—	—	—	—	6779
	部门档案馆		—	—	—	—	—	—	—	—	—	—	—	—	—	—	—	—
	大型企业档案馆		—	—	—	—	—	—	—	—	—	—	—	—	—	—	—	—
	科技事业单位档案馆		1	220678	—	—	—	—	80	2500	—	—	—	—	—	—	—	—

续附表 1

年份	单位		全宗(个)	案卷(卷)	案卷排架长度(米)	以件为保管单位档案(件)	以件为保管单位档案排架长度(米)	未整理零散文件排架长度(米)	录音、录像、影片档案(盘)	照片档案(张)	底图档案(张)	电子档案			缩微胶片			馆藏资料(册)
												磁带(盒)	磁盘(盘)	光盘(盘)	平片(张)	开窗卡(张)	卷片(张)	
1997	合计		21430	3335164	44237	701335	1045	40	9991	137514	39056	—	—	—	6827	—	85455	651795
	国家综合档案馆	省级	242	388614	3834	—	—	—	616	32422	—	—	—	—	6825	—	66188	39521
		地(市)级	984	457632	5881	237	—	1	1097	14488	3690	—	—	—	—	—	18849	115958
		县(市、区)级	5404	1845673	28868	635196	39	5	2124	54193	8000	—	—	—	2	—	418	477583
	国家专门档案馆		14797	68035	1421	—	—	34	1021	29684	25149	—	—	—	—	—	—	9881
	部门档案馆		1	513837	3034	24196	—	—	1595	674	2217	—	—	—	—	—	—	8031
	大型企业档案馆		1	21667	449	—	—	—	57	3033	—	—	—	—	—	—	—	821
	科技事业单位档案馆		1	39706	750	41706	1006	—	3481	3020	—	—	—	—	—	—	—	—
1998	合计		8511	4103785	48480	14037	148	20	7629	178303	53973	—	—	—	7692	749	85005	739701
	国家综合档案馆	省级	243	390992	3869	574	—	—	620	34417	—	—	—	—	6827	—	72379	40646
		地(市)级	1321	542325	6743	—	—	1	1202	22739	3690	—	—	—	—	—	11427	134949
		县(市、区)级	6943	2156343	27572	11518	67	6	2596	72685	12861	—	—	—	—	—	1199	535951
	国家专门档案馆		—	947490	8311	1945	81	13	2922	37904	37422	—	—	—	865	749	—	27334
	部门档案馆		—	—	—	—	—	—	—	—	—	—	—	—	—	—	—	—
	大型企业档案馆		1	22923	475	—	—	—	57	3033	—	—	—	—	—	—	—	821
	科技事业单位档案馆		3	43712	1510	—	—	—	232	7525	—	—	—	—	—	—	—	—

续附表 1

年份	单位		全宗（个）	案卷（卷）	案卷排架长度（米）	以件为保管单位档案（件）	以件为保管单位档案排架长度（米）	未整理零散文件排架长度（米）	录音、录像、影片档案（盘）	照片档案（张）	底图档案（张）	电子档案			缩微胶片			馆藏资料（册）
												磁带（盒）	磁盘（盘）	光盘（盘）	平片（张）	开窗卡（张）	卷片（张）	
1999	合计		8715	4704537	82227	333011	4430	74	13486	223534	79469	121	54	626	6825	749	87974	802188
	国家综合档案馆	省级	248	394212	3961	574	—	—	620	34417	—	—	—	1	6825	—	72928	39055
		地（市）级	1349	582089	8295	—	—	—	2637	26363	1176	101	—	3	—	—	13847	137069
		县（市、区）级	7108	2256186	48385	134927	139	3	2545	76271	8091	20	53	1	—	—	1199	590616
	国家专门档案馆		6	1343728	18772	126152	3279	68	2846	78100	70141	—	—	621	—	749	—	19370
	部门档案馆		1	63502	1387	25652	—	3	—	550	61	—	1	—	—	—	—	16078
	大型企业档案馆		1	24150	487	—	—	—	57	3033	—	—	—	—	—	—	—	—
	科技事业单位档案馆		2	40670	940	45706	1012	—	4781	4800	—	—	—	—	—	—	—	—
2000	合计		8809	4784689	84983	558822	5740	28	9586	214235	717782	20	5520	681	7448	749	123060	783051
	国家综合档案馆	省级	248	404981	4060	574	—	—	627	34526	—	—	—	11	7448	—	90932	42436
		地（市）级	1386	594641	8496	—	—	1	1969	27770	3650	—	—	11	—	—	30927	148118
		县（市、区）级	7165	2469498	54701	378425	252	3	2137	87051	11231	20	84	3	—	—	1201	563296
	国家专门档案馆		6	1249589	15668	172041	3860	24	1755	59075	56901	—	5	656	—	749	—	29091
	部门档案馆		—	—	—	—	—	—	—	—	—	—	—	—	—	—	—	—
	大型企业档案馆		2	24828	523	7782	21	—	3098	123	—	—	—	—	—	—	—	110
	科技事业单位档案馆		2	41152	1535	—	1607	—	—	5690	—	—	5431	—	—	—	—	—

续附表1

年份	单位		全宗(个)	案卷(卷)	案卷排架长度(米)	以件为保管单位档案(件)	以件为保管单位档案排架长度(米)	未整理零散文件排架长度(米)	录音、录像、影片档案(盘)	照片档案(张)	底图档案(张)	电子档案			缩微胶片			馆藏资料(册)
												磁带(盒)	磁盘(盘)	光盘(盘)	平片(张)	开窗卡(张)	卷片(张)	
2001	合计		9154	5096029	587060	186518	2031	74	11941	221606	74695	379	6020	1497	7546	767	133797	877277
	国家综合档案馆	省级	253	455559	4566	574	—	—	627	34526	—	—	—	42	7448	—	96772	42563
		地(市)级	1417	610169	8934	200	—	—	506	32701	3650	—	6	4	—	—	35807	152782
		县(市、区)级	7473	2529626	550589	145513	351	5	4796	95311	10513	379	258	64	98	18	1218	576740
	国家专门档案馆		1	1409246	20587	26325	—	69	2817	46414	60532	—	15	1378	—	749	—	101425
	部门档案馆		—	—	—	—	—	—	—	—	—	—	—	—	—	—	—	—
	大型企业档案馆		2	26025	575	13906	38	—	3195	65	—	—	—	9	—	—	—	767
	科技事业单位档案馆		8	65404	1809	—	1642	—	—	12589	—	—	5741	—	—	—	—	3000
2002	合计		9431	5247237	99645	176934	176	65	6355	355972	132616	1109	425	2166	7448	749	136720	852952
	国家综合档案馆	省级	258	475094	4761	574	—	—	627	29828	—	—	—	57	7448	—	96787	42665
		地(市)级	1464	693757	9847	1327	—	—	740	38390	190	—	194	26	—	—	38735	155560
		县(市、区)级	7692	2648928	52258	159853	150	4	2983	96331	7957	84	209	170	—	—	1198	619141
	国家专门档案馆		14	1344315	24639	1887	—	61	2005	184970	124469	1025	22	1913	—	749	—	32586
	部门档案馆		—	—	—	—	—	—	—	—	—	—	—	—	—	—	—	—
	大型企业档案馆		1	27312	5580	13293	26	—	—	573	—	—	—	—	—	—	—	—
	科技事业单位档案馆		2	57831	2560	—	—	—	—	5880	—	—	—	—	—	—	—	3000

续附表 1

<table>
<tr><th rowspan="2">年份</th><th rowspan="2" colspan="2">单位</th><th rowspan="2">全宗（个）</th><th rowspan="2">案卷（卷）</th><th rowspan="2">案卷排架长度（米）</th><th rowspan="2">以件为保管单位档案（件）</th><th rowspan="2">以件为保管单位档案排架长度（米）</th><th rowspan="2">未整理零散文件排架长度（米）</th><th rowspan="2">录音、录像、影片档案（盘）</th><th rowspan="2">照片档案（张）</th><th rowspan="2">底图档案（张）</th><th colspan="3">电子档案</th><th colspan="3">缩微胶片</th><th rowspan="2">馆藏资料（册）</th></tr>
<tr><th>磁带（盒）</th><th>磁盘（盘）</th><th>光盘（盘）</th><th>平片（张）</th><th>开窗卡（张）</th><th>卷片（张）</th></tr>
<tr><td rowspan="8">2003</td><td colspan="2">合计</td><td>9528</td><td>5712632</td><td>92841</td><td>101880</td><td>652</td><td>74</td><td>7708</td><td>366138</td><td>258424</td><td>95</td><td>1097</td><td>3706</td><td>7448</td><td>749</td><td>137456</td><td>837372</td></tr>
<tr><td rowspan="3">国家综合档案馆</td><td>省级</td><td>270</td><td>500824</td><td>4963</td><td>574</td><td>2</td><td>—</td><td>645</td><td>30558</td><td>—</td><td>—</td><td>—</td><td>142</td><td>7448</td><td>—</td><td>96790</td><td>42927</td></tr>
<tr><td>地（市）级</td><td>1485</td><td>719547</td><td>10219</td><td>2939</td><td>1</td><td>20</td><td>866</td><td>39636</td><td>2552</td><td>—</td><td>241</td><td>28</td><td>—</td><td>—</td><td>39467</td><td>142142</td></tr>
<tr><td>县（市、区）级</td><td>7753</td><td>2856095</td><td>40641</td><td>64674</td><td>145</td><td>4</td><td>2180</td><td>93423</td><td>8029</td><td>82</td><td>210</td><td>184</td><td>—</td><td>—</td><td>1199</td><td>615166</td></tr>
<tr><td colspan="2">国家专门档案馆</td><td>16</td><td>1522489</td><td>34994</td><td>6106</td><td>356</td><td>50</td><td>3930</td><td>192469</td><td>205988</td><td>5</td><td>13</td><td>3204</td><td>—</td><td>749</td><td>—</td><td>22786</td></tr>
<tr><td colspan="2">部门档案馆</td><td>—</td><td>—</td><td>—</td><td>—</td><td>—</td><td>—</td><td>—</td><td>—</td><td>—</td><td>—</td><td>—</td><td>—</td><td>—</td><td>—</td><td>—</td><td>—</td></tr>
<tr><td colspan="2">大型企业档案馆</td><td>2</td><td>55111</td><td>1206</td><td>17587</td><td>48</td><td>—</td><td>87</td><td>4052</td><td>41855</td><td>8</td><td>133</td><td>148</td><td>—</td><td>—</td><td>—</td><td>11351</td></tr>
<tr><td colspan="2">科技事业单位档案馆</td><td>2</td><td>58566</td><td>818</td><td>10000</td><td>100</td><td>—</td><td>—</td><td>6000</td><td>—</td><td>—</td><td>500</td><td>—</td><td>—</td><td>—</td><td>—</td><td>3000</td></tr>
<tr><td rowspan="8">2004</td><td colspan="2">合计</td><td>9916</td><td>6184355</td><td>96228</td><td>3437859</td><td>67167</td><td>72</td><td>10999</td><td>593378</td><td>217716</td><td>896</td><td>1834</td><td>5308</td><td>7448</td><td>749</td><td>138371</td><td>851847</td></tr>
<tr><td rowspan="3">国家综合档案馆</td><td>省级</td><td>276</td><td>524675</td><td>5321</td><td>3903</td><td>7</td><td>—</td><td>705</td><td>32678</td><td>—</td><td>—</td><td>—</td><td>286</td><td>7448</td><td>—</td><td>96791</td><td>43152</td></tr>
<tr><td>地（市）级</td><td>1696</td><td>824867</td><td>10992</td><td>3928</td><td>4</td><td>18</td><td>1106</td><td>41657</td><td>1391</td><td>—</td><td>239</td><td>28</td><td>—</td><td>—</td><td>40382</td><td>158164</td></tr>
<tr><td>县（市、区）级</td><td>7932</td><td>2966514</td><td>44994</td><td>66831</td><td>148</td><td>31</td><td>3116</td><td>102182</td><td>7964</td><td>82</td><td>248</td><td>231</td><td>—</td><td>—</td><td>1198</td><td>616177</td></tr>
<tr><td colspan="2">国家专门档案馆</td><td>9</td><td>1750707</td><td>32768</td><td>3329446</td><td>66848</td><td>16</td><td>5983</td><td>404964</td><td>208353</td><td>806</td><td>13</td><td>4591</td><td>—</td><td>749</td><td>—</td><td>19653</td></tr>
<tr><td colspan="2">部门档案馆</td><td>—</td><td>—</td><td>—</td><td>—</td><td>—</td><td>—</td><td>—</td><td>—</td><td>—</td><td>—</td><td>—</td><td>—</td><td>—</td><td>—</td><td>—</td><td>—</td></tr>
<tr><td colspan="2">大型企业档案馆</td><td>1</td><td>58095</td><td>1289</td><td>21658</td><td>57</td><td>7</td><td>89</td><td>5801</td><td>8</td><td>8</td><td>134</td><td>172</td><td>—</td><td>—</td><td>—</td><td>11601</td></tr>
<tr><td colspan="2">科技事业单位档案馆</td><td>2</td><td>59497</td><td>864</td><td>12093</td><td>103</td><td>—</td><td>—</td><td>6096</td><td>—</td><td>—</td><td>1200</td><td>—</td><td>—</td><td>—</td><td>—</td><td>3100</td></tr>
</table>

续附表 1

年份	单位		全宗(个)	案卷(卷)	案卷排架长度(米)	以件为保管单位档案(件)	以件为保管单位档案排架长度(米)	未整理零散文件排架长度(米)	录音、录像、影片档案(盘)	照片档案(张)	底图档案(张)	电子档案			缩微胶片			馆藏资料(册)
												磁带(盒)	磁盘(盘)	光盘(盘)	平片(张)	开窗卡(张)	卷片(张)	
2005	合计		10185	6753548	103014	3449268	8732	55	11381	638782	260070	981	2362	7318	7448	749	139272	881844
	国家综合档案馆	省级	285	607932	6204	3979	8	—	705	35140	—	—	—	389	7448	—	96791	44558
		地(市)级	1708	836354	11137	9684	4	18	1114	47424	1921	—	239	35	—	—	41282	190607
		县(市、区)级	8178	3137750	46985	72805	163	31	3174	131177	7706	87	226	254	—	—	1199	611841
	国家专门档案馆		9	2050802	36415	3313089	8340	6	6299	412067	208584	886	13	6345	—	749	—	19965
	部门档案馆		—	—	—	—	—	—	—	—	—	—	—	—	—	—	—	—
	大型企业档案馆		3	60481	1376	28118	81	—	89	6778	41859	8	134	175	—	—	—	11673
	科技事业单位档案馆		2	60229	897	21593	136	—	—	6196	—	—	1750	120	—	—	—	3200

附表 2

1993—2005 年福建省馆藏档案历史分期情况表

年份	单位		中华人民共和国成立前档案									中华人民共和国成立后档案	
			卷	件	明清以前档案	明清档案		民国档案		革命历史档案		卷	件
					件	卷	件	卷	件	卷	件		
1993	合计		445883	—	—	167	—	442960	—	2404	—	2043168	—
	国家综合档案馆	省级	170002	—	—	56	—	168389	—	1557	—	167866	—
		地(市)级	41362	—	—	—	—	41298	—	64	—	331670	—
		县(市、区)级	234167	—	—	111	—	233273	—	783	—	1480050	—
	国家专门档案馆		—	—	—	—	—	—	—	—	—	—	—
	部门档案馆		352	—	—	—	—	—	—	—	—	63582	—
	大型企业档案馆		—	—	—	—	—	—	—	—	—	—	—
	科技事业单位档案馆		—	—	—	—	—	—	—	—	—	—	—
1994	合计		481915	—	—	173	—	474713	—	7029	—	2125170	—
	国家综合档案馆	省级	170002	—	—	56	—	168389	—	1557	—	169308	—
		地(市)级	88278	—	—	1	—	83230	—	5047	—	333196	—
		县(市、区)级	208583	—	—	114	—	208044	—	425	—	1439308	—
	国家专门档案馆		15052	—	—	2	—	15050	—	—	—	183358	—
	部门档案馆		—	—	—	—	—	—	—	—	—	—	—
	大型企业档案馆		—	—	—	—	—	—	—	—	—	—	—
	科技事业单位档案馆		—	—	—	—	—	—	—	—	—	—	—

续附表 2

年份	单位		中华人民共和国成立前档案									中华人民共和国成立后档案	
			卷	件	明清以前档案	明清档案		民国档案		革命历史档案		卷	件
					件	卷	件	卷	件	卷	件		
1995	合计		475699	—	—	195	—	454852	—	20652	—	2516905	—
	国家综合档案馆	省级	170002	—	—	56	—	168389	—	1557	—	202393	—
		地(市)级	87252	—	—	—	—	87177	—	75	—	377342	—
		县(市、区)级	211871	—	—	137	—	193624	—	18110	—	1589125	—
	国家专门档案馆		6544	—	—	2	—	5632	—	910	—	308480	—
	部门档案馆		30	—	—	—	—	30	—	—	—	39565	—
	大型企业档案馆		—	—	—	—	—	—	—	—	—	—	—
	科技事业单位档案馆		—	—	—	—	—	—	—	—	—	—	—
1996	合计		490335	8997	18	348	257	487950	7647	2037	1075	2800297	—
	国家综合档案馆	省级	170002	—	—	56	—	168389	—	1557	—	213050	—
		地(市)级	87997	1330	—	148	257	87784	—	65	1073	416989	—
		县(市、区)级	226786	7667	18	142	—	226229	7647	415	2	1645439	—
	国家专门档案馆		40	—	—	2	—	38	—	—	—	309651	—
	部门档案馆		—	—	—	—	—	—	—	—	—	—	—
	大型企业档案馆		—	—	—	—	—	—	—	—	—	—	—
	科技事业单位档案馆		5510	—	—	—	—	5510	—	—	—	215168	—

续附表 2

年份	单位		中华人民共和国成立前档案									中华人民共和国成立后档案	
			卷	件	明清以前档案	明清档案		民国档案		革命历史档案			
					件	卷	件	卷	件	卷	件	卷	件
1997	合计		484466	632667	17	414	237	475535	632157	8517	256	2850698	—
	国家综合档案馆	省级	177165	—	—	56	—	175618	—	1491	—	211449	—
		地(市)级	84268	237	—	149	237	82832	—	1287	—	373364	—
		县(市、区)级	203206	632430	17	110	—	197452	632157	5644	256	1642467	—
	国家专门档案馆		10	—	—	2	—	8	—	—	—	68025	—
	部门档案馆		19111	—	—	97	—	18919	—	95	—	494726	—
	大型企业档案馆		—	—	—	—	—	—	—	—	—	21667	—
	科技事业单位档案馆		706	—	—	—	—	706	—	—	—	39000	—
1998	合计		51892	7655	24	359	—	513013	7617	5540	14	3584873	—
	国家综合档案馆	省级	177165	—	—	56	—	175618	—	1491	—	213827	—
		地(市)级	87485	—	—	149	—	87271	—	65	—	454840	—
		县(市、区)级	229770	7649	18	134	—	226538	7617	3098	14	1926573	—
	国家专门档案馆		18988	—	—	2	—	18986	—	—	—	928502	—
	部门档案馆		—	—	—	—	—	—	—	—	—	—	—
	大型企业档案馆		—	—	—	—	—	—	—	—	—	22923	—
	科技事业单位档案馆		5504	6	6	18	—	4600	—	886	—	38208	—

续附表 2

年份	单位		中华人民共和国成立前档案									中华人民共和国成立后档案	
			卷	件	明清以前档案	明清档案		民国档案		革命历史档案			
					件	卷	件	卷	件	卷	件	卷	件
1999	合计		528516	188	23	339	116	524522	31	3685	18	4175021	332823
	国家综合档案馆	省级	178729	—	—	56	—	177182	—	1491	—	215483	574
		地(市)级	87933	—	—	149	—	86974	—	810	—	494156	—
		县(市、区)级	237732	182	17	112	116	237152	31	498	18	2017454	134745
	国家专门档案馆		17499	—	—	4	—	17495	—	—	—	1326229	126152
	部门档案馆		1119	—	—	—	—	1119	—	—	—	62383	25652
	大型企业档案馆		—	—	—	—	—	—	—	—	—	24150	—
	科技事业单位档案馆		5504	6	6	18	—	4600	—	886	—	35166	45700
2000	合计		497754	72796	—	326	116	491125	71885	6303	975	4286935	485846
	国家综合档案馆	省级	178845	—	—	56	—	177306	—	1483	—	226136	574
		地(市)级	87923	—	—	149	—	86964	—	810	—	506718	—
		县(市、区)级	227239	72976	—	110	116	223422	71885	3707	975	2242259	305449
	国家专门档案馆		3747	—	—	11	—	3433	—	303	—	1245842	172041
	部门档案馆		—	—	—	—	—	—	—	—	—	—	—
	大型企业档案馆		—	—	—	—	—	—	—	—	—	24828	7782
	科技事业单位档案馆		—	—	—	—	—	—	—	—	—	41152	—

续附表 2

年份	单位		中华人民共和国成立前档案									中华人民共和国成立后档案	
			卷	件	明清以前档案	明清档案		民国档案		革命历史档案			
					件	卷	件	卷	件	卷	件	卷	件
2001	合计		529778	4048	—	321	573	526413	2500	3044	975	4566251	182470
	国家综合档案馆	省级	179145	—	—	56	—	177606	—	1483	—	276414	574
		地(市)级	87803	—	—	149	—	86646	—	1008	—	522366	200
		县(市、区)级	237866	2414	—	113	573	237256	866	497	975	2291760	143099
	国家专门档案馆		18529	1634	—	3	—	18526	1634	—	—	1390717	24691
	部门档案馆		—	—	—	—	—	—	—	—	—	—	—
	大型企业档案馆		—	—	—	—	—	—	—	—	—	26025	13906
	科技事业单位档案馆		6435	—	—	—	—	6379	—	56	—	58969	—
2002	合计		521839	4035	—	336	574	516743	2487	4760	974	4725398	172899
	国家综合档案馆	省级	179145	—	—	56	—	177606	—	1483	—	295949	574
		地(市)级	87881	—	—	149	—	86723	—	1009	—	605876	1327
		县(市、区)级	232632	2390	—	128	574	230236	842	2268	974	2416296	157463
	国家专门档案馆		15802	1645	—	3	—	15799	1645	—	—	1328513	242
	部门档案馆		—	—	—	—	—	—	—	—	—	—	—
	大型企业档案馆		—	—	—	—	—	—	—	—	—	27312	13293
	科技事业单位档案馆		6379	—	—	—	—	6379	—	—	—	51452	—

续附表 2

年份	单位		中华人民共和国成立前档案									中华人民共和国成立后档案	
			卷	件	明清以前档案	明清档案		民国档案		革命历史档案			
					件	卷	件	卷	件	卷	件	卷	件
2003	合计		521352	6760	—	336	574	518954	4466	2062	1720	5191280	95120
	国家综合档案馆	省级	179145	—	—	56	—	177606	—	1483	—	321679	574
		地(市)级	86938	745	—	149	—	86723	—	66	745	632609	2194
		县(市、区)级	232993	4370	—	128	574	232352	2821	513	975	2623102	60304
	国家专门档案馆		15897	1645	—	3	—	15894	1645	—	—	1506592	4461
	部门档案馆		—	—	—	—	—	—	—	—	—	—	—
	大型企业档案馆		—	—	—	—	—	—	—	—	—	55111	17587
	科技事业单位档案馆		6379	—	—	—	—	6379	—	—	—	52187	10000
2004	合计		522030	6849	1	440	574	513155	4554	8435	1720	5662325	3431010
	国家综合档案馆	省级	179145	—	—	56	—	177606	—	1483	—	345530	3903
		地(市)级	90307	746	1	149	—	90092	—	66	745	734560	3182
		县(市、区)级	230273	4370	—	222	574	229534	2821	517	975	2736241	62461
	国家专门档案馆		15926	1733	—	3	—	15923	1733	—	—	1734781	3327713
	部门档案馆		—	—	—	—	—	—	—	—	—	—	—
	大型企业档案馆		—	—	—	—	—	—	—	—	—	58095	21658
	科技事业单位档案馆		6379	—	—	10	—	—	—	6369	—	53118	12093

续附表 2

年份	单位		中华人民共和国成立前档案									中华人民共和国成立后档案	
			卷	件	明清以前档案	明清档案		民国档案		革命历史档案			
					件	卷	件	卷	件	卷	件	卷	件
2005	合计		522178	6927	—	441	576	513299	4631	8438	1720	6231370	3442341
	国家综合档案馆	省级	179145	—	—	56	—	177606	—	1483	—	428787	3979
		地(市)级	90343	822	—	149	1	90125	76	69	745	746011	8862
		县(市、区)级	230275	4372	—	223	575	229535	2822	517	975	2907475	68433
	国家专门档案馆		16036	1733	—	3	—	16033	1733	—	—	2034766	3311356
	部门档案馆		—	—	—	—	—	—	—	—	—	—	—
	大型企业档案馆		—	—	—	—	—	—	—	—	—	60481	28118
	科技事业单位档案馆		6379	—	—	10	—	—	—	6369	—	53850	21593

附表 3

1993—2005 年福建省室存档案资料一览表

年份	单位	全宗（个）	案卷（卷）	案卷排架长度（米）	以件为保管单位档案（件）	以件为保管单位档案排架长度（米）	录音、录像、影片档案（盘）	照片档案（张）	底图档案（张）	电子档案			缩微胶片			室存永久、长期档案				室存资料（册）
										磁带（盒）	磁盘（盘）	光盘（盘）	平片（张）	开窗卡（张）	卷片（米）	（卷）	（件）	永久保管（卷）	永久保管（件）	
1993	合计	57	314154	—	—	—	2643	21176	—	—	—	—	—	—	—	96716	—	63854	—	—
	省直机关	57	314154	—	—	—	2643	21176	—	—	—	—	—	—	—	96716	—	63854	—	—
	大型企业	—	—	—	—	—	—	—	—	—	—	—	—	—	—	—	—	—	—	—
	文化事业单位	—	—	—	—	—	—	—	—	—	—	—	—	—	—	—	—	—	—	—
	科技事业单位	—	—	—	—	—	—	—	—	—	—	—	—	—	—	—	—	—	—	—
1994	合计	106	527388	—	—	—	3784	42711	—	—	—	—	—	—	—	416712	—	348645	—	—
	省直机关	106	527388	—	—	—	3784	42711	—	—	—	—	—	—	—	416712	—	348645	—	—
	大型企业	—	—	—	—	—	—	—	—	—	—	—	—	—	—	—	—	—	—	—
	文化事业单位	—	—	—	—	—	—	—	—	—	—	—	—	—	—	—	—	—	—	—
	科技事业单位	—	—	—	—	—	—	—	—	—	—	—	—	—	—	—	—	—	—	—
1995	合计	213	962367	—	—	—	6546	72314	422054	—	—	—	—	—	—	235015	—	483968	—	95669
	省直机关	176	586233	—	—	—	3916	52810	—	—	—	—	—	—	—	48961	—	398177	—	—
	大型企业	24	295315	—	—	—	1666	13120	422054	—	—	—	—	—	—	139472	—	54672	—	95669
	文化事业单位	7	35487	—	—	—	212	2482	—	—	—	—	—	—	—	28881	—	18898	—	—
	科技事业单位	6	45332	—	—	—	752	3902	—	—	—	—	—	—	—	17701	—	12221	—	—
1996	合计	119	606005	9108	151002	148	42802	56275	260453	—	—	—	—	—	1281	321496	65060	166699	53980	146715
	省直机关	89	319890	3526	64854	70	41150	35485	8451	—	—	—	—	—	1281	182138	64986	90750	53906	57329
	大型企业	17	208729	5069	85029	65	815	14544	244738	—	—	—	—	—	—	98159	74	41210	74	88036
	文化事业单位	—	—	—	—	—	—	—	—	—	—	—	—	—	—	—	—	—	—	—
	科技事业单位	13	77386	513	1119	13	837	6246	7264	—	—	—	—	—	—	41199	—	34739	—	1350

续附表 3

年份	单位	全宗（个）	案卷（卷）	案卷排架长度（米）	以件为保管单位档案（件）	以件为保管单位档案排架长度（米）	录音、录像、影片档案（盘）	照片档案（张）	底图档案（张）	电子档案			缩微胶片			室存永久、长期档案				室存资料（册）
										磁带（盒）	磁盘（盘）	光盘（盘）	平片（张）	开窗卡（张）	卷片（米）	（卷）	（件）	永久保管（卷）	永久保管（件）	
1997	合计	133	930418	53969	297808	984	44683	87147	82554	—	—	—	1403	18151	484	491701	164359	191946	72684	186951
	省直机关	68	249890	36001	45843	38	1753	22030	2244	—	—	—	—	—	439	152376	20841	68183	7298	13484
	大型企业	34	572146	14543	212449	220	2619	40188	818445	—	—	—	—	18151	45	293135	130476	101273	58131	168665
	文化事业单位	22	58717	1948	20494	594	39749	16812	2739	—	—	—	1403	—	—	26678	13020	13267	7233	3789
	科技事业单位	9	49665	1477	19022	132	562	8117	2126	—	—	—	—	—	—	19512	22	9223	22	1013
1998	合计	215	1066896	27441	48656	3004	6670	110364	1003105	—	—	—	805	18151	429	608080	37633	281488	10147	260424
	省直机关	81	268064	6149	3961	434	1827	20745	832	—	—	—	—	—	429	173746	3079	80122	1746	22221
	大型企业	99	671024	19063	39784	2552	3607	59274	752026	—	—	—	795	18151	—	377579	29993	173820	7589	232277
	文化事业单位	22	81192	1543	4788	15	916	22517	2193	—	—	—	10	—	—	38925	4483	20844	737	4909
	科技事业单位	13	46616	686	123	3	320	7828	248054	—	—	—	—	—	—	17830	78	6702	75	1017
1999	合计	269	2227416	39922	210320	884	8128	125527	4225599	215	924	321	298	500	3995	1002765	45821	309222	28839	350604
	省直机关	58	267553	9099	8794	382	1735	22186	2486	—	43	1	—	—	3995	154277	3734	74768	3718	15361
	大型企业	189	1842334	28377	194046	324	5543	72267	1758811	201	881	320	298	500	—	801364	41159	214609	24972	330655
	文化事业单位	14	73952	1567	4357	17	527	22795	1728	—	—	—	—	—	—	29940	149	13352	149	4092
	科技事业单位	8	43577	879	3123	161	323	8279	2462574	14	—	—	—	—	—	17184	779	6493	—	496
2000	合计	286	1550911	36310	110492	2374	10525	166728	3764920	631	2458	647	1649	18151	4682	837728	76739	350624	32348	310567
	省直机关	90	330921	5035	28206	440	5524	46123	3142	3	56	249	—	—	3996	214639	18050	115112	6274	19344
	大型企业	162	1054199	28599	77569	1809	3944	84196	1297611	610	2367	390	1649	18151	686	536796	54163	201548	21682	287102
	文化事业单位	—	—	—	—	—	—	—	—	—	—	—	—	—	—	—	—	—	—	—
	科技事业单位	34	165791	2676	4717	125	1057	36409	2464167	18	35	8	—	—	—	86293	4526	33964	4392	4121

续附表3

年份	单位	全宗（个）	案卷（卷）	案卷排架长度（米）	以件为保管单位档案（件）	以件为保管单位档案排架长度（米）	录音、录像、影片档案（盘）	照片档案（张）	底图档案（张）	电子档案			缩微胶片			室存永久、长期档案				室存资料（册）
										磁带（盒）	磁盘（盘）	光盘（盘）	平片（张）	开窗卡（张）	卷片（米）	（卷）	（件）	永久保管（卷）	永久保管（件）	
2001	合计	274	1516213	54647	91093	2427	7974	477443	1607403	894	2753	683	1649	18151	40641	802167	56360	333732	15862	269360
	省直机关	121	363603	23776	38654	928	3803	23370	7115	143	95	53	—	—	39955	235770	26958	121729	6773	23301
	大型企业	141	1068013	29575	52199	1485	3352	163093	1596764	747	2656	528	1649	18151	686	528742	29174	194460	9036	238746
	文化事业单位	4	20339	422	123	—	87	11362	—	4	—	4	—	—	—	8163	123	5394	—	594
	科技事业单位	8	64258	874	117	14	732	279618	3524	—	2	98	—	—	—	29492	105	12140	53	6719
2002	合计	270	1267245	113518	234145	2708	12034	408553	711454	772	1832	1024	149	—	4025	668040	135710	280486	57191	206771
	省直机关	123	419354	13924	68574	1876	6236	27214	1400	210	169	114	—	—	4025	259903	48658	129136	23192	28988
	大型企业	99	658815	17166	157726	812	3558	55009	703940	441	1603	793	149	—	—	305503	80626	107827	30217	167292
	文化事业单位	12	32623	586	123	—	382	14665	421	98	7	13	—	—	—	17033	123	9561	—	1251
	科技事业单位	36	156453	81842	7722	20	1858	311665	5693	23	53	104	—	—	—	85601	6303	33962	3782	9240
2003	合计	270	1406558	27963	417694	2089	12988	177627	883360	1036	3228	2800	149	—	5812	759077	255369	261653	84930	191087
	省直机关	131	522674	6923	154005	1059	5882	32956	6500	295	247	164	—	—	5745	266443	105935	126284	53149	35159
	大型企业	89	636982	17602	246787	992	3363	79118	602025	628	2889	1676	149	—	—	366098	133848	80844	25045	144235
	文化事业单位	10	29676	576	1473	3	302	14135	421	64	7	18	—	—	—	17385	1323	8357	800	1067
	科技事业单位	40	217226	2862	15429	35	3441	51418	274414	49	85	942	—	—	67	109151	12263	46168	5936	10626
2004	合计	2238	1534498	33486	511084	2095	15731	189647	1099567	989	3772	4561	149	—	3003	785741	400949	353894	196527	192736
	省直机关	92	583352	10477	206691	1009	6963	35551	3921	320	245	508	—	—	—	304418	129451	179802	53574	32917
	大型企业	2095	668045	16802	230335	779	4382	70078	967066	586	3426	3094	149	—	3003	331445	213653	99191	104030	147081
	文化事业单位	9	31364	729	2550	28	857	19226	100	—	14	11	—	—	—	16312	2236	11175	1225	2194
	科技事业单位	42	251737	5478	71508	279	3529	64612	128480	83	87	948	—	—	—	133566	55609	63726	37698	10544

续附表 3

年份	单位	全宗（个）	案卷（卷）	案卷排架长度（米）	以件为保管单位档案（件）	以件为保管单位档案排架长度（米）	录音、录像、影片档案（盘）	照片档案（张）	底图档案（张）	电子档案			缩微胶片			室存永久、长期档案				室存资料（册）
										磁带（盒）	磁盘（盘）	光盘（盘）	平片（张）	开窗卡（张）	卷片（米）	（卷）	（件）	永久保管（卷）	永久保管（件）	
2005	合计	225	1486585	31837	818547	7336	15974	195280	751666	1141	3543	4859	149	—	8456	864400	475856	399530	212031	191986
	省直机关	88	498016	8313	343984	2238	4721	44812	10119	631	372	371	—	—	7160	344507	212767	205482	86199	38976
	大型企业	93	728374	18857	345088	2687	4442	67152	613592	427	3058	3518	149	—	1296	373327	143256	124014	39796	139935
	文化事业单位	7	28289	664	2243	11	3372	14617	—	—	—	10	—	—	—	13656	2092	6980	254	981
	科技事业单位	37	231906	4003	127232	2400	3439	68699	127955	83	113	960	—	—	—	132910	117741	63054	85782	12094

附表 4

1993—2005 年福建省室存档案历史分期情况表

年份	单位	中华人民共和国成立前档案								中华人民共和国成立后档案	
		卷	件	明清档案		民国档案		革命历史档案		卷	件
				卷	件	卷	件	卷	件		
1993	合计	—	—	—	—	—	—	—	—	96716	—
	省直机关	—	—	—	—	—	—	—	—	96716	—
	大型企业	—	—	—	—	—	—	—	—	—	—
	文化事业单位	—	—	—	—	—	—	—	—	—	—
	科技事业单位	—	—	—	—	—	—	—	—	—	—
1994	合计	—	—	—	—	—	—	—	—	527388	—
	省直机关	—	—	—	—	—	—	—	—	527388	—
	大型企业	—	—	—	—	—	—	—	—	—	—
	文化事业单位	—	—	—	—	—	—	—	—	—	—
	科技事业单位	—	—	—	—	—	—	—	—	—	—
1995	合计	—	—	—	—	—	—	—	—	962367	—
	省直机关	—	—	—	—	—	—	—	—	586233	—
	大型企业	—	—	—	—	—	—	—	—	295315	—
	文化事业单位	—	—	—	—	—	—	—	—	35487	—
	科技事业单位	—	—	—	—	—	—	—	—	45332	—
1996	合计	8511	1203	883	50	7628	1153	—	—	597494	149799
	省直机关	7449	179	883	50	6566	129	—	—	312441	64675
	大型企业	—	—	—	—	—	—	—	—	208729	85029
	文化事业单位	—	—	—	—	—	—	—	—	—	—
	科技事业单位	1062	1024	—	—	1062	1024	—	—	76324	95

续附表 4

年份	单位	中华人民共和国成立前档案								中华人民共和国成立后档案	
		卷	件	明清档案		民国档案		革命历史档案			
				卷	件	卷	件	卷	件	卷	件
1997	合计	94	—	—	—	94	—	—	—	930324	297808
	省直机关	—	—	—	—	—	—	—	—	249890	45843
	大型企业	—	—	—	—	—	—	—	—	572146	212449
	文化事业单位	—	—	—	—	—	—	—	—	58717	20494
	科技事业单位	94	—	—	—	94	—	—	—	49571	19022
1998	合计	1376	179	—	50	1376	129	—	—	1065520	48477
	省直机关	—	—	—	—	—	—	—	—	268064	3961
	大型企业	1282	—	—	—	1282	—	—	—	669742	39784
	文化事业单位	56	179	—	50	56	129	—	—	81136	4609
	科技事业单位	38	—	—	—	38	—	—	—	46578	123
1999	合计	242	3302	—	50	242	129	—	3123	2227174	207018
	省直机关	—	—	—	—	—	—	—	—	267553	8794
	大型企业	148	—	—	—	148	—	—	—	1842186	194046
	文化事业单位	56	179	—	50	56	129	—	—	73896	4178
	科技事业单位	38	3123	—	—	38	—	—	3123	43539	—
2000	合计	412	179	—	50	44	129	368	—	1550499	110313
	省直机关	318	—	—	—	—	—	318	—	330603	28206
	大型企业	—	—	—	—	—	—	—	—	1054199	77569
	文化事业单位	—	—	—	—	—	—	—	—	—	—
	科技事业单位	94	179	—	50	44	129	50	—	165697	4538

续附表 4

年份	单位	中华人民共和国成立前档案								中华人民共和国成立后档案	
		卷	件	明清档案		民国档案		革命历史档案		卷	件
				卷	件	卷	件	卷	件		
2001	合计	524	—	50	—	129	—	345	—	1515689	91093
	省直机关	345	—	—	—	—	—	345	—	363258	38654
	大型企业	—	—	—	—	—	—	—	—	1068013	52199
	文化事业单位	179	—	50	—	129	—	—	—	20160	123
	科技事业单位	—	—	—	—	—	—	—	—	64258	117
2002	合计	441	—	1	—	413	—	27	—	1266804	234145
	省直机关	347	—	1	—	319	—	27	—	419007	68574
	大型企业	—	—	—	—	—	—	—	—	658815	157726
	文化事业单位	—	—	—	—	—	—	—	—	32623	123
	科技事业单位	94	—	—	—	94	—	—	—	156359	7722
2003	合计	681	—	1	—	653	—	27	—	1405877	417694
	省直机关	347	—	1	—	319	—	27	—	522327	154005
	大型企业	—	—	—	—	—	—	—	—	636982	246787
	文化事业单位	—	—	—	—	—	—	—	—	29676	1473
	科技事业单位	334	—	—	—	334	—	—	—	216892	15429
2004	合计	431	36	1	—	374	36	56	—	1534067	511048
	省直机关	97	—	1	—	96	—	—	—	583255	206691
	大型企业	—	—	—	—	—	—	—	—	668045	230335
	文化事业单位	—	—	—	—	—	—	—	—	31364	2550
	科技事业单位	334	36	—	—	278	36	56	—	251403	71472

续附表 4

年份	单位	中华人民共和国成立前档案								中华人民共和国成立后档案	
		卷	件	明清档案		民国档案		革命历史档案		卷	件
				卷	件	卷	件	卷	件		
2005	合计	—	—	—	—	—	—	—	—	1486585	818547
	省直机关	—	—	—	—	—	—	—	—	498016	343984
	大型企业	—	—	—	—	—	—	—	—	728374	345088
	文化事业单位	—	—	—	—	—	—	—	—	28289	2243
	科技事业单位	—	—	—	—	—	—	—	—	231906	127232

附录三　先进集体和先进个人名录

附表 5　**1993—2005 年福建省档案系统获省部级表彰的先进集体名录**

表彰年份	授予单位	先进称号	受表彰单位
1995	人事部 国家档案局	全国档案系统先进集体	三明市档案局 连江县档案局(馆)
	国家档案局 中央档案馆	全国档案工作先进集体	南平铝厂综合档案室
1999	人事部 国家档案局	全国档案系统先进集体	泉州市档案局
	国家档案局 中央档案馆	全国档案工作优秀集体	福建省高级人民法院档案科 福建三农化学股份有限公司综合档案室 厦门海关档案室
2003	人事部 国家档案局	全国档案系统先进集体	泉州市档案局(馆) 柘荣县档案局(馆)
	国家档案局 中央档案馆	全国档案工作优秀集体	中共福建省委办公厅档案室 福建凤竹集团有限公司综合档案室 厦门大学档案馆

附表 6　**1993—2005 年福建省档案系统获省部级表彰的先进个人名录**

表彰年份	授予单位	先进称号	受表彰人员及所在工作单位
1995	人事部 国家档案局	全国档案系统先进工作者	刘贤复　惠安县档案局
	国家档案局 中央档案馆	全国档案工作模范档案工作者	张志兰　福建华龙工业集团公司综合档案室 李　琼　福建三农化学股份有限公司 刘爱钦　省交通厅办公室综合档案室 林毅慧　新华社福建分社办公室
1999	人事部 国家档案局	全国档案系统先进工作者	叶素梅　古田县档案局(馆)
	国家档案局 中央档案馆	全国档案工作优秀档案工作者	王金木　三明钢铁厂综合档案室 吴丽珊　省电力工业局综合档案室 黄宝文　省科委科技档案馆
2003	人事部 国家档案局	全国档案系统先进工作者	李先春　清流县档案局(馆)
	国家档案局 中央档案馆	全国档案工作优秀档案工作者	林从容　省人民检察院办公室档案科 方庆永　福州市房地产档案馆 李培芳　华侨大学综合档案室

附表7　**1993—2005年福建省档案工作先进集体名录**

表彰年份	授予单位	先进称号	受表彰单位
1996	福建省档案局、福建省人事厅	“八五”期间福建省档案工作先进集体	福州市档案局(馆)、福州市城市建设档案馆、福州市人民检察院档案室、福州市保温瓶厂档案室、福州大通机电股份有限公司档案室、福州第一开关厂档案室、宁德地区档案局(馆)、古田县档案局(馆)、中国人民建设银行宁德地区分行档案室、仙游县档案局、莆田县财政局档案室、泉州市档案局、晋江市档案局、福建省第五建筑工程公司档案室、厦门市自来水公司档案室、厦门银城股份有限公司档案室、漳州市档案局、漳州市公路局、上杭县档案馆、福建龙马集团公司档案室、龙岩地区邮电局档案室、永安市档案局(馆)、沙县档案局(馆)、三明市真菌研究所档案室、三明市邮电局档案室、福建省工业设备安装公司档案室、福建省青山纸业股份有限公司档案室、福建省三明钢铁厂档案室、清流县土地管理局档案室、南平市档案局、南平市延平区档案局、武夷山市档案局、福建南纺股份有限公司档案室、南平市邮电局档案室、中共福建省委办公厅档案室、福建省高级人民法院档案室、福建省交通厅档案室、福建农业大学档案室、福建中医学院档案室、福建省邮电局档案馆
1999	福建省人事厅、福建省档案局	1996—1998年度福建省档案工作先进集体	福州市档案局(馆)、福清市档案局(馆)、连江县档案局(馆)、福州市地方税务局综合档案室、福州市电信局综合档案室、福州大通机电股份有限公司档案室、厦门市地方税务局综合档案室、厦门市自来水公司综合档案室、漳州市档案局(馆)、漳州市芗城区档案局(馆)、华安县档案局(馆)、漳州市邮电局综合档案室、永春县档案局(馆)、泉州市鲤城区档案局(馆)、晋江市档案局(馆)、安溪县档案局(馆)、泉州市审计局档案室、泉州市邮电局综合档案室、三明市档案局(馆)、宁化县档案局(馆)、将乐县档案局(馆)、福建纺织化纤集团有限公司档案室、中国人民银行三明市中心支行档案室、三明市人民检察院档案室、莆田市地方税务局档案室、仙游县电信局综合档案室、武夷山市档案局(馆)、邵武市档案局(馆)、南平市中级人民法院综合档案室、福建南平电缆股份有限公司综合档案室、龙岩市档案局(馆)、连城县档案局(馆)、龙岩卷烟厂综合档案室、龙岩市新罗区人民法院综合档案室、宁德地区档案局(馆)、古田县档案局(馆)、柘荣县档案局(馆)、宁德地区中级人民法院综合档案室、中共福建省委办公厅档案室、福建省人事厅档案室、福建省人民检察院办公室档案科、福建省工业设备安装有限公司综合档案室、福建省交通厅档案室、福州大学综合档案室、福建省档案局(馆)人事教育处
2003	福建省人事厅、福建省档案局	1999—2001年度福建省档案工作先进集体	福州市档案局(馆)、泉州市档案局(馆)、漳州市档案局(馆)、三明市档案局(馆)、同安区档案局(馆)、浦城县档案局(馆)、莆田县档案局(馆)、柘荣县档案局(馆)、连城县档案局(馆)、福建省档案局(馆)人事教育处

附表8　**1993—2005年福建省档案工作先进工作者名录**

表彰年份	授予单位	先进称号	受表彰人员及工作单位
1996	福建省档案局、福建省人事厅	“八五”期间福建省档案工作先进工作者	陈从贤　三明市档案局
			陈登贵　大田县档案局
			许德森　尤溪县档案局
			戴仕文　泰宁县档案馆
			苏佳诚　明溪县档案局
			吴爱容(女)　将乐县档案局
			孔晓莺(女)　福建三明林业学校
			张瑞瑛(女)　福建省第一建筑工程公司
			赵丽芳(女)　福建水泥股份有限公司
			余志勤(女)　三明市自来水公司
			李宜清(女)　中国银行三明分行
			张曙光　中国人民建设银行三明市分行
			刘新传　建宁县金溪乡人民政府办公室
			苏忠隆　福建省三明制药厂
			吴翊秦　三明长途电信线务局
			袁郑善　柘荣县档案局
			缪章发　寿宁县档案局
			蔡挺生　宁德地区档案局
			黄赛华(女)　霞浦县档案馆
			周　菁(女)　屏南县档案馆
			孙茂清(女)　周宁县档案局
			陈秀玉(女)　宁德地区汽车运输总公司
			褚月燕(女)　福鼎市商业局
			蔡丽芳(女)　古田县国家税务局
			陈宝英(女)　古田溪水力发电厂
			陈依秀　长乐市档案局
			吴绪兴　福清市档案局
			辛锡浦　罗源县档案局

续附表 8

表彰年份	授予单位	先进称号	受表彰人员及工作单位
1996	福建省档案局、福建省人事厅	“八五”期间福建省档案工作先进工作者	江华榕(女)　闽侯县档案局
			陈美玲(女)　福州市台江区档案馆
			苏慎聪(女)　福州市仓山区档案馆
			郑孝瑛(女)　福州市土地档案馆
			潘万妹(女)　福州市房地产档案馆
			叶玉英(女)　中共福州市委办公厅
			林　秋(女)　福州市机械冶金工业局
			王小娟(女)　福州市中级人民法院
			林秀敏(女)　中国人民建设银行福州市分行
			方　茜(女)　中国人民银行福州分行
			朱同美(女)　福州市邮政局
			卓美卿(女)　榕港铝业有限公司
			洪静华(女)　泉州市档案局
			李叶青(女)　泉州市城市建设档案馆
			黄秀卿(女)　泉州市公路局
			林玲莲(女)　泉州市对外贸易经济合作局
			卢白凝(女)　中国人民建设银行泉州市分行
			龚秀晔(女)　石狮市人民政府办公室
			吕跃玲(女)　福建省南安轴承总厂
			曾玉鼎　德化县档案局
			汪景辉　中共泉州市委组织部
			谭毓德　泉州市邮电局
			张俊华　中国人民政治协商会议龙岩地区工作委员会
			丘汉康　上杭县档案局
			郑礼华　永定县档案局
			赖可荣　武平县农垦水泥厂
			章可霞(女)　龙岩地区档案局
			邱惠英(女)　龙岩地区档案局

续附表 8

表彰年份	授予单位	先进称号	受表彰人员及工作单位
1996	福建省档案局、福建省人事厅	“八五”期间福建省档案工作先进工作者	李　卉(女)　连城县档案局
			赖秀文(女)　长汀县档案局
			郑雪敏(女)　漳平市档案局
			罗慧玲(女)　中国人民保险公司龙岩地区中心支公司
			陈景渌(女)　漳州市档案馆
			傅稻花(女)　漳州市芗城区档案馆
			赵惠卿(女)　漳浦县档案馆
			林木兰(女)　南靖县档案馆
			汤建玲(女)　华安县档案馆
			颜亦瑞(女)　漳州市毛纺织印染总厂
			唐晓晖(女)　中国工商银行漳州市分行
			杨顺英(女)　中国工商银行长泰县支行
			蔡建兴　龙海市档案局
			陈善友　南平市档案局
			池辉武　福建省顺昌水泥厂
			刘大华　顺昌县档案馆
			陈运华　浦城县档案局
			桂芳庭　建阳市档案局
			林传祥　邵武市档案馆
			周谷生　建瓯市档案局
			郑国铭　福建南平电缆股份有限公司
			程育铭　福建省南平造纸厂
			王建峰(女)　邵武市国家税务局
			朱远芳(女)　光泽县档案局
			许权秀(女)　政和县档案馆
			黄志英(女)　松溪县档案馆
			黄　敏(女)　中国人民银行南平市分行
			曹　丽(女)　厦门市档案局

续附表8

表彰年份	授予单位	先进称号	受表彰人员及工作单位
1996	福建省档案局、福建省人事厅	"八五"期间福建省档案工作先进工作者	林飞燕(女)　厦门市人民检察院
			潘荣光(女)　厦门华纶化学纤维有限公司
			傅中南　厦门同安油厂
			刘文清　莆田市档案局
			王向文　仙游县档案局
			陈文富　莆田县鞋革厂
			林锦美(女)　莆田市城厢区档案局
			陈兰芳(女)　福建省人事厅
			魏广珍(女)　福建省机械工业厅
			林　松(女)　福建省人民政府侨务办公室
			刘　琪(女)　中国人民政治协商会议福建省委员会
			王　晴(女)　福建电视台
			王玉爱(女)　福建师范大学
			王福珍(女)　福建教育学院
			唐庆华(女)　中国人民银行福建省分行
			吴丽姗(女)　福建省电力工业局
			程　丹(女)　中国福建国际经济技术合作公司
			杨玉华(女)　福建投资企业公司
			高榕芳(女)　福建省卫生厅
			高灼金(女)　中国银行福建省分行
			张爱珍(女)　福建省人民检察院
			高永祥　福建省文化厅
			刘宜坚　福建省档案局
			邱锦生　福建省档案局
			苏成孝　福建省档案馆
			游富明　福建省档案馆

续附表 8

表彰年份	授予单位	先进称号	受表彰人员及工作单位
1999	福建省人事厅、福建省档案局	1996—1998年度福建省档案工作先进工作者	左建华　福州市档案局(馆)
			何齐祥　福清市档案局(馆)
			梁玉英(女)　闽清县档案局(馆)
			纪招平(女)　罗源县档案局(馆)
			薛亲爱　平潭县档案局(馆)
			卢珠妹(女)　福州市晋安区档案局(馆)
			林建明　福州市仓山区档案局(馆)
			肖　玲(女)　福州经济技术开发区档案局(馆)
			林凤卿(女)　福州市交通局
			陈丹娜(女)　福州市城市建设档案馆
			方庆永　福州市房地产档案馆
			张　琴(女)　福州医药采购供应站
			张美珠(女)　福州市人民检察院
			唐佳音(女)　中国工商银行福建省分行营业部
			苏秀敏(女)　厦门市集美区档案局(馆)
			康今朝　厦门市同安区档案局(馆)
			林　力(女)　中国农业银行厦门市分行
			叶春兰(女)　厦门电业局档案室
			周绵绵(女)　厦门海沧台商投资区管理委员会
			王鲁漳　漳州市芗城区档案局(馆)
			陈素莲(女)　龙海市档案局(馆)
			方衍波　云霄县档案局(馆)
			叶金木　东山县档案局(馆)
			游文固　诏安县档案局(馆)
			周寿英(女)　南靖县档案局(馆)
			叶忠言　平和县档案局(馆)
			林坤龙　华安县档案局(馆)
			陈文芳　长泰县档案局(馆)

续附表8

表彰年份	授予单位	先进称号	受表彰人员及工作单位
1999	福建省人事厅、福建省档案局	1996—1998年度福建省档案工作先进工作者	林宝芬(女)　漳州市地方税务局
			王玉法　泉州市档案局(馆)
			叶芬蓉(女)　泉州市档案局(馆)
			陈　拱　安溪县档案局(馆)
			柯玲霞(女)　泉州市丰泽区档案局(馆)
			颜锡主　德化县档案局(馆)
			杨汝岛　南安市档案局(馆)
			郑振华　惠安县档案局(馆)
			黄项飞　晋江市档案局(馆)
			吕琳玲(女)　永春县档案局(馆)
			吴梅珍(女)　泉州市鲤城区江南镇人民政府办公室
			黄雅玲(女)　泉州市国家税务局
			余亚清(女)　福建兴业银行泉州分行
			黄小琳(女)　泉州市电业局
			王小鸥(女)　福建省石油总公司石狮公司
			阙祖昌　三明市档案局(馆)
			陈祖冲　三明市档案局(馆)
			孟丽华(女)　沙县档案局(馆)
			赖承聪　永安市档案局(馆)
			李廷光　泰宁县档案局(馆)
			陈进初　大田县档案局(馆)
			巫锡林　宁化县档案局(馆)
			廖志英(女)　建宁县档案局(馆)
			林　明(女)　三明化工总厂
			肖瑞香(女)　中国建设银行三明市分行
			王　岚(女)　三明市环境保护局
			曹维敏(女)　三明市财贸委员会
			朱玉玲(女)　福建省烟草公司三明分公司

续附表 8

表彰年份	授予单位	先进称号	受表彰人员及工作单位
1999	福建省人事厅、福建省档案局	1996—1998年度福建省档案工作先进工作者	裴桂芳(女)　福建三农集团股份有限公司
			王少敏(女)　莆田市档案局(馆)
			郭国文　莆田县档案局(馆)
			顾永宜　莆田市城厢区档案局(馆)
			周胜平(女)　莆田市电信局档案室
			陈淑娥(女)　中国银行莆田分行
			吴美珠(女)　莆田市人事局
			欧振生　南平市延平区档案局(馆)
			王瑞兴　武夷山市档案局(馆)
			姜卫平(女)　建瓯市档案局(馆)
			王发庆　顺昌县档案局(馆)
			徐芳清　浦城县档案局(馆)
			傅德文　光泽县档案局(馆)
			赖金柳(女)　松溪县档案局(馆)
			方仁仁　邵武市档案局(馆)
			武　敏(女)　南平市电信局
			汤莉敏(女)　中国人民银行建阳市支行
			吕宗蒙　龙岩市档案局(馆)
			翁发平　上杭县档案馆
			郑礼华　永定县档案局(馆)
			林福文　武平县档案局(馆)
			丘仁源　长汀县档案局(馆)
			谢鸿奇　龙岩市新罗区档案局(馆)
			黄锦玲(女)　漳平市档案局(馆)
			程玉华(女)　龙岩市电信局
			曹　红(女)　中国人民银行连城县支行
			陈瑞清(女)　龙岩市工业学校
			叶大应　寿宁县档案局(馆)

续附表8

表彰年份	授予单位	先进称号	受表彰人员及工作单位
1999	福建省人事厅、福建省档案局	1996—1998年度福建省档案工作先进工作者	黄庆夏　屏南县档案局(馆)
			刘希彬　周宁县档案局(馆)
			王玉花(女)　霞浦县档案局(馆)
			薛赞平　宁德地区档案局(馆)
			朱丽容(女)　福安市档案局(馆)
			赵建英(女)　中共宁德地委办公室
			兰林景　宁德地区农业学校
			谢恩宁　中共柘荣县东源乡党委
			陈宜平　中国人寿保险公司福鼎市支公司
			高　江(女)　福建省计划生育委员会
			陈友霞(女)　中共福建省委宣传部
			倪玉云(女)　中国科学院福建物质结构研究所
			滕玉兰(女)　福建省经济贸易委员会
			李建华(女)　福建省冶金工业总公司
			王丽芬(女)　福州海关
			卢　钦(女)　福建农业大学
			孔丽萍(女)　福建省农业厅
			孙　琦(女)　中国建设银行福建省分行
			翁勇青　厦门大学档案馆
			徐桂玉(女)　福建省档案局(馆)
			黄月华(女)　福建省档案局(馆)
			马俊凡(女)　福建省档案局(馆)
			王惠伟　福建省档案局(馆)
			叶孝寿　福建省档案局(馆)
2003	福建省人事厅、福建省档案局	1999—2001年度福建省档案工作先进工作者	陈　非(女)　仓山区档案局(馆)
			王美榕(女)　连江县档案局(馆)
			高　榕(女)　福清市档案局(馆)
			朱燕秋(女)　厦门市档案局(馆)

续附表8

表彰年份	授予单位	先进称号	受表彰人员及工作单位
2003	福建省人事厅、福建省档案局	1999—2001年度福建省档案工作先进工作者	陈锦辉　同安区档案局(馆)
			李细金(女)　晋江市档案局(馆)
			胡宜琛　泉州市鲤城区档案局(馆)
			吕琳玲(女)　永春县档案局(馆)
			叶亚涛　平和县档案局(馆)
			王朱林　漳浦县档案局(馆)
			杨丽萍(女)　沙县档案局(馆)
			李先春(女)　清流县档案局(馆)
			方明坚　莆田市涵江区档案局(馆)
			陈幼而　宁德市档案局(馆)
			郭渊春(女)　寿宁县档案局(馆)
			林　隽　光泽县档案局(馆)
			林跃华　邵武市档案局(馆)
			张雪琴(女)　新罗区档案局(馆)
			廖石桥　福建省档案局(馆)
			黄建峰　福建省档案局(馆)

附录四　重要文献辑录

福建省档案事业发展“九五”计划

闽档〔1996〕20号

序　　言

“九五”时期是我省推进改革开放、经济建设和社会发展的重要时期。为了加快我省档案事业的发展步伐，更好地为21世纪我省现代化建设服务，特制定《福建省档案事业发展“九五”计划》。

“八五”期间，全省各级档案部门按照“协调、完善、发展、提高”的方针，在省委、省政府和各级党委、政府的领导下，在国家档案局的指导下，全省档案工作人员解放思想，团结奋斗，勇于开拓，积极进取，各方面工作都取得显著成绩，一个以各级机关、团体、企业事业单位档案室为基础，各级各类档案馆为主体的福建省档案事业体系已粗具规模，档案和档案工作在我省经济和社会发展中发挥了重要的作用。档案法制工作进一步加强，“二五”档案普法教育取得了显著成绩；通过目标管理和达标升级等活动，全省机关、团体、企业事业单位档案室和国家综合档案馆的业务建设水平明显提高；经济科技档案工作在以经济建设为中心的社会主义现代化建设服务过程中发挥了重要作用；档案干部队伍不断壮大，档案教育工作稳步发展。档案科技工作取得进步；档案宣传、出版工作成绩显著；开发档案信息资源为社会各方面服务产生了明显的社会效益和经济效益。

“八五”期间我省档案事业取得的成绩，为“九五”期间全省档案事业的进一步发展奠定了良好的基础，创造了有利条件。但还存在着一些问题，主要是：在机构改革、机制转换和社会主义市场经济体制建立过程中，档案事业的宏观调控与形势要求还不相适应；档案事业纳入经济和社会发展计划还没有全面落实，受人、财、物等条件的制约，一些地方档案事业发展缓慢；档案法制建设还不能适应档案工作发展要求，档案监督机制有待进一步完善；档案管理方式还不能完全适应日益发展的办公自动化和新形势的要求；档案基础工作与服务水平同档案事业发展的要求尚有一定差距；档案学理论研究工作还需要进一步加强；档案干部队伍的整体素质还待提高。为了使全省的档案工作能够尽快适应改革开放和现代化建设发展的需要，“九五”期间应努力解决这些问题，并使我省档案事业的发展走在全国的前列。

奋斗目标和指导思想

“九五”期间我省档案事业发展的奋斗目标是：到2000年，完善我省档案法规体系；强化档案行政执法监督机制；促进各类档案实行标准化、规范化、现代化管理；建立一个有效的档案信息资源开发机制；建设一支相对稳定的、较高素质的档案专业骨干队伍；形成一个与我省经济建设和社会事业同步发展的档案事业体系。

发展我省档案事业的指导思想是:坚持以邓小平同志建设有中国特色的社会主义理论为指导,坚持党的基本路线,适应建立社会主义市场经济体制的需要,加速我省档案工作改革开放步伐,加强档案法制建设,加大行政执法力度,加快档案工作基础建设和档案管理现代化进程,加紧档案信息开发,更好地为我省改革开放、经济建设和各项社会事业服务。

主要任务

一、档案法制建设

加强档案法制建设,以修改后的《档案法》和《档案法实施办法》为依据,逐步建立、完善我省档案法规体系,健全监督机制,强化执法力度,把我省档案工作真正纳入法制轨道。

(一)建立、完善档案法规体系

1.制定档案行政法规、规章项目。

(1)《福建省档案条例》;

(2)《福建省档案行政处罚办法》;

(3)《福建省档案执法监督员工作守则》;

(4)《福建省乡镇档案管理办法》;

(5)《福建省行政村档案管理办法》;

(6)《福建省档案工作人员持证上岗暂行规定》;

(7)《福建省档案专业人员继续教育暂行规定》;

(8)《福建省档案教育培训评估制度》;

(9)《福建省地(市)档案工作年度考核办法》;

(10)《福建省省直单位档案工作年度考核办法》;

(11)《福建省各级国家综合档案馆定级工作管理办法》;

(12)《福建省各级机关档案室定级工作管理办法》;

(13)《福建省档案信息资源开发与转让暂行规定》;

(14)《福建省机关档案移交工作暂行规定》;

(15)《福建省企业档案管理目标考核办法》;

(16)《福建省开发区档案管理规定》。

2.修订档案工作法规规章。

(1)《福建省贯彻实施〈会计档案管理办法〉实施细则》;

(2)《福建省会计核算专业材料立卷、归档规定》;

(3)《声像档案管理暂行办法》;

(4)《福建省建设项目(工程)竣工档案验收细则》;

(5)《福建省档案信息资源开发利用成果奖励办法》;

(6)《福建省档案科学技术进步奖励办法》;

(7)《关于开展全省档案专业人员岗位培训的实施意见》;

(8)《福建省档案专业职务评聘经常化工作实施意见》。

(二)建立健全档案监督机制

“九五”期间,全省建立和推行档案执法责任制,加强对各区域范围总体情况、各项具体档案工作合法性、各种档案行政行为、档案员履行职责情况、各种规范性文件制定、各类档案事务等方面的监督检查,强化执法力度,提高依法行政的自觉性。

1.省档案局制定各地(市)、机关、企事业单位档案工作的标准和监督检查考核办法,各地、市、县档案局和省专业主管部门相应制定本区域、本行业系统的监督检查和考核办法,档案工作实行年度考核。

2.制定全省档案工作人员持证上岗的规定,逐步实行岗位资格证书和持证上岗制度。

3.调整充实我省档案行政执法干部队伍,制定《档案执法监督员工作守则》。

4.完善对各种档案规范性文件的备案审查制度。

二、档案事业基础建设

加强机关档案工作、企事业单位档案工作和档案馆工作的宏观管理,加大监督力度,促进各项工作的标准化、规范化、现代化建设,全面提高档案工作管理水平。

(一)机关档案工作

加强各级档案局和各专业主管部门的档案行政管理职能,提高各行业、系统档案管理水平,加强机关档案工作的基础业务建设,积极推进机关档案管理现代化进程,努力为领导决策和机关各项工作服务,并为国家积累档案财富。

1.全面开展机关档案室定级工作,提高机关档案工作水平。

2.建立健全专业、专门档案管理制度,加强专业、专门档案的管理。

3.按有关规定有计划、有步骤地向档案馆移交档案。

4.积极努力推进机关档案管理的现代化进程,档案管理与机关办公自动化同步发展,普及适用于机关档案管理的先进软件,适应办公自动化和社会发展的需要。

(二)经济科技档案工作

经济科技档案工作要围绕建立社会主义市场经济体制的需要,围绕我省加强农业、基础设施、科技、教育事业和支柱产业、重点产业、高新技术产业等方面的工作,把重点放在抓好重点工程、城市建设、国有大中型企业、开发区、科技事业单位等方面的档案工作,保证经济科技档案工作更好地服务于国家和我省经济建设。

1.加强企业档案工作执法监督指导。开展企业档案管理目标考核工作,至1997年底,完成对原定级企业档案管理的复检工作。

做好第三次全国工业普查档案资料工作。

根据国家有关规定,加强外商投资企业档案工作的监督检查,加强对境外企业档案的监督管理。

进一步促进乡镇企业档案工作的开展,提高乡镇企业档案管理水平。

2.按照国家要求和健全法制需要,加强对城建档案工作的管理,加强对保证金制度执行情况的监督检查。

3.继续坚持、完善档案行政管理部门和专业主管部门的协调配合和对项目档案的检查验收制度,积极为重点工程做好服务。

建立重点工程项目档案工作情况登记制度,凡在本省范围内的国家、省重点和大中型工程项目,建设单位每年要把工程档案管理情况向省档案局登记备案,以便监督检查。

完善建设项目(工程)档案竣工验收办法。

4.科技事业单位档案工作继续参照《福建省科技事业单位档案管理升级办法》,开展目标管理考评活动,并把目标考评与推行档案执法责任制结合起来,加强监督检查力度,提高科技事业单位档案管理水平,提高档案信息资源开发能力,充分发挥科技档案在经济建设中的作用。

“九五”期间,县团级以上科技事业单位档案管理80%左右达到省级以上管理水平,其中20%的单位达到国家级档案管理水平。

5.加强对开发区档案工作的监督指导,制定我省开发区档案管理办法,建立完善我省开发区档案工作。

(三)农村和农业档案工作

“九五”期间,积极开展调查研究,制定对策,大力加强农村和农业档案工作。

1.加强农村档案工作,推动乡、镇、村建档工作的全面开展;“九五”期间,全省村级建档率达90%以上。

2.进一步加强农业档案工作,开展调查研究,制定切实可行的管理办法。

3.抓好水利工程、种子工程和围垦造地工程的建档工作。

4.做好第一次全国农业普查档案资料工作。

5.抓好国家级自然保护区的档案工作。

(四)档案馆工作

“九五”期间,各级各类档案馆要加强基础业务建设和基础设施建设,拓展档案馆的功能,促进档案馆工作水平的全面提高。

1.继续开展各级国家综合档案馆定级工作,各级国家综合档案馆工作纳入本区域档案工作总体考核指标范围。

制定专业、部门档案馆定级考核办法。

1997年省档案馆、厦门市档案馆按国家档案局目标管理要求,达到国家二级档案馆标准。

2.进一步丰富馆藏,优化馆藏结构。

各级国家综合档案馆编制档案全宗接收名册,制定接收计划,并按有关规定积极接收各单位已到进馆期限的档案和撤销机构的档案,采取多种形式广泛征集社会散存档案,大力收集具有地方特色和特殊载体的档案进馆。

各级国家综合档案馆积极收集本区域范围内各种资料、数据，建立域情档案，省档案局制定域情档案接收规范。

加强对各专业及部门档案馆的管理，根据分工负责的原则，各专业、部门档案馆修订完善专业档案接收范围。

3. 加强基础设施建设，切实保障档案安全。

按照《档案馆建筑设计规范》(JGJ 25—2000)要求，新建龙岩市、永定市、永泰县、福安市、寿宁县、霞浦县、古田县、福鼎县、德化县、南安市、石狮市、东山县、华安县、漳浦县、南靖县、云霄县、大田县、清流县、泰宁县、建宁县、南平市、松溪县、政和县、浦城县、光泽县、仙游县、鲤城区、延平区、涵江区、城厢区、鼓楼区、仓山区、马尾区等档案馆库。

改建、扩建、续建长乐市、漳平市、宁德地区、宁德市、福安市、屏南县、柘荣县、周宁县、龙海市等档案馆库。

添置一批新型、先进的档案装具等设备。

筹建省档案馆库房二期工程。

4. 提高档案馆现代化管理水平，加强档案现代化成果的推广应用。

省档案馆、厦门市档案馆、福州市档案馆加快应用计算机管理档案，其它县以上国家综合档案馆开始应用计算机管理档案，开发、推广适用于地县综合档案馆的档案管理软件。

省档案馆建立档案库房温湿度自动检测控制系统和报警系统。

5. 加强档案保护工作，运用各种适用技术、新技术抢救重要档案。“九五”期间力争抢救重要档案 10 万卷；运用各种技术手段对重要档案进行复制，以复制件代替重要档案原件提供利用。

6. 做好档案利用工作。各级综合档案馆加强档案、资料的鉴定工作，为进一步开放档案创造条件；完成“文革”前档案的开放；各级各类档案馆完成所有“八五”期间新接收、征集进馆档案资料的整理编目工作；建立完善以案卷目录、文件级分类目录、资料分类目录、各种专题目录、人名索引、档案馆指南为主的检索体系。

三、档案信息开发工作

加强档案信息开发工作，扩大档案服务领域，拓展服务功能，建立以档案资料服务为主体，以其他信息服务和人才、技术、设施服务为辅翼，适应现代化建设需要，多种服务并举的档案服务体系。

1. 各级档案部门的档案信息开发工作要围绕党和政府的中心工作，围绕经济建设的需要，开展档案信息资料加工、档案复制件转让、档案信息联合目录的编制和建立档案信息数据库等工作，利用多种形式和新的技术手段，使档案信息资源的开发更好地为“两个文明”建设服务。

涉及国民经济和科学技术的各专业、行业主管部门的档案机构，要率先组织开展对档案数据的统计、分析、提炼和对本专业、行业经济科技档案的系统开发。

大中型企业、科技事业单位档案部门应面向技术市场，自主或联合业务技术部门，积极促进科技成果的转化和适用技术的推广应用。

2.“九五”期间，继续深入开展以开发档案信息资源、争创最佳服务质量和利用效益，为振兴福建经济建设作出贡献为主题的“创优增效”活动；修订完善《福建省档案信息资源开发利用成果奖励办法》，并加强档案信息资源开发工作的制度建设。

3.围绕我省建设海洋大省、发展“蓝色产业”的需要，省档案局联合省直有关专业部门和沿海各地市县档案局(馆)，共同实施“福建沿海资源信息开发工程”，为我省经济建设提供有效服务。

4.到1998年，基本完成建立“福建省情数据库”的筹备工作。

5.完善福建省档案目录中心工作，接收省直机关档案机检目录，加速“福建省档案管理数据库”的建立，完成全省明清、民国、革命历史档案资料案卷级和文件级目录汇总工作，探索各类档案信息联合目录的编制方法，扩大信息交流，开展社会服务。

6.围绕国民经济和社会发展的需要，积极开展档案资料的编研工作，以各种形式编辑出版档案资料。

7.普及档案信息开发知识，增强档案人员开发意识，提高档案信息资源的开发水平。

8.积极探索档案社会服务功能，拓展档案服务领域。

四、档案教育工作

档案教育的发展要贯彻“科教兴国”的战略，加强对全省档案教育的规范化、科学化、制度化管理，提高干部队伍的知识化、专业化水平和整体素质，满足我省档案事业发展对档案专业人才的需要。

1.大力加强和规范档案干部的岗位培训和继续教育。

继续加强档案岗位培训，按照“统一管理、条块结合、分级培训”的原则，对新上岗、在岗和转岗的档案专、兼职人员实行全员岗位培训。

建立健全规范化的继续教育制度，“九五”期间各级档案部门中具有中级以上和初级专业技术职务的档案人员接受继续教育的时间累计分别不少于300学时和200学时。

2.积极推进成人学历教育，继续办好全省档案专业自学考试工作，鼓励档案人员自学成才。到2000年，各级档案局、馆中档案专业程度大专以上的人员力争达到30%、中等专业程度人员达到60%。

3.实施“跨世纪档案人才工程”，到本世纪末培养50名学术带头人，提高我省档案学研究的水平与能力。

4.继续加强对档案干部培训工作的管理，并制订相应的管理办法；建立培训评估制度，提高教学质量，促进培训工作的健康发展；加强档案干部教育师资队伍建设，实行兼职教师资格考核和持证任教制度；加快我省档案干部教材的改革和编辑出版步伐。

5.协助福建师大办好档案专业大专班，积极帮助中等职业学校开办档案专业班，培养档案专业实用型人才。

6.筹备建设全省档案干部培训基地，改善办学条件。

五、档案科技工作

档案科技工作要紧紧围绕档案管理现代化建设和档案工作的根本任务，为解决档案事业发展中遇到的问题提供理论依据和技术方法。

(一)科研工作

1.档案理论研究。

(1)21世纪我省档案事业发展战略；

(2)档案宏观管理的理论和方法；

(3)档案管理现代化的内容、步骤、途径与方法；

(4)新经济领域、新经济增长点的档案管理工作；

(5)现代企业制度下的企业档案工作；

(6)企业档案价值评估方法；

(7)开放型的档案馆馆藏结构、检索手段与开发利用方式；

(8)档案信息开发理论与方法。

2.档案科学技术与保护技术研究。

(1)福建省影像信息库的建立；

(2)计算机档案管理系统的规范化；

(3)新型档案载体材料的保护技术与方法；

(4)传统档案修复技术的改进；

(5)纸质档案材料保护技术与方法的改进；

(6)珍贵档案、文件、字画黏合剂的研制。

(二)科技管理

实施国家档案局制定的档案科技管理法规；组建全省档案保护技术网络，发挥人员整体优势，解决档案常规保护中急迫的问题；加强档案科技信息的交流工作。

(三)科技成果推广

推广无酸档案卷皮、卷盒，推进中性公文用纸的使用；

推广“福建省机关文档一体化微机管理系统”软件的使用；

推广对人体无毒副作用的高效杀虫灭菌药物；

推广使用纸张去酸技术。

六、档案宣传出版工作

加强档案社会宣传工作，增强社会档案意识，不断扩大档案工作的社会影响。

1.以《档案法》宣传为中心，积极通过各种途径，采取多种形式，开展修改后的《档案法》的宣传工作,五年内形成几个宣传高潮。

2.积极开展第十三届国际档案大会的宣传活动。抓好以宣传全国及全省档案工作先进集体和个人为重点的宣传活动;拍摄各种电视专题片宣传我省档案事业发展成就。

3.加强与各新闻单位的联系,定期召开各类有关档案工作的专题座谈会、新闻发布会,邀请新闻单位采访档案部门。

4.加强以档案系统书、报、刊为主的宣传、出版工作,建立健全《中国档案》《中国档案报》《福建档案》《档案工作动态》的通联、信息队伍。

加强《福建档案》编辑力量,提高刊物质量,扩大发行数量。

七、档案外事及港澳台档案学术交流工作

争取国家档案局和省政府外事办的支持,拓宽我省档案界对外交流渠道,促进我省与境外档案工作方面的交流。

1.根据我省档案事业发展的需要,有计划组织我省档案界代表出境访问、考察和培训,参与共同研究,加强信息联系。

2.开展与我省友好省份、城市间的档案工作交流。

3.利用我省与台湾隔海相望、血缘相亲、习俗相近、语言相通的优势,加强与台湾档案界的学术交流与合作,与港澳台合作出版有关档案史料,为祖国统一作出贡献。

完成计划的主要措施

实现"九五"计划所确定的目标和任务,要采取如下主要措施:

一、进一步加强档案行政管理工作,强化宏观调控的力度。各级档案行政管理部门要做好统筹规划、制定政策、组织协调、监督检查、信息引导、提供服务等工作,为完成"九五"计划创造条件。

二、全面深入贯彻实施《档案法》《档案法实施办法》及有关法规、规章。以法律手段作为管理档案事业的基本手段,加强档案行政执法监督检查,提高依法管理档案事业的水平,推动档案事业在法制轨道上健康发展。

三、建议各级党委、政府进一步重视档案事业建设,进一步理顺体制,确保档案部门两种职能的全面履行;将档案事业发展计划的主要指标尤其是馆库建设,列入国民经济和社会发展"九五"计划;各专业主管部门也要将本部门的档案事业发展"九五"计划的主要指标列入本部门的"九五"计划;增加档案事业的必要投入,逐年增加档案事业经费(包括档案教育、档案科研、档案保护、档案征集、档案现代化管理装备等),使之与我省社会主义建设事业总体投入的增长保持适当的比例。

四、加强档案干部队伍建设。各级档案部门要充分认识改革开放新形势下加强队伍建设的重要性,加强思想政治工作和社会主义精神文明建设,教育广大档案干部坚定正确的政治方向,解放思想、转变观念,勤勉敬业,无私奉献,不断提高档案干部政治、业务、文化素质,扩充知识面，改善知识结构；关心档案干部的工作、学习和生活，增强队伍的凝聚力、战斗力，充分调动广大档案干部的积极性，努力建设一支政治强、业务精、作风正的档案干部队伍。

五、建立目标管理机制和年度考核制度，各级档案部门把“九五”计划和年度计划的实施有机地结合起来，加强监督检查，确保“九五”计划能有序和有效地得到落实。

福建省乡镇档案管理暂行办法

闽档〔1996〕38号

第一章　总　　则

第一条　为了建立健全乡镇档案工作，加强对乡镇档案的科学管理，有效地保护和利用档案，根据《中华人民共和国档案法》和《中华人民共和国档案法实施办法》，结合我省乡镇实际情况，制定本办法。

第二条　本办法所指的乡镇档案是指乡镇党委、政府领导机关及所属部门在经济、政治、科学、技术、文化、教育等各项活动中直接形成的，具有查考价值的各种文字材料、图纸、表格、声像等不同形式的历史记录。

第三条　乡镇档案是乡镇工作活动的历史记录，是维护乡镇历史面貌的重要凭证，是乡镇进行社会主义现代化建设的重要信息资源。乡镇档案工作是乡镇工作的重要内容之一，是国家档案事业不可分割的重要组成部分。

第四条　乡镇党委、人民政府应当按照《中华人民共和国档案法》的规定确定分管领导，把乡镇档案工作列入社会发展计划，将档案事业费列入财政预算，以保障和促进乡镇档案工作的巩固和发展。

第五条　乡镇档案工作实行集中统一管理的原则。确保各种门类和载体档案的完整、准确、系统、安全和有效利用。

第二章　乡镇档案机构和人员

第六条　乡镇机关应当建立综合档案室，以集中管理本乡镇在工作活动中形成的各种门类和载体的档案。

第七条　乡镇机关应从本乡镇档案工作的实际出发，配备忠于职守、遵守纪律、具备专业知识的专职档案人员，负责保管本机关的档案，并对所属机构的档案工作实行监督和指导。

第八条　乡镇档案人员必须参加上级档案行政管理部门举办的专门培训，领取“乡镇档案员岗位证书”，持证上岗并保持相对稳定。

第九条　乡镇档案工作，在乡镇党委、政府的领导下，由党委或政府的综合部门直接管理；业务上接受上级档案行政管理部门的监督、指导和检查。

第十条　乡镇档案机构和档案人员的基本任务是：

(一)对本乡镇机关文书部门或业务部门文件材料的立卷归档工作进行指导和监督;

(二)负责管理本乡镇机关的全部档案,并进行必要的整理、编目、鉴定、统计和编研工作;积极提供利用,为乡镇各项工作服务,并为党和国家积累档案史料;

(三)检查督促村、居民委员会、乡镇企事业单位建立健全档案工作,指导专业户、示范户、重点户建立档案;

(四)定期把具有永久、长期保存价值的档案向县(市、区)档案馆移交。

第三章　乡镇文件材料的归档

第十一条　乡镇应建立、健全文件材料的归档制度,并列入有关部门和有关人员岗位责任制。乡镇机关工作人员日常办理完毕或因公外出获得的文件材料,应及时交文书部门或档案部门整理、立卷。对国家规定的应当立卷归档的文件材料,任何个人不得据为己有。

第十二条　乡镇机关当年形成的文书类文件材料,应于第二年上半年前完成立卷归档工作;会计核算类的文件由财会部门整理立卷,保管一年后向综合档案室移交。如有特殊情况,也可以阶段归档。其他门类文件材料的归档时间,按有关规定执行。移交档案时,交接双方应根据移交目录清点核对,并履行签字手续。

第十三条　乡镇机关归档的文件材料种类、份数以及每份文件的页数均应齐全、完整。各类文件一般归档一份,比较重要的和利用频繁的文件可以多留几份备用。

第十四条　归档的文件材料应纸质优良、字迹工整、规格统一、签字手续完备。填写归档文件材料应当使用耐久性字迹材料,禁用铅笔、圆珠笔、复写纸书写。

第十五条　在归档的文件材料中,应当将每份文件的正件与附件、印件与定稿、请示与批复、转发文件与原件、多种文字形成的同一文件,分别立在一起,不得分开;文电应合一立卷。

第四章　乡镇档案的整理

第十六条　乡镇档案应按文件形成规律和特点,保持文件之间的有机联系,便于保管和查找利用的原则进行整理。

第十七条　一个乡镇在工作活动中形成的各种门类和载体的档案作为一个全宗。乡镇可以根据自身的特点和档案数量的多少,制定本乡镇统一的档案分类大纲,分类大纲应保持相对稳定。档案一般采用年度-问题(或机构)分类法。

第十八条　乡镇档案应按党、群、政等不同类别分别整理立卷。案卷质量应符合《机关档案工作业务建设规范》的要求。

第十九条　每年形成的案卷,按不同保管期限分别排列和编写卷号,并编制案卷目录,在本案卷目录内案卷号不得重复。案卷目录应分年度或混年编制,在一个全宗内目录号不得重复。

第五章　乡镇档案的鉴定和销毁

第二十条　乡镇档案的保管期限分为永久、长期、短期三种。重点保存乡镇自身活动中形成的档案，并根据有关规定结合本乡镇实际情况，制定本乡镇档案的“保管期限表”。

第二十一条　乡镇档案的鉴定工作，应在乡镇主管负责人的领导下，由乡镇领导、档案部门和有关业务部门的人员组成鉴定小组共同进行。根据保管期限表，对到期或过期的档案认真审查，提出处理意见，写出鉴定报告。

第二十二条　对确无继续保存价值的档案，应登记造册，经乡镇主管领导批准后销毁。销毁时应有人监销，并在销毁清册上签字。

第二十三条　鉴定报告和销毁清册应归档保存。

第六章　乡镇档案的保管和移交

第二十四条　为确保档案的安全和最大限度地延长档案的寿命，乡镇应设置必要的档案专用库房和档案装具。档案库房要坚固，并有防盗、防火、防潮、防高温、防光、防尘、防虫、防鼠等设施。

第二十五条　乡镇应建立严格的档案保管制度，以保证档案的安全，防止失密、泄密或损毁、丢失档案事件的发生。一旦发生，要严肃追究当事人的责任。

第二十六条　要定期和不定期地对档案进行安全检查，并建立档案检查记录，发现问题，及时解决。

第二十七条　乡镇档案人员如调动工作，应严格办理档案的清点交接手续。只有办完交接手续后，才能办理调动手续。

第二十八条　乡镇档案向县（市、区）档案馆移交的年限，按国家关于档案馆接收档案的有关规定执行。部分利用频繁的档案经县（市、区）档案主管部门同意，移交期限可适当延长。

第七章　乡镇档案的利用和统计

第二十九条　乡镇档案部门应积极做好档案的提供利用工作。采取多种形式，开展档案史料的编研工作，大力开发档案信息资源。为乡镇党政领导决策和生产、建设等各项工作服务。

第三十条　乡镇档案部门应建立档案借阅制度。利用者应按规定办理利用手续，填写“档案借阅登记簿”，根据利用档案所产生的经济或社会效益，填写“档案利用效果登记簿”。

第三十一条　乡镇档案部门应做好档案的统计工作，对档案的收进、移出、保管、利用等情况，做到心中有数。

第三十二条　统计数字要真实、准确，并按规定及时向上级档案行政管理部门呈报统计报表。

第八章　法律责任

第三十三条　乡镇档案是国家的宝贵财富,受《档案法》的保护,乡镇机关工作人员有保护档案的义务。

第三十四条　在档案的收集、整理、保护、提供利用和捐赠方面成绩显著者,各乡镇可依据《档案法》及国家有关规定给予奖励。

第三十五条　依照《档案法》,有下列行为之一的,根据情节轻重,给予行政处罚;造成损失的,责令其赔偿;构成犯罪的,依法追究刑事责任:

(一)损毁、丢失或擅自销毁属于应归档保存的档案;

(二)擅自提供抄录、影印、公布属于保密的文件;

(三)涂改、伪造档案的;

(四)出卖、倒卖档案牟利或者私自将档案卖给外国人的;

(五)携带禁止出境的档案或复制件出境的;

(六)档案工作人员玩忽职守,造成损失的。

第九章　附　　则

第三十六条　本办法适用福建省所属各乡镇。各乡镇可根据本办法的原则,结合本乡镇实际情况,制定具体的实施办法,经乡镇领导批准后执行,并报上级档案行政管理部门备案。

第三十七条　本办法侧重文书档案的管理,对其他门类和载体的专业档案,各乡镇可参照国家有关规定制定管理办法。

第三十八条　城市街道办事处的档案管理工作,可参照本办法执行。

第三十九条　本办法解释权属福建省档案局。

第四十条　本办法自1996年7月1日起施行。

附:福建省乡镇机关文书档案分类、归档范围及保管期限表(略)

福建省行政村档案管理暂行办法

闽档〔1996〕38号

第一条　为了做好行政村档案管理工作,更好地为农村各项建设服务,根据《中华人民共和国档案法》和有关法律法规的规定,制定本办法。

第二条　行政村档案,是指行政村在其经济、政治、科学技术、文化教育及村民自治等活动中直接形成的对国家、集体和社会具有保存价值的各种文字、图表、声像等不同形式的历史纪录。

第三条　行政村档案工作由乡(镇)主管部门负责规划、指导和检查,上级档案行政管理部门监督。

第四条　行政村应指定人员负责管理本村各类档案，并对村办企业的档案工作进行监督指导。行政村从事档案管理工作的人员，应具有初中以上文化程度，并经过档案专业岗位培训。

第五条　行政村档案实行集中统一管理，确保档案的完整、安全和有效利用。

第六条　每个行政村为一个立档单位，所形成的档案为一个全宗。全宗名称由乡（镇）名和行政村名组成。

村办企业能构成立档单位的，其档案可以独立构成全宗，自行管理；不能构成立档单位的，由行政村集中统一管理。

第七条　行政村应建立文件材料归档制度。凡是反映本村工作、生产活动、具有保存价值的各种文件材料，均应归档保存，任何单位和个人不得据为己有。

第八条　行政村档案分为文书档案、科学技术档案、会计档案、村民档案和不同载体的声像档案。文书档案先按年度，后按问题分类组卷；科技档案所包含的基建档案、科研档案和产品、设备仪器档案，分别按工程项目、课题和型号分类组卷；会计档案先按报表、账簿、凭证等形式，再按保管期限，最后按年度分类组卷；村民档案以户为单位进行组卷；声像档案及奖品实物按载体形式分别存放保管。

第九条　各类档案的保管期限，按照上级档案行政管理部门的规定执行。

第十条　行政村应配备必需的档案装具，有条件的设置专门档案库房，保证档案的安全。

第十一条　行政村应建立档案借阅和档案利用效果登记制度。

第十二条　行政村应建立档案保密制度。对属于保密和控制使用的档案，档案管理人员应按国家保密法律、法规的规定进行管理，不得擅自提供和泄露其内容。

第十三条　行政村应制定档案鉴定制度。对经鉴定需销毁的档案应编制鉴定销毁清册，经乡（镇）领导批准，由两名以上人员监销。

第十四条　行政村档案是国家的宝贵财富，受《档案法》的保护。每个公民都有保护档案的义务，行政村和村民个人所有的对国家和社会具有保存价值或者应当保密的档案，档案所有者应妥善保管，不得非法买卖。

第十五条　鼓励村民将个人留存的国家领导人、著名人物的手迹及手稿、信札、日记、照片、录音、录像等档案资料，历代各种史志、诏书、圣旨、嘉奖令、传记、家（族）谱向县档案馆捐赠或寄存。捐赠或寄存者可优先无偿利用其捐赠或寄存的档案资料。其他单位和个人利用村民个人寄存的档案资料，须经寄存者同意。

第十六条　各级人民政府、各级档案行政管理机关和行政村，应按照《档案法》的规定，对认真执行或违反本办法的单位和个人，给予奖励或处罚。

第十七条　城镇居委会的档案管理工作，可参照本办法执行。

第十八条　本办法由福建省档案局负责解释。

第十九条　本办法自 1996 年 7 月 1 日起施行。

福建省事业单位档案管理考核办法

闽档监〔1997〕15号

第一条　为贯彻执行《中华人民共和国档案法》,加强我省事业单位档案工作,提高事业单位档案管理的整体水平,更好地为国民经济与社会发展服务,特制定本办法。

第二条　事业单位档案管理考核,是根据国家有关档案法规、标准及我省事业单位档案工作的现状,制定出事业单位档案管理等级标准和考核要求,并根据规定的办法、程序,对事业单位档案管理状况进行考核、认定管理水平等级的一项工作,同时也是档案执法监督检查工作的一项重要内容。

第三条　本办法适用于我省各级政府、部门所属的独立的事业单位。

第四条　事业单位档案管理等级分为"省一级""省二级"和"合格级"三等。考评满分为100分,分数达85分以上(含85分)为省一级档案管理单位;70分以上(含70分)为省二级档案管理单位;60分以上(含60分)为档案管理合格单位。

第五条　《福建省事业单位档案管理考核评分标准》(以下简称《标准》,见附件一),是考核工作的依据和内容,也是计分标准。分为管理体制、设施设备、业务建设和开发利用四大部分,每一大项内都有必备的标准。

第六条　考核等级的申报、考核和审批工作:

1.事业单位档案管理考核工作由省档案局统一组织、安排。省级事业单位档案管理考核工作由省档案局和省专业主管部门负责;市、地、县(区)各级事业单位档案管理考核工作由市、地档案行政管理部门和同级专业主管部门负责。

2.事业单位对照《标准》进行自检,根据自检情况填写等级申报表(见附件二)和自检报告,向档案行政管理部门和专业(行业)主管部门申报。

3.考核程序包括:听取汇报、现场考察、对照标准、逐项检查、综合评议、形成考核意见。

4.考核组由3~5名档案执法监督员和有关部门负责同志组成。

5.省级事业单位档案管理考核结果由省档案局统一审批。市、地、县(区)各级事业单位,省一级、省二级档案管理单位的审批工作,由省档案局负责;合格级的审批工作,由市(地)档案行政管理部门负责。审批同意后,由审批机关统一颁发证书。

第七条　等级证书和荣誉证书由省档案局统一印制。

等级证书是事业单位档案管理达到相应水平的标志,也是评先活动和专业技术职务评定的依据之一。

荣誉证书是对档案管理考核定级工作中做出突出贡献的分管领导和档案工作人员的奖励证书,可作为个人评先、评定专业技术职务依据之一。

第八条　事业单位档案管理的等级证书不搞终身制,一般三年复查一次,由审批机关负责组织监督检查。对不符合标准的单位限期整改,到期不改正的,予以降级或收回证书。

第九条　各事业单位档案管理均需达到“合格级”以上等级。“合格级”是对我省事业单位档案工作的基本要求，也是事业单位档案执法检查合格的依据；对达不到合格级的事业单位，将依法给予行政处罚。

第十条　本办法由福建省档案局负责解释。

第十一条　本办法从颁布之日起执行。

附件一：福建省事业单位档案管理考核评分标准（略）

附件二：福建省事业单位档案管理等级申报表（略）

中共福建省委办公厅　省人民政府办公厅关于加强档案工作的意见

闽委办〔1999〕41号

各地、市、县（区）委，宁德地区行政公署，各市、县（区）人民政府，省直各单位：

《中华人民共和国档案法》颁布实施以来，我省各级档案部门围绕党委和政府的中心任务，依法履行档案管理职能，在加强档案基础业务建设，发展农村农业档案事业，以及提高机关、企事业档案管理水平等方面做了大量工作，取得了较大成绩，为我省改革开放和经济建设作出了贡献。为了进一步适应新形势发展的需要，使档案工作更好地为我省建立社会主义市场经济体制和新一轮创业服务，现根据《档案法》规定，结合实际情况，就加强我省档案工作提出如下意见：

一、认真学习《档案法》，增强全社会的档案意识。《中华人民共和国档案法》是我国档案工作的根本大法，是实现依法管理档案事业的根本保证。各级各部门要认真学习《档案法》，高度重视档案工作，认真履行《档案法》赋予的职责。要广泛宣传《档案法》，宣传党和国家有关档案工作的方针、政策，使全社会了解档案工作，关心和支持档案工作，不断增强全社会的档案意识和法制观念，为档案事业的发展创造良好的社会环境。

二、切实加强对档案工作的领导。各级党委和政府要按照《中华人民共和国档案法》的规定，切实加强对档案工作的领导，把档案工作列入各级领导的职责范围。各级各部门要明确档案工作的分管领导，重视、关心、支持档案工作的开展，定期听取档案工作的情况汇报，协调解决档案工作中存在的问题和困难，切实保障档案事业与其他各项事业同步发展。

三、理顺档案管理体制，明确档案执法主体。各级党委和政府要按照《档案法》的有关规定，加强档案机构建设，理顺档案管理体制，目前凡未任命档案局局长和档案馆馆长的地、市、县（区），要尽快任命档案局局长和档案馆馆长。各级人民政府要按照省政府〔1998〕第49号令的精神，确认档案部门的行政执法主体资格，以利于档案部门依法履行执法监督职能。

四、切实解决档案工作中存在的突出问题。由于历史等原因，我省部分地、市、县（区）档案馆比较陈旧,有的成了危房险库,档案保管条件较差,严重影响了档案的安全和到期档案的接收进馆。各级人民政府要按照《档案法》的规定,把档案事业列入当地国民经济和社会发展计划,增大对档案事业的投入,当前最紧迫的是要把档案馆库建设列入基建计划,按照国家有关规定建设符合档案保管要求的档案馆库,省财政要对经济欠发达和财政比较困难的县的档案馆库建设给予一定的补助,争取通过3～5年的努力,使我省档案保管条件有较大改观。各级财政部门要把档案抢救列入财政预算计划,每年拨给档案部门一定的档案抢救经费,用于抢救馆藏破损和霉变档案。要加大对档案设施建设的投入,为实现档案管理现代化提供必需的物质基础和条件。

五、加强对声像档案的管理。改革开放以来,我省社会主义物质文明和精神文明建设取得了辉煌成就,声像档案真实地记录了我省实践邓小平理论的历史进程,具有重要的保存价值。各级广播和电视部门每年都形成大量反映我省改革开放和经济建设情况的声像档案资料,各级机关、企事业单位在工作活动中也形成许多宝贵的声像档案。各级各部门要切实重视声像档案的管理,省档案局要会同省广播电视厅等有关业务主管部门联合制定关于加强我省声像档案管理工作的意见。各级机关、企事业单位也要重视声像档案的收集、保存,并按国家有关规定,将应进馆的声像档案连同其它档案一并移交进馆。

六、做好机构改革中的档案工作。根据省委、省政府的部署,做好机构改革是我省今明两年的重要任务。在机构改革中将有部分机构合并或撤销,为确保机构改革中档案不受损失,合理处置机构变动部门和单位的档案的归属和流向,各级党委和政府要严格按照中共中央办公厅、国务院办公厅关于在机构改革中加强档案管理工作的意见,以及省档案局的具体要求,加强机构改革中档案管理工作的领导,协调解决机构改革中有关档案管理工作的问题。各级档案部门要按照有关规定加强对撤并部门和单位的档案工作的监督与指导,及时协调并做好档案的整理、移交和接收工作,确保档案完整齐全。

七、努力加强档案干部队伍的建设。各级各部门要按照党中央关于大力加强干部队伍建设的要求和省委六届八次全会关于建设高素质干部队伍的决议,从政治上重视档案干部的成长,为他们创造良好的工作条件,从生活上关心档案干部的实际困难。档案工作者要讲学习、讲政治、讲正气,努力学习马列主义、毛泽东思想特别是邓小平理论,确立正确的政治立场和政治方向,树立科学的世界观、人生观和价值观,提高政治思想水平;要努力学习历史知识、现代科技知识和档案业务理论,不断增强业务素质,提高档案工作水平。各级档案部门要按照江泽民总书记关于提高干部队伍素质的重要论述和新时期档案事业发展的要求,加强档案干部队伍建设,把档案事业的发展转移到依靠科技进步和提高档案工作者素质的轨道上来,加快档案人才的培养和教育,提高全省档案工作人员的整体素质。

中共福建省委办公厅　福建省人民政府办公厅

1999年5月20日

福建省重点建设项目档案管理登记办法

闽档〔2000〕15号

第一条　为了做好福建省重点建设项目档案工作，确保重点建设项目档案的完整、准确、系统和有效利用，根据《中华人民共和国档案法》及有关法规，特制定本登记办法。

第二条　重点建设项目档案既是重点建设项目的历史记录，也是项目投产后运行、维修、管理、改扩建和技改等工作的重要依据。为了及时掌握福建省重点建设项目档案工作情况，加强监督和指导，从2000年开始，福建省档案局建立福建省重点建设项目档案管理的登记制度。

第三条　登记工作的组织：

1.福建省档案局每年根据省政府公布的福建省重点建设项目名单，统一部署福建省重点建设项目档案的登记工作，各项目主管部门的档案机构和项目所在地的市级档案行政管理部门应做好对本部门和本地区福建省重点建设项目档案管理登记工作的组织、指导和监督工作。

2.凡新建、扩建、在建、收尾和竣工试生产的福建省重点建设项目，均属本办法要求登记范围的，由建设项目法人单位或业主单位负责组织填写“福建省重点建设项目档案管理登记表”(见附表)，同时抄送项目所在地市级档案行政管理部门，便于相互配合，监督指导。

3.登记表共分三种，表一、表二、表三分别于项目开工后6个月内、项目档案预验收后1个月内和项目正式竣工验收后工1个月内填写，并报至福建省档案局监督指导处。

4.福建省档案局于每年6月底和12月底汇总福建省重点建设项目档案管理登记情况，并及时向全省公布。对未按规定进行登记的单位予以通报，并限期登记。

第四条　登记工作的要求：

1.建设项目法人单位或业主单位与地方档案行政管理部门应互通情况，互相合作，以保证做好福建省重点建设项目的档案管理登记工作。

2.项目主管部门档案机构和市级档案行政管理部门对于新建项目，应按本规定第三条第2款及时组织和监督建设项目法人单位，或业主单位，做好档案管理登记，建立档案工作。对于非当年竣工的福建省重点建设项目，每年填写“表一”报送，以便及时了解项目及项目档案工作的进展和变化情况。

3.要保证项目档案工作与项目建设同步进行，认真做好项目档案的预验收工作。项目主管部门档案机构应主动与项目建设法人加强联系，根据项目计划工期和进度，及时对登记的项目提出档案验收要求，并按国家规定组织预验收。隶属于地(市)的项目，地(市)级档案行政管理部门，城市规划区内应包括城建档案机构，应根据相应的工作要求，及时对登记的项目组织预验收。预验收结束后，验收组织单位不论本年度是否已报送过“表一”，应按本登记办法第三条第3款及时填写“表二”报送。

注:登记表中的编号由福建省档案局统一填写。

4.项目竣工验收后,应按本规定第三条第3款将项目档案验收情况填写“表三”并报送。福建省档案局根据填表情况不定期地对项目档案进行抽查。

第五条　为确保重点建设项目的正常秩序,任何部门和单位不得向福建省重点建设项目收取任何名目的工程档案保证金和任何形式的档案管理登记费用。违反上述规定的属乱收费行为,由各级价格检查机构依法查处。

第六条　对于重大技改项目、重大利用外资项目和一般基本建设大中型项目及市级重点建设项目的档案管理登记工作,可参照本办法执行。

第七条　国家重点建设项目档案管理登记工作,按照《国家重点建设项目档案管理登记办法》执行。

第八条　福建省预备重点建设项目在获批开工后即按重点项目开展档案管理登记工作。

第九条　本办法由福建省档案局负责解释。

第十条　本办法自发布之日起执行。

表一 国家重点建设项目档案管理登记表(略)

表二 国家重点建设项目档案管理登记表(略)

福建省档案事业发展“十五”计划

闽档〔2001〕9号

为促进21世纪初福建省档案事业的发展,更好地为福建省“十五”国民经济和社会发展服务,特制定《福建省档案事业发展“十五”计划》。

指导思想和奋斗目标

“十五”期间,福建省档案工作要认真贯彻落实中央和省委提出的新世纪发展战略,把握时代发展的要求,增强加快发展的紧迫感和责任感,结合福建省的实际,认真实施《全国档案事业发展“十五”计划》,立足新起点,使档案事业与经济建设和社会进步协调发展,更好地为改革开放和现代化建设服务。

指导思想是:坚持以邓小平理论和党的基本路线为指导,认真贯彻落实江泽民同志“三个代表”重要思想,坚持服从服务于党和国家的工作大局,紧紧围绕省委、省政府的中心任务,加强档案法制建设,依法管理档案事务;加快档案信息化建设,依靠科教振兴档案事业;加强档案信息资源的开发利用,加大档案工作服务社会化的力度,增强档案工作的创新能力,争创适应新世纪发展需要的档案事业新水平。

奋斗目标是:以促进档案事业发展为主题,以档案法制建设为根本,以档案现代化管理为重点，以档案馆为主体，以改革创新为动力，以队伍建设为保证，努力实现档案工作从封闭半封闭型向开放型、从手工操作型向现代化管理型、从主要依靠行政手段向依法治档的转变，不断提高档案法制化、现代化、信息化和社会化水平，努力建设一个与国民经济和社会发展相适应，具有福建地方特色，符合档案工作发展规律的法制健全、科教发展、馆藏丰富、结构合理、管理科学、服务高效的社会主义档案事业体系。

主要任务

一、深化依法治档

(1)加强地方档案法规、标准建设。建立与《档案法》《档案法实施办法》相衔接的具有福建地方特点的档案法规体系，加强与国家档案工作标准体系相配套的地方档案标准与规范建设。制定《福建省档案条例》《福建省档案执法检查管理办法》《福建省档案违法行为行政处分暂行规定》《福建省档案馆管理规范》《福建省馆藏永久档案分级管理实施办法》《福建省档案馆馆藏档案鉴定、销毁实施办法》，调研制定《福建省声像档案管理办法》《福建省电子档案管理实施办法》《福建省重要活动档案管理登记办法》。修订《福建省地方国家综合档案馆接收档案标准》。

(2)加强档案行政执法工作。加强地方各级档案行政管理部门的执法职能建设，明确档案行政管理部门的行政执法主体，把档案监督检查纳入法制化轨道，每年开展档案执法专项检查；加大档案法律法规、规章和标准贯彻实施及监督的力度，把机关、团体、企业事业单位和农村档案的业务建设与指导纳入档案执法检查的范畴，开展贯彻实施《档案法》《档案法实施办法》的督查活动，依法对各级机关、团体和国有重点企业事业单位档案管理情况进行督查；省、设区的市和县(市、区)级机关以及乡镇(街道)机关档案管理应达到《档案法》规定的要求。要在各级各类档案馆开展依法管理督查活动，提高基础业务建设和管理水平。健全完善档案违法行为和违法事件报告与登记制度，加大对档案违法案件查处的力度；采取切实有效措施，防止档案违法行为和违法事件的发生。

(3)加强档案执法队伍建设。各级档案行政管理部门要建立档案行政执法监督机制，健全档案行政执法队伍，加强对档案行政执法人员的管理，按行政执法程序执法；加强档案行政执法人员的法律法规知识、执法业务的教育、培训，提高档案行政执法队伍的整体素质。

(4)加强《档案法》普及教育工作。在全省开展档案法制宣传教育活动，进一步提高公民和社会的档案意识和档案法制观念，为促进档案事业发展创造良好环境；加大对档案法律法规、规章和标准宣传、普及的力度；加强档案普法教育工作，继续开展对机关、团体、企业事业单位和各级档案局、各级各类档案馆的工作人员进行《档案法》及有关法律法规的普及教育活动；加强对全省《档案法》普及教育工作的领导，统一组织实施全省档案法制宣传教育的重大活动，在全省开展档案法制知识竞赛活动。

二、推进科教兴档

(5)加强档案科技工作。加强档案科技管理和监督、指导工作，做好档案科技咨询和服务工作；以省档案局为中心，建立省、设区的市两级档案科技管理工作网，提高档案科技工作管理水平。加强档案科研工作，建立一支具有较高研究开发能力的档案科技人才队伍，加强档案科研课题的研究；把档案计算机管理软件开发作为我省档案科研工作的主攻方向，研究开发符合国家标准、适应机关、企业事业单位档案管理和各级各类档案馆实现计算机管理需要的系列应用软件。争取承担国家档案局的档案科研项目。

(6)加强档案管理软件推广应用工作。全省各级各类档案馆普遍应用符合国家标准的、由福建省档案局统一推广应用的计算机档案管理系列软件；省直机关单位80%以上，福州、厦门、泉州市直机关单位60%以上，其他设区的市直机关单位35%以上和县(市、区)机关单位20%以上以及国有重点企业事业单位60%以上推行文档一体化管理，采用馆室衔接的统一管理软件实现档案计算机管理。省档案馆开展对省直部分单位接收档案计算机信息目录和电子档案的试点工作。

(7)加强档案信息化建设。加快档案信息化建设步伐，在实施电子政府中，档案部门要成为各级政府信息网络的重要组成部分，档案信息成为政府网页的重要信息源。要争取把档案部门纳入“数字福建”建设的范畴。省档案馆、设区的市和县(市、区)国家综合档案馆完成中华人民共和国成立前档案案卷级和中华人民共和国成立后档案文件级目录数据库建设工作；按照有关规定和标准，做好档案馆馆藏民国档案的著录工作，完成馆藏民国档案目录的采集工作。省档案局(馆)和厦门、龙岩、泉州市档案局(馆)建成局域网络；建立省档案网站，实施省、设区市和部分县(市、区)档案局(馆)联网建设工作；研究探索档案信息上网的有关问题，开放的档案信息通过上网发布，提供网上档案信息服务。省档案馆、闽南金三角地区设区市的档案馆和有条件的市县档案馆、专业档案馆开展数字档案馆建设试点工作，率先实现档案管理现代化；逐步提高其他各级各类档案馆现代化管理水平。

(8)加强档案学术交流活动。围绕福建省“十五”档案事业发展的重点和主要任务开展学术研究与交流活动，每年召开1～2次档案学术研讨会或档案学术年会，开展档案理论课题研究。积极开展各类学术专题讲座活动；充分发挥档案学术团体的培训和咨询服务职能；加强与兄弟学会的学术交流与合作活动；加强海峡两岸档案学术交流与合作及闽台档案史料交流活动。

(9)加强档案教育工作。加强全省档案教育与培训工作的宏观管理，完善档案岗位培训报批制度，开展档案教育、培训的评估活动；加强档案教师队伍建设，继续开展和完善对档案专业兼职教师考核、聘用，实行持证任教。根据档案事业发展的需要和知识经济时代的要求，加强档案培训教材建设，要根据课程体系组织编写或引进适应我省档案事业发展和档案人员培训需要的基础理论培训教材、继续教育教材。改革档案岗位培训形式和教育方式，突出对档案专业人员进行实用技术和基本技能的培训，加强档案专业人员岗位培训工作，对新上岗的档案工作人员要普遍进行档案专业基础知识的教育与培训；加快推行档案人员持证上岗制度，全省专职档案工作人员持证上岗率要达到80%以上，其中各级档案局、各级各类档案馆的档案业务人员持证上岗率要达到90%以上。加强档案继续教育工作，要通过开办档案本科函授教育和争取开办档案专业本科层次的自学考试，尽快提高档案人员的专业程度和文化程度。继续开展档案专业技术职务评聘工作。加强对全省助馆以上档案专业人员进行档案管理新技术、新方法和新信息的继续教育工作，并积极开办各种实用性、操作性强的专题研修班，提高全省档案人员的业务素质和实际工作能力；全省各级机关、团体、企业事业单位的档案专业人员接受档案继续教育率要达到80%以上，省、设区的市和县（市、区）三级档案局和各级各类档案馆的档案业务人员接受继续教育率应达到90%以上。把计算机基础知识列入档案专业人员继续教育的内容，各级档案局、各级各类档案馆45岁以下的档案业务工作人员要掌握计算机基本知识和操作技能。

(10)实施优秀档案青年人才建设工程。实施优秀档案青年人才建设工程，培养一批具有较高管理水平的档案行政管理人才；培养一批在档案学理论研究和档案科技开发方面具有较高水平的档案研究开发人才；培养一批具有较强实际操作能力的档案技术能手；培养一批在档案专业教育、岗位培训、继续教育教学中具有较高理论水平和丰富教学经验的档案兼职教师队伍。健全与完善培养优秀档案青年人才的制度和考核办法。要创造条件选送优秀档案青年人才进入有关高校或出国学习和深造。调查论证与有关高校联合或委托开展档案专业人员研究生层次教育的可行性。

三、强化科学管档

(11)加强档案馆基础业务建设。突出档案馆的主体地位，加强对各级各类档案馆的管理，强化档案馆“一中心、两基地”建设。继续开展档案馆等级认定工作和省特级档案馆认定活动。加强综合档案馆与专业档案馆之间的交流与合作，充分发挥档案馆的整体优势和社会功能。加强对全省档案馆网建设的规划以及对新成立的档案馆的论证和审核工作。设区市档案馆和50%以上的县（市、区）档案馆建成爱国主义教育基地，并根据社会需求，结合馆藏实际，举办多种形式的档案展览或陈列，强化档案馆在先进文化建设中的教育功能、文化功能、信息功能和服务功能。各级国家综合档案馆要根据馆藏档案的实际情况，按照国家有关规定和部署，有计划有步骤地开展档案价值鉴定工作，逐步推行对馆藏永久档案实行分级管理，对重点和珍贵档案实行重点保管；省、设区的市级档案馆重点珍贵档案要做到提供缩微品或复制件进行利用，以利于保护档案原件。加大重点档案抢救力度，积极争取省级财政对国家重点档案抢救经费的投入，并努力争取各级财政的支持，采用现代科学技术手段，完成全省各级综合档案馆馆藏15万卷国家重点（珍贵）档案的抢救任务。不断丰富馆藏，优化馆藏结构，认真做好到期档案的接收进馆工作，全省各级各类档案馆新接收档案80万卷。加强对机构改革中档案处置的监督指导工作，机构改革中撤并单位档案全部得到妥善处置或接收进馆；加强对全省性、地区性重要活动及地方性重大事项形成档案的管理工作，加大监督力度，并做好重要活动档案的接收进馆工作。加强重点档案资料的征集工作,建立多层次、多渠道的档案征集工作网,确定一批重点征集对象,以多种形式征集具有我省政治、经济、文化和地方特色、民族特色的档案史料。

(12)加强档案馆库建设。争取新建福建省档案馆库,把省档案馆这一永久保管档案的基地和爱国主义教育的基地建设成为福建省的重要文化设施。新建的档案馆要符合《档案馆建筑设计规范》(JGJ 25—2000)的要求,设区市档案馆面积要达到3000平方米以上,县级国家综合档案馆和专业档案馆面积达到1500平方米以上。新建南平、延平、政和、永安、永泰、永定、仙游、东山、漳平、华安等市县档案馆库;续建南安、屏南、寿宁、云霄、清流等县档案馆库。积极争取省级财政每年对档案馆库建设的资金补助和地方财政配套资金的投入。各级各类档案馆要配备防盗、防火、防渍、防有害生物的必要设施,建立安全管理系统,强化安全意识,确保档案的安全保管。省档案馆、设区市档案馆和沿海县(市、区)档案馆及各专业档案馆要努力采用先进技术,逐步实现档案馆库房管理现代化。

(13)提高机关档案工作水平。根据机关办公自动化发展的要求,推进档案计算机管理与机关办公自动化同步发展,在省直机关开展文书立卷改革试点工作并在总结经验的基础上,逐步推行《归档文件整理规则》(DA/T 22—2000),规范归档文件的整理方法。继续开展机关档案室等级认定工作和省特级档案室的认定活动。根据国家有关规定,合理确定机关文件归档的保管期限的科学性,推行机关档案保管期限表审批制度,确保进馆档案的质量。要根据机构改革、人员精简的实际情况,调查论证建立基层文件管理中心的可行性,并开展试点工作;推广建立基层联合档案室的经验。为确保有保存价值的电子文件齐全、完整和有效利用,加强对立档单位产生的电子文件积累、著录、归档等工作的监督与指导;选择有条件的单位进行电子文件归档与电子档案管理的试点工作。

(14)加强国有企业事业单位档案工作。要适应企业改革与发展的需要,探索建立适应现代企业制度和市场经济要求的企业档案管理的模式;制定企业档案工作标准,实行分类指导和管理,为搞好企业档案工作提供有效服务。积极探索企业与科研机构转制后档案管理的方式与方法,做好国有企业资产与产权变动档案归属与流向的处置工作。加强事业单位档案工作,继续开展科技、事业单位档案目标管理活动。加强对重点建设工程、重大科研项目建档工作的监督与指导,配合各建设项目主管部门,完善、规范重点建设工程、重大科研项目档案的管理制度。

(15)加强新经济领域和新经济组织的档案工作。加强各类开发区、高科技园区等新经济领域和新经济组织档案工作的监督与指导,做到档案工作与开发区、科技园区建设同步发展。50%以上的开发区、科技园区档案管理达到《档案法》规定的要求。加强对非国有企业,特别是民营高科技企业档案工作方式的研究与探索。加强对金融、保险、中介服务机构等领域和行业档案管理的调研与探索,建立一批档案管理的示范单位。

(16)加强农业农村档案工作。加强农业农村档案工作的规范化、标准化建设,80%以上的行政村(居委会)档案管理达到《档案法》规定的要求。加强乡镇(街道)机关档案工作,90%以上的乡镇(街道)档案管理达到《档案法》规定的要求。各乡镇(街道)要按照档案法律法规的规定,抓好所属行政村(居委会)档案的监督与管理工作。加强对城镇建设、特色农业、高科技农业、闽台农业合作项目等档案管理工作;建立农业科技档案信息网,充分发挥农业科技档案的作用。

四、深入开发用档

(17)加快档案开放步伐。各级档案馆要依法向社会开放满三十年的档案。经济、科技、文化等类档案要随时向社会开放利用。要定期向社会公布开放档案的目录。省、设区市和部分有条件的市县档案馆要实现馆藏开放档案目录的网上查询和浏览服务。各级档案馆档案目录数据库投入使用,向社会开放的档案要提供计算机检索目录。

(18)加强档案信息开发与服务工作。根据省委和省政府的中心任务,围绕经济建设中心,加大档案信息资源开发的深度和层次,及时主动提供档案信息为领导科学决策参考和经济建设服务,争取有一批档案信息开发成果进入领导决策层和经济建设的主战场。继续开展档案信息开发成果的评奖工作。加强档案史料的研究开发工作,结合社会的需求,开展馆际合作,加强与有关部门在编研方面的合作,实施档案编研成果的精品工程,设区的市编辑 2～3 种、县(市、区)编辑 1～2 种有较高层次的档案编研成果,并开展档案编研成果的评选和展览活动。

(19)加强档案宣传工作。深化宣传档案和档案工作在经济建设和社会发展中的重要地位和作用。省和设区市档案局(馆)要拍摄 1～2 部档案专题片对社会进行宣传。开展全省档案科技下乡活动,宣传普及档案科技知识,树立档案科学思想,为基层提供档案科技服务。

(20)加强档案服务社会化管理工作。根据国家有关产业发展的政策,调动社会各方面的积极力量,引导和推动档案中介服务机构、档案科技实体的建设和档案产业的发展。加强对档案产业的管理,规范档案中介服务,提高档案咨询服务水平。做好档案中介服务机构和服务人员的资质认定工作。建立全省档案服务社会化网络。面向社会开展档案业务咨询和技术服务。开展档案法规与标准实施的技术指导和咨询。根据社会的需求,积极引导有条件的综合档案馆建立档案寄存管理中心,开展代保管档案的业务。

主要措施

为实现和完成《福建省档案事业发展“十五”计划》所确定的目标和任务,我们要自觉以邓小平理论和江泽民同志“三个代表”重要思想指导档案工作实践,突出发展重点,坚持有所为有所不为,不断推进我省档案工作法制化、现代化、信息化、社会化的进程,使“十五”期间福建省的档案事业有新的更大的发展,在福建省的改革开放和现代化建设中发挥更大的作用。

(一)进一步解放思想,更新观念。要树立创新意识,建立档案工作的创新体系;要敢于突破原有的管理方法和模式,采取新的管理技术和管理方法,建立新的适应我省档案事业发展要求的创新工作方式；要紧跟知识经济和市场经济的时代步伐，调整工作发展思路，牢固树立政治意识、大局意识、责任意识，适应社会主义“两个文明”建设的要求。要正确处理好档案工作与社会各方面的关系，积极创造有利于档案事业发展的外部环境和条件，使档案工作与社会之间形成一种互动互进的发展态势；既要坚持档案事业快速发展的目标，又要在发展速度和提高幅度方面坚持以改革开放和现代化建设的发展要求及档案事业的实际情况为依据，符合档案事业的专业、技术特点和科技进步的发展方向，以保证档案事业与经济和社会发展相适应。

（二）加强和改进档案部门的思想政治工作。加强党的基本理论和基本路线的教育，进一步加强档案系统的精神文明建设，开展精神文明创建活动，把档案馆建设成为对外服务的文明窗口，充分发挥档案工作的教育功能、文化功能、信息功能和服务功能。进一步发扬档案工作者团结拼搏、自觉奉献的精神风貌，为促进档案事业的发展提供精神动力。

（三）强化依法治档的观念和意识，加强档案法制建设，规范社会档案行为，依法加强对档案事业的管理。实施科教兴档战略，把档案科技和教育工作摆上突出和优先发展的位置，把档案事业的发展切实转移到依靠科技进步和提高档案工作者素质的轨道上来，依靠科技进步，推进档案管理现代化，依靠发展档案教育，提高档案工作者的整体素质。加强档案干部队伍建设，加快档案人才培养、选拔的步伐，优化档案人员队伍的专业结构，为加快档案事业发展提供人才保证，适应档案事业发展的需要。

（四）积极争取各级党委、政府加强对档案工作的领导，根据《档案法》的规定，把档案事业的建设列入各级政府的国民经济和社会发展计划，加大对档案事业的投入，保证档案事业发展的基本条件；加快档案馆库建设的步伐，改善档案保管条件；各级各部门要将本部门档案事业的建设列入发展计划，保证档案事业的健康发展。

（五）加大档案社会化宣传的力度。充分运用各种手段、采取各种形式，宣传档案和档案工作，宣传档案工作在国民经济建设和社会发展中的重要作用，充分发挥档案宣传的社会教育功能，进一步提高社会的档案意识，扩大档案工作的社会影响力，为档案事业的健康发展创造良好的社会环境。

（六）根据建立社会主义市场经济体制的要求，适应企业改革与发展的需要，并结合社会转型、机构改革、企业转制和科研机构改革的需要，改革档案管理方式，面向社会开展档案业务咨询和技术服务，不断提高档案服务社会化水平。

福建省归档文件整理细则(试行)

闽档〔2001〕55号

1　总则

1.1　为了适应档案管理现代化的需要，规范归档文件的整理方法，提高工作效率，根据中华人民共和国档案行业标准《归档文件整理规则》(DA/T 22—2000)，结合本省实际情况，制定《福建省归档文件整理细则》(以下简称《细则》)。

1.2　本《细则》适用于全省各级机关、团体和其他社会组织在其职能活动中形成的，办理完毕的，应作为文书档案保存的各种纸质文件材料的整理。

2　整理原则及质量要求

2.1　归档文件整理应遵循文件的形成规律，保持文件之间的有机联系，区分不同价值，便于保管和利用。

2.2　归档文件应齐全、完整、准确。已破损的文件应予修整，字迹模糊或易褪变的文件应予复制。

2.3　整理归档文件所使用的书写材料、纸张、装订材料等应符合档案保护要求。

3　整理方法

3.1　归档文件的整理以“件”为单位，一般以每份文件为一件。文件正本与定稿为一件；正文与附件为一件；原件与复制件为一件；转发文与被转发文为一件；报表、名册、图册等一册(本)为一件；来文与复文各为一件；重要文件(如法律法规等)须保留历次修改稿的，其正本与历次稿(包括定稿)各为一件。

3.2　归档文件分类采用年度-机构-保管期限、年度-问题-保管期限、年度-保管期限三种方法。分类方案应保持相对稳定。

3.2.1　年度-机构-保管期限分类法应先按归档文件的形成年度分类，在每个年度内，按单位内设机构设置类目，再根据保管期限分类。

3.2.2　年度-问题-保管期限分类法应先按归档文件的形成年度分类，在每个年度内，按问题设置类目，再根据保管期限分类。

3.2.3　年度-保管期限分类法应先按归档文件的形成年度分类，在每个年度内，按保管期限分类。

3.2.4　归档文件所属年度的区分，一般应以文件的签发日期(落款日期)为准。跨年度会议形成的文件材料放在会议闭幕年整理归档；跨年度处理的非诉讼案件形成的文件材料放在结案年整理归档。

3.2.5　用问题分类法时应参照单位内部组织机构的职能性质来设置类别，并保持其连续性。

3.3　归档文件按件用线装订。采用左侧装订的，应将左、下侧对齐；采用左上角装订时，应将左、上侧对齐。

3.4　归档文件装订时，正本在前，定稿在后；正文在前，附件在后；原件在前，复制件在后；转发文在前，被转发文在后；不同文字的文本，无特殊规定的，中文本在前，其它文本在后。

3.5　归档文件的排列方法，应在分类方案的最低一级类目内，按文件形成时间顺序排列。会议文件、统计报表、非诉讼案件等成套性文件可集中排列。

3.6　归档文件应依分类方案和排列顺序逐件编号,在文件首页上端的空白位置加盖归档章并填写相关内容。归档章设置全宗号、机构或问题、年度、保管期限、室编件号、馆编件号等项目,其格式如图1所示。归档章项目填写应严格按照图1所示顺序进行。加盖归档章时应尽量不要压住文件字迹,也不宜与批示文字或收文章等交叉。

3.6.1　全宗号:档案馆给立档单位编制的代号。

3.6.2　年度:填写文件形成年度。填写时以4位阿拉伯数字标注公元纪年,如:1999。

3.6.3　保管期限:填写归档文件保管期限的简称或代码。

3.6.4　机构(问题):填写作为分类方案类目的机构(问题)名称或规范化简称。

3.6.5　件号:填写归档文件排列顺序号,分为室编件号和馆编件号两种。室编件号是机关档案室在文件归档整理时,根据分类方案的最低一级类目,按文件排列顺序从"1"开始标注。馆编件号是档案移交进馆时,按进馆要求标注。

3.7　归档文件应依据分类方案和室编件号顺序编制归档文件目录。归档文件目录设置件号、责任者、文号、题名、日期、页数、备注等项目(见图2)。

3.7.1　归档文件应逐件编目。针对同一问题的来文与复文,应在备注栏内,互作备注。

3.7.2　件号:填写室编件号。

3.7.3　责任者:填写制发文件的组织或个人,即文件的发文机关或署名者。

3.7.4　文号:填写文件的发文字号。填写时应照实抄录,不能省略。

3.7.5　题名:填写文件标题。文件没有题名或题名不规范的,应根据文件内容重新拟写或补充,并外加"〔〕"。会议记录须重拟题名时,应写明会议的时间和主要内容。

3.7.6　日期:填写文件的形成时间,以8位阿拉伯数字标注年月日,如19990909。填写两行时应为$\frac{1999}{0909}$。

3.7.7　页数:填写每一件归档文件的总页数。计算页数时以文件中有图文的页面为一页,空白页不计。

3.7.8　备注:注释文件需要说明的情况。

3.7.9　归档文件目录用纸规格采用国际标准A4型,目录应装订成册并编制封面。归档文件目录封面设置全宗名称、年度、保管期限、机构(问题)等项目(见图3),其中全宗名称即立档单位的名称,填写时应使用全称或规范化简称。

3.8　归档文件应严格按照室编件号顺序装盒,并填写档案盒封面、盒脊等项目。

3.8.1　不同年度形成的归档文件不应放入同一档案盒。

3.8.2　不同类别的归档文件不应放入同一档案盒。按机构分类的不同机构形成的归档文件不应放入同一档案盒;按问题分类的,不同问题形成的归档文件不应放入同一档案盒。

3.8.3　不同保管期限的归档文件不应放入同一档案盒。

3.8.4　归档文件装盒时,应视文件的厚度选择厚度适宜的档案盒,档案盒排放时应尽量使文件装订部位向下，不致使文件弯曲受损。

3.8.5　档案盒封面应标明全宗名称全称。

档案盒的外形尺寸为 310mm×220 mm，盒脊厚度可以根据需要设置为 20mm、30mm、40mm 等(见图 4)。

3.8.6　档案盒应根据摆放方式的不同，在盒脊或底边填写全宗号、年度、保管期限、起止件号、盒号等项目(见图 5)。

3.8.6.1　全宗号：按同级档案馆给定的号码填写，暂未给定的单位可先空置。

3.8.6.2　年度：按盒内文件的形成年度填写。

3.8.6.3　机构(问题)：填写分类方案中相应机构(问题)的类目名称。

3.8.6.4　保管期限：按盒内文件所划定的保管期限填写。

3.8.6.5　起止件号：填写盒内第一件文件和最后一件文件的归档文件的件号，其间用"—"号连接。

3.8.6.6　盒号：填写档案盒的排列顺序号，在档案移交进馆时按进馆要求编制。

3.9　归档文件整理完毕，应按年度填写"年度归档文件整理说明"(见图 6)。主要说明年度文件归档的总数量，不同类别与保管期限归档文件的数量，及当年归档文件缺损、修改、补充、移出、销毁等情况，并填写归档文件的整理人、检查人和日期。

4　附则

4.1　各行业系统可根据本《细则》制定实施办法，并报福建省档案局审核批准。

4.2　本《细则》由福建省档案局负责解释。

4.3　本《细则》自发布之日起试行。

(图略)

福建省档案条例

(2002 年 12 月 17 日福建省第九届人民代表大会常务委员会第三十六次会议通过)

第一条　为了加强对档案的管理和收集、整理工作，有效地保护和利用档案，为经济建设和社会发展服务，根据《中华人民共和国档案法》等有关法律、法规，结合本省实际，制定本条例。

第二条　本省行政区域内的机关、团体、企业事业单位和其他组织以及公民，在档案管理活动中应当遵守本条例。

第三条　县级以上地方人民政府档案行政管理机构负责管理本行政区域内的档案事业，并对本行政区域内机关、团体、企业事业单位和其他组织的档案工作实行监督和指导。

乡、民族乡、镇人民政府以及城市街道办事处应当设立档案室，指定人员负责管理本机关的档案，并对所属单位和村(居)民委员会的档案工作进行监督和指导。

村(居)民委员会应当加强档案管理,做好档案的收集、整理、保管和利用工作。

第四条　地方各级人民政府应当将档案基础设施、国家档案资源、档案信息化等档案事业的建设列入本级国民经济和社会发展计划以及本级财政预算,保障档案事业的发展。

地方国家综合档案馆馆库应当符合国家规范要求,未达到要求的,本级人民政府应当制定建设规划,限期达到要求。

机关、团体、企业事业单位应当配备必要的人员和设施,加强档案的管理和利用工作。

第五条　县级以上地方人民政府档案行政管理机构应当根据当地经济建设和社会发展的需要,组织档案信息资源的研究与开发利用。

各级各类档案馆应当充分开发馆藏档案信息资源,采取多种方式为社会服务,增强档案服务的实效性。

机关、团体、企业事业单位和其他组织保存的档案,除涉及国家安全、国家重大利益以及必须保密的以外,应当按照国家有关规定向社会提供利用。

第六条　机关、团体、企业事业单位和其他组织应当依照国家有关规定,确定本单位文件材料的归档范围和保管期限,报经同级人民政府档案行政管理机构核准后实施。

在公务活动中形成的应当归档的文字、图表、声像等材料,由本单位的业务或者文书机构负责收集、整理,向本单位档案机构或者档案工作人员移交,集中管理,任何部门和个人不得拒绝归档或者据为己有。

第七条　机关、团体、企业事业单位和其他组织应当依照国家规定,按期向有关地方国家档案馆移交档案;地方国家档案馆应当依法接收档案。对重要的或者具有较大现实利用价值的档案,经地方国家档案馆与档案形成单位协商,可以提前接收。

向地方国家档案馆移交、捐赠、寄存不属于国家所有的档案的单位和个人,对其档案可以优先和无偿利用。向国家捐赠有保存价值档案的,当地人民政府或者接受捐赠的档案馆应当予以表彰或者奖励。

第八条　实行档案登记制度。县级以上地方人民政府档案行政管理机构按照规定,对机关、团体、企业事业单位和其他组织从事档案工作的机构、人员、库房设备、馆(室)藏量、档案管理的基本情况以及应当予以登记的其他事项进行登记。

档案登记办法,由省人民政府制定。

第九条　在本省行政区域内举行的重大政治、经贸、科技、教育、文化、体育等活动以及跨地区、跨行业和全国性、国际性的重要会议,主办或者承办单位应当按照规定建立档案,并在活动、会议结束后六十日内,向所在地县级以上地方人民政府档案行政管理机构办理档案登记。

机构改革、行政区划调整、国有企业事业单位资产与产权变动的单位,由其主管部门向所在地县级以上地方人民政府档案行政管理机构办理档案登记,并按照国家规定做好档案处置工作。

第十条　重点建设项目的建设单位和重大科研项目的承担单位应当及时建立档案，加强档案的规范化管理。

在重点建设项目竣工验收和重大科研项目成果鉴定后三个月内，建设单位或者承担单位应当将档案的整理、保管情况报同级人民政府档案行政管理机构备案，并按照国家规定将档案移交有关国家档案馆保存。

省级以上重点建设项目和重大科研项目的档案资料，应当按照规定送省级国家综合档案馆保存。

第十一条　省人民政府档案行政管理机构应当按照国家有关规定，统一档案信息化建设的数据标准，规范档案信息化管理。

第十二条　各级各类档案馆以及机关、团体、企业事业单位和其他组织应当推广使用全省通用的符合国家和本省规范标准的档案管理软件，加强档案信息化建设。

机关、团体、企业事业单位应当建立健全电子文件与电子档案的管理制度，加强对电子文件形成、归档和电子档案的管理。

第十三条　各级各类档案馆应当向省级国家综合档案馆报送馆藏档案资料的计算机目录信息。机关、团体、企业事业单位和其他组织应当按照有关规定定期向同级国家综合档案馆报送本单位保存的档案资料的计算机目录信息。

省级国家综合档案馆应当建立与各级各类档案馆以及机关、团体、企业事业单位和其他组织的档案机构相互联通、信息共享的全省性的档案资料目录信息中心，向利用者提供检索服务，实现档案信息资源的社会化服务。

第十四条　公民、法人或者其他组织可以依法设立档案服务机构，并在核定的范围内开展档案整理、保管、修裱、鉴定、评估、咨询等服务。

档案服务机构的管理办法，由省人民政府档案行政管理机构制定，报省人民政府批准后施行。

第十五条　档案工作人员应当忠于职守，遵守纪律，具备档案专业知识；管理属于国家所有的档案的工作人员应当接受岗位培训，持证上岗。

第十六条　违反本条例规定，有下列行为之一的，由县级以上地方人民政府档案行政管理机构、有关主管部门责令限期改正；逾期不改正的，对单位给予通报批评；情节严重的，对直接负责的主管人员或者其他直接责任人员依法给予行政处分：

（一）不按规定建立档案或者档案管理不符合国家规范要求的；

（二）不按规定办理档案登记的；

（三）不按规定确定文件材料的归档范围和保管期限的；

（四）不依法接收档案的；

（五）不按规定报送档案资料的计算机目录信息的；

（六）管理属于国家所有的档案的工作人员无证上岗的；

(七)其他违反规定,可能危及档案完整与安全的。

第十七条　在利用机关、团体、企业事业单位和其他组织保管的档案中,有下列行为之一的,由县级以上地方人民政府档案行政管理机构或者有关主管部门给予警告;情节严重的,对单位处以三千元以上三万元以下,对个人处以三百元以上三千元以下的罚款;造成损失的,责令赔偿损失;构成犯罪的,依法追究刑事责任:

(一)损毁、丢失属于国家所有的档案的;

(二)违反有关规定,擅自提供、抄录、公布、销毁属于国家所有的档案的;

(三)涂改、伪造档案的。

第十八条　档案工作人员在档案管理工作中滥用职权、徇私舞弊、玩忽职守、失密泄密的,由其所在单位或者有关主管部门依法给予行政处分;构成犯罪的,依法追究刑事责任。

第十九条　本条例自2003年2月1日起施行。

福建省档案馆工作规范(福建省地方标准DB35/T 507—2003)

(福建省质量技术监督局2003年4月25日发布,2003年6月1日实施)

1　范围

本标准规定了福建省各级档案馆的机构与职责、档案收集、整理、鉴定、统计、保管与保护、开发与利用、档案信息化建设等工作规范。

本标准适用于福建省各级国家综合档案馆、专业档案馆和部门档案馆(以下统称档案馆)。

2　规范性引用文件(略)

3　定义(略)

4　机构与职责

4.1　档案馆是集中保存、管理档案的文化事业机构,其业务受同级和上级档案行政管理机构的监督和指导。

4.2　档案馆应按照《全国档案馆设置原则和布局方案》(国档发〔1992〕3号)设置。

4.3　综合档案馆、专业档案馆事业建设列入同级人民政府国民经济和社会发展计划,经费列入地方财政预算。

4.4　档案馆人员数量、结构和素质应符合档案馆工作需要,各类专业技术人员应占75%以上。

4.5　档案馆应制定馆藏档案资料的收集、整理、鉴定、保密、统计、保管与保护、开发与利用、信息化建设等各项规章制度。

4.6　档案馆实行岗位责任制,做到分工明确,职责分明,定期考核。

4.7　档案馆应开展档案资料的接收、征集工作,科学管理,维护档案资料的完整与安全。

4.8　档案馆应积极开发与利用档案信息资源,发挥档案馆的文化、教育和服务功能。

4.9　档案馆应按照规定向上一级档案行政管理机构报送档案资料信息数据。

4.10　档案馆应开展档案学术研究活动。

4.11　档案馆可开展档案资料的代为保管、寄存等服务工作。

4.12　档案馆应配备档案收集和管理工作所需的机动车辆、计算机、复印、录音、摄录像、扫描、缩微、照相等设备。

5　档案收集

5.1　接收档案的范围

5.1.1　综合档案馆应按照《各级国家档案馆收集档案范围的规定》(国档发〔1986〕2 号),结合本地区的实际情况,制定接收档案的范围,报同级档案行政管理机构核准后执行。综合档案馆接收档案时应同时接收完整的案卷目录、全引目录、归档文件目录、全宗介绍等。

5.1.2　专业档案馆负责接收某一专门领域或某种特殊载体形态的档案,应根据其职责与专业特点制定接收档案的范围,报省级档案行政管理机构核准后执行。专业档案馆接收档案时应同时接收完整的案卷目录、分类目录、项目简介等。

5.1.3　部门档案馆负责接收本部门及直属单位形成的档案,应根据其职责制定接收档案的范围,报省级档案行政管理机构核准后执行。部门档案馆接收档案时应同时接收完整的案卷目录、全引目录、归档文件目录、分类目录、全宗介绍等。

5.1.4　档案馆应收集本地区、本专业重大活动的档案资料。

5.1.5　档案馆应开展档案资料的征集工作。

5.2　接收档案的期限

5.2.1　综合档案馆接收档案的期限按照《中华人民共和国档案法实施办法》及国家有关规定执行。对非常设性机构、组织在重大活动中形成的档案资料应于活动结束后六个月内接收进馆。

5.2.2　专业档案馆、部门档案馆接收档案的期限,按照上级业务主管部门或档案行政管理机构确定的期限执行。

5.2.3　部门档案馆接收的专业档案一般在本馆保存满五十年后向同级综合档案馆移交,文书档案、会计档案的移交按《中华人民共和国档案法》和国家有关规定执行。

5.3　接收档案的质量要求

5.3.1　文书档案应符合《机关档案工作业务建设规范》(国档发〔1987〕27 号)、《福建省归档文件整理细则(试行)》(闽档〔2001〕55 号)和《文书档案案卷格式》(GB/T 9705—1988)的要求。

5.3.2　科技档案应符合《科学技术档案案卷构成的一般要求》(GB/T 11822—2000)、《技术制图复制图的折叠方法》(GB/T 10609.3—1989)和《科学技术研究课题档案管理规范》(DA/T 2—1992)要求。

5.3.3　会计档案应符合《会计档案管理办法》(财会字〔1998〕32 号)和《福建省会计档案

基础工作规范》(闽财会〔2000〕74号)的要求。

5.3.4 照片档案应符合《照片档案管理规范》(GB/T 11821—2002)要求。

5.3.5 磁性载体档案应符合《磁性载体档案管理与保护规范》(DA/T 15—1995)要求。

5.3.6 专业档案的卷案质量应符合上级业务主管部门和档案行政管理机构制定的专业档案管理规范要求。

5.4 接收档案的手续

5.4.1 接收档案应当办理交接手续,交接手续应符合《档案交接文据格式》(GB/T 13968—1992)要求及有关专业主管部门的规定。

5.5 收集资料的范围

5.5.1 涉及本地区政治、经济、科学、文化、教育等各项事业的书刊报纸。

5.5.2 涉及本地区、本专业编辑出版和内部编印的报纸、刊物、书籍等。

5.5.3 具有地方和专业特色的专题资料、家族谱、史志等。

5.5.4 具有保存收藏价值的图片及音像资料。

5.5.5 重要的工具书、经典著作等。

6 档案整理

6.1 综合档案馆的档案,应正确划分全宗,以全宗为单位进行科学管理。一个国家机构、社会组织或个人形成的具有有机联系的档案整体构成一个全宗。专项、专门活动中形成的档案也可视为一个全宗进行管理。全宗号的编制格式符合《文书档案目录数据交换格式与著录细则》(DB35/T 161—2002)要求。

6.2 全宗内档案分类科学、排列有序,并以档号固定整理成果。以案卷为整理单位的档号结构应符合《档号编制规则》(DA/T 13—1994)要求;以件为单位进行归档文件整理的档号结构应符合"全宗号-年度-保管期限-件号""全宗号-年度-机构(问题)-保管期限-件号"的要求。

6.3 专业档案馆、部门档案馆的档案按照专业性质或管理职能进行科学分类。

6.4 非纸质载体档案单独保管,不单独设置全宗或分类,应视其内容归入与纸质档案相对应的全宗或类别。

6.5 接收进馆的档案资料应在一年内整理完毕并编目上架。

6.6 综合档案馆、部门档案馆应按照《全宗卷规范》(DA/T 12—1994)要求建立全宗卷。

6.7 档案馆应按照《档案馆指南编制规范》(DA/T 3—1992)要求,编制档案馆指南。

6.8 档案目录编制

6.8.1 综合档案馆应按规范编制案卷目录、全引目录、专题目录。

6.8.2 专业档案馆应按规范编制案卷目录、分类目录。

6.8.3 部门档案馆应按规范编制案卷目录、分类目录、全引目录。

6.9 档案馆应参照《中国图书分类法》对馆藏资料进行科学分类,编制资料分类目录。

7　档案鉴定

7.1　档案馆应建立档案鉴定组织。

7.2　档案馆应根据有关规定对接收、征集进馆档案进行价值鉴定，确定档案保管期限。

7.3　档案馆应开展重要档案的鉴定与划分工作，确定重要档案的范围。

7.4　档案馆应根据有关规定对馆藏到期档案开展鉴定工作，提出鉴定意见。

7.5　档案馆代为保管或寄存的档案在保管或寄存期满后，应将档案退还其所有者或合法继承人，其所有者消亡并无合法继承人的，由档案馆负责鉴定并提出处置意见。

7.6　馆藏到期档案经鉴定有保存价值的应按规定重新整理，确无保存价值的要予以销毁。对需销毁的档案应提出鉴定意见并编制销毁清册，综合档案馆报同级档案行政管理机构核准后销毁，专业、部门档案馆报同级专业主管部门核准后销毁，并报同级档案行政管理机构备案。档案销毁后应在原目录上注销，并将档案鉴定意见和销毁清册存入全宗卷或单独保存。

7.7　档案馆应根据《各级国家档案馆馆藏档案解密和划分控制使用范围的暂行规定》(国档发〔1991〕28 号)要求，开展档案解密划控工作并按规范要求编制开放档案目录。

8　档案保管与保护

8.1　档案馆库房建筑应符合《档案馆建筑设计规范》(JGJ 25—2000)的要求。

8.2　档案装具应符合《档案装具》(DA/T 6—1992)和《直列式档案密集架》(DA/T 7—1992)的要求。

8.3　档案馆应配置防盗、防火、防潮、防高温、防光、防磁、防尘、防有害生物等设施设备，并定期进行检查、维护。

8.4　照片、录音(像)带、光盘、磁盘等特殊载体档案的保管应符合《磁性载体档案管理与保护规范》(DA/T 15—1995)、《照片档案管理规范》(GB/T 11821—1989)、《档案缩微品保管规范》(DA/T 21—1999)的要求。

8.5　档案库房管理

8.5.1　档案馆应编制馆藏档案、资料存放索引图和库内档案位置图。

8.5.2　档案馆应有完整、准确的库房内外温湿度记录，并定期进行分析。库房温度应控制在 14～24℃，相对湿度应控制在 45％～60％(在选定温、湿度后，每昼夜波动幅度要求温度不得大于±2℃、相对湿度不得大于±5％)；磁性载体档案库房的温度应控制在 15～27℃，相对湿度应控制在 40％～60％(在选定温、湿度后，每昼夜波动幅度要求温度不得大于±3℃、相对湿度不得大于±3％)。

8.5.3　接收进馆的档案应经除尘、去污、杀虫、灭菌处理后入库，入库后应定期进行虫霉检查。

8.5.4　档案馆应定期对馆藏档案进行清点检查和库房环境安全检查，建立档案安全管理台账。遇灾害性天气和突发事故应及时进行安全检查并采取相应的措施。

8.5.5 档案馆应实行值班制度。

8.6 档案抢救

8.6.1 档案馆应有计划地开展对褪变和破损档案的修复工作,修裱工作应符合《档案修裱技术规范》(DA/T 25—2000)的要求。

8.6.2 档案馆应加强对馆藏重要档案的保护和抢救,开展对馆藏重要档案的缩微、扫描等复制工作,档案缩微应符合《缩微摄影技术 用35mm卷片拍摄技术图样和技术文件的规定》(GB/T 15021—1994)、《缩微摄影技术 在16mm卷片上拍摄档案的规定》(DA/T 4—1992)的要求。

9 档案信息化

9.1 档案馆应建立馆藏档案资料目录数据库和档案内容数据库,并按规定向省级国家综合档案馆报送馆藏档案资料计算机目录信息。

9.2 馆藏档案目录数据录入前应做好数据准备检查工作,对不规范的著录项目进行修订。综合档案馆馆藏档案目录数据库建设应符合《福建省国家综合档案馆档案目录数据库建设操作规范》(闽档〔2002〕82号)要求。

9.3 档案馆馆藏档案目录数据应符合《档案分类标引规则》(GB/T 15418—1994)、《档案著录规则》(DA/T 18—1999)、《文书档案目录数据交换格式与著录细则》(DB35/T 161—2002)和《档案主题标引规则》(DA/T 19—1999)要求。

9.4 纸介质档案扫描数字化工作应做好原件扫描前的修整、编排,并对扫描质量进行检查,做到图文信息完整,图像清晰美观,拼接后的图文符合档案的原意,建立相应的档案目录数据库。

9.5 照片档案扫描数字化工作应做好原件扫描前的编排,对扫描后照片图像进行质量检查,并对质量较差的照片图像进行技术处理,建立有照片的事由、时间、地点、人物、背景、摄影者等著录项目的照片档案目录数据库。

9.6 录音、录像档案数字化前应对音像制品的声音、色彩、图像的质量进行检查,使用专用设备将声音、图像转化为数字信号并进行质量检查,建立有录音、录像的题名、录制时间等著录项目的档案目录数据库。

9.7 档案缩微制品数字化前应对缩微品进行逐画幅质量检查,对影响扫描质量的采取补拍等措施进行修正,扫描后对图像质量进行检查,并对质量较差的图像进行技术处理,建立相应的档案目录数据库。

9.8 档案数字化后应建立相应的电子档案目录、盘目录。

9.9 档案馆应接收属于本馆接收范围的电子档案及目录数据。

9.10 档案馆在接收电子档案时应按照《CAD电子文件光盘存储、归档与档案管理要求 第一部分:电子文件归档与档案管理》(GB/T 17678.1—1999)和《电子文件归档与管理规范》(GB/T 18894—2002)的要求,对电子档案的完整性、真实性、有效性、安全性进行检查,检查合格后方可接收，并办理交接手续。

9.11　档案馆应建立档案馆工作信息管理系统，加强对计算机及系统的安全管理。

9.12　馆藏档案数据库的数据应有两套以上的备份，其中一套报上一级国家综合档案馆保存，并每年对备份载体进行检验，备份数据每四年转存一次。备份档案数据的存储载体必须符合长期保存的需要。

9.13　馆藏电子档案的利用，应遵守有关保密制度和使用权限的规定。

9.14　档案馆应在政府网、公众网上建立档案网站(或网页)。

10　档案开发与利用

10.1　档案馆应设有档案资料阅览室，备有档案检索工具及档案利用服务指南，为利用者提供方便快捷的服务。

10.2　档案馆在开展档案利用、公布工作时，应遵守国家有关知识产权保护和保密的规定，维护国家、社会、集体和个人的合法权益。

10.3　档案馆应采取馆内利用、网上查询、专人递送、电传邮寄、编纂档案资料、举办档案资料展览等多种形式向社会提供利用档案资料。

10.4　档案馆应按照《各级国家档案馆开放档案办法》(国家档案局令 1991 年第 2 号)及有关规定做好档案开放工作，定期向社会公布开放档案目录。

10.5　档案馆应根据国家规定和社会对档案的需求，通过广播、电视、报纸、刊物、公众信息网络等途径宣传报道档案馆藏情况，做好档案资料公布工作。

10.6　档案馆应建立档案利用原始登记，定期编制档案利用成果汇编和进行档案利用情况分析。

10.7　档案馆应开展档案编纂和档案史料研究工作。

10.8　档案馆应设有固定的档案史料展室或活动展板，并不断充实、更新展览内容，发挥档案的文化和教育功能。

10.9　档案馆应加强与图书馆、博物馆、文化馆、科技馆等单位的合作与交流。

10.10　综合档案馆可建立现行文件阅览中心，提供现行文件阅览服务。

11　档案统计

11.1　档案馆应按照档案行政管理机构要求填报各种统计报表。

11.2　档案馆应建立档案馆人员、档案收进、移出、整理、编目、保管、利用、编研、缩微、修复、档案信息数据库建设等统计台账，并定期进行专门的定性、定量统计分析(统计台账格式略)。

福建省电子文件归档与电子档案管理办法(试行)

闽委办〔2003〕25号

第一章 总 则

第一条 为适应信息化建设的需要,规范福建省党政机关在办公自动化与电子政务处理公务过程中所产生电子文件与电子档案的管理工作,保障电子档案的真实性、完整性、有效性和安全性,根据《中华人民共和国档案法》《中华人民共和国档案法实施办法》《福建省档案条例》以及有关政策法规,结合本省实际情况,制定本办法。

第二条 本办法适用于福建省各级党政机关在公务活动中产生的电子文件的归档与电子档案管理,其他社会组织可参照本办法执行。

第三条 电子文件,指在数字设备及环境中生成,以数码形式存储于磁带、磁盘、光盘等载体,依赖计算机等数字设备阅读、处理,并可在通信网络上传送的文件。

电子档案,指经过鉴定,具有保存价值的已归档的电子文件及相应的支持软件产品和软、硬件说明。

第四条 已利用计算机或计算机网络网开展办公自动化或电子政务的单位,应在计算机信息管理系统中设置相应的电子文件管理子系统,此系统应能对电子文件生命周期的全部管理活动实行有效控制,实现电子文件的逻辑归档及在线管理与利用,其信息管理系统应安全可靠。

第五条 以电子文件形式记载国家秘密载体的制作、收发与传递、使用、保存和销毁,应严格按照《中共中央保密委员会办公室、国家保密局关于国家秘密载体保密管理的规定》执行。局域网计算机信息系统不得从物理上直接与INTERNET联网。经有关部门批准联接专用网的系统,要有安全保密防范措施和可靠的监管保障。

第六条 各单位应有严格的信息管理制度和技术措施,明确规定本机关电子文件归档的时间、范围、方式、技术环境、相关软件、版本、数据类型、格式、被操作数据、检测数据等归档要求,确保归档电子文件的质量。各单位档案机构工作人员负有对电子文件的形成、收集、积累、鉴定、归档及归档后电子档案的保管、利用实行全过程管理与监控的责任,保证管理工作的连续性,确保其不失真、不损毁、不丢失。

第七条 各单位档案机构配置的计算机等数字设备和应用软件,必须能有效读取归档的电子文件。电子文件形成部门及信息管理部门应积极协助和支持本单位档案机构开展电子文件归档管理的日常监督、指导及电子档案的保管、利用等项工作。电子文件形成单位的负责人对电子档案的真实、完整、有效负责。

第八条 具有永久保存价值的文本或图形形式的电子档案,如没有纸质等拷贝件的,必须制成纸质文件或缩微品等。归档时应同时保存文件的电子版本及相应支持软件、纸质版本或缩微品。电子档案同时存在相应的纸质或其它载体形式的文件时，应在内容、相关说明及描述上保持一致。

第九条　应保证电子文件的凭证作用，在国家或我省立法机构正式颁布有关电子签章的法律法规之前，对只有电子签章的电子文件，归档时应附加有法律效力的非电子签章。

第十条　各级档案行政管理部门负责对同级各单位电子文件的归档与管理工作进行监督和指导，并适时组织检查。

第十一条　采用计算机辅助设计技术(CAD)产生的电子文件，其归档管理方式按照 GB/T 17678.1—1999、GB/T 17678.2—1999、GB/T 17679—1999 等国家标准执行。

第二章　电子文件真实性、完整性和有效性保证

第十二条　应从制度上和技术上针对自然灾害、突发事件、非法访问、非法操作、人为破坏、计算机病毒等，采取与系统安全和保密等级要求相符的网络设备安全保证、数据安全保证、操作安全保证、身份识别方法等防范对策。

第十三条　为保证电子文件的产生、处理过程符合规范，各单位应从电子文件形成开始不间断地对有关处理操作进行管理登记。使用单台计算机处理公务的单位，应采用适当的方法做好相应的管理登记。此管理登记应是不间断的，并应保存系统的管理记录。

(一)登记处理过程中相互衔接的各类责任者。文件起草者、修改者、审核者、签发者等。

(二)登记处理过程中的各类操作者。文件打字者、发文者、收文者、存储管理者等。

(三)登记处理过程中产生的责任凭证信息。批示、签名、印章、代码等。

(四)登记电子文件传递、交接过程中的其他标识。

第十四条　为保证电子文件的真实性，文件形成单位应在计算机系统中设置安全防护技术措施。

(一)建立对电子文件操作者的身份识别与权限控制，防止非法侵入。

(二)设置符合安全要求的操作日志，随时自动记录实施操作的人员、时间、设备、项目、内容等。

(三)对电子文件采用可靠的防错漏和防调换的标记。

(四)对电子印章、数字签署等采取防止非法使用的措施。

第十五条　为保证电子文件的完整性，文件形成单位应建立电子文件完整性管理制度，并采取相应的技术措施采集背景信息和元数据。

(一)开列属于归档范围相关的电子文件表单，通过采用信息管理系统功能和人工监控相结合的方式，将具有有机联系的电子文件收集齐全。

(二)建立相应的制度，对在不同系统中分散形成的、不同媒体的，或通过非正式渠道传递的具有内容相关性的电子文件收集和捕获。

第十六条　为保证电子文件的有效性，文件形成单位应建立电子文件有效性管理制度，

并采取相应的技术保证措施。

(一)根据电子文件的类型和特点注明文件格式、软硬件环境、相关的数据及参数等。对于采用通用软件或专用软件产生的电子文件收集归档要求,应按照本规定的第二十三、二十四条执行。

(二)对于加密电子文件,应解密后再收集归档,确实需要以加密方式保存的,应将其解密程序同时归档。

(三)定期对脱机保管的电子文件进行抽样读取检验,发现问题及时采取恢复措施,并根据软硬件升级换代情况适时对电子文件进行迁移作业。

第十七条　在公文处理过程中所使用的电子签章程序能够证明以下事项的,为安全的电子签章:

(一)能够确认该电子签章的签署者的身份;

(二)能够证实该电子签章是签署者独有的;

(三)能够证实电子签章签署的电子文件的内容未被改动。

第十八条　符合以下条件的数字签名,为一种达到本办法第十七条规定要求的安全的电子签章:

(一)该数字签名是通过数字证书中与公钥相对应的私钥产生,并可通过公钥加以证实的;

(二)数字证书是由依法成立的具有认证资格的认证机构签发的;

(三)该数字签名是在数字证书有效期内签署的。

第十九条　为确保涉密电子文件的安全,各单位涉及国家秘密的计算机信息系统必须按照《福建省涉及国家秘密的计算机信息系统审批实施细则》的要求,获得省或设区市国家保密局的审批。

第三章　电子文件的收集与积累

第二十条　电子文件的收集范围应是本单位在其主要职能活动中产生的、具有查考利用价值的电子文件,包括相关的支持软件和数据等。

第二十一条　当运用计算机系统进行公务或事物处理过程只产生的电子文件时,应采取严格的安全措施,保证电子文件不被非正常改动。同时应将具有重要凭证性、依据性的电子文件适时备份存储于能够脱机保存的载体上。记录了重要文件的主要修改过程和办理情况,有查考价值的电子文件及其电子版本的定稿均应被保留。

第二十二条　当正式文件是纸质的,同时文件形成部门或信息管理部门已通过计算机等数字设备进行了全文转换工作,则与正式文件定稿内容相同的电子文件应当保留,否则可根据实际条件或需要,确定是否保留。保存的电子文件内容与纸质等不同载体上所保存文件内容相同时,应在彼此之间建立准确、可靠的标识关系。

第二十三条 对在网络系统中处于流转状态，暂时无法确定其保管责任而不能适时进行逻辑归档的电子文件，需采取捕获措施，集中存储在符合安全要求的电子文件暂存存储器中，以防散失。

第二十四条 不同类型电子文件的收集要求：

(一)采用文字处理技术形成的文本电子文件，包括：文字文件、表格文件等，收集时应注明文件存储格式、文字处理工具等，必要时同时保留文字处理工具软件。对特别重要的文件，其历次修改稿如都有必要保存时，每一稿应以不同的标识区别。定稿电子文件其标识应以正式文件文号注明。收集重点是定稿电子文件和正式电子文件。

文字型电子文件以 XML 文档和 RTF、TXT 为通用文件格式，一般不宜采用 DOC、WPS、S2、PUB 等其他格式作为永久保存格式。

(二)使用数字设备采集或制作而获得的图像电子文件，如采用非通用文件格式，收集时应转换为通用文件格式。如无法转换，则应将相关软件一起收集。

图像电子文件以 JPEG、TIFF 为通用文件格式。

(三)采用计算机辅助设计(CAD)或绘图中产生的图形电子文件(如设计模型、图纸、图画等)。收集时应注明软硬件环境和各种相关数据。

(四)用视频设备获得并经计算机处理的动态影像文件，收集其压缩计算方法和相关软件，并应注意收集其非通用格式的压缩算法和相关软件。

影像数据以 MPEG、AVI 为通用文件格式。

(五)用数字音频设备获得的声音文件，收集时应注意收集其属性标识、参数和相关软件，并注意收集其非通用格式的相关软件。

音频电子文件以 WAV、MP3 为通用文件格式。

(六)用多媒体设备获得的以及用超媒体链接技术制作的多媒体文件，收集时应保证参数准确，数据完整。并应注意收集其非通用格式的压缩算法和相关软件。

多媒体音像数据以 MPEG、AVI 为通用文件格式。

(七)用计算机软硬件系统进行信息处理形成的各类参数、管理数据文件等，应与电子文件一同收集。应能够以 DBF 文件格式或通过 XML 文档进行数据交换。

(八)对描述电子文件产生及运行过程中说明各种数据关系及结构的元数据文件。应注意与电子文件一同收集。

(九)使用计算机或在某一软件平台上开发的系统软件、支撑软件和应用软件以及软件的版本等计算机程序。应注意与在此平台上产生的电子文件一同收集。

第二十五条 对通用软件产生的电子文件，应同时收集其软件型号、名称版本号和相关参数手册、说明资料等。对专用软件产生的电子文件，原则上应转换成通用型电子文件，如不能转换，则收集时必须连同专用软件一并收集。

第二十六条 对套用统一模板的电子文件，在保证能恢复原形态的情况下，其内容信息可脱离套用模板进行存储,被套用模板作为电子文件的元数据保存。

第二十七条　每份电子文件均需在“电子文件登记表”中登记,“电子文件登记表”应与电子文件同时保存。“电子文件登记表”如果制成电子表格,应与电子文件一同保存。永久保存的电子表格应附有纸质等拷贝件,并与相应的电子文件拷贝一起保存。

第二十八条　以往形成的电子文件如存在结构信息、背景信息、元数据不完整或存储载体不符合要求的,应按电子文件完整性和有效性的要求及时采取补救措施。如无法达到规定要求又不具备迁移条件的,应采取有效措施保持现状,并及时向档案机构移交。

第二十九条　电子文件稿本代码:M——草稿性电子文件;U——非正式电子文件;F——正式电子文件。

第三十条　电子文件类别代码:T——文本文件;I——图像文件;G——图形文件;V——影像文件;A——声音文件;O——超媒体链接文件;P——计算机程序;D——数据文件。

第四章　电子文件的归档方式及要求

第三十一条　电子文件的归档范围按照国家档案局制定的《机关文件材料归档和不归档的范围》执行,并应包括相应的支持软件与相关的背景信息和元数据,以保证归档电子文件的完整性。

第三十二条　电子文件的保管期限和秘密等级划分,应参照国家档案局制定的《关于机关档案保管期限的规定》和《福建省定密工作程序规定》执行。电子文件的背景信息和元数据的保管期限应当与内容信息的保管期限一致。应在电子文件的机读目录上逐件标注保管期限和涉密文件的标识。

第三十三条　电子文件形成单位在内部局域网或系统专用网的办公自动化系统中设置了鉴定工作的程序与实时逻辑归档功能的,其鉴定工作可由系统自动完成。

第三十四条　对不具备实时逻辑归档的计算机系统,或采用单台计算机管理文件的,在电子文件归档前应进行鉴定,由文件形成部门或信息管理部门按照规定的项目对电子文件的真实性、完整性、有效性进行检验及确定密级。归档范围和划定保管期限,并由负责人签署审核意见,检验和审核结果填入“归档电子文件移交、接收检验登记表”。如果文件形成单位采用了某些技术方法保证电子文件的有效性和完整性,则应把其技术方法和相关软件一同移交给接收部门。

第三十五条　进行电子文件归档工作时,应按其基本技术条件进行检测。其内容包括:硬件环境的有效性、软件环境的有效性及其信息记录格式、有无受到计算机病毒感染等。对存储在光盘、磁盘、磁带等介质中的电子文件检查并清除计算机病毒,并注明是否已经过查毒和杀毒处理。档案机构不应接收含有计算机 Y2K 问题或其它隐患的电子文件。

第三十六条　电子文件形成部门或信息管理部门可采用逻辑归档和物理归档二种方式,将符合归档条件的电子文件移交至档案机构。逻辑归档可实时进行。物理归档可按照纸质文件的规定定期完成，或根据具体情况另行规定。归档时，应充分考虑电子文件的技术环境、相关软件、版本、数据类型、格式、被操作数据、检测数据等技术因素。

第三十七条　具有稳定、可靠的网络环境和严密安全管理措施以及对内容重要的电子文件实行制作纸质拷贝件的单位可实行逻辑归档，电子文件逻辑归档按照归档鉴定标识进行，其归档工作，除存储格式和位置暂时保持不变外，其他均应参照国家关于文件归档的有关规定执行。

基本要求：

（一）档案人员应会同计算机系统管理人员设定查询归档电子文件的权限。

（二）电子文件归档操作由具体经办人完成，办理完毕的归档电子文件要注明一定的标识。

（三）系统管理人员应在指定的服务器上设立存放归档电子文件的物理地址，该服务器必须采取磁盘镜像备份措施。

（四）如有电子文件产生及运行过程的元数据文件，则应将数据文件与归档电子文件一起保存。

（五）档案机构具有对文档数据库的管理权。

（六）应定期将归档电子文件备份至能够脱机保存的载体中。

第三十八条　使用计算机单机进行文件处理，或计算机局域网信息管理系统功能达不到逻辑归档要求的单位，其电子文件的归档采用物理归档方式。

基本要求：

（一）档案机构应与文件形成部门或信息管理部门一起制定电子文件物理归档方案。

（二）文件形成部门或信息管理部门根据归档方案，在电子文件产生时做出相应的归档标记。

（三）应随时在相应办文处理笺上记录经办过程中的情况。

（四）办理完毕的电子文件应在规定期限内进行物理归档。

第三十九条　应将电子档案复制至耐久性的载体上，一式三套，一套封存保管，一套供查阅使用，一套异地保存。对于加密电子文件，则应解密后再完成上述工作。涉密电子文件应按要求单独存储在可靠的载体上，并做好相应的标识。特殊格式的电子文件，应在存储载体中同时存有相应的浏览软件。

第四十条　电子档案的存储载体类型按优先顺序依次推荐为：只读光盘、一次写光盘、磁带、可擦写光盘、硬磁盘等介质。禁止使用软磁盘作为电子档案长期保存的载体。

第四十一条　存储电子文件的载体或装具应贴有标签，标签上应注明载体序号、全宗号、类别号、密级、保管期限、存入日期等，归档后的电子文件的载体应设置成禁止写操作的状态。

第四十二条　将相应的电子文件机读目录、相关软件、其他说明等一同归档，并附“归档电子文件登记表”。需要长期保存的电子文件，应将相应的机读目录存在同一载体上。

第四十三条　归档完毕后,应建立检索目录,电子文件形成部门或信息管理部门应及时清理网上的复制件,并将存有归档前电子文件的载体保存至少1年。

第四十四条　归档电子文件的整理按照《福建省归档文件整理细则》的要求进行。将带有归档标识的电子文件进行分类。同一全宗内的电子文件分类方案应保持相对稳定。

第四十五条　按电子文件类别代码分别相对组织存储载体。

第四十六条　在国家颁布电子文件著录标准之前,归档电子文件应按照“电子文件登记表”的项目进行著录,并将著录结果制成机读目录和纸质目录。

第五章　电子档案的保管与利用

第四十七条　电子档案的保管应符合国家档案局《磁性载体档案管理与保护规范》的要求,应采用专门的保护设备和保护技术措施。存储电子档案的载体应作防写处理;避免擦、划、触摸记录涂层;单片载体应装盒竖立存放,避免挤压;载体应存放在防光、防尘、防磁、防有害气体的装具中,应远离强磁场、强热源,并与有害气体相隔离;环境温度控制在17～20℃,相对湿度控制在35%～45%。重要的电子文件必需备份三套,异库异地保管。

第四十八条　各单位档案机构应定期对保存的电子档案进行抽样机读检验,磁性载体每满2年,光盘每满4年进行一次抽检,抽检率不低于10%,并将检验结果填入“电子档案管理登记表”。如发现问题应及时采取恢复措施。磁性载体上的电子档案,应每4年转存一次。原载体同时保留时间不少于4年。

第四十九条　各单位档案机构每年均应对电子档案的读取、处理设备的更新情况进行一次检查登记。如网络系统扩充或系统设备更新,应确认库存载体与新系统、新设备的兼容性。如不兼容,应及时对电子档案进行迁移操作。

第五十条　对库存电子档案进行迁移操作前,应制定严密的迁移操作计划。库存电子档案必须在完整、准确和有保障的前提下进行更新复制。复制或补救新版后,原旧版或有问题的载体仍需保存3年。档案人员应参与迁移工作,并填写“电子档案迁移登记表”。

第五十一条　电子档案的利用应注意以下事项:

(一)封存的电子档案载体不得外借使用,利用时使用拷贝件;

(二)应严格遵守保密制度,对利用具有保密要求的电子档案时,必须符合国家或有关部门的保密规定;

(三)查阅或复制应在权限规定的范围之内,未经批准任何单位或人员不得擅自复制电子文件。

第五十二条　电子档案的鉴定销毁应参照国家关于档案鉴定销毁的有关规定执行,必须在办理审批手续后实施。销毁前应编制销毁清册,指定监销人,并确保信息彻底销毁。属于保密范围的电子档案,如信息存储在不可擦除的载体上,应当采用物理或化学的方法连同存储载体一起销毁,并在网络中彻底清除。

第六章　电子档案的移交与接收

第五十三条　各级国家机关单位应适时将形成时间已满5年的，属永久保管的电子档案移交至同级国家综合档案馆，进行集中保管。如保管条件达不到要求的单位，或有其它特殊情况，经档案行政管理部门同意，可提前移交。

第五十四条　电子档案的移交与接收，可采用“在线与离线”两种方式进行，各单位可根据实际情况选择确定移交与接收的方式。文件形成单位如要在网络上移交电子档案时，应在政府专用网的电子公文交换平台上进行，并要履行相应的交接手续。

第五十五条　文件形成单位在移交电子档案之前，应对涉及国家秘密的文件进行审核，对需要变更密级和解密的文件，应按照《福建省定密工作程序规定》第三章“变更密级和解密”的有关规定，进行变更密级和解密工作。对需要继续保密的文件，应明确文件的解密日期。

第五十六条　文件形成单位在移交电子档案之前，移交方与接收方均应对准备移交或接收的每套电子档案载体及其技术环境进行检验，合格率应达到100%时方可进行交接。

第五十七条　文件形成单位在进行离线移交电子档案时，应做到存储载体外观完好、整洁无损；数据完整、内容准确、编目规范；记录的字节数、检索条目等著录项目与登记一致，手续完备；无计算机病毒。如果文件形成单位采用了某些技术方法保证电子文件的有效性和完整性，则应把其技术方法和相关软件一同移交给接收单位。

第五十八条　国家综合档案馆在接收电子档案时，应核实电子档案真实性、完整性、有效性的检验记录及审核手续。核实登记表、软件、说明资料等是否齐全。对特殊格式的电子档案，应核实其相关的软件、版本、操作手册等是否完整。

第五十九条　国家综合档案馆在接收电子档案时应按照要求及检验项目对电子档案逐一验收。检验不合格的，应退回形成单位重新制作，并再次对其进行检验，履行移交手续。

第六十条　国家综合档案馆验收合格，完成“电子档案移交、接收检验登记表”填写、签字、盖章环节。登记表一式二份，一份交电子文件形成单位，一份由档案馆自存。

第六十一条　撤并单位的电子档案应按规定向接管单位或同级国家综合档案馆移交。

第七章　附　　则

第六十二条　各单位可参照本办法制订实施的具体办法，并报同级档案行政管理部门核准后方可实施。

第六十三条　国家综合档案馆对电子档案的接收、保管与利用另行规定。

第六十四条　本办法由福建省档案局负责解释。

第六十五条　本办法自公布之日起执行。

福建省档案行政处罚暂行办法

闽档〔2003〕29 号

第一条　为了规范档案行政处罚行为,保护公民、法人或者其他组织的合法权益。根据《中华人民共和国行政处罚法》《中华人民共和国档案法》《福建省行政执法程序规定》《福建省档案条例》等法律、法规,制定本办法。

第二条　县级以上地方人民政府档案行政管理机构(简称档案行政管理机构)实施档案行政处罚适用本办法。

第三条　档案行政处罚由档案违法行为发生地的档案行政管理机构管辖。上级档案行政管理机构可以办理下级档案行政管理机构管辖的档案行政处罚案件,也可以把本级管辖的档案行政处罚案件委托下级档案行政管理机构办理。下级档案行政管理机构对其管辖的档案行政处罚案件,认为需要由上级档案行政管理机构办理的,可以报请上级档案行政管理机构决定。

第四条　档案行政处罚管辖发生争议的,由争议双方协商解决;协商不成的,应当报其共同的上一级档案行政管理机构指定管辖。

第五条　办理档案行政处罚案件,必须以事实为依据,以法律为准绳,证据确凿,程序公开、合法,定性准确,量罚公正。

第六条　档案行政处罚的种类包括:

(一)警告;

(二)罚款;

(三)没收违法所得;

(四)责令赔偿损失;

(五)法律、法规规定的其他行政处罚。

第七条　档案行政管理机构在其管辖范围内受理下列尚未构成犯罪的违反档案法律、法规的案件(简称档案违法案件)。法律、法规另有规定的除外。

(一)损毁、丢失属于国家所有的档案的;

(二)擅自提供、抄录、公布、销毁属于国家所有的档案的;

(三)涂改、伪造档案的;

(四)出卖属于国家所有的档案的;

(五)企业事业组织或者个人违反国家规定转让档案的;

(六)倒卖档案牟利或者将档案卖给、赠送给外国组织或者外国人的;

(七)未经批准私自携带、运输、邮寄属于国家所有的以及集体和个人所有的对国家和社会具有保存价值的或者应当保密的档案及其复制件出境的;

（八）其他造成档案损失的。

第八条　对符合下列条件的档案违法案件，档案行政管理机构或者承担档案法制工作的机构，应当进行审查，制作“档案违法案件立案审批表”，经本机关主要负责人批准后立案；不符合下列条件的，不予立案：

（一）有明确的违法行为人；

（二）有具体的违法事实和证据；

（三）依照档案法律、法规应当给予行政处罚的；

（四）属于本档案行政管理机构管辖范围的。

第九条　对已经立案的档案违法案件，档案行政管理机构应当按照下列程序，组织调查、取证：

（一）向有关当事人、证人和有关人员进行调查，制作“档案违法案件调查笔录”；

（二）进行现场检查、取证，制作“档案违法案件现场检查取证记录”；

（三）需要组织鉴定的，应当组织有关人员进行鉴定，并提交“档案违法案件鉴定书”。

第十条　办理档案违法案件的档案行政执法人员有下列情形之一的，必须申请回避；相对人也有权向承办的档案行政管理机构或者其上一级档案行政管理机构申请，要求其回避：

（一）是本案的当事人或者其近亲属的；

（二）本人或者其近亲属与本案有利害关系的；

（三）与本案当事人有其他关系，可能影响档案违法案件公正处理的。

档案行政执法人员的回避，由本级档案行政管理机构负责人或者上一级档案行政管理机构决定。回避未被决定以前，不得停止对案件的调查处理。

对驳回申请回避的决定，当事人可以再申请一次。

第十一条　档案行政执法人员调查、取证时，不得少于 2 人，并应当向当事人或者有关人员出示有效的行政执法证；调查笔录、记录、鉴定必须经被调查人、有关人员签名或者盖章确认。

第十二条　实施档案行政处罚应当根据调查结果制作《档案违法案件调查情况报告》和“档案违法案件处理审批表”，报档案违法案件审议小组审议后，由档案行政管理机构主要负责人签批。县以上档案行政管理机构应当成立档案违法案件审议小组，负责对档案违法案件的处理意见进行审议并作出处理决定：

（一）违法事实清楚，证据确凿，依法应当予以行政处罚的档案违法行为，根据情节轻重，作出行政处罚决定；

（二）违法事实不清或者违法事实不能成立的，应当作出撤销案件的决定；

（三）证据不足的，应当退回原承办机构或者承办人补充调查，补充调查应当在退回之日起 15 日内结束。经补充调查，证据仍然不足的，应当作出撤销案件的决定；

（四）违法行为轻微，依法可以不予档案行政处罚的，不予档案行政处罚；

(五)违法行为构成犯罪的,应当及时移送司法机关依法追究刑事责任;

(六)认为应当给予当事人或者受处罚单位直接负责的主管人员行政处分的,按照《福建省档案行政处分暂行规定》办理。

第十三条 档案行政管理机构办理档案违法案件应在立案之日起 30 日内作出处理决定。因特殊情况不能如期结案,需要延长办理期限的,必须报请上一级档案行政管理机构同意。

第十四条 档案行政管理机构在作出档案行政处罚决定之前,应当告知当事人作出处罚的事实和依据以及有权进行陈述和申辩。不依照规定向当事人进行告知或者拒绝听取当事人陈述、申辩的,档案行政处罚决定不能成立,当事人放弃陈述或者申辩权的除外。当事人提出的事实、理由和证据成立的应当采纳。

第十五条 档案行政管理机构实施行政处罚,应当按照《档案行政处罚程序暂行规定》,制作"档案行政处罚决定书",并在作出"档案行政处罚决定书"之日起 7 日内,将其直接送达违法单位或者违法行为人。

受送达人收到"档案行政处罚决定书"后应当填写回执;受送达人不在的,交其同住的成年家属签收;受送达人是单位的,交其收发部门签收。

受送达人拒绝接受"档案行政处罚决定书"的,送达人应当邀请有关人员到场见证并说明情况,在回执上填写拒收情况和日期,由送达人、见证人签名或者盖章;

"档案行政处罚决定书"留受送达人住处或者收发部门的,视为送达。必要时,送达可采取邮寄或者公告。

第十六条 档案行政管理机构作出对单位处以一万元以上,对个人处以一千元以上罚款决定之前,应当告知当事人有要求听证的权利;当事人要求听证的,应当在被告知之日起 3 日之内提出,档案行政管理机构应当组织听证。听证程序依照《中华人民共和国行政处罚法》第四十二条规定进行。

第十七条 档案行政处罚决定作出后,当事人应当按照"档案行政处罚决定书"规定的内容、方式和期限履行。

第十八条 当事人应当自收到"档案行政处罚决定书"之日起 15 日内,到档案行政管理机构指定的银行缴纳罚款。不按规定期限缴纳罚款的,每日按罚款数额的百分之三加处罚款。

当事人确有经济困难,需要延期或者分期缴纳罚款的,应当提出申请,经档案行政管理机构同意后,可以暂缓或者分期缴纳。

第十九条 当事人对档案行政处罚不服的,可以在接到"档案行政处罚决定书"之日起 60 日内向有行政复议权的机构申请复议,复议机关应当在收到复议申请书之日起 60 日内作出复议决定。申请人对复议决定不服的,可以在接到复议决定书之日起 15 日内依法向人民法院起诉。此间,档案行政处罚不停止执行,法律、法规另有规定的除外。

当事人逾期不申请复议或者不起诉，又不履行档案行政处罚决定的，由作出处罚决定的档案行政管理机构申请人民法院强制执行。

第二十条　档案行政管理机构在档案违法案件处理完毕后15日内，应当填写“档案违法案件结案报告”，并报上一级档案行政管理机构备案。对重大档案行政处罚案件应当在作出行政处罚决定之日起15日内向上一级档案行政管理机构备案。

第二十一条　档案行政管理机构发现已生效的档案行政处罚不当时，应当依法予以纠正。上级档案行政管理机构发现下级档案行政管理机构已生效的档案行政处罚不当时，有权予以纠正或者指令作出档案行政处罚决定的处罚机关自行纠正。纠正不当行政处罚，应当制作“纠正不当档案行政处罚审批表”，经本机关主要负责人批准后，予以纠正。

第二十二条　档案行政管理机构的行政执法人员，在办理档案违法案件中，必须严格执行国家的法律、法规、规章，不得徇私舞弊。

第二十三条　责令赔偿损失的额度，由档案行政管理机构裁定或者由其组织专家确定。

第二十四条　本办法自发布之日起施行。

福建省档案行政处分暂行办法

闽档〔2003〕65号

第一条　为依法查处违反档案法律、法规的行为，规范档案管理，根据《中华人民共和国行政监察法》《中华人民共和国档案法》和《福建省档案条例》等有关法律、法规，制定本办法。

第二条　本省各级国家行政机关、国家公务员和国家行政机关任命的其他人员违反档案法律、法规，依法应当给予行政处分的，适用本办法。

其他机关、团体、组织和企业事业单位及其工作人员违反档案法律、法规，需要给予行政处分的，参照本办法执行，法律、法规另有规定的从其规定。

第三条　违反《中华人民共和国档案法》《中华人民共和国档案法实施办法》以及《福建省档案条例》的规定，有下列行为之一的，由县级以上地方人民政府档案行政管理机构、有关主管部门责令限期改正；逾期不改正的，对单位给予通报批评，并可对直接负责的主管人员或者其他直接责任人员给予警告或者记过处分：

(一)长期不建立档案、不开展档案工作、不建立健全档案管理制度或者档案材料的收集、整理、保管、利用等工作不符合国家规范要求的；

(二)不按照规定的期限或者移交范围向有关国家档案馆移交档案的；

(三)不按照规定向县级以上地方人民政府档案行政管理机构办理档案登记的；

(四)不按规定确定本单位文件材料的归档范围和保管期限，或者未报经同级人民政府档案行政管理机构核准后实施的；

(五)明知档案保管条件恶劣、档案装具破损或者档案保管存在安全隐患等原因可能导致

档案损毁的危险而不采取措施,造成档案损失的;

(六)拒不接收到期应当接收的档案或者违反规定任意扩大、缩小档案接收范围的;

(七)不按规定向社会开放和提供利用档案的;

(八)不按规定向国家综合档案馆报送馆(室)藏档案资料的计算机目录信息的;

(九)管理属于国家所有的档案的工作人员无证上岗的;

(十)其他违反规定,可能危及档案完整与安全的。

有前款第一项、第五项行为,逾期不改正的,对直接负责的主管人员或者其他直接责任人员给予记过或者记大过处分。

第四条 将公务活动中形成的应当立卷归档的文件材料据为己有,拒绝移交归档的,除追收其文件材料、档案外,给予警告或者记过处分;情节严重的,给予记大过或者降级处分。

第五条 损毁、丢失或者擅自销毁属于国家所有的档案的,按下列情形处理:

(一)属于短期保管期限档案的,给予警告或者记过处分;

(二)属于长期保管期限档案的,给予记过或者记大过处分;

(三)属于永久保管期限档案的,给予降级或者撤职处分。

第六条 违反国家有关规定,擅自提供、抄录、公布属于国家所有的档案的,给予警告或者记过处分;情节严重的,给予记大过处分。

第七条 在保管或者利用档案中涂改、伪造档案的,给予记过或者记大过处分;情节严重的,给予降级或者撤职处分。

第八条 倒卖档案牟利或者将档案卖给、赠送给外国人和外国组织的,给予记过或者记大过处分;情节严重的,给予降级或者撤职处分。

第九条 违反《中华人民共和国档案法》第十六条、第十七条规定,擅自出卖或者转让档案的,给予警告或者记过处分;情节严重的,给予记大过处分。

第十条 未经国家档案行政管理部门或者省人民政府档案行政管理机构审查批准,私自携带、运输、邮寄禁止出境的档案及其复制件出境的,给予警告或者记过处分;情节严重的,给予记大过或者降级处分。

第十一条 档案工作人员滥用职权、徇私舞弊、玩忽职守、失密泄密的,给予警告、记过或者记大过处分;情节严重的,给予降级或者撤职处分。

第十二条 违反档案法律、法规构成犯罪被判处刑罚的,依照有关法律、法规给予处理。

第十三条 对违反档案法律、法规的人员的行政处分,由其所在单位按照国家有关人事管理权限和行政处分程序的规定办理。上级有关主管部门或者行政监察机关也可以直接进行处理。

第十四条 县级以上地方人民政府档案行政管理机构在调查处理档案违法案件中,除依照法律、法规作出处罚外,认为需要给予违反档案法律、法规的人员行政处分的,应当按照规定将行政处分意见书及主要证据材料分别移送被处分人所在单位、被处分人所在单位的上级主管部门和有管辖权的行政监察机关。

第十五条　接受行政处分意见的单位，对档案行政管理机构提出的行政处分意见有异议的，可以在接到“行政处分意见书”之日起三十日内将情况书面反馈给提出行政处分意见的档案行政管理机构，由双方共同研究，依法作出恰当处理。

第十六条　接受行政处分意见的单位，对档案行政管理机构提出的行政处分意见无异议的，应当在接到“行政处分意见书”之日起三十日内作出行政处分决定，并将处理结果反馈给提出行政处分意见的档案行政管理机构。

第十七条　档案行政管理机构对接受行政处分意见的单位，有权询问情况和建议其主管部门督促执行；接受行政处分意见的单位对档案行政管理机构依法提出的行政处分意见，无正当理由拒不采纳的，档案行政管理机构可以向该单位的上一级主管部门提出处理意见。对国家公务员和国家行政机关任命的其他人员，可以将情况移送有管辖权的行政监察机关处理。

第十八条　本办法自公布之日起施行。

福建省档案行政复议工作暂行规定

闽档〔2003〕66号

第一章　总　　则

第一条　为保证档案行政复议工作的有效开展，防止和纠正违法或者不当的档案具体行政行为，根据《中华人民共和国行政复议法》(以下简称《行政复议法》)等有关法律、法规，制定本规定。

第二条　公民、法人或者其他组织认为县级以上地方人民政府档案行政管理机构(以下简称档案行政管理机构)作出的具体行政行为侵犯其合法权益，向其上一级档案行政管理机构提出行政复议申请，该上级档案行政管理机构审理并作出行政复议决定的，适用本规定。

第三条　档案行政复议工作，应当遵循合法、公正、公开、及时、便民的原则；坚持有错必纠，保障法律、法规的正确实施。

第四条　省档案行政管理机构对设区市档案行政管理机构的档案行政复议工作进行监督和指导。

第二章　档案行政复议机构与职责

第五条　依法履行档案行政复议职责的省和设区市档案行政管理机构为档案行政复议机关。

省和设区市档案行政管理机构的法制工作机构或者承担档案法制工作职责的机构为档案行政复议机构，负责办理档案行政复议工作的有关事项。

第六条　档案行政复议机构履行下列职责：

(一)受理档案行政复议申请；

(二)向有关组织或者个人调查取证,查阅文件、资料；

(三)审查申请档案行政复议的档案具体行政行为是否合法与适当,拟定档案行政复议决定；

(四)处理或者转送对本规定第八条所列的档案具体行政行为所依据的有关规定的审查申请；

(五)对违反《行政复议法》及本办法规定的行为,依照法定的权限和程序提出处理意见；

(六)办理因不服档案行政复议决定提起行政诉讼的应诉事项；

(七)对下级档案行政复议机构的档案行政复议工作进行监督检查；

(八)法律、法规规定的其他职责。

第三章　档案行政复议范围与管辖

第七条　公民、法人或者其他组织对档案行政管理机构作出的下列具体行政行为不服的,可以申请档案行政复议：

(一)对档案行政管理机构作出的行政处罚决定不服的；

(二)对档案行政管理机构作出的行政强制措施不服的；

(三)对档案行政管理机构作出的有关许可证、资质证、资格证等变更、中止、撤销或者注销的决定不服的；

(四)认为符合法定条件,申请档案行政管理机构颁发许可证、资质证、资格证等,或申请核准、登记有关事项,档案行政管理机构不依法办理的；

(五)认为档案行政管理机构侵犯其合法经营自主权的；

(六)认为档案行政管理机构违法收费或者违法要求履行义务的；

(七)认为档案行政管理机构的其他具体行政行为侵犯其合法权益的。

第八条　公民、法人或者其他组织认为档案行政管理机构的具体行政行为所依据的下列规定不合法,在对档案具体行政行为申请复议时,可以一并提出对该规定的审查申请：

(一)国家档案局或者国务院部门的规定；

(二)县级以上地方各级人民政府及其工作部门的规定；

(三)县以上档案行政管理机构的规定。

前款所列规定不含国务院部门规章和地方人民政府规章。规章的审查依照法律、行政法规的规定办理。

第九条　公民、法人或者其他组织对下列事项不能申请档案行政复议：

(一)不服档案行政管理机构作出的行政处分或者其他人事处理的；

(二)不服档案行政管理机构对民事纠纷作出的调解或者其他处理的；

（三）向人民法院提起行政诉讼，人民法院已经依法受理的；

（四）法律、法规规定的其他情形。

第十条　对档案行政管理机构的具体行政行为不服的，可以向其上一级档案行政管理机构申请行政复议，也可以向同级人民政府申请行政复议。

已向同级人民政府申请档案行政复议并受理的，上一级档案行政管理机构不再受理。

第四章　档案行政复议申请与受理

第十一条　向档案行政管理机构申请档案行政复议的公民、法人或者其他组织，是档案行政复议申请人（以下简称“申请人”）。

同申请档案行政复议的具体行政行为有利害关系的其他公民、法人或者其他组织，可以作为第三人参加档案行政复议。

第十二条　申请人对档案行政管理机构的具体行政行为不服申请档案行政复议的，作出档案具体行政行为的档案行政管理机构为被申请人（以下简称“被申请人”）。

第十三条　申请档案行政复议，可以书面申请，也可以口头申请。口头申请的，档案行政复议机构的工作人员应当当场填写“行政复议申请书”。

第十四条　申请人申请档案行政复议，应当自知道档案具体行政行为之日起 60 日内提出。因不可抗力或者其他正当理由耽误法定申请期限的，申请期限自障碍消除之日起继续计算。

第十五条　档案行政复议机构应当自收到档案行政复议申请之日起 5 日内，对申请档案行政复议的主体资格、申请期限及有关的证据材料进行初步审查，并作出下列处理决定：

（一）对符合规定的档案行政复议申请，决定予以受理，并制作档案行政复议“申请受理通知书”送达申请人、被申请人；

（二）对不符合规定的档案行政复议申请，决定不予受理，并制作档案行政复议“不予受理决定书”送达申请人；

（三）对不属于本机关管辖的档案行政复议申请，应当制作“行政复议告知书”，告知申请人向有关的行政复议机关提出申请。

第十六条　申请人提出档案行政复议申请，档案行政复议机关无正当理由不予受理的，其上一级档案行政复议机关应当责令其受理，并制作“责令受理通知书”。上级档案行政复议机关认为必要时，也可以直接受理申请人的档案行政复议申请。

第十七条　档案行政复议期间档案具体行政行为不停止执行。有下列情形之一的，可以停止执行：

（一）被申请人认为需要停止执行的；

（二）档案行政复议机关认为需要停止执行的；

（三）申请人申请停止执行，档案行政复议机关认为其要求合理，决定停止执行的；

(四)法律、法规规定停止执行的。

第十八条　档案行政复议机构应当自受理档案行政复议申请之日起7日内,将档案行政复议申请书副本或者档案行政复议申请笔录复印件以及"提出答复通知书"发送给被申请人。被申请人应当在接到档案行政复议申请书副本或者档案行政复议申请笔录复印件之日起10内提出书面答复,并提交当初作出档案具体行政行为的证据、依据和其他有关材料。

第五章　档案行政复议审理

第十九条　档案行政复议原则上采取书面审查的方式。但是,申请人提出要求或者档案行政复议机构认为必要时,可以向有关组织和个人调查情况,听取申请人和第三人的意见。

第二十条　在档案行政复议审理过程中,除涉及国家秘密、商业秘密或者他人隐私的材料外,申请人、第三人可以查阅被申请人提出的书面答复、作出档案具体行政行为的证据、依据和其他有关材料。

第二十一条　在档案行政复议审理过程中,被申请人不得自行向申请人、其他有关组织或者个人收集证据。

第二十二条　档案行政复议机构在受理档案行政复议案件时,应当根据申请人的申请,对档案行政管理机构的具体行政行为所依据的规定进行审查,并按照下列程序办理:

(一)对本机关发布的规定或者依据,应当在30日内进行审理,并报本机关负责人批准后作出处理决定;

(二)对上级档案行政管理机构发布的规定或者依据,应当于7日内呈送该上级机构。该上级机构应当自接到呈送件之日起60日内作出处理决定,并书面送达呈送单位;

(三)对国家档案局发布的规定或者依据,应当经省档案行政管理机构报送国家档案局,请其在接到呈送件之日起60日内作出适用或者不适用的处理决定;

(四)对地方人民政府发布的规定或者依据,应当于7日内报该级档案行政管理机构转呈同级人民政府,请其在60日内作出处理决定;

(五)对国务院所属部门发布的规定或者依据,应当于7日内报省档案行政管理机构转呈国家档案局,由国家档案局报请国务院做出适用或者不适用的处理决定。

在对上述档案行政管理机构的具体行政行为所依据的规定进行审理期间,档案行政复议中止;处理决定作出后,档案行政复议期间继续计算。

第二十三条　对于需要转呈审理的档案具体行政行为所依据的规定或者依据,应当填写"规范性文件转送函",转送有关机关审查处理。

第二十四条　档案行政复议机构应当组织有关人员对申请档案行政复议的档案具体行政行为的合法性与适当性进行审查,并提出档案行政复议审理意见:

(一)被申请人的档案具体行政行为认定事实清楚,证据确凿,适用依据正确,程序合法,内容适当的,建议维持原具体行政行为。

（二）被申请人不履行法定职责的，建议责令其在一定期限内履行。

（三）被申请人的档案具体行政行为有下列情形之一的，建议撤销、变更或者确认该档案具体行政行为违法；并可以建议责令被申请人在一定期限内重新作出档案具体行政行为：

1.主要事实不清、证据不足的；

2.适用依据错误的；

3.违反法定程序的；

4.超越或者滥用职权的；

5.档案具体行政行为明显不当的。

档案行政复议机关责令被申请人重新作出档案具体行政行为的，被申请人不得以同一的事实和理由作出与原档案具体行政行为相同或者基本相同的档案具体行政行为。

（四）被申请人不按照本规定第十八条的规定提出书面答复，提交当初作出档案具体行政行为的证据、依据和其他有关材料的，视为该档案具体行政行为没有证据、依据，建议撤销该档案具体行政行为。

第六章　档案行政复议决定与执行

第二十五条　档案行政复议机构应当根据审理意见拟订“档案行政复议决定书”，报档案行政复议机关负责人批准。“档案行政复议决定书”应当载明下列事项：

（一）申请人、被申请人情况；

（二）申请档案行政复议的主要事实和理由；

（三）被申请人作出档案具体行政行为或者不作为的理由和依据；

（四）档案行政复议机关审理认定的事实和理由；

（五）档案行政复议机关作出的行政复议决定；

（六）申请人不服档案行政复议决定向人民法院提起行政诉讼的有效期限；

（七）档案行政复议机关的名称、印章以及作出档案行政复议决定的日期。

第二十六条　档案行政复议机关审理档案行政复议案件应当在接到有效的档案行政复议申请之日起60日内作出档案行政复议决定。情况复杂，不能在规定的期限内作出档案行政复议决定的，经本机关负责人批准，可以适当延长，并告知申请人和被申请人。但是，延长期限最多不超过30日。

第二十七条　档案行政复议机关应当根据《中华人民共和国民事诉讼法》的规定，采用直接送达、邮寄送达或者委托送达等方式，将“档案行政复议决定书”送达申请人和被申请人。

第二十八条　“档案行政复议决定书”一经送达即发生法律效力，申请人、被申请人应当严格执行。

被申请人不履行或者无正当理由拖延履行档案行政复议决定的，档案行政复议机关或者上级档案行政管理机构应当制作“责令履行通知书”，责令其限期履行。

申请人逾期不起诉又不履行档案行政复议决定的，对维持档案具体行政行为的档案行政复议决定，由被申请人依法申请人民法院强制执行；对变更档案具体行政行为的档案行政复议决定，由档案行政复议机关依法申请人民法院强制执行。

第二十九条　有下列情形之一的，申请人可以自收到“不予受理决定书”“档案行政复议决定书”或者行政复议期满之日起15日内，依法提起行政诉讼：

(一)档案行政复议机关决定不予受理档案行政复议申请的；

(二)档案行政复议机关受理档案行政复议申请后，超过行政复议期限不做答复的；

(三)对档案行政复议决定不服的。

第三十条　档案行政复议案件审理结束后，档案行政复议机构应当写出结案报告。有重大影响的档案行政复议案件，结案后应当报省档案行政管理机构备案。

第七章　附　　则

第三十一条　档案行政复议机关、档案复议机构工作人员及被申请人在档案行政复议活动中，违反行政复议法律法规及国家有关规定的，按照《行政复议法》第六章的规定，追究法律责任。

第三十二条　档案行政复议机关受理档案行政复议申请，不得向申请人收取任何费用。

档案行政复议活动所需经费应当在本机关的行政经费中单独列支，不得挪用。

第三十三条　档案行政复议的法律文书格式使用国务院法制办公室2000年印发的《行政复议法律文书(试行)格式》。

第三十四条　本规定自发布之日起施行。

福建省档案登记暂行办法

闽政〔2004〕11号

第一条　为了加强对档案的有效管理，确保档案的完整与安全，根据《福建省档案条例》等有关规定，制定本暂行办法。

第二条　本暂行办法所称档案登记，是指县级以上地方人民政府档案行政管理机构(以下简称档案行政管理机构)按照规定，对本行政区域内的国家机关、人民团体、县级以上人民政府直属事业单位和其他组织(以下简称机关、团体、事业单位和其他组织)的档案管理情况进行登记。

档案登记的具体内容包括：

(一)文件材料收集、整理和移交、归档的情况；

(二)保存档案的数量以及寄存或者代管档案的情况；

(三)重大活动和重要会议建档的情况；

(四)重点建设项目和重大科研项目档案整理、保管的情况;

(五)其他应当予以登记的事项。

第三条　机关、团体、事业单位和其他组织应当依照《福建省档案条例》和本暂行办法的规定,向县以上档案行政管理机构办理档案登记。

第四条　省档案行政管理机构对全省档案登记工作实行组织协调、监督和指导。

设区市、县(市、区)档案行政管理机构对本行政区域内的档案登记工作实行监督和指导。

行业主管部门或者行业协会按照档案工作的职责,协助同级档案行政管理机构做好档案登记工作,并监督指导所属单位做好档案登记工作。

第五条　档案登记工作按照分级负责、属地管理,以属地管理为主的原则进行。

(一)省档案行政管理机构负责省属机关、团体、事业单位和其他组织及其直属单位的档案登记工作。

(二)设区市、县(市、区)档案行政管理机构负责设区市、县(市、区)属机关、团体、事业单位和其他组织及其直属单位的档案登记工作。

(三)各级国家专门档案馆、部门档案馆向所在地县以上档案行政管理机构办理档案登记;县以上地方国家综合档案馆逐级向上一级档案行政管理机构办理档案登记。省属国家档案馆向省档案行政管理机构办理档案登记。

(四)本省驻外机构由其主管部门向同级档案行政管理机构办理档案登记。

(五)中央驻闽单位向省或者所在地设区市的档案行政管理机构办理档案登记;国家另有规定的,依照其规定。

第六条　新成立的机关、团体、事业单位和其他组织,应当在单位成立之日起一年内到所在地同级档案行政管理机构办理档案登记。

本暂行办法实施前已经成立的单位,应当自本暂行办法实施之日起六个月内到所在地县以上档案行政管理机构办理档案登记。

第七条　重点建设项目的建设单位和重大科研项目的承担单位应当及时建立档案,并按照《福建省档案条例》第十条的规定,在重点建设项目竣工验收和重大科研项目成果鉴定后三个月内,向同级档案行政管理机构办理档案登记。

省级以上重点建设项目和重大科研项目向省档案行政管理机构办理档案登记。

第八条　县以上档案行政管理机构应当及时掌握本行政区域内机关、团体、事业单位和其他组织的设立和机构变动的情况,以及举行重大活动和重要会议的情况。

批准设立机关、团体、事业单位和其他组织及机构变动,以及举办重大活动和重要会议,其主管部门应当及时将有关情况抄送同级档案行政管理机构。

第九条　在本省行政区域内举行的重大活动和重要会议,主办或者承办单位应当通知同级档案行政管理机构参加承办组织机构,做好重大活动或者重要会议形成的文件材料的采集、建档的协调服务和监督指导工作。主办或者承办单位应当按照《福建省档案条例》第九条的规定,在重大活动和重要会议结束后六十日内,向同级档案行政管理机构办理档案登记。

县以上档案行政管理机构应当加强与重大活动、重要会议主办单位或者承办单位的联系。

第十条　鼓励企业和个人所有的对国家和社会具有保存价值的档案,向所在地县以上档案行政管理机构办理登记。

第十一条　向档案行政管理机构办理档案登记,应当填写“档案登记办理表”。档案行政管理机构应当对机关、团体、事业单位和其他组织报送的“档案登记办理表”所涉及登记项目的真实性、完整性、合法性进行审核。

“档案登记办理表”由省档案行政管理机构统一印制。

第十二条　已经办理档案登记的机关、团体、事业单位和其他组织,应当在每年的七至十月报送本单位上一年度档案管理情况和计算机目录信息。

第十三条　已经办理档案登记的单位,因单位分立、合并、迁移的,应当在被批准变更之日起三十日内到原登记的档案行政管理机构办理档案登记变更手续。

第十四条　已经办理档案登记的单位,因单位撤销或者其它原因终止活动的,在终止活动之日起三十日内向原登记的档案行政管理机构办理档案登记注销手续。

第十五条　机关、团体、事业单位和其他组织可以采用计算机网络在线、离线报送或者书面报送的方式办理档案登记。

第十六条　本暂行办法自公布之日起施行。

福建省档案目录电子数据报送暂行规定

闽档〔2004〕49号

为加强档案的收集和管理工作,确保档案的完整、准确及开发利用,做好档案与档案室之间档案资源信息的有序衔接,实现全省档案信息资源共享,依据《中华人民共和国档案法》《福建省档案条例》和《福建省档案登记暂行办法》制定本规定。

第一条　本规定适用于各级党政机关和应向国家综合档案馆移交档案的社会团体、企事业单位(以下简称各单位)与各级各类国家档案馆。

第二条　档案目录电子数据(以下简称电子数据)报送是指各有关单位和各档案馆按照本规定,每年以电子数据形式定期向档案行政管理机构报送档案目录的工作。

第三条　各立档单位报送电子数据的范围:本单位形成的属永久、长期保存的文书档案文件级目录。以案卷为档案保管单位的,还应报送案卷级目录。

第四条　文书档案文件级和案卷级目录的著录项目应符合《文书档案目录数据交换格式与著录细则》(DB35/T 161—2002)的有关规定。必须著录的项目见附件1。

第五条　为便于对报送后的电子数据进行整合与长期保存,电子数据的格式统一规定为

DBF 格式。如采用直接从计算机信息管理系统数据库中导出电子数据方式的，应按要求转换为 DBF、XML 数据格式或 Excel 文件格式，或直接导入专用报送软件后再报送。数据结构的字段名、字段类型、文字类别、字段长度必须完全符合标准要求（见附件 2）。

第六条　全省各有关单位可使用由福建省档案局编制的档案目录电子数据专用报送软件施行报送。

专用报送软件由档案行政管理机构负责提供，报送单位可直接从政务网福建省档案局网站或福建省档案馆网站上下载（www. daj. fj. cn/或 www. fjdag. fj. cn）。

第七条　其它各专业档案目录电子数据的报送按有关要求执行。

第八条　报送单位应对电子数据内容、格式等进行检验，确保数据规范、准确、完整和无计算机病毒。

第九条　报送电子数据时，一般不应对电子数据进行加密或压缩处理。如确实需要对电子数据进行加密或压缩处理的，报送单位应向接收单位提供解密或解压缩的方法与手段。

第十条　电子数据报送可将电子数据存入光盘、磁盘等载体后，以脱机移交载体的方式报送；或采用通过电子政务网的“福建省电子公文传输系统普通电子公文传输平台”进行网上在线报送的方式。各单位可根据实际情况确定报送和接收的方式。

第十一条　使用光盘、磁盘等载体报送电子数据时，应在载体或包装物上贴有注明报送单位名称、全宗代码、报送时间、数据库文件名、数据条数等项目标识的标签（见附件 3），填写“档案目录电子数据报送、接收登记表”（见附件 4），并签字盖章。

第十二条　各接收单位应当在接收电子数据时，对照“档案目录电子数据报送、接收登记表”上的登记内容，仔细检验核对所接收的电子数据，确定无误后，在“档案目录电子数据报送、接收登记表”上填写相关接收意见并签字盖章。交接手续办理完毕后，双方各执一份，归档保存。

第十三条　在电子政务的软硬平台和应用环境符合要求时，可通过政务网报送电子数据。报送时应履行相应的交接手续。为确保电子数据的真实性与有效性，报送与接收的双方应使用符合安全要求的数字证书和电子签名。通过政务网报送电子数据的具体条件、时间与方法，由福建省档案局确定。

第十四条　报送涉及国家秘密的档案文件目录电子数据时，不得采用网络传输的方式，必须采用脱机移交载体的方式报送。

第十五条　各单位应于每年 10 月 31 日前向同级档案行政管理机构报送上一年度归档整理完毕的永久、长期档案文件级和案卷级目录电子数据。省直各单位向福建省档案局监督指导处报送。

第十六条　各设区市、县（市、区）国家综合档案馆应于每年 12 月 1 日前向福建省档案信息中心报送上一年接收进馆档案的电子数据和各单位当年报送的电子数据。

第十七条　在本规定颁布以前，各单位所形成的电子数据应按照同级档案行政管理机构的统一安排进行报送。

第十八条　各级国家综合档案馆馆藏档案文件级目录数据库的电子数据，按照省档案行政管理机构的统一安排进行报送。

第十九条　各报送单位应对所报送的电子数据真实性、准确性负责。

第二十条　各级档案行政管理机构负责对电子数据的报送工作进行监督指导。

第二十一条　专业档案馆电子数据报送办法另行规定。

第二十二条　各有关单位如无特殊情况，不按本办法报送电子数据的，档案行政管理机构将依据《福建省档案条例》及《福建省档案行政处罚暂行办法》的有关规定处理。

第二十三条　本规定由福建省档案局负责解释。

第二十四条　本办法自2004年8月16日开始执行。

附件：1.档案目录著录必选项目一览表(略)

2.档案目录数据结构(略)

3.电子数据报送标识标签式样(略)

4.档案目录电子数据报送、接收登记表(略)

福建省档案局档案行政执法责任制暂行规定

闽档〔2004〕76号

第一条　为了规范档案行政执法行为，明确档案行政执法责任，保证档案行政执法依法有效进行，根据《中华人民共和国档案法》《福建省档案条例》《福建省行政执法监督管理暂行办法》以及有关规定，结合我省实际，制定本规定。

第二条　本规定所称档案行政执法责任制，是指对福建省档案局(以下简称本局)在管理本省行政区域内的档案事务中，依法实施的行政管理、行政执法监督、行政处罚等行为，实行局长、副局长、内设机构负责制。

第三条　档案行政执法必须贯彻“有法必依、执法必严、违法必究”的原则，严格做到事实清楚、证据确凿、定性准确、程序合法、处理恰当、手续完备。

第四条　本局成立档案行政执法责任制领导小组，由本局局长、副局长和有关内设机构负责人组成，日常工作由法制处负责。

第五条　档案行政执法必须以档案法律、法规和其他有关行政执法法规为依据。本局档案行政执法的依据是：

(一)《中华人民共和国档案法》；

(二)《中华人民共和国档案法实施办法》；

(三)《中华人民共和国行政处罚法》；

(四)《中华人民共和国行政复议法》；

（五）《福建省行政执法程序规定》；

（六）《福建省档案条例》；

（七）其他有关法律、法规。

第六条　本局主管全省档案行政执法工作。本局具有档案行政执法职责的内设机构为法制处、监督指导处。

本局其他内设机构及所属事业单位，不得对外行使档案行政执法权。

第七条　本局为行政执法主体，需要其他行政机关配合执法或者需要本局配合其他行政机关执法时，由法制处协调执行。

第八条　本局局长的档案行政执法职责：

（一）负责对全省档案行政执法工作进行监督检查，并对本局的档案行政执法负总责；

（二）负责对本局内设机构和档案行政执法人员的档案行政执法活动实施监督检查；

（三）负责对本局内设机构和档案行政执法人员的档案行政执法错案和执法过错责任的追究。

第九条　本局副局长的档案行政执法职责：

（一）负责对分管的内设机构和档案行政执法人员的档案行政执法活动实施监督检查；

（二）负责对分管的内设机构和档案行政执法人员的档案行政执法错案和执法过错责任的追究；

（三）负责对下一级档案行政管理机构和档案行政执法人员的档案行政执法活动实施监督检查及执法错案和执法过错责任的追究。

第十条　法制处的档案行政执法职责：

（一）负责本省地方性档案法规、行政规章等规范性文件的起草、清理和应用中有关问题的解释，以及本局制发的档案规范性文件的审核；

（二）负责组织开展档案行政执法检查活动；

（三）负责对档案违法行为和违法案件的组织调查并提出处理意见，办理档案刑事案件的移交工作；

（四）负责承办档案行政复议和档案行政诉讼的有关工作；

（五）负责对全省各级档案行政管理机构及档案行政执法人员履行档案行政执法职责的监督检查；

（六）负责承办本局档案行政执法人员及设区市档案行政管理机构执法错案和执法过错责任的追究；

（七）负责本局档案行政执法的日常工作。

第十一条　监督指导处的档案行政执法职责：

（一）负责对省直单位档案机构和档案工作人员及其他人员遵守档案法律、法规的监督和指导；

（二）负责对设区市档案馆和省、设区市专业档案馆及档案工作人员遵守档案法律、法规的监督和指导；

(三)负责对全省重点建设项目的建设单位和重大科研项目的承担单位，以及重大活动的主办单位和承办单位遵守档案法律、法规的监督和指导；

(四)负责对省直单位档案机构、设区市档案馆及其档案工作人员和其他人员档案违法行为的举报；

(五)协助法制处对本局和省档案馆工作人员及其他人员遵守档案法律、法规进行监督和检查；

(六)协助法制处开展档案行政执法检查活动；

(七)负责承办档案及其复制件的转让和携带、运输、邮寄出境以及其他档案行政审批事项。

第十二条　本局档案行政执法责任制领导小组每年对本局具有档案行政执法职责的处室，履行档案行政执法职责的情况进行检查。检查的内容包括：

(一)履行执法职责的情况；

(二)是否依法执法；

(三)行政处罚的情况；

(四)行政执法中存在的主要问题；

(五)其他需要检查的内容。

第十三条　本规定由本局法制处负责组织实施。

第十四条　本规定自2005年1月1日起实施。

编 后 记

《福建省志·档案志(1993—2005)》是1997年版《福建省志·档案志》的续志，由福建省档案局(馆)承编，历时十五载成书。

2005年年底，按照省委、省政府的统一部署，省档案局(馆)启动续志编修工作。2006年2月，省档案局成立《福建省志·档案志(1993—2005)》编纂领导小组，由省档案局(馆)长陈永成任组长，副局(馆)长陈爱群、叶仲霖、林真任副组长。领导小组下设办公室，由林真兼任主任，许惠敏、蔡敏生任副主任，成员有陈咏民、陈惠芳、陈风及各处室编撰人员，具体负责续志编修工作。5月，制订工作方案、拟订全志篇目。因省档案局(馆)领导变动，2006年12月，局(馆)长丁志隆任编纂领导小组组长。

2017年11月，编纂领导小组进行第三次调整，局(馆)长卓兆水任组长，副局(馆)长黄建峰、马俊凡、游富明任副组长。编纂办公室挂靠编研处，由马俊凡任主任、主编，谢滨任副主任、副主编，吴永宁任副主编，负责续志编修工作，同时聘请福建省文史研究馆原馆长卢美松及魏定榔同志参与志书编纂工作。2019年8月，编纂办公室完成初稿，送省委党史方志办初审。12月2日，省档案馆组织召开初审评议会，听取省委党史方志办、省档案局(馆)各处室及部分档案、方志专家意见，并根据意见进行补充修订。随后，重点征求部分离退休老同志及设区市档案局(馆)的意见，并于2020年4月完成修订稿送审。6月28日，省委党史方志办组织召开复审评议会，并对评审稿给予充分肯定和较高评价。会后，编纂人员根据复审意见对评审稿再次进行修改和校对，并由省档案馆副馆长马俊凡通审全稿后，于11月16日顺利通过省委党史方志办的审定验收。

《福建省志·档案志(1993—2005)》，经两次调整篇目，三轮征求意见，数次修改，力求全面、系统地反映福建档案事业发展的历程。省档案局(馆)党组高度重视和支持编纂工作，历任局(馆)长担任领导小组组长，分管领导任编纂办公室主任。省委党史方志办副主任俞杰和李升荣、曹斌、李连秀、张俊等同志，史志专家卢美松、郑羽、方彦洸、吕秋心，档案专家朱文、陈若波、钟文荣等给予精心指导和严格把关。省档案局(馆)离退休老同志给予极大关心和支持，金莹谛、陈永成、丁志隆、叶仲霖、林真、许惠敏等老领导提出许多宝贵意见。省档案局(馆)王鸣鸣、辛晓琴、谢滨、陈惠芳、邵扬生、王跃宇、何淑颖、刘虹、林忠长、林勤、颜梓森、张枫旻、甘明、陈继杭、陈秀凤、苏宝珠等同志参与了资料收集和初稿撰写工作。编委会成员及陈风、郑志荣等同志对初稿提出修改意见,张磊同志承担了相关编务工作。省档案局(馆)各处室、各设区市档案局(馆)积极建言并提供资料。在此,谨向所有参与、关心、支持和帮助本志编纂工作的单位和个人致以诚挚的谢意!

由于水平及资料所限,本志错漏之处,敬请读者批评指正。

编　者

2020年11月